Die Pionierzeit des Fußballspiels in Mannheim

Map

FC Kickers Mannheim

Frankenhaus

Alter Exerzierplatz

Militär-Lazareth-Platz

Herzogenried

Proviantamt

Detail Exerzierplatz

Exerzierplatz

Kästrichs

Hohriedweg

Kaiser Wilhelm Kaserne

Landwehr-Strasse

Grenadier-Strasse

Sandgewann

Die Hohwiese

Kronprinzen-Strasse

Garnisons-Strasse

Käferthaler-Strasse

Städtische Lagerplätze

Die kurze Quergewann

Langerötter-Strasse

Lenau-Strasse

Saxon Jolly

Nebenius-Strasse

Schiller-Strasse

Essig-Fabrik

Holzprodukten-Fabrik

Bibiena-Str.

MFG 1896

Sandgewann

Gerhard Zeilinger

Die Pionierzeit des Fußballspiels in Mannheim

Die ersten 25 Jahre
von
1894 bis 1919

Herausgeber:	Fußball-Archiv Mannheim Dr. G. Zeilinger 6800 Mannheim 31, Hopfenstraße 14
	© 1992 · Dr. G. Zeilinger
	Printed in Germany
Gesamtherstellung:	Druckerei Odenwälder Buchen-Walldürn, Zweigbetrieb der Rhein-Neckar-Zeitung GmbH Heidelberg

ISBN: 3-89426-044-0

Titelbild: Mannheimer Fußball-Gesellschaft 1896

Vorwort

Der Beginn des Fußballsports in Deutschland und somit auch in Mannheim fiel in eine Zeit, die eng verknüpft ist mit einem strukturellen Wandel der Gesellschaft. Das Agrarland Deutschland schickte sich an, der Industrialisierung, die im Mutterland des Fußballsports – in England –, bereits in einer gewissen Blüte stand, Tür und Tor zu öffnen. Die Entwicklung des Fußballsports spiegelt deshalb auch in Mannheim den geschichtlichen und gesellschaftlichen Aufbruch jener Zeit wider.

Die vorliegende Darstellung von 25 Jahren Fußballsport in Mannheim von 1894 bis 1919 basiert auf authentischem Material, soweit Vereinsaufzeichnungen und Pressemeldungen jener Zeit als authentisch betrachtet werden können. Jede Entwicklungsphase, jedes Ergebnis ist belegbar; nichts wurde dem gerade auf diesem Gebiet weit verbreiteten „Hören-Sagen" entnommen. Zitate aus Zeitungen oder anderen Quellen sind wörtlich übernommen worden und stellen sowohl den Zeitgeist als auch Ausdrucks- und Schreibweise jener Epoche dar. Auch die zum Teil recht unterschiedliche Schreibweise vieler Vereinsnamen (z.B. Allemannia, Alemannia, Fußball-Club, Fußball-Klub oder Fußballklub) wurde beibehalten; diesbezügliche Abweichungen sind dadurch erklärbar.

Mein Dank gilt allen Personen, Vereinen und Verbänden, die mir Material zur Verfügung gestellt haben. Ganz besonders danken möchte ich den Mitarbeiterinnen und Mitarbeitern der Archive, in denen ich jahrelang nach Verwertbarem gesucht habe; stellvertretend für alle sei das Stadtarchiv Mannheim genannt.

Schließlich danke ich allen Personen, Firmen, Vereinen und Verbänden, die durch Vorbestellungen und die Übernahme des Verkaufs die Herausgabe dieses Buches wesentlich erleichtert haben. Ganz besonders seien hier genannt:

Boehringer Mannheim
Grimminger GmbH
Großkraftwerk Mannheim
Kicker Sportmagazin
Mannheimer Morgen
Rhein-Neckar-Zeitung
Stadt Mannheim
Vergin, Siegfried (MdB/SPD)
Volksbank Bezirk Schwetzingen e. G.
Volksbank Sandhofen e. G.
Volksbank Seckenheim e. G.

Inhalt

Die ersten „Klassen-Matches" 10
    Realschüler und Gymnasiasten auf der
    Schießhauswiese und Baublock 1892–1894
    Erste Spiele auf dem Exerzierplatz

Gründung des ersten Fußballvereins 10
    Fußball im Turnbund „Germania" 1895/96
    Mannheimer Fußball-Gesellschaft 1896

Das erste Vereins-Match 12
    Vereinigung Mannheimer Fußballspieler

Drei neue Vereine entstehen 12
    Mannheimer Fußball-Club „Viktoria" 1897
    Mannheimer Fußball-Gesellschaft „Union" 1897
    Mannheimer Fußball-Gesellschaft „Germania" 1897
    Gründung des Verbandes Süddeutscher Fußball-Vereine

Die ersten vier Vereine 13

Gemeinsamer Start im Jahre 1898 15
    Erster reger Spielverkehr in Mannheim
    Mannheimer Fußball-Verein 1898

Die erste Meisterschaftsrunde 1898/1899 16

Fußball im Umfeld Mannheims 17
    Fußball-Club „Phönix" Neckarau
    Fußball-Gesellschaft 1898 Seckenheim
    Fußball-Gesellschaft 1898 Schwetzingen
    Fußballgesellschaft-Vereinigung 1898 Schwetzingen

Der Mannheimer Fußball-Bund 21
    Gründung 1899
    Erste Bundeswettspiele 1899/1900

Erstes Auswahlspiel in Mannheim 22
    MFG 1896 gegen „Bund"
    Fußball-Gesellschaft „Sport" 1899 Mannheim
    Erste offizielle Schiedsrichterliste

Das Vereinsleben um die Jahrhundertwende 23

Fußball und Leichtathletik 25

Erstes internationales Wettspiel 25

Die erste schwere Krise 26
    Platzfrage und Schwierigkeiten im Spielbetrieb
    Die ersten Vereins-Auflösungen
    Mannheimer Fußball-Club „Frankonia"
    Fußball-Club „Bavaria" Mannheim

MFG 1896 als „Süddeutsche Auswahl" in Prag 27
    Krise verhindert Meisterschaftsspiele 1900/1901

Die erste Fusion von Fußballvereinen 29
    Mannheimer Sport-Club „Germania" 1897

Der „Bund" in Schwierigkeiten 30
    Ab 1901: Mannheimer Fußball-Bund
        Wettspielverband „Pfalzgau"
    Wettspiele um Pfalzgau-Meisterschaft 1901/1902
    Das Ende des Mannheimer Fußball-Bundes

Rugby-Fußball und Associations-Fußball in Heidelberg 31
    Fußball-Club Heidelberg-Neuenheim 02
    Akademischer Sport-Club Heidelberg

Ein Couleurband wird Vereinsfarbe 31
    Mannheimer Fußball-Club „Phönix" 02

Neugründungen trotz Krise 32
    Fußball-Club „Viktoria" Feudenheim
    Fußball-Gesellschaft „Germania" 03 Sandhofen
    Fußball-Club „Germania" Friedrichsfeld
    Mannheimer Fußball-Klub „Allemannia"
    Fußballclub 03 Ladenburg
    Fußball-Gesellschaft „Union" 03 Ladenburg

Meister die MFG 1896 – wer sonst? 34
    Offizielle Wettspiele des Pfalzgau-Ausschusses
    vom Verband Süddeutscher Fußball-Vereine

Fußball in der Schwesterstadt Ludwigshafen 36
    Fußball-Gesellschaft „Revidia" Ludwigshafen
    Fußball-Gesellschaft 03 Ludwigshafen
    Fußball-Club „Pfalz" Ludwigshafen
    Fußball-Club „Phönix" Ludwigshafen
    Sport-Club „Germania" 04 Ludwigshafen

Festigung des Mannheimer Fußballsports 37
    Erstes Endspiel der 3. Klasse in Mannheim
    Verbandstag in Mannheim

Wachablösung durch die MFG Union 1897 37
    1904/1905: Im Pfalzgau erstmals drei Klassen

Fußball-Boom in Neckarau 39
    Sechs neue Vereine im südlichen Vorort
    Fußball-Klub „Badenia" Feudenheim
    Fußball-Klub „Viktoria" Friedrichsfeld
    Fußball-Klub „Sport" 05 Schwetzingen

Die ersten vereinseigenen Platzanlagen 40
    1905: MFC Viktoria 1897 und MFG 1896

„Viktoria" für MFC Viktoria 1897 42
   Meister der Verbandsrunde 1905/1906

Städtespiel Frankfurt gegen Mannheim 44

Erstaunliche Serie der MFG 1896 45

Die MFG 1896 – Mannheims größter Fußballclub 46
   Mannheimer Fußball-Gesellschaft „Palatia"
   Sport-Gesellschaft „Olympia" 1906 Mannheim
   Fußball-Gesellschaft „Concordia" Mannheim
   Drei Clubs im Ortsteil Waldhof

Karnevalsgesellschaft Feuerio als Fußballsponsor 48
   1906 erstmals um „Feuerio-Pokal"

Die MFG 1896 meldet sich zurück 49
   Meister im Neckargau 1906/1907
   Mannheimer Fußball-Club „Badenia"

Die MFG 1896 unter den „Auserwählten" 50
   Frühjahr 1907 in Prag

Erstmals englische Profis in Mannheim 50
   Zum 300jährigen Stadtjubiläum

Städtekampf und DFB – Endspiel 52
   Mai 1907: Mannheim gegen Frankfurt
   11. DFB-Verbandstag in Mannheim

Weitere Neugründungen und Zusammenschlüsse 56
   Sport-Verein Waldhof 07
   Sport-Verein „Helvetia" 1907 Mannheim
   Fußball-Vereinigung 07 Neckarau
   Mannheimer Fußball-Gesellschaft „Kickers"
   Fußball-Klub „Union" 07 Seckenheim

Saison 1907/1908: „Viktoria" vor „Union" 58

Meister „Viktoria" knapp gescheitert 59
   1907/1908: Vize-Meister im Nordkreis

Die Schule öffnet sich dem Fußballsport 60

„Union" VfB und MFC 08 Lindenhof 61
   „Union" Verein für Bewegungsspiele Mannheim 1897
   Mannheimer Fußball-Club 1908 Lindenhof

Platzeinweihung beim Sportverein Waldhof 64
   Trautmann (Viktoria) im DFB-Kader

Einweihung des „Union"-Platzes 66

Der Niedergang des MSC Germania 1897 66
   Mitglieder-Liste des Neckargaues
   Anschluß der „Germania" an „Union"

Mannheim im Südkreis unter „ferner liefen" 68
   1908/1909: Erstmals Südkreis-Liga

MFC Phönix 02 wird Süddeutscher B-Klassen- und
Pokal-Meister 70

Erstes Verbandsspiel des Sportverein Waldhof 71
   1908/1909: Die C-Klassen
   Fußball-Club „Viktoria" 1905 Heidelberg
   Fußball-Club „Britannia" Heidelberg
   Fußball-Gesellschaft „Alemannia" Ilvesheim
   Fußball-Club „Phönix" Sandhofen
   Fußballklub „Amicitia" Waldhof 1908

Prag in Mannheim 72

Erstes deutsches „Sechser-Turnier" in Mannheim 72
   Internationale Olympische Spiele
   Mannheimer Fußball-Klub „Weststadt"

Militär-Fußball in Mannheim 73
   Feuerio-Pokal in Turnierform

Um den Kronprinzen-Pokal in Mannheim 74
   Oktober 1909: Süddeutschland gegen Westdeutschland

FK Katholischer Jünglingsverein Neckarau 74
   Konfessionelle Fußballvereine in Neckarau
   und Feudenheim

Unwiderstehliche MFG 1896 76
   1909/1910: Wieder Westkreis-Meister

Die MFG 1896 scheiterte am Deutschen Meister 78

SV Waldhof in der B-Klasse 78
   Fußball-Gesellschaft „Olivia" Mannheim

Mammut-Programm der Union VfB Mannheim 80

Deutschland mit Trautmann 82
   April 1910: Schweiz gegen Deutschland

Westkreis gegen Nordkreis 83

Das Umfeld Mannheims formiert sich 84
   Fußball-Club Viktoria 1908 Neckarhausen
   Sportverein 09 Viernheim
   Fußballklub „Amicitia" 09 Viernheim
   Fußballverein 09 Weinheim
   Fußball-Club „Viktoria" 1910 Wallstadt
   Fußball-Club „Fortuna" 1910 Edingen
   Fußballverein 1910 Schwetzingen
   Sportfreunde Ladenburg
   Fußballverein „Fortuna" 1911 Heddesheim

7

Veränderungen auch in Mannheim. 88
    Fußball-Klub „Sportfreunde" Mannheim
    Mannheimer Ballspiel-Klub 1904
    Sport-Club 1910 Käfertal
    Sportabteilung des TV Mannheim von 1846

Erster englischer Trainer in Mannheim. 90

Einweihung des „Phönix"-Platzes 90

Schüler – Fußball. 91

Die MFG 1896 – ein souveräner Meister 91
    1910/1911: Im Westkreis

Im „Kronprinzen-Pokal" mit Mannheimer Beteiligung 93

B-Klassen-Meister SV Waldhof weiht Platzanlage ein 95
    1910/1911: Meister der B-Klasse Neckargau
    Spiele um die Westkreis-Meisterschaft B-Klasse

Auch FC Phönix Sandhofen ist Meister. 101
    1910/1911: Westkreis-Meister der C-Klasse

Abgeschlagene MFG 1896 101
    Spiele um die Süddeutsche Meisterschaft 1910/1911

Das „Kornblumentag-Spiel". 102
    Die ersten Wohltätigkeits-Spiele
    Platzeinweihung des FC Viktoria Feudenheim

Fortsetzung der Neugründungen und Zusammenschlüsse . . . 105
    Sport-Verein Neckarau
    Sport-Club Neckarstadt
    Sport-Gesellschaft Olympia-Sportfreunde 1906 Mannheim
    Fußball-Gesellschaft „Germania" Feudenheim

Kronprinzenpokal und Schlußspiel der C-Klasse 105

Eine ganz normale Spielzeit? 106
    1911/1912: Von Fusion wird gesprochen

Die Geburtsstunde des VfR Mannheim 108

Die ersten Spiele des VfR Mannheim 109

MFC Phönix 02 wird Westkreis-Meister 110

Erste gewählte Verwaltung des VfR Mannheim 112

Gerangel um den MFC Phönix 02 117

„Phönix" Mannheim Süddeutscher Vize-Meister 118

Sportverein Waldhof wieder B-Klassen-Meister 120

Neckarhausen Westkreis-Meister der C-Klasse 121

Süddeutsche Privat-Pokal-Runde 124

Erste Schiedsrichter-Organisation in Mannheim 124

Die „Queen's Park Rangers" in Mannheim. 128

Westkreis-Meister VfR Mannheim. 131

Sandhofen scheiterte an Metz 133
    1912/1913: Meister der A-Klasse, Bezirk I
    Fußball-Verein Sandhofen

Neckarau Süddeutscher Vize-Meister der B-Klasse 135

C-Klasse mit vielen neuen Gesichtern 136
    Mannheimer Sport-Club „Komet" 08
    Sport-Verein Alemannia Mannheim
    Mannheimer Fußball-Klub „Union" 1912

Mannheim in der DFB-Statistik 138

Feiertags- und Firmen-Fußball 140
    Erstes Spiel um Firmen-Meisterschaft

Süddeutsche Meisterschaft und „Hundebiß-Affäre". 142
    1912/1913: VfR Mannheim knapp gescheitert

Vaterländische Gedenkspiele 144

Zahlreiche Neugründungen 145
    Mannheimer Fußball-Verein 1910
    VfB 1913 Waldhof
    Mannheimer Fußball-Gesellschaft 1913
    Mannheimer Fußball-Klub „Viktoria" 1912
    Fußball-Club „Hertha" Mannheim

Städtespiel und Verbandstag in Frankfurt 147

Erster Mannheimer Firmen-Fußball-Meister 149

VfR Mannheim wieder Westkreis-Meister 152

Der große Erfolg des Sportverein Waldhof 152
    1913/1914: Meister der A-Klasse Neckargau
               Westkreis-Meister der A-Klasse
               und Aufstieg in Liga-Klasse
               Süddeutscher Meister der A-Klasse

FG Kickers Mannheim letzter B-Klassen-Meister 155

Eine neue C-Klasse 156
    Sportvereinigung „Fortuna" 1910 Edingen

Deutscher Flotten-Meister beim VfR Mannheim 158
    Sportabteilung des Evangelischen Jünglingsvereins
    Große Fußball-Schau des MFC Phönix 02

Ein enttäuschender VfR Mannheim 160
    1913/1914: Letzter bei Spielen um die
        Süddeutsche Meisterschaft
    Die Stadion-Pläne des VfR Mannheim
	Fußball zugunsten der „U-Boot-Spende" 187
	Herbst-Verbandsspiele 1917 und
	    Spiele um den Kriegs-Pokal 188
	MFC Phönix 02 wird Westkreis-Meister 189

Full two-column table of contents:

- Ein enttäuschender VfR Mannheim 160
  - 1913/1914: Letzter bei Spielen um die Süddeutsche Meisterschaft
  - Die Stadion-Pläne des VfR Mannheim
- Erstmals VfR Mannheim gegen SV Waldhof 162
- Beachtliche Stärke der jüngsten Vereine 164
  - Sport-Verein „Teutonia" Mannheim
  - Fußball-Abteilung Turnerbund Jahn Neckarau
- Bradford City bei „Phönix" Mannheim 165
- Pfingstreise des VfR Mannheim nach Wien 166
- Erste Pokalspiele und Mannheimer Firmenmeisterschaft 1914 166
  - Erste offizielle Pokalrunde im Westkreis
- Kriegshilfe-Fußballrunde Mannheim/Ludwigshafen 168
- Neugründungen und Städtespiel 172
  - Fußballklub „Badenia" 1914 Seckenheim
  - Sportverein 1914 Wallstadt
  - Sportverein Olympia Mannheim 1913
- Frühjahrsrunde 1915 Mannheim/Ludwigshafen 174
- Gau-Kriegsspiele um die Westkreis-Meisterschaft 175
  - Übereinkunft DFB und Deutsche Turnerschaft
  - Sport-Klub „Viktoria" Heidelberg
  - Turn-Verein Heidelberg
  - 1915/1916: VfR Mannheim wird Abbruch-Sieger
- Verbandsspiele um den Eisernen Fußball 1916 179
- Die Schiedsrichter-Vereinigung Mannheim 180
- Fußball an der Front 180
- Wiedergeburt des MFC 08 Lindenhof 181
  - Sportverein und Spielvereinigung Lindenhof
  - Fußball-Gesellschaft Germania 1913 Friedrichsfeld
- Herbst-Verbandsspiele 1916/1917 182
  - Mammutprogramm in 2 Klassen und 4 Bezirken
- Schwarze Serie des VfR Mannheim 184
- Westkreis-Meisterschaft 1916/1917 185
- Die Kronprinzen-Pokalspiele 1916/1917 185
- Die Frühjahrs-Verbandsrunde 1917 186

- Fußball zugunsten der „U-Boot-Spende" 187
- Herbst-Verbandsspiele 1917 und Spiele um den Kriegs-Pokal 188
- MFC Phönix 02 wird Westkreis-Meister 189
- Der MFC Phönix 02 auch im Pokal-Geschäft 190
- Freundschaftsspiele im Rhein-/Neckar-Raum 190
- Die Frühjahrs-Verbandsrunde 1918 191
- Drei Städteauswahl-Spiele 192
- Militär-Fußball und Hindenburg-Wettkämpfe 193
- Kriegsbedingte Vereinigungen in Mannheim 196
  - Kriegsmannschaft 1918 Mannheim
  - Sportvereinigung Neckarau
- Herbst-Verbandsspiele 1918 196
- Pokalspiele im Pfalz-Neckargau 197
  - Besetzung der Pfalz verhindert Fußballspiele
- Die Mannheimer Pokal-Runde 1918 199
- Die ersten Nachkriegs-Fusionen 201
  - Spielvereinigung Sandhofen 1903
  - Spielvereinigung 07 Mannheim
- Um den „Mannheimer Silberschild" 203
- Frühjahrs-Verbandsrunde 1919 205
  - Rekordbeteiligung in 4 Bezirken
  - Fußball-Club Phönix Heidelberg-Neuenheim
  - Fußball-Club „Germania" Heidelberg
  - Verein für Bewegungsspiele (VfB) Heidelberg
  - Fußball-Club Alemannia 1918 Rheinau
  - Sportverein 05 Neckarau
- Ausklang der letzten Kriegs-Saison 1918/1919 209
  - Fusion MFC Phönix 02 und MFC Viktoria 1912
  - Sportvereinigung Viktoria 1919 Neckarau
  - Fußball-Vereinigung 1898 Seckenheim
  - Sportvereinigung 1919 Wallstadt
- Neueinteilung des Verbandsgebietes 214
- Epilog 215
- Statistik 216
- Sach – Index 232
- Personen – Index 237
- Literaturnachweis 251

Die ersten „Klassen-Matches"

Man schrieb das Jahr 1892. Auf Drängen der Großherzoglichen Realschule in N 6,4 überließ der Rat der Stadt Mannheim den Realschülern ein Spielfeld bei der Schießhauswiese in der Nähe des „Alten Exerzierplatzes" (etwa im heutigen Westteil des Luisenparkes in Höhe des Theresienkrankenhauses) zur Austragung von Rasenspielen. Initiator war Professor Dr. Carl Specht, der zuvor auf einer Englandreise mit dem dort bereits eifrig betriebenen Fußballspiel in Berührung gekommen war und seine Schüler mit dieser neuen Sportart vertraut machte. In anderen deutschen Städten hatte das Fußballspiel schon Liebhaber gefunden. Mit Staunen, aber auch mit einem gewissen Unverständnis betrachteten die Mannheimer den Professor und seine Schüler, wenn sie hinter einem Ball herrannten. Fasziniert dagegen Mannheims Buben, die schon bald dieses Spiel zu dem ihrigen machten, und es dauerte nicht lange, bis sie in Gassen und auf Plätzen „Engländerles" – wie man das Fußballspiel anfangs nannte –, spielten. Was noch niemand ahnen konnte, wurde zur Tatsache: eine neue Sportart hielt Einzug in Mannheim.

Im September 1894 zog die Realschule von N 6,4 an den Friedrichsring Nr. 1 um und erhielt als Spielplatz den in unmittelbarer Nachbarschaft gelegenen Baublock, auf dem später der Rosengarten gebaut wurde. Ein Platz aus Lehm und Kies, groß genug, daß Klassenmannschaften, die sich alsbald bildeten, der neuen Sportart nach Schulschluß ausreichend huldigen konnten. Die Hauptakteure dieser Klassenmannschaften wie Eichhorn, Kinzinger, Marquardt, Schellmann, Schrade und Weikel werden später in den ersten Vereinsmannschaften wieder auftauchen.

Dasselbe gilt für die Realgymnasiasten, die zunächst auf ihrem Spielplatz im Schloßgarten Rugby spielten, sich aber nach dem Verbot des Rugbyspiels durch die Schuldirektion ebenfalls dem Fußballspiel zuwandten und den Realschülern erste „Klassen-Matches" lieferten. Es waren Spieler wie Derschum, Döpfner, Idstein, Kratochvil, Seiler, Wambold und Wünsch, die sich besonders hervortaten. Schon bald erwies sich der Baublock als zu klein, und so zog man mit Einverständnis der Stadtverwaltung und der Militärbehörden zum Exerzierplatz bei Käfertal. Hier hatten die Jugendlichen nicht nur ausreichend Platz, sondern auch einen Grasboden frei von Staub; ein nachgerade ideales Spielfeld.

Bald fühlten sich die Realschüler stark genug, gegen fremde Mannschaften anzutreten. Im November 1894 fuhr Professor Specht mit zwei Mannschaften der Realschule nach Heidelberg, um sich den Engländern vom Neuenheimer College zu stellen. Die Senioren verloren mit 0:2 Toren, aber die Junioren erreichten ein vielbejubeltes 1:1 Unentschieden, wobei Edgar Ladenburg der glückliche Torschütze der Mannheimer war; er besaß übrigens als erster Mannheimer richtige Fußballstiefel. Ein Jahr später kamen die Engländer aus Heidelberg zum Rückspiel nach Mannheim. In einem Schafstall, ein Teil des Exerzierplatzes war an eine Schäferei verpachtet, kleidete man sich um. Die Mannschaft der Realschule war um drei ehemalige Schüler verstärkt worden, darunter Schrade vom Mannheimer Turnerbund „Germania". Das 0:0 Endergebnis wurde von den Realschülern wie ein Sieg gefeiert und bestärkte sie in dem Glauben, noch Größeres leisten zu können.

Gründung des ersten Fußballvereins

Die Fußballbegeisterten waren um die Jahrhundertwende 1895/1896 bestrebt, sich zusammenzuschließen in dem Bewußtsein, daß nur eine Konzentration der Kräfte sie weiterbringen könne. Alex Schrade, Absolvent der Realschule, scharte die tüchtigsten Spieler um sich und gründete im Mannheimer Turnerbund „Germania" eine Fußballabteilung. Er mußte jedoch schon bald feststellen, daß seiner Gruppe mehr Unverständnis als Unterstützung entgegengebracht wurde, so daß sich die Abteilung zwangsläufig wieder auflöste.

Aber Alex Schrade gab nicht auf. Im Frühjahr des Jahres 1896 schlossen sich Realschüler, Realgymnasiasten und Absolventen beider Schulen unter seiner Führung zusammen und gründeten die

Mannheimer Fußballgesellschaft 1896 (MFG 1896).

Der sportbegeisterte Professor Specht stand als opferwilliger Freund dem Verein mit Rat und Tat bei. Mit geringen finanziellen Mitteln mußte begonnen werden; passive Mitglieder gab es noch nicht. Jeder Spieler steuerte von seinem meist kärglichen Taschengeld soviel bei als möglich, damit die einfachsten Geräte angeschafft werden konnten: ein Ball, vier Torstangen, zwei Torleinen zum Überspannen der Torstangen und vier „Corner"-Fähnchen. Äußerst sparsam war auch der Sportdreß: weiße Turnerjacken und schwarze Hosen sowie gewöhnliche Straßenstiefel.

Ihr erstes Match trug die Mannheimer Fußball-Gesellschaft 1896 im Juni 1896 gegen die Realschule aus und verlor mit 0:1 Toren, da die dem Verein angehörenden Realschüler in der Schul-Mannschaft spielen mußten. Dies war für lange Zeit das einzige Spiel der Mannheimer Fußball-Gesellschaft 1896; in Mannheim und der näheren Umgebung gab es noch keine anderen Vereine, in denen man Fußball spielte, und für weite Fahrten wie etwa nach Karlsruhe fehlte das Geld. Die Spieler der MFG 1896 beschränkten sich deshalb auf „intensives Üben wochentags auf dem Baublock hinter der Realschule und sonntags auf dem Exerzierplatz".

Erstmals wurde in Mannheim im „General-Anzeiger" am 15. Juli 1896 von einem Fußballspiel berichtet. In dieser Mittwoch-Ausgabe war unter der Rubrik „Aus Stadt und Land" zu lesen:

> „Fußballmatch. Heute nachmittag 6 Uhr findet auf dem Spielplatz des Gymnasiums (Schloßgarten) eine Revanche zwischen dem Gymnasium-Fußballklub und der Realschule statt. Das Wettspiel wird sehr interessant werden, da sich zwei gute Mannschaften gegenüberstehen!"

Das Spiel endete 2:2 unentschieden.

Das einjährige Vereinsjubiläum der Mannheimer Fußball-Gesellschaft 1896 wurde im Lokal „Wilder Mann" in N 2,13 feierlich begangen; Höhepunkt bildete „eine photographische Aufnahme der Mannschaft", die erste Darstellung aus dem Mannheimer Fußballgeschehen.

Mit Spannung sah man dem zweiten Spiel der Mannheimer Fußball-Gesellschaft 1896 am 16. Mai 1897 wieder gegen die Realschule entgegen. Auch der „General-Anzeiger" machte seine Leser auf diese Begegnung aufmerksam und schrieb u. a.:

> „Jedoch soll auch der neugegründete Verein (M.F.G.) über einige gute Kräfte verfügen, und wird somit ein

Mannheimer Fußball-Gesellschaft 1896
Die Gründungs-Mannschaft mit v. l. stehend: Schrade, Frey, Schellmann, Bierreth, Weikel, Heppes, Idstein, Wünsch, Murr, Wambold, Heilig, Derschum; liegend: Hotz und Seiler

heftiger Kampf zwischen beiden Parteien entbrennen, indem doch die Schüler der Realschule ihre bereits errungenen Lorbeeren nicht ohne Weiteres an Andere abtreten werden. Auf den Ausgang des Matches ist man sehr gespannt."

Das Treffen auf dem Exerzierplatz endete 0:0 unentschieden und wurde von zahlreichen Zuschauern aufmerksam verfolgt. Am 17. Mai 1897 berichtete der „General-Anzeiger" darüber:

> * **Fußball-Match.** Ueber den am Samstag, 15. cr. angezeigten Match zwischen den Schülern der hiesigen Realschule und dem Verein „Mannheimer Fußball-Gesellschaft" wird uns Folgendes geschrieben: Der Match begann um 4 Uhr und war von ganz befriedigendem Wetter begleitet; an den Zuschauern fehlte es auch nicht. Am Anfang des Spieles war der Verein den Realschülern sichtlich überlegen, wenn Letztere auch hin und wieder vor das feindliche Gral (Mal) kamen, woselbst jedoch die Angriffe immer energisch zurückgewiesen wurden. Erst in der zweiten Hälfte des Matches schwankte das Spiel hin und her und schienen die Realschüler im Vortheil zu sein. Es ist dies auch ganz begreiflich, wenn man bedenkt, daß die Realschüler schon mehrere Wettspiele siegreich ausfochten, während gestern der noch junge Verein zum ersten Mal ins Feld zog. Man fand z. B. ganz gut heraus, daß die Realschüler ruhiger spielten gegenüber den Spielern des Vereins. Dieses ruhige, überlegte Spiel ist dem Letzteren zur Nachahmung sehr zu empfehlen. Trotzdem aber hielt sich der Verein sehr wacker, wenn man noch bedenkt, daß bei Letzterem ein Spieler überhaupt nicht mitspielen konnte, in Folge dessen für ihn ein anderer eintreten mußte, und ferner ein Spieler unwohl war und seine Collegen nur sehr wenig unterstützen konnte. Der Match endete ¼6 Uhr und blieb unentschieden, woraus hervorgeht, daß gen. Verein doch schon ziemlich gute Uebung in seinem Spiele haben muß und rufen wir demselben ein kräftiges „Hipp, Hipp, Hurrah" zu seinem weiteren Bestehen zu. Voraussichtlich findet nächsten Sonntag der Entscheidungs-Match statt und sieht man demselben mit Spannung entgegen. Unfälle sind bei dem Matche so gut wie ausgeschlossen und ist dies auch bei diesem Spiel wenig der Fall. Die vor Kurzem in verschiedenen Blättern gebrachte Notiz, daß Fußball-Spiel sei der gefährlichste Sport, bedarf deßhalb einer Erläuterung insofern, als jene Notiz dieses Spiel nicht berührt, sondern sich lediglich auf das Rugby-Spiel bezieht.

Das erste Vereins-Match

Im Sommer des Jahres 1897 gründeten Realschüler und junge Kaufleute unter Führung von E. Föckler die

Vereinigung Mannheimer Fußballspieler,

die am 25. Juli 1897 ihr erstes Match gegen die Mannheimer Fußball-Gesellschaft 1896 auf dem Exerzierplatz austrug und mit 0:15 Toren verlor. Auch das Retourspiel, eine Woche später, endete mit demselben Ergebnis. Einen ersten kompletten Spielbericht bot der „General-Anzeiger" seinen Lesern zum dritten Treffen beider Mannschaften am 15. August 1897, das die Mannheimer Fußball-Gesellschaft 1896 mit 9:0 Toren für sich entscheiden konnte:

> * **Fußball.** Das gestern stattgehabte Wettspiel zwischen der Mannheimer Fußball-Gesellschaft und der „Vereinigung" nahm folgenden Verlauf: Das Spiel begann bei dem besten Wetter um ½5 Uhr und dauerte 100 Minuten (45 Min. 10 Min. Pause und 45 Min.) Die beiden Vereine hatten ihre besten Leute auf dem Platze und bestand die Mannschaft der M. F.-G. aus folgenden Leuten: Goolmann, Herrn Bierreth; Fullbacks, Herren Frey und Schellmann, Halfbacks, Mitte Herr Seiler, links Herr Murr und rechts Herr Hotz; Forward, Mitte Herr Wünsch, links Herren Wambold und Schrade, und rechts Herren Derschum und Idstein. Den Anstoß hatte die Gesellsch. Es wurde nun auf das Hartnäckigste gekämpft und das erste Gool nach 12¾ Min. durch Herrn Wünsch (Ges.) gestoßen. Das 2. trat nach brillantem Durchfixiren Herr Wambold, dem bald nachher das 3. und schönste Herr Idstein folgen ließ. Das 4. trat wiederum Herr Wünsch. Nun wechselten nach 10 Min. Pause die beiden Parteien den Platz. Der Match begann aufs neue und spielten jetzt die Backs der Gesellschaft vortrefflich. Herr Seiler, der Mitte Halfback hielt, zeichnete sich durch schnelles Abnehmen und sicheres Zustoßen an die Forward aus. Die beiden anderen Backsherren Hotz und Murr traten ebenfalls durch sicheres, ruhiges Spiel hervor. Die beiden Fallbacks Herren Frey und Schellmann kitten in brillanten Bogen den Ball von der Linie bis zu Füßen der Forward und ernteten großen Beifall der Zuschauer. Der Goolmann Herr Bierreth konnte sein gutes Spielen nicht in Anwendung bringen, da es den Spielern der Vereinigung nicht gelang, auch nur einen Versuch auf das Gool zu machen. Auch die Forward der Gesellschaft spielten in der zweiten Hälfte ausgezeichnet und erregte Herr Schrade durch gewandtes Zuspielen die Aufmerksamkeit des Publikums, ebenso Herr Derschum. Der Schiedsrichter Herr Heilig konnte als Resultat feststellen: „Die Mannheimer Fußball-Gesellschaft siegte mit 9 Gool zu 0 bei der „Vereinigung". Die Gool vertheilen sich so, daß Herr Wünsch 5, Herr Wambold 2 und Herren Schrade und Idstein je eins traten". Das Spiel verlief sehr ruhig, nur ließen sich einige Leute der Vereinigung Verstöße zu Schulden kommen, indem sie die Spieler der Gesellschaft mit einigen nicht sehr feinen Ausdrücken traktirten.

Zu dieser Revanche kam es dann doch nicht, denn kurz danach löste sich die Vereinigung Mannheimer Fußballspieler wieder auf.

Drei neue Vereine entstehen

Ab August des Jahres 1897 überstürzten sich die Ereignisse in Mannheims Fußballgeschehen regelrecht. Das Gros der Aktiven der aufgelösten Vereinigung Mannheimer Fußballspieler gründete Ende August 1897 den

Mannheimer Fußball-Club „Viktoria" 1897.

Aber schon das erste Spiel dieses MFC Viktoria 1897 gegen die Mannheimer Fußball-Gesellschaft 1896 am 29. August 1897 wurde beim Stand von 7:0 für die MFG 1896 in der 70. Spielminute wegen Meinungsverschiedenheiten abgebrochen. In einem am 1. September 1897 veröffentlichten Brief des MFG-Vorstandes im „General-Anzeiger" hieß es u. a.:

„Der Viktoria geben wir den Rath, sich erst mit den Fußballregeln vertraut zu machen, ehe sie wieder gegen einen Verein spielen will. Andere Vereine hätten an unserer Stelle gar nicht mit der Viktoria gespielt und kann uns diese nur Dank wissen dafür, daß wir in so kameradschaftlicher Weise ihre Match-Anträge bewilligt und ihr dadurch zu einem tüchtigen Schritt vorwärts verholfen haben."

Ein wichtiges Datum für den Mannheimer Fußballsport stellte der 17. Oktober 1897 dar, an dem im Lokal „Landsknecht" zu Karlsruhe die Verteter der acht führenden süddeutschen Vereine (Karlsruher FV, FC Pforzheim, FC Fidelitas Karlsruhe, FC Heilbronn, FC Phönix Karlsruhe, Hanauer FC 1893, FC Germania Frankfurt und Mannheimer Fußball-Gesellschaft 1896) den

Verband Süddeutscher Fußball-Vereine

gründeten. Damit hatte die Mannheimer Fußball-Gesellschaft 1896 Anschluß gefunden an die süddeutsche Fußballbewegung, was ihr Auftrieb gab und die Spielstärke innerhalb kurzer Zeit wesentlich hob.

Bereits am 24. Oktober 1897 trat mit dem FC Germania Frankfurt der erste auswärtige Verein in Mannheim an und besiegte die MFG 1896 auf der im Luisenpark gelegenen Radrennbahn knapp mit 1:0 Toren. Erstmals erschien die Meldung im „General-Anzeiger" unter der Rubrik „Sport". Schon eine Woche später gewann der Karlsruher Fußball-Verein bei der MFG 1896 mit 7:0 Toren. Die Karlsruher zeigten dabei ein derart begeisterndes Spiel, daß die MFG-Spieler beschlossen, künftig dieselbe Spielkleidung zu tragen wie die Karlsruher, nämlich schwarz-rote Blusen und schwarze Hosen. Eine wertvolle Verstärkung erhielt die Mannheimer Fußball-Gesellschaft 1896 im November 1897 durch den Engländer John Hutton, der sich als Spielertrainer zum Lehrmeister im Dribbeln, Flanken und Schießen entwickelte.

Am 6. November 1897 wurde unter Führung von Heinrich Scholl, Karl Leger und H. Kaiser die

Mannheimer Fußball-Gesellschaft „Union" 1897

als dritter Verein aus der Taufe gehoben. Als es kurz danach beim Mannheimer Fußball-Club Viktoria 1897 zu einer Abspaltung kam, gründeten die Abtrünnigen unter Ludwig Banzhaf und Bossert die

Mannheimer Fußball-Gesellschaft „Germania" 1897.

Mannheim hatte nun vier Vereine und der „Exe", wie der Exerzierplatz genannt wurde, bot jeden Sonntag ein buntes Bild reger Sporttätigkeit.

Die ersten vier Vereine Mannheims

Wer waren nun im zu Ende gehenden Jahr 1897 diese vier Vereine, die – es sei vorweg genommen –, Mannheims Fußballsport begründeten?

Die *Mannheimer Fußball-Gesellschaft 1896*, Vereinsfarben Schwarz-Rot, hatte sich als Vereinslokal den „Wilden Mann" in N 2,11 erkoren und wurde von Karl Eith (1. Vorsitzender) und Alex Schrade geführt. Erster „Captain" war John Hutton. Die Mannschaft setzte sich aus folgenden Spielern zusammen: Derschum, Eith, Feucht, Frey, Gött, Gutmann, Hotz, Hudson, Hutton, Kratochvil, Leeb, Marquardt, Schalk, Schellmann, Schrade, Seiler, Wambold, Wünsch und Zimmermann.

Der *Mannheimer Fußball-Club Viktoria 1897* spielte in Gelb-Rot, wurde von Oswald Bock (1. Vorsitzender) und Adam Weick geführt. „Captain" war Heinrich Preis und das Vereinslokal „Kaiser Wilhelm" befand sich in S 3,1.

Die *Mannheimer Fußball-Gesellschaft Union 1897* trug die Vereinsfarben Schwarz-Blau, wurde von Heinrich Grosch (1. Vorsitzender) und Karl Leger geführt. Als „Captain" fungierte Karl Kümmerle. Vereinslokal war die Wirtschaft Alter Holzhof" in U 3,19. Die Mannschaft bestand aus: Adler, Beyer, Galm, Hennhöfer, König, Kümmerle, Kutterer, H. Langenbein, Messerschmidt, O. Philipp, Scholl, Spieß, Stumpf, F. Weinreich und Zipf.

Mannheimer Fußball-Gesellschaft 1896
Die Mannschaft im Spätjahr 1897 mit v. l.: Eith, Frey, Wünsch, Gutmann, Hudson (Trainer), Schellmann, Hutton, Feucht, Wambold, Leeb, Zimmermann, Derschum, Marquard, Hotz, Seiler, Gött, Kratochvil, Schrade und Schalk

Mannheimer Fußball-Gesellschaft „Union" 1897
Die Gründer-Mannschaft mit v. l. stehend: Spieß, Langenbein, Hennhöfer, Zipf, Beyer, Scholl, König, Galm und Kutterer; sitzend: Stumpf, Messerschmidt, Kümmerle und Adler; liegend: Philipp und Weinreich

Mannheimer Fußball-Gesellschaft „Germania" 1897
Die Gründer-Mannschaft mit v. l. stehend: K. Ruppender, F. Reichenbach, F. Fanz, H. Bardong, W. Größle, A. Fanz, L. Banzhaf, Gg. Hafner; sitzend: L. Hirsch, A. Lösch, J. Novotny

Die *Mannheimer Fußball-Gesellschaft „Germania" 1897* hatte als Vereinsfarben Schwarz-Gelb gewählt und wurde von Stephan Hüller (1. Vorsitzender) und Carl Kutterer geführt. Als Vereinslokal diente das Restaurant „Kiautschau" in Q 5,1. Die Kapitänsbinde trug Ludwig Banzhaf, die Mannschaft bildeten: L. Banzhaf, H. Bardong, A. Fanz, F. Fanz, W. Größle, G. Hafner, L. Hirsch, A. Lösch, J. Novotny, F. Reichenbach und K. Ruppender.

Gemeinsamer Sportplatz aller vier Vereine war der Exerzierplatz, der jeden Sonntag zur Verfügung stand.

Zur Demonstration des damaligen Vereinslebens in Mannheim mögen folgende Zahlen dienen. Ende 1897 zählte die Stadt etwa 120 000 Einwohner und hatte neben den genannten Fußballvereinen noch 23 Sportvereine (überwiegend Radfahrer-, Ruder-, Turn-, Athleten- und Schützenvereine) sowie rund 90 Vereine, die dem geselligen Leben dienten wie Gesangs- und Musikvereine, Militärvereine und sonstige Unterhaltungsvereine. Laut Mannheimer Adreßbuch gab es 59 Hotels und Gastwirtschaften sowie 506 (!) Restaurationen und Schankwirtschaften im Stadtgebiet, in denen sich ein Großteil des Vereinslebens abspielte.

Gemeinsamer Start im Jahre 1898

Die vier Mannheimer Fußballvereine zogen im Frühjahr 1898 einen regen Spielbetrieb auf. Wie nicht anders zu erwarten war, zeigten die Mannschaften enorme Unterschiede in ihrer Spielstärke. Ihr erstes Spiel verlor die MFG Germania 1897 am 16. Januar 1898 gegen die MFG 1896 mit 0:18 Toren. Der „General-Anzeiger" vertrat die Meinung:

> *„Die Germania hielt sich dennoch wacker und hoffen wir, daß sie diesem ersten Match weitere folgen läßt und bald Erfolge verzeichnen kann."*

Die Mannheimer Fußball-Gesellschaft 1896, die verständlicherweise die stärkste Mannschaft hatte, suchte nun verstärkt auswärtige Gegner zu gewinnen. Am 6. Februar 1898 empfing sie den FC Franconia Karlsruhe. Der „General-Anzeiger" warb für dieses Treffen wie folgt:

> *„Dieses Wettspiel wird wohl das Interessanteste dieser Saison sein, wovon wir umso mehr überzeugt sind, weil „Franconia" sich eines besonders guten Rufs in sportlichen Kreisen erfreut. Gleichzeitig können sich*

die werthen Zuschauer auch davon überzeugen, daß das deutsche Fußballspiel keine Rohheiten kennt und durchaus nicht verdient, fast wöchentlich als gefährlicher Sport verdammt zu werden, sondern nur dazu da ist, um Thatkraft, Muth und Geistesgegenwart zu entwickeln respektive zu fördern."

Das Spiel endete nach beiderseits guten Leistungen 1:1 unentschieden und stellte den ersten Erfolg einer Mannheimer Mannschaft gegen eine auswärtige dar. Als die Mannheimer Fußball-Gesellschaft 1896 am 3. April 1898 den FC Germania Frankfurt empfing (6:1 Sieg für die MFG 1896!), mahnte der „General-Anzeiger" einen Tag zuvor:

„Gleichzeitig möchten wir das verehrte Publikum im Namen der beiden Vereine bitten, sich den Anordnungen der beiden Linienrichter zu unterwerfen und die Grenzen des Spielfeldes nicht zu überschreiten!"

Mittlerweile hatte auch die Mannheimer Fußball-Gesellschaft Union 1897 ihren Spielbetrieb aufgenommen: am 13. Februar 1898 unterlag sie der MFG Germania 1897 mit 0:2 Toren. Aber schon drei Wochen später trennten sich beide Mannschaften 0:0 unentschieden und die Presse vertrat die Meinung:

„Union hat Riesenfortschritte gemacht und zeichnet sich durch nobles Spiel aus!"

Der Mannheimer Fußball-Gesellschaft 1896 war es vorbehalten, als erster Mannheimer Verein bei einem auswärtigen Club anzutreten: am Ostermontag, dem 17. April 1898, verlor die Mannschaft beim FC Franconia Karlsruhe mit 0:2 Toren. Am 24. April 1898 trat die Mannheimer Fußball-Gesellschaft 1896 zum ersten Male mit einer zweiten Mannschaft an die Öffentlichkeit. Wie stark das Spielerreservoir in diesem Verein schon war, bewies die Tatsache, daß eben diese zweite Mannschaft die erste Mannschaft der Mannheimer Fußball-Gesellschaft Union 1897 mit 6:2 Toren besiegte.

Erstmals Eintritt erhoben wurde beim Spiel der MFG 1896 gegen die MFG Union 1897 (4:0), das am 12. Juni 1898 anläßlich eines Sportfestes des Radtourenklubs Mannheim auf dem Radrenn-Sportplatz im Luisenpark zur Austragung kam. Die Einnahmen flossen zwar dem Radtourenklub zu, der dafür aber beiden Fußballvereinen seine Platzanlage zum Sommertraining zur Verfügung stellte.

Am 1. August 1898 führte der Austritt einiger Spieler der Mannheimer Fußball-Gesellschaft 1896 unter Führung von Seppl Frey zur Gründung des fünften Fußballklubs in Mannheim; es war der

Mannheimer Fußball-Verein 1898.

Als Vereinsfarben wählte man die Stadtfarben Blau-Weiß-Rot, die Spielkleidung war weiß. Zum Vereinslokal wurde der „Alte Fritz" in U 6,8 bestimmt; die Vereinsführer waren E. Bierreth (1. Vorsitzender) und H. Fricks, Erster „Captain" Seppl Frey. Sein erstes Spiel gewann der Mannheimer Fußball-Verein 1898 am 4. Dezember 1898 gegen die MFG Union 1897 überraschend mit 3:0 Toren; allerdings wurde die Begegnung 30 Minuten vor Spielende abgebrochen, da die Spieler der „Union" das dritte Tor nicht anerkennen wollten.

Die erste Meisterschaftsrunde 1898/1899

Im Laufe des Jahres 1898 waren die Vereine MFC Viktoria 1897, MFG Union 1897 und MFG Germania 1897 dem Verband Süddeutscher Fußball-Vereine beigetreten. Auf dessen Verbandstagung, die am 2. Oktober 1898 im Mannheimer Hotel „Viktoria" in O 6, 7 stattgefunden hatte, wurde die Austragung einer „Ersten Meisterschafts-Wettspiel-Runde" beschlossen, an der die beiden Mannheimer Vereine MFG 1896 und MFG Union 1897 teilnehmen sollten. Ferner spielten 1. Hanauer FC 1893 gegen FC Germania Frankfurt, FK Pforzheim gegen FC Heilbronn sowie Karlsruher FV gegen FC Freiburg.

Am 16. Oktober 1898 standen sich auf dem Exerzierplatz die MFG 1896 und die MFG Union 1897 im ersten Verbandsspiel, das in Mannheim ausgetragen wurde, gegenüber, wobei die MFG 1896 einen hohen 13:0-Sieg erringen konnte. Zwei Tage später berichtete der „General-Anzeiger":

„Von betheiligter Seite wird uns geschrieben: Das Match MFG 96 contra „Union" verlief bei gutem Wetter in sehr ruhiger Weise. Beiderseits wurde zwar

etwas nachlässig gespielt, doch konnte man sehr schöne Leistungen bemerken. Es gelang der MFG 96 in der ersten Half-time 6 und in der zweiten 7 Goals zu erringen. Dieses Wettspiel ist das erste, das im süddeutschen Verband ausgefochten wird und wird der Sieger ein Diplom erhalten."

In der zweiten Runde besiegte die MFG 1896 am 4. Dezember 1898 den Frankfurter Fußball-Club Germania mit 7:1 Toren und unterlag zwei Wochen später (18. Dezember 1898) auf dem Exerzierplatz in Karlsruhe in der dritten Runde dem Fußballklub Pforzheim mit 1:2 Toren. Mannheim legte gegen die Wertung dieses Treffens zwar Protest ein, da einige Pforzheimer Spieler nicht dem Verband Süddeutscher Fußball-Vereine angehörten, aber dieser wurde zurückgewiesen. Am 8. Januar 1899 besiegte der FC Freiburg in Karlsruhe den FK Pforzheim mit 6:1 Toren und errang mit dem Meisterschaftspokal auch die Erste Süddeutsche Fußballmeisterschaft. Es war dies die erste Meldung eines auswärtigen Fußballergebnisses ohne Mannheimer Beteiligung in der Mannheimer Zeitung.

Ende März 1899 fand im Lokal „Scheffeleck" in M 3,9 die Verabschiedung von John Hutton, der nach England zurückkehrte, durch die Mannheimer Fußball-Gesellschaft 1896 statt. Neben der Überreichung eines Silberpokals wurde Hutton für seine großen Verdienste um den Verein zum Ehren-Captain ernannt. Über die Osterfeiertage (2. und 3. April 1899) fuhr die MFG 1896 erstmals nach Stuttgart und trug zwei Spiele aus. Der Fußball-Club Stuttgart wurde mit 1:0 Toren geschlagen und vom FC Karlvorstadt Stuttgart trennte man sich 0:0 unentschieden.

Fußball im Umfeld Mannheims

Auch in Mannheims näherer Umgebung regte sich allmählich der Spielbetrieb. Neben zahlreichen „wilden" Clubs und losen Vereinigungen, denen meist eine nur kurze Lebensdauer beschieden war, bildeten sich einige Vereine, die sich anschickten, es den „großen Stadtvereinen" gleichzutun.

Mannheimer Fußball-Gesellschaft 1896
Die Mannschaft im Jahre 1899
v. l. stehend: Föckler, Gutmann, Bodry, Schellmann, Kratochvil; sitzend: Philipp, Eith, Hutton, Wünsch, Marquardt; liegend: Letsch und Schrade

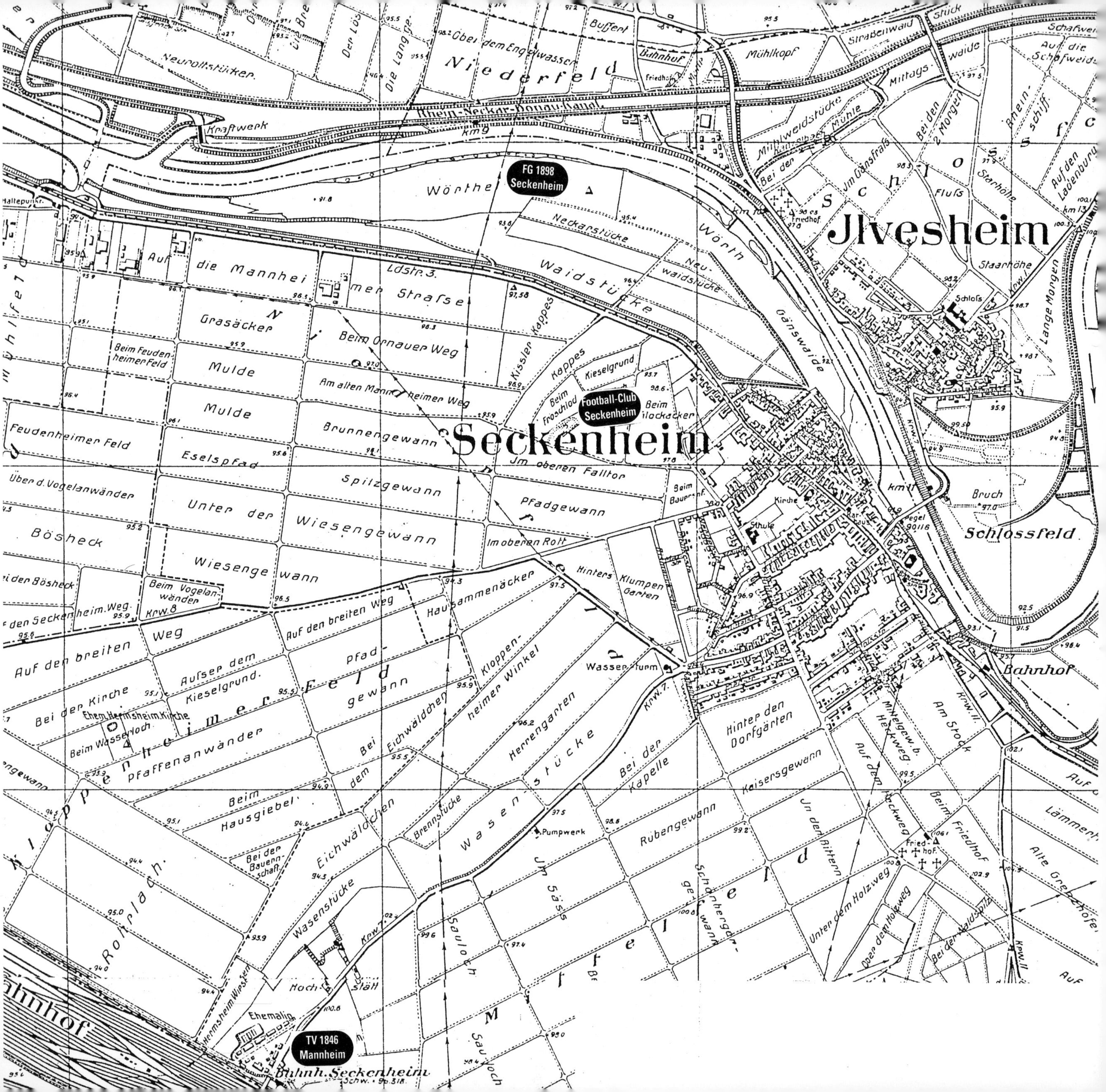

Niederfeld
Rhein-Neckar-Donau-Kanal
Kraftwerk
Bahnhof
Mühlkopf
FG 1898 Seckenheim
Wörthel
Neckarstücke
Wörth
Neuwaidstücke
Waidstücke
Jlvesheim
Schloss
Schloss
Gänswaide
Mannheimer Strasse
Ldstr. 3
Grasäcker
Beim Ornauer Weg
Beim Feudenheimer Feld
Mulde
Mulde
Am alten Mannheimer Weg
Kissler Kappes
Kappes
Kieselgrund
Beim Froschlod
Football-Club Seckenheim
Beim Klockacker
Seckenheim
Feudenheimer Feld
Brunnengewann
Eselspfad
Jm oberen Falltor
Spitzgewann
Pfadgewann
Über d. Vogelanwänder
Unter der Wiesengewann
Bösheck
Im oberen Rott
Wiesengewann
Kirche
Schule
Pegel
Bruch
Schlossfeld
Hinters Klumpen Garten
Beim Vogelanwänder
Hausammenäcker
Auf den breiten Weg
Auf den breiten Weg
Wasserturm
Bahnhof
Aufser dem Kieselgrund
Pfadgewann
Bei der Kirche
Ehem. Hermsheim. Kirche
Beim Wasserloch
Pfaffenanwänder
Kloppenheimer Winkel
Kloppenheimer Feld
Bei dem Eichwäldchen
Herrengarten
Wasenstücke
Bei der Kapelle
Hinter den Dorfgärten
Kaisersgewann
Am Stock
Auf dem Hockweg
Beim Hausgiebel
Eichwäldchen
Brennstücke
Pumpwerk
Rubengewann
Jn den Rittern
Friedhof
Bei der Bauernschaft
Rohrlach
Jm Säss
Sauloch
Unter dem Holzweg
Ober dem Holzweg
Alte Gnepfhöfer
Wasenstücke
Hochstätt
Mittelfeld
Ehemalig
TV 1846 Mannheim
Bahnh. Seckenheim
Bahnhof

In Neckarau wurde 1897 der *Fußball-Club „Phönix" Neckarau* gegründet. Sein Sportplatz war die Schäferwiese, als Spielkleidung hatte man Grün-Schwarz gewählt. Daß dieser FC „Phönix" schon eine beachtliche Spielstärke aufzuweisen hatte, zeigen zwei Ergebnisse: bei der MFG Union 1897 verlor man am 7. Mai 1899 mit 3:0 Toren und eine Woche später erreichte die „Phönix"-Elf zuhause gegen den MFC Viktoria 1897 eine 1:4 Niederlage. Gemessen an den sonst üblichen hohen Resultaten jener Zeit stellten dies achtbare Ergebnisse dar.

In der Gemeinde Seckenheim waren es genau wie in Mannheim Realschüler, die bereits 1895 auf der Füllerweide vor dem Fröschloch Fußball spielten. Um die Jahreswende 1897/1898 gab es einen „Football-Club Seckenheim", ehe Anfang März 1898 Carl Pfisterer die *Fußball-Gesellschaft 1898 Seckenheim* gründete. Gespielt wurde im „Wörtel", einem Gelände in unmittelbarer Nähe des Neckars und ständig von dessen Hochwasser bedroht. Zum Vereinslokal war der „Zähringer Hof" bestimmt worden. Vereinsvorsitzender und gleichzeitig 1. Captain der Mannschaft war Carl Pfisterer. Als ersten Spielpartner wählte man den Mannheimer Fußball-Club Viktoria 1897, der am 1. Mai 1898 mit seiner 2. Mannschaft die noch junge Elf der FG 1898 Seckenheim in der Aufstellung

Hartmann – J. Transier, K. Transier – Friedel, Pfisterer, Schnabel – Sauer, Klumb, Lorentz, Bär und Merklein

mit 7:0 Toren besiegte. Ihr erstes Spiel in Mannheim bestritt die FG 1898 Seckenheim am 5. November 1899 gegen die Mannheimer Fußball-Gesellschaft „Sport" 1899 und verlor mit 6:1 Toren.[1]

Im Jahre 1898 wurde auch in Schwetzingen der dort schon seit einigen Jahren betriebene Fußballsport in geordnete Bahnen gelenkt. Am 15. September 1898 gründeten zwei Straßenmannschaften im Gasthaus „Zur Krone" die *Fußball-Gesellschaft 1898 Schwetzingen*. Erster Vorsitzender wurde Ernst Mechling, den man als den eigentlichen Begründer des Fußballsports in Schwetzingen feiert, zumal es ihm bereits sechs Wochen später gelungen war, eine dritte Straßenmannschaft dem neugegründeten Club einzuverleiben. So konnte am 31. Oktober 1898 die *Fußballgesellschaft-Vereinigung 1898 Schwetzingen* mit den Vereinsfarben Schwarz-Rot gegründet werden. Gespielt wurde auf den Brühler Wiesen, ab 1902 auf dem Exerzierplatz im Hardtwald oberhalb der Sternallee.

Ihr erstes Spiel trug die FVg 1898 Schwetzingen am 15. März 1899 gegen die Fußball-Gesellschaft Union 1897 Mannheim aus und verlor in der Aufstellung

---

[1] Wegen MFG „Sport" 1899 vgl. Seite 23

Fußball-Gesellschaft 1898 Seckenheim
Die Gründer-Mannschaft

*Fußball-Gesellschaft 1898
Seckenheim*

v. l. stehend K. Transier, F. Hartmann, A. Bär; sitzend: H. Friedel, A. Merklein, K. Pfisterer, K. Winkler, W. Sauer; liegend: E. Klumb, M. Schnabel, G. Herdt

*Fußballgesellschaft-Vereinigung 1898
Schwetzingen*

Die Gründer-Mannschaft v. l. liegend: L. v. Nida, L. Halter; sitzend: H. Hartmann, Bauer, Fritsch (Wirt des Lokals Krone), Schleicher; stehend: Seitz, H. Schehl, Mechling, v. Nida, Montag, Ph. Maier und E. Hassler

Seitz – Mechling, Maier – Frey, Link, A. v. Nida – Boos, Schneider, Schehl, W. v. Nida und H. v. Nida mit 0:4 Toren. Das erste Spiel in Mannheim bestritt die Schwetzinger Mannschaft am 4. Februar 1900 gegen die Fußball-Gesellschaft Sport 1899 und verlor mit 7:0 Toren.

Die folgenden Jahre werden zeigen, daß Schwetzinger Vereine stets eng verbunden waren mit dem Mannheimer Fußballgeschehen.

Der Mannheimer Fußball-Bund

Zunehmende Mißstände bei den Wettspielen und unter den Vereinen selbst riefen nach einer strafferen Organisation. Zu diesem Zwecke trafen sich die fünf Mannheimer Fußballvereine (MFG 1896, MFC Viktoria 1897, MFG Union 1897, MFG Germania 1897 und Fußball-Verein 1898) auf Anregung von Walter Bensemann, Gründungsmitglied des Verbandes Süddeutscher Fußball-Vereine aus Karlsruhe, am 11. Juni 1899 im Lokal „Liedertafel" in K 2, 32 und gründeten den

Mannheimer Fußball-Bund.

Seine Aufgabe bestand in der Pflege freundschaftlicher Beziehungen der Vereine untereinander, der Hebung des Fußballsports durch Austragung von Bundesspielen und in einem gemeinsamen Auftreten gegen Disziplinlosigkeiten auf den Spielfeldern. Im Vorstand des Fußball-Bundes waren die jeweiligen Ersten Vorsitzenden und die Ersten Capitäne der beteiligten Vereine vertreten. Zum Ersten Vorsitzenden des Fußball-Bundes wurde Professor Dr. Carl Specht (MFG 1896) gewählt; in weiteren Ämtern waren vertreten: 2. Vorsitzender Ludwig Klein (MFC Viktoria 1897), Schriftführer Heinrich Derschum (Fußball-Verein 1898), Kassier Alex Schrade (MFG 1896). Erster Bundes-Captain war Seppl Frey. Als Bundes-Farben dienten die Stadtfarben Blau-Weiß-Rot.

So sehr diese Straffung zu begrüßen war, enthielt sie doch die Gefahr, daß die Verbandsarbeit und die Verbandszugehörigkeit auf überregionaler Ebene darunter leiden mußten, zumal auch ähnliche Fußball-Bünde in Karlsruhe und Frankfurt ins Leben gerufen worden waren. In Mannheim beispielsweise traten die MFG Union 1897 und die MFG 1896 zeitweise aus dem Verband Süddeutscher Fußball-Vereine aus.

Mit großer Energie bereitete der Mannheimer Fußball-Bund seine ersten Bundeswettspiele vor, die am 30. Oktober 1899 mit den Begegnungen

MFG 1896 gegen MFC Viktoria 1897   7:0
MFG Union 1897 gegen MFG Germania 1897   0:0

begannen. Wie nicht anders zu erwarten war, beendete die Mannheimer Fußball-Gesellschaft 1896 als beste Mannschaft diese Bundeswettspiele; ungeschlagen und mit dem Rekordtorverhältnis von 34:0 belegte sie den ersten Platz der Tabelle, die erstmals in der Ausgabe des „General-Anzeiger" vom 12. Dezember 1899 erschien:

Sport.

Bundeswettspiele des Mannheimer Fußballbundes. Die nun zu Ende gegangenen Bundeswettspiele des Mannheimer F.-B. haben einen schönen Verlauf genommen und das Interesse am Fußballsport in hiesiger Stadt zu fördern gewußt.

Der Verlauf der gespielten Matches war folgendes:

Mannheimer F.-G. 1896 contra	Mannheimer	F.-G. Victoria	7–0
"	"	"	F.-G. Union	9–0
"	"	"	"	0–0
"	"	"	F.-G. Germania	10–0
	Union	"		0–0
	F.-V.	"	F.-G. Union	5–5
		"	F.-G. Victoria	2–1
	F.-G. Victoria	"	F.-G. Union	1–1

und lautet das Resultat demnach:

Vereine	Gespielt	Gewonnen	Verloren	Unentsch.	Goals für	Goals gegen	Punkte
M. F.-G. 1896	4	4	0	0	34	0	8
" F.-V.	4	3	1	0	7	13	6
" F.-G. Victoria	4	1	2	1	1	9	3
" F.-G. Union	4	0	2	2	4	14	2
" F.-G. Germania	4	0	3	1	1	10	1

Als Sieger dieser Bundeswettspiele durfte die Mannheimer Fußball-Gesellschaft 1896 an den Spielen um den Meisterschaftspokal des Verbandes Süddeutscher Fußball-Vereine teilnehmen. Auf neutralem Platz in Frankfurt besiegte die MFG 1896 am 26. November 1899 den 1. Hanauer FC 1893 mit 3:0 Toren und schied durch eine 1:2 Niederlage gegen den Karlsruher Fußball-Verein am 11. März 1900 aus diesem Wettbewerb aus. Süddeutscher Meister wurde anschließend der Straßburger Fußballverein durch einen 4:3 Sieg über den Karlsruher Fußball-Verein.

Für das höchste, bis dato bekannt gewordene Ergebnis eines Mannheimer Fußballclubs sorgte die Elf des Mannheimer Fußball-Vereins 1898, die am 11. Juni 1899 auf dem Exerzierplatz in Schwetzingen die dortige Fußballgesellschaft-Vereinigung 1898 mit 20:0 Toren besiegte.

Erstes Auswahlspiel in Mannheim

Der „General-Anzeiger" vom 8. Dezember 1899 meldete:

„Die Bundeswettspiele des Mannheimer Fußball-Bundes haben zum Theil schon ihren Verlauf genommen und den Freunden des Fußballsportes interessante Wettspiele vor Augen geführt, die Zeugnis abgelegt von dem steten Emporblühen des Fußballspiels, dessen Pflege ein körperliches und geistiges Wohlergehen des Menschen zur Folge hat. Der Mannheimer Fußball-Bund, der sich zum Wohle der Erziehung der deutschen Jugend die Förderung des Fußballspiels in der Stadt Mannheim zur Aufgabe gemacht hat, veranstaltet unter freiem Zutritt am kommenden Sonntag, 10. Dezember, Nachmittags ½ 3 Uhr, auf dem hiesigen Exerzierplatz (Südseite) ein großes Fußball-Wettspiel, das einen interessanten Verlauf zu nehmen verspricht, da die elf besten Spieler der hiesigen Bundesvereine kombiniert gegen die I. Mannschaft der Mannheimer Fußball-Gesellschaft 1896 im Wettkampfe gegenübertreten. Das hier stattfindende Zusammentreffen zweier ebenbürtiger Mannschaften läßt auf ein interessantes und spannendes Match schließen und ladet der Mannheimer Fußball-Bund zu diesem Wettkampfe alle Freunde und Gönner des gesunden Fußballspiels ergebenst ein."

Die Mannschaftsaufstellungen lauteten:

MFG 1896   Kratochvil – Brückel, Schellmann – Marquardt, Gutmann, Schrade – Philipp, Föckler, Eith, Letsch, Kallenbach

Bei dem Spieler Brückel handelte es sich um einen „Fullback" (Verteidiger) des FC Frankonia Karlsruhe, der über die MFG Germania 1897 zur MFG 1896 gekommen war und eine wesentliche Verstärkung bedeutete, beherrschte er doch – wie die Presse vermeldete –, „das englische Verteidigungsspiel wie kein anderer Spieler in Mannheim."

Bund   Freier (Union) – Frey (F-Verein), Best (F-Verein) – Mohr (Viktoria), Kümmerle (Union), Preis (Viktoria) – Messerschmidt (Viktoria), Idstein (F-Verein), Reichenbach (Viktoria), Derschum (F-Verein), Adler (Germania).

Auch in diesem ersten Auswahlspiel, das in Mannheim stattfand, demonstrierte die Mannheimer Fußball-Gesell-

Mannheimer Fußball-Verein (weiß) und Mannheimer Fußball-Club Viktoria (dunkel) im Jahre 1900

v. l. stehend: Ocker, Mohr, Bock, Bierreth, Leeb, Diehl, Wambold, Hafner, Lulei, V. Bierreth, Hofmann, Preis, Derschum, Lipfert; sitzend: Kessler, Frey, Lösch, Schalk, J. Hofmann, Idstein und Spiegel

schaft 1896 ihre Klasse und bezwang die Kombination des Mannheimer Fußball-Bundes, die dennoch ein gutes Spiel zeigte, klar mit 4:0 Toren.

Das letzte Jahr des zu Ende gehenden 19. Jahrhunderts bescherte dem Mannheimer Fußballgeschehen weitere Auftriebsmomente. Mit der im Lokal „Zum Wittelsbacher Hof" in U 4, 13 gegründeten

Fußball-Gesellschaft „Sport" 1899 Mannheim

erhielt Mannheim seinen sechsten Stadtverein. Erster Vorsitzender wurde Rudolph Zink, erster Captain Carl Heilig. Zur Vereinsfarbe wählte man Grün-Weiß-Rot, Spielkleidung war Weiß-Rot-Blau. Ihr erstes Spiel trug die FG Sport 1899 am 22. Oktober 1899 bei der FG 1898 Seckenheim aus und siegte mit 3:1 Toren. Zur gleichen Zeit befand sich der Mannheimer Fußball-Verein 1898 in Auflösung und ein Großteil seiner Aktiven wechselte zur FG Sport 1899 Mannheim.

In der offiziellen Schiedsrichterliste des Verbandes Süddeutscher Fußball-Vereine, die 1899 herausgegeben wurde, befanden sich unter den 25 Namen mit John Hudson (englischer Spielertrainer der MFG 1896) und Irndt (MFG Union 1897) zwei Spieler Mannheimer Vereine.

Professor Dr. Carl Specht, Erster Vorsitzender des Mannheimer Fußball-Bundes, nahm als dessen Vertreter am „Alldeutschen Fußballtag" teil, der im September 1899 in Leipzig abgehalten wurde. Wichtigstes Thema dieses Fußballtages war die Vorbereitung der Gründung des Deutschen Fußball-Bundes (DFB), die dann am 28. Januar 1900 erfolgte.

Das Fußballjahr 1899 endete in Mannheim mit einer Meldung, die zeigt, daß die zunehmende Konkurrenz nicht nur zur Leistungssteigerung beitrug, sondern auch negative Begleiterscheinungen hervorbrachte. Im „General-Anzeiger" vom 18. Dezember 1899 war zu lesen:

„Da die Bundesmatche nun vorüber, hat sich wieder die ruhige Zeit Bahn gebrochen. Zwar gingen von der Fußballgesellschaft Sport 1899 an „Union" und „Viktoria" Herausforderungen aus, jedoch wurden dieselben nicht angenommen, da diese Vereine wohl befürchten, mit ebenbürtigen oder gar überlegenen Mannschaften zu spielen. Als Grund wurde zwar der Vorwand angegeben, daß „Sport" dem Bunde (Mannheimer Fußball-Bund) noch nicht angehört, aber ein derlei Verbot besteht im Bunde nicht. „Sport" sah sich daher veranlaßt, auswärtige Vereine zu fordern, jedoch können diese Matche erst Ende Januar stattfinden."

Das Vereinsleben um die Jahrhundertwende

Die Handvoll Fußballvereine, die es um die Jahrhundertwende in Mannheim gab, führten ein echtes Eigenleben. Sie glichen in etwa einer Großfamilie. Der erste Vorsitzende galt als Respektsperson, als unumschränkter Herrscher im Verein. Die jugendlichen Fußballspieler, die in den meisten Fällen als Triebfeder für die Gründung eines Vereins galten, brauchten für die bezirksamtliche Anmeldung des Vereins eine volljährige Person. Hatte man einen solchen Idealisten gefunden, unterwarf man sich ihm auch, was nicht schwer fiel, denn das Obrigkeitsdenken saß den Menschen dieser Zeit im Blut.

Die Fußballvereine hatten im Durchschnitt etwa 30 Mitglieder, meist Aktive. Eine Ausnahme bildete die Mannheimer Fußball-Gesellschaft 1896, die im Jahre 1900 bereits 95 Mitglieder zählte und in R. Wachenheim und in stud. jur. A. Wunderle schon zwei Vertreter der Passivität besaßen.

Neben dem ersten und zweiten Vorsitzenden fiel dem Kassenwart eine wichtige Funktion zu, denn die finanziellen Mittel waren äußerst bescheiden. Ein Kassenbestand von 19 Mark wurde auf einer Generalversammlung, die meist zweimal im Jahr abgehalten wurde, als sehr erfreulich bezeichnet. Dem Zeugwart oblag die pflegliche Behandlung der Gerätschaften; besonders das Ballmaterial wurde wie ein Augapfel gehütet. Besaß ein Verein zwei Fußbälle, galt er als reich. Ein bei einem Wettspiel zusammengetretener Ball führte oft zu heftigem Schriftwechsel mit gegenseitigen Schuldzuweisungen. Torstangen, „Corner"-Fähnchen und Bohrer zum Einsetzen der Torstangen stellten die übrigen Gerätschaften dar, die im Vereinslokal aufbewahrt wurden.

Sehr wichtig auch das Amt des Schriftführers, der für den gesamten Schriftverkehr zuständig war. Über jede wöchentlich abgehaltene Vereinssitzung, zu deren Erscheinen es Pflicht jeden Mitglieds war, wurde peinlichst Protokoll geführt. Neben diesem Protokoll-Buch gab es das Match-Buch mit detaillierter Aufzeichnung aller Spiele: Datum, Gegner, Spielort, Mannschaftsaufstellungen, Schiedsrichter, Ergebnis, besondere Vorkommnisse sowie Auflistung der Kosten. Der Schriftführer versorgte auch die Zeitungen mit Spielankündigungen und lieferte nach dem Spiel die betreffenden Spielberichte; da diese sehr oft entsprechend einseitig ausfielen, führten sie häufig zu Gegendarstellungen des Gegner-Vereins.

Verantwortlich für den gesamten Spielbetrieb zeichnete der „Captain". Die Durchführung der Übungsabende, Spielvereinbarungen, die Aufstellung der Mannschaft, Einteilung der Schiedsrichter und Herrichtung des Spielfeldes fielen in seine Kompetenz. Der ideale „Captain" war der älteste und zugleich beste Spieler einer Mannschaft. Traf dies zu, wurde er nach seiner aktiven Zeit zum „Ehren-Captain" ernannt, wie John Hutton bei der Mannheimer Fußball-Gesellschaft 1896.

Bei den wöchentlichen Mitgliederversammlungen kam alles zur Sprache, was den Verein betraf. Die Anschaffung eines neuen Balls, die Abstimmung über Neuaufnahmen von Mitgliedern, die Ahndung von Verfehlungen auf dem Spielfeld oder auch außerhalb des Vereins – über alles entschied die Mitgliederversammlung. Die Mitgliederversammlungen waren bestrebt, alle Unbilden innerhalb ihres Vereins zu regeln und ihn nach außen hin als makellos erscheinen zu lassen.

So streng das Reglement in einem Verein gehandhabt wurde, so gesellig verliefen aber auch Veranstaltungen aller Art. Höhepunkt im Vereinsleben bildete das jährlich mit großem Aufwand gefeierte Stiftungsfest, an dem nicht nur alle Mitglieder mit ihren Familien teilnahmen, sondern zu dem auch viele Gäste und befreundete Vereine eingeladen wurden. Der „General-Anzeiger" berichtete am 8. September 1898 über den Mannheimer Fußball-Club Viktoria 1897:

Mannheimer Fußball-Club Viktoria 1897
Die Mannschaft im Jahre 1900
v. l. stehend: Klein, Diehl, Ph. Kessler, Preis, Schäfer, Lösch; sitzend: Dambach, K. Kessler, Braun, Hoffmann; liegend: Sigmund, Bauer und Straßburger

"Am Samstag, 4. September, feierte der Verein sein erstes Gründungsfest. Der 1. Vorsitzende Herr Bossert und der 2. Vorsitzende Herr Häfner hielten Ansprachen und wünschten dem Verein Gedeihen und Aufblühen. Auch für den Humor war bei diesem Feste bestens gesorgt. Insbesondere zeichnete sich Herr Lösy durch gediegene komische Vorträge aus. Herr Größle trug ein schönes Violinsolo vor. Herr Leeb toastete auf den Kaiser und rief der Trinkspruch große Begeisterung hervor. Herr Hoffmann brachte ein Hoch auf den Großherzog aus."

Über das 1. Stiftungsfest der Mannheimer Fußball-Gesellschaft Union 1897 schrieb der „General-Anzeiger" am 6. November 1898, daß im Lokal „Eichbaum" zahlreiche Freunde und Gönner des Vereins ein reichhaltiges Programm erlebten, in dessen Mittelpunkt die beiden Einakter „Triumpf der Dummheit" und „Ein heiterer Einbruchsdiebstahl" standen. Ferner wurden Solo-Vorträge mit Klavierpart geboten, die Grenadier-Kapelle stellte die Musik.

Ebenso war es selbstverständlich, daß nach jedem Wettspiel beide Mannschaften zum fröhlichen Umtrunk ins Vereinslokal gebeten wurden. Die wettspiellose Zeit, meist von Juli bis August, wurde mit vermehrtem Üben ausgefüllt. In späteren Jahren widmete man sich intensiv leichtathletischen Spielen. Die spielfreien Sonntage füllte man mit gemeinsamen Spaziergängen und Ausflügen aus.

Fußball und Leichtathletik

Zu Beginn des Jahres 1900 zeigte sich die neugegründete Fußball-Gesellschaft Sport 1899 Mannheim besonders rege und demonstrierte eine erstaunliche Spielstärke: am 4. Februar 1900 wurde die FG Vereinigung 1898 Schwetzingen mit 7:0 Toren besiegt; eine Woche später erreichte die Mannschaft beim Wiesbadener Association Footballclub, einem „Team durchtrainierter englischer Spieler" – wie die Presse meldete –, einen 2:0 Sieg und am 4. März 1900 trennte man sich vom FC Viktoria Frankfurt 2:2 unentschieden. Den ersten Vergleich mit einem Mannheimer Verein verlor die FG Sport 1899 auf ihrem neu hergerichteten Spielplatz zwischen der Feudenheimer und Käfertaler Nebenbahn auf der Schaafwiese gegenüber dem Meßplatz am 18. März 1900 gegen die MFG 1896 hoch mit 0:5 Toren. Am 6. Mai 1900 gewann die FG Sport 1899 das Rückspiel beim Frankfurter FC Viktoria mit 4:1 Toren.

Als am 16. Juli 1900 auf der zweiten ordentlichen Generalversammlung der FG Sport 1899 Mannheim die Fußballsaison 1899/1900 geschlossen wurde, bestimmten die Mitglieder auf Anregung ihres 1. Vorsitzenden Heinrich Derschum, am 5. August 1900 auf der Radrennbahn im Luisenpark ein großes Sportfest mit leichtathletischen Disziplinen durchzuführen. Neben dem Veranstalter und den Mannheimer Vereinen FG 1896, FG Union 1897, FC Viktoria 1897 und FG Germania 1897 wurden noch eingeladen: Straßburger Fußball-Verein, Straßburger FK Donar, FG Germania Frankfurt, Turnsportverein Frankfurt, Süddeutscher Fußballclub Stuttgart, Athletenbund Stuttgart, Fußballklub Pforzheim, FK Frankonia Karlsruhe sowie Karlsruher Fußball-Verein. Neben drei Radrennen gab es 16 leichtathletische Wettkämpfe, in denen von den Fußballspielern großartige Leistungen geboten wurden. Es war dies das erste Sportfest dieser Art in Mannheim, das erst fünf Jahre später Nachfolger finden sollte.

Erstes internationales Wettspiel

Ein Jahr nach seiner Gründung bescherte der Mannheimer Fußball-Bund seiner Heimatstadt das erste internationale Fußballwettspiel. Am Pfingstmontag, den 4. Juni 1900, empfing der „Bund" – wie er in Mannheim genannt wurde –, eine Kombination der Westschweiz, in deren Reihen vier Engländer spielten. Die Auswahl des „Bundes" verdiente jedoch nicht diese Bezeichnung, denn mit Ausnahme von Freier (MFG Union 1897) setzte sie sich ausschließlich aus Spielern der MFG 1896 zusammen. Das Spiel stand unter der Leitung von Walter Bensemann, Karlsruhe, brachte dem zahlreich erschienenen Publikum auf dem Exerzierplatz guten Fußballsport und endete mit einem 2:3 Sieg der Gäste aus der Schweiz. Der „General-Anzeiger" vertrat die Meinung:

„Das Wettspiel hat den Beweis geliefert, daß der Mannheimer Fußball-Bund eine Mannschaft zu stellen

vermag, welche die erste süddeutsche Klasse repräsentiert. Anschließend fand ein Kommers im Stadtpark statt. Der Mannheimer Fußball-Bund kann auf die Veranstaltung mit Stolz zurückblicken, sie hat ihm in der deutschen Sportswelt einen Namen gemacht, der ihm zu Ehren gereichen kann."

Wenn auch diese Worte etwas viel Lokalpatriotismus ausstrahlen, war dennoch mit diesem Spiel der Mannheimer Fußballsport ins internationale Rampenlicht getreten.

Die erste schwere Krise

Was Außenstehende nicht wahrnehmen konnten, bescherte den Verantwortlichen der Mannheimer Fußballvereine immer größere Sorgen. Das vordergründigste Problem lag in der Platzfrage. Der anfangs von den Stadt- und Militärbehörden gerne zur Verfügung gestellte Exerzierplatz, auf dem zunächst nur vereinzelt Spiele ausgetragen wurden, war nun Sonntag für Sonntag von immer mehr Spielern und Schaulustigen bevölkert. Zeitweise wurde auf vier abgesteckten Plätzen gleichzeitig gespielt, und das nicht nur von der ersten Mannschaft eines Vereins; inzwischen hatten die Vereine bis zu drei, vereinzelt auch mehr Mannschaften, die spielen wollten. Nicht selten wurde an Sonntagen von morgens bis abends Fußball gespielt.

Die Militärbehörden waren aus einem speziellen Grunde daran interessiert, den Spielbetrieb einzudammen. Zwischenzeitlich war nämlich mit dem Bau der Kaiser-Wilhelm-Kaserne am Exerzierplatz begonnen worden, die im Spätjahr 1901 von der Garnison bezogen wurde. In deren Nähe wollte man zunächst möglichst wenig Publikumsverkehr haben.

Hinzu kam – wie bereits berichtet –, daß ein Teil des Exerzierplatzes an eine Schäferei verpachtet war, und auch der Schäfer immer verärgerter über den Massenbetrieb reagierte. Aus alter Gewohnheit wurde ein Teil des Schäferstalls als Geräteschuppen zweckentfremdet und diente vielen Mannschaften als Umkleideraum. Besondere Klagen gab es über herumliegende leere Wasserflaschen. Jedenfalls schwebte immer bedrohlicher ein Platzverbot über den Vereinen. Selbst das Auswahlspiel des Mannheimer Fußball-Bundes gegen die Westschweiz war gefährdet gewesen; nur ständiges Vorsprechen bei den Behörden sicherte schließlich diese Begegnung.

Kurz danach aber wurde der Exerzierplatz für alle Fußballspiele gesperrt. Das Saison-Abschlußspiel zwischen MFG Union 1897 und MFG Germania 1897 am 17. Juni 1900, das

Mannheimer Fußball-Bund gegen Westschweiz am 4. Juni 1900 (2:3)
Mannheimer Bund (dunkle Spielkleidung) v. l. stehend: Schrade, Schellmann, Marquardt, H. Link, Föckler, W. Bensemann (mit Hut), Freier; sitzend: Kallenbach, E. Link, Gutmann, Mohr und Philipp

mit einem klaren 6:0 Sieg der „Unionisten" endete, mußte auf dem Platz der FG 1898 Seckenheim ausgetragen werden. Der „General-Anzeiger" schrieb dazu:

„Die beiden Vereine waren genöthigt, um das Wettspiel auszufechten, nach Seckenheim zu fahren, da gegenwärtig den Mannheimer Fußballvereinen kein Platz zur Verfügung steht. Die Seckenheimer FG stellte den Mannheimer Vereinen ihren von der Gemeinde Seckenheim erhaltenen Platz gerne zur Benützung frei, indem dieselben den Platzmangel der Mannheimer bedauerten."

Erst zwei Monate später meldete der „General-Anzeiger" am 22. August 1900:

„Das Bürgermeisteramt bringt zur Kenntnis, daß das Fußballspiel auf dem Exerzierplatz wieder gestattet ist."

Weitere Schwierigkeiten taten sich für die Fußballspieler auf in der Ablehnung der „Engländerei" – wie das Fußballspiel von seinen Gegnern immer noch geringschätzig bezeichnet wurde –, besonders von Kreisen der Turner, aber auch der Schulen. Die Gegnerschaft einiger Schulleitungen gipfelte in einem strengen Verbot für die Schüler, in Vereinen Fußball zu spielen; selbst im Turnbetrieb der Schulen wurde das Fußballspiel unterbunden. Aus Turnerkreisen ertönten sogar nationalistische Parolen gegen dieses neue Spiel aus England, zumal englische Ausdrücke zu jener Zeit auf den Fußballplätzen gebräuchlich waren.

Aber auch innerhalb der Mannheimer Fußballgemeinde, die Mitte des Jahres 1900 etwa 150 Aktive in fünf Vereinen umfaßte, tauchten Probleme auf. Regelauslegungen führten sehr oft zu Meinungsverschiedenheiten, so daß viele Spiele nicht ohne Stockungen durchgeführt werden konnten. „Foul-Spieler" mußten immer häufiger verwarnt werden; ein Spieler der MFG Germania 1897 wurde sogar für ein Vierteljahr disqualifiziert, worauf die „Germania" kurzfristig aus dem Mannheimer Fußball-Bund austrat. Den häufigen Spielerübertritten von einem Verein zu einem anderen während der Spielzeit mußte Einhalt geboten werden; eine Sperre von vierzehn Tagen betrachtete man zunächst als ausreichend. Die Vereine wurden vom „Bund" aufgefordert, sogenannte „Zugvögel" nicht aufzunehmen.

Geld spielte ebenfalls schon eine Rolle; die Amateurfrage stand plötzlich zur Diskussion. Vom Mannheimer Fußball-Verein 1898 wurde der Antrag gestellt, nur Amateure im damaligen Sinne der Rudervereine (Gehaltsempfänger oder Leute mit dem Einjährigenzeugnis) zum Fußballspiel zuzulassen. Als dies abgelehnt wurde, zog man die Konsequenzen. Im „General-Anzeiger" vom 9. Mai 1900 stand zu lesen:

„Nachdem alle Versuche, auch in den übrigen Vereinen des hiesigen Fußball-Bundes den Amateur-Paragraphen einzuführen, gescheitert sind, beschloß die Generalversammlung vom 2. Mai dieses Jahres die Liquidation des Vereins. Die vorhandenen Barmittel sowohl als auch die Geräthschaften sollen zu wohltätigen Zwecken verwendet werden."

Eine weitere Auflösung gab es im Vorort Neckarau – Neckarau war zwischenzeitlich eingemeindet worden –, wo der Fußball-Club „Phönix" drei Jahre nach seiner Gründung den Fußballbetrieb einstellte.

Dafür wurden im Juni 1900 der *Mannheimer Fußball-Club „Frankonia"* und etwas später der *Fußball-Club „Bavaria" Mannheim* gegründet. Am 14. Oktober 1900 verlor der MFC Frankonia (Vereinsfarbe Schwarz-Weiß) unter seinem 1. Captain Joseph Grassel sein erstes Spiel bei seinem Namensvetter FC Frankonia Pforzheim mit 7:1 Toren, allerdings mit nur zehn Mann in der Mannschaft; mehr Spieler hatte der Verein noch nicht.

MFG 1896 als „Süddeutsche Auswahl" in Prag

Die Spielzeit 1900/1901 eröffnete am 14. Oktober 1900 die MFG Sport 1899 gegen die MFG Germania 1897 mit einem 3:0 Sieg auf dem Exerzierplatz. Der „General-Anzeiger" vertrat dazu die Meinung:

„Beide Mannschaften sind im Training noch zurück und konnte man dem Wettspiel daher kein großes Interesse abgewinnen. Zum Überfluß wurden die Spieler durch starken Sturm und Regen an der Entfaltung ihres Könnens sehr beeinträchtigt."

Wesentlich besser beurteilt wurden die beiden alten Rivalen MFG 1896 und MFG Union 1897, die zwei Wochen

Neckarau

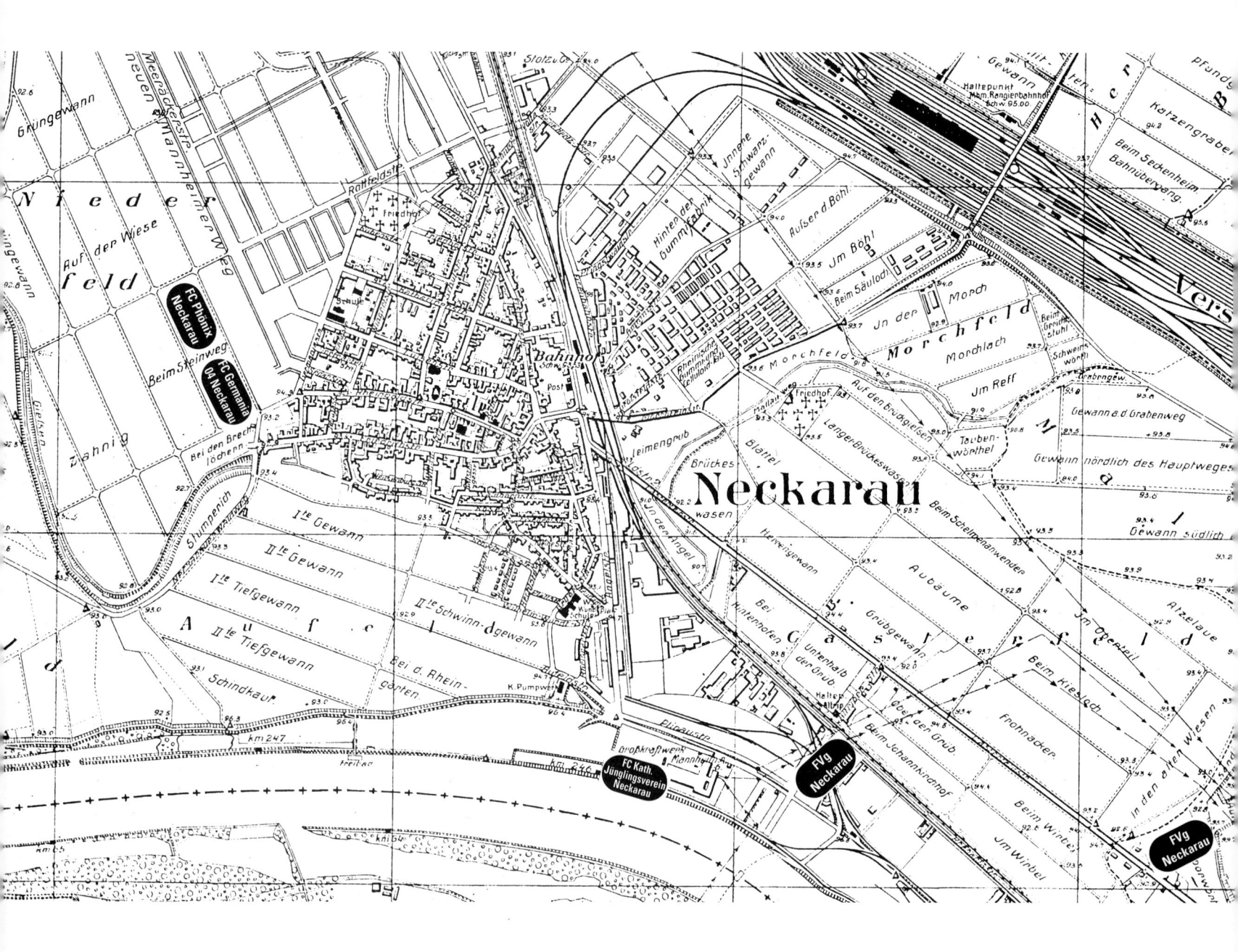

später ihr Saison-Eröffnungsspiel austrugen. In der Vorankündigung hieß es im „General-Anzeiger":

„Da beide vorgenannten Vereine in der letzten Zeit fleißig trainiert haben, dürfte das Wettspiel sehr interessant werden, weshalb wir uns erlauben, unsere geehrten Leser darauf aufmerksam zu machen."

Die MFG 1896 gewann mit 5:2 Toren; allerdings meldete der „General-Anzeiger" am 3. November 1900 u. a.:

„Der Schiedsrichter, von der MFG 1896 gestellt, war nicht unparteiisch und brach den Match 30 Minuten vor time ohne jeden Grund ab."

Die bereits angesprochene Krise im Mannheimer Fußballsport kam auch in der Tatsache zum Ausdruck, daß in der Saison 1900/1901 keine Meisterschaftsspiele zur Austragung gelangten. Die Vereine wandten sich deshalb in verstärktem Maße Gesellschaftsspielen zu, wobei sie mit einer Ausnahme unter sich blieben. Nach dem 5:1-Sieg der MFG 1896 über die MFG Germania 1897 am 25. November 1900 erwies sich die Mannschaft der MFG 1896 wiederum als die beste in Mannheim, zumal der „General-Anzeiger" zu dieser Begegnung die Meinung vertrat:

„Das Resultat wäre wohl anders geworden, wenn „Germania" nicht das ganze Spiel hindurch Goal-Verteidigung gespielt hätte."

Die genannte Ausnahme bildete die MFG Germania 1897, die am 2. Dezember 1900 beim Fußball-Klub Kaiserslautern gastierte, dort hoch mit 15:0 Toren gewann und für ihre guten Leistungen „mit einem schönen Lorbeerkranz verabschiedet wurde", wie die Presse meldete.

Krönender Abschluß des Fußball-Jahres 1900 aus Mannheimer Sicht bildete ein Auswahlspiel am 2. Dezember 1900 in Prag, wo der „beste Fußballverein Österreichs", Sportclub Slavia Prag, auf eine „Süddeutsche Auswahlmannschaft" traf, bestehend aus Spielern der MFG 1896 und das FK Frankonia Karlsruhe. In Mannheim hatte man große Bedenken, da sich die Spieler beider Vereine nicht kannten, geschweige denn ein gemeinsames Training absolviert hatten. Dennoch schlug sich die Kombination in der Aufstellung mit

Gösch (Frank.) – Schellmann (MFG), Schuon (Frank.) – Philipp, Gutmann, Schrade – Marquardt, Eith, Heuberger, Kallenbach und H. Link (alle MFG)

trotz einer 14-stündigen, ermüdenden Bahnfahrt sehr beachtlich und erreichte nach einer 3:0-Halbzeitführung noch ein 3:3-Unentschieden. Die Presse berichtete über ein „nach Tausenden zählendes Prager Publikum, das sich teilweise aus den ersten Kreisen zusammensetzte." Abschließend sprach man die Hoffnung aus:

„Möge auch in Mannheim dem Fußballsport ein solches Interesse entgegengebracht werden!"

Die erste Fusion von Fußballvereinen

Zu Beginn des Jahres 1901 bezogen die Mannheimer Fußballvereine immer häufiger Clubs aus der näheren Umgebung in ihren Spielbetrieb mit ein, zumal sie jetzt alle über eine zweite Mannschaft verfügten. Diese zweiten Mannschaften spielten überwiegend gegen erste Mannschaften kleinerer Vereine, wodurch beide Seiten profitierten; einige Ergebnisse dieser Spiele:

6. 1. 1901	MFG 1896 II – FK Frankenthal I	8:1
3. 3. 1901	FK Frankenthal I – MFG Union II	3:10
17. 3. 1901	MFC Viktoria I – FVg Schwetzingen I	8:0
12. 5. 1901	MFG Union II – FG Seckenheim I	3:2

Ihre Spielstärke demonstrierte wieder einmal die Mannheimer Fußball-Gesellschaft 1896, die am 10. Februar 1901 eine Kombination der besten Spieler aus Frankfurt/Hanau in Frankfurt mit 3:2 Toren bezwang.

Ihr letztes Spiel bestritt die Mannheimer Fußball-Gesellschaft Sport 1899 am 19. Mai 1901 auf dem Exerzierplatz gegen die MFG Union 1897 und verlor mit 1:10 Toren. Der „General-Anzeiger" schrieb dazu:

„Das Resultat dieses schönen, fairen Wettspiels war 10:1 Goals zu Gunsten von „Union". Jedoch ist dabei zu bemerken, daß „Sport" vollständig außer Training ist und nur mit 9 Leuten gegen 11 Leute spielte, daher dieses Resultat trotz des Verlustes ein günstiges ist."

Kurz danach, am 1. Juni 1901, fusionierte die Mannheimer Fußball-Gesellschaft Sport 1899 mit der Mannheimer Fußball-Gesellschaft Germania 1897. Initiatoren dieses Zusammenschlusses waren Ludwig Banzhaf und Carl Ruppender, die beiden „Captains" der MFG Germania 1897 sowie der 2. Vorsitzende von „Sport", Josef Schilling. Der neue Verein trug den Namen

Mannheimer Sport-Club „Germania" 1897.

Zum 1. Vorsitzenden wurde Karl Kutterer, zum 2. Vorsitzenden W. H. Hochstätter gewählt; 1. und 2. Captain blieben Ludwig Banzhaf und Carl Ruppender; die Vereinsfarbe war Blau-Weiß. Zum Vereinslokal wurde die Gaststätte „Kaiser Wilhelm" in S 3,1 bestimmt. Sein erstes Spiel trug der Mannheimer Sport-Club Germania 1897 am 22. Juni 1901 gegen den MFC Viktoria 1897 aus und verlor mit 3:0 Toren.

Der „Bund" in Schwierigkeiten

Mitte des Jahres 1901 geriet der Mannheimer Fußball-Bund in große Schwierigkeiten. Einige der Mitgliedsvereine verloren das Interesse, da man eine einseitige Bevorzugung der Mannheimer Fußball-Gesellschaft 1896 in vielen Aktionen des „Bundes" sah. Nach dem Austritt des MFC Viktoria 1897 und des noch nicht erfolgten Eintritts des neugegründeten MSC Germania 1897 bestand die Gefahr des Zerfalls, zumal auch die MFG Union 1897 keinen großen Wert mehr auf die Mitarbeit beim „Bund" legte.

Deshalb tauchte der Plan auf, den Wirkungskreis des „Bundes" auf die Umgebung Mannheims auszudehnen. Im November 1901 erfolgte diese Ausweitung unter gleichzeitiger Umbenennung in

Mannheimer Fußball-Bund Wettspielverband „Pfalzgau".

Zunächst trat der Fußball-Club Frankenthal bei, später folgten Viktoria Speyer, Pfalz Speyer, FG 1898 Seckenheim und FVg 1898 Schwetzingen. In Ludwigshafen gab es zu dieser Zeit noch keine Fußballvereine.

Sein erstes Spiel trug der „Pfalzgau-Verband" am 1. Dezember 1901 gegen den FC Karlsvorstadt Stuttgart aus und gewann mit 7:0 Toren. Dennoch waren die Tage des „Bundes" gezählt. Den Anstoß dazu gab zunächst der Verband Süddeutscher Fußball Vereine, der auf seinem Verbandstag am 20. Oktober 1901 in Karlsruhe den Beschluß faßte:[1]

„Verbandsvereinen ist es verboten, gegen Nichtverbandsvereine zu spielen, ausgenommen Schul- und Turnvereine. Dieser Beschluß tritt am 1. Januar 1901 in Kraft. Vereine, die bis 2. November 1901 ihren Eintritt in den Verband anmelden, können in die diesjährige Meisterschaft eingereiht werden."

Ausschlaggebend für diesen Beschluß war eine Resolution des 4. Bundestages des Deutschen Fußball-Bundes (DFB), der am 12. und 13. Oktober 1901 in Berlin abgehalten worden war, in der es u. a. hieß:

„Den einzelnen Verbänden wurde Order erteilt, dahin zu wirken, daß die noch nicht eingetretenen Fußball-Clubs in Kürze dem betreffenden Verbande beitreten, eventuell sollen gegen renitente Clubs Spielverbote erlassen werden."

Der „Bund" beschloß nun, Wettspiele um die Pfalzgau-Meisterschaft austragen zu lassen, denen aber von den Mannheimer Vereinen wenig Interesse entgegengebracht wurde; zu groß waren die Unterschiede in der Spielstärke zwischen den Mannheimer Vereinen, erst recht aber gegenüber den kleineren Vereinen der Umgebung. Beispielsweise besiegte die MFG 1896 am 20. Oktober 1901 die MFG Union 1897 mit 5:0 Toren und mit demselben Ergebnis bezwang die MFG Union 1897 den MSC Germania 1897 am 19. Januar 1902. Der MFC Viktoria 1897 siegte gegen den MSC Germania 1897 am 23. Februar 1902 mit 8:1 Toren und verlor zwei Wochen später gegen die MFG 1896 mit 6:0 Toren. Anfang März 1902 wurden diese „ungeliebten Meisterschaftswettspiele" – wie die Presse sie bezeichnete –, abgebrochen; die Mannheimer Vereine traten lieber gegen starke auswärtige Mannschaften an.

Von entscheidender Bedeutung für die weitere Entwicklung des „Bundes" und des Fußballsports in Mannheim war die Teilnahme des 1. Vorsitzenden des Mannheimer Fußball-Bundes Wettspielverband „Pfalzgau", Professor Dr. Carl Specht, an der Tagung des Deutschen Fußball-Bundes (DFB) an Ostern 1902 (17. und 18. Mai) in München. Er

---

[1] Sechzig Jahre Süddeutscher Fußball-Verband 1897–1957, herausgegeben vom Süddeutschen Fußball-Verband e. V., 1957

und seine Delegation kamen zu der Überzeugung, daß ein sinnvoller Fortbestand nur in einer größeren Gemeinschaft erfolgen könne. Nach seiner Rückkehr beschloß man deshalb die Auflösung des „Bundes" und empfahl den Vereinen gleichzeitig den Beitritt zum Verband Süddeutscher Fußball-Vereine.

Rugby-Fußball und Associations-Fußball in Heidelberg

Gemessen an der Entwicklung des Fußballsports in Mannheim, wo aus dem zunächst etwas verächtlich genannten „Engländerles" doch sehr schnell eine ernst zu nehmende Sportart geworden war, tat sich das reine Fußballspiel in Heidelberg sehr schwer. Dies ist um so erstaunlicher, als es in Heidelberg um die Jahrhundertwende eine recht beachtliche englische Kolonie zusammen mit dem Neuenheimer College gab; etwa 300 Engländer lebten zu jener Zeit in Heidelberg, überwiegend im Stadtteil Neuenheim. Wohl wurde auch Fußball gespielt – wie berichtet, trat die Realschule Mannheim im November 1894 erstmals gegen die Engländer vom Neuenheimer College an –, aber das Gros der Engländer huldigte dem Rugby-Fußball, eine Abwandlung des englischen Fußballspiels durch Schüler der Stadt Rugby, die auch das Spielen des Balls mit den Händen erlaubte. Im Gegensatz dazu stand der Associations-Fußball, wie damals diejenige Fußballart genannt wurde, die nur mit den Füßen gespielt werden durfte.

Dennoch kam es im Jahre 1902 in Heidelberg zur Gründung des ersten Fußballvereins: der *Fußball-Club Heidelberg-Neuenheim 02* betrieb Rugby-Fußball und Associations-Fußball.

Ein Jahr zuvor, also 1901, war der *Akademische Sport-Club (ASC) Heidelberg* gegründet worden, der 1902 seinen Sportplatz am Neckarvorland auf der Bergheimer Seite in Betrieb nahm. Im Spätjahr 1903 beteiligte sich dieser A.S.Kl. Heidelberg mit einer Fußballmannschaft an den „Offiziellen Wettspielen des Pfalzgau-Ausschusses vom Verband süddeutscher Fußballvereine" in der II. Klasse. Seine Gegner waren die zweiten Mannschaften der Mannheimer Vereine (MFG 1896, MFC Viktoria 1897, MFG Union 1897, MSC Germania 1897); ein Spielergebnis aus dieser Runde ist bekannt: am 15. November 1903 verlor der A.S.Kl. Heidelberg beim MFC Viktoria 1897 auf dem Exerzierplatz mit 9:0 Toren.

Ein Couleurband wird Vereinsfarbe

Im Mai 1902 hoben acht fußballbegeisterte Oberschüler und Studenten, die auf der alten Feuerwehrwiese und auf der rechten Neckarvorlandseite ihrem Lieblingssport fröhnten, den

Mannheimer Fußball-Club „Phönix" 02

aus der Taufe. Der Älteste, Karl Schell, wurde zum 1. Vorsitzenden bestimmt. Um sich von anderen „Kickern" abzuheben, trugen sie über dem üblichen Einheitsdreß (weiße Hemden und schwarze Hosen) ihr schwarz-weiß-grünes Couleurband, das auch zur Vereinsfarbe wurde. Treffpunkt des Klubs war das Lokal „Zum Kirchengarten" in R 3,1.

Ein ganz wichtiges Ereignis, vielleicht das wichtigste überhaupt für den noch jungen Verein, trat ein Jahr später ein, als sich der Mannheimer Fußball-Club Bavaria dem MFC Phönix 02 anschloß. Dieser MFC Bavaria brachte nämlich u. a. das Brüderpaar Otto und Emil Schönig mit in die Ehe; eine Mitgift, die den MFC Phönix 02 jahrelang prägte und seine Erfolge wohl erst möglich machte. Das erste Spiel aus dieser Zeit datiert vom 24. Mai 1903, als der MFC Phönix 02 den Speyerer Fußball-Club Bavaria mit 9:0 Toren besiegte.

Was den allgemeinen Spielbetrieb der Mannheimer Vereine betraf, trat man 1902 etwas auf der Stelle. Die Nachwirkungen der Krise um den Mannheimer Fußball-Bund und seine Auflösung sowie die immer noch ungelöste Platzfrage dürften doch schwerwiegender gewesen sein als man es auf Seiten der Vereine wahrhaben wollte.

Die Mannheimer Fußball-Gesellschaft 1896 gastierte am 2. Februar 1902 als erster Mannheimer Verein in Heidelberg und schlug den dortigen Akademischen Sportclub auf dem Platz des Neuenheimer Colleges mit 12:0 Toren. Ein markantes Datum bildete der 26. Oktober 1902. Erstmals wurde die übermächtige MFG 1896 von einem Mannheimer Verein, der MFG Union 1897, mit 1:0 Toren bezwungen. Diese Schmach wollte und konnte natürlich die MFG 1896 nicht auf sich ruhen lassen und forderte eine Woche später die MFG Union 1897 zur Revanche. Was niemand unter den zahlreichen Zuschauern auf dem Exerzierplatz erwartet hatte, trat ein: wieder ging die „Union" als Sieger vom Platz; das Ergebnis lautete diesmal 2:1 für die Schwarz-Blauen. Kein Zweifel, die Basis in Mannheims Fußballsport schien breiter geworden zu sein.

Neugründungen trotz Krise

Das Fußballjahr 1903 eröffnete in Mannheim die MFG Union 1897 am 25. Januar 1903 gegen den FK Phönix Karlsruhe, der zu den stärksten deutschen Mannschaften zählte; hatte er doch eine Woche zuvor dem Altmeister Karlsruher Fußball-Verein die erste Heimniederlage beigebracht. Die 3:5 Niederlage der „Union" wurde deshalb als

Sport.

* **Fußballsport.** Es wird uns geschrieben: „Die Zuschauer bei dem Match am letzten Sonntag werden nicht wenig erstaunt gewesen sein, in dem Bericht zu lesen, daß Union's Mannschaft, 1. nicht auf voller Höhe gestanden hätte, und 2. ihr Spiel durch den starken Gegenwind beeinträchtigt worden sei. Dies ist dahin zu berichtigen, daß am Sonntag das Spielfeld quer vom Winde bestrichen wurde, was auch die Ursache war, daß das Spiel sich stets auf der der Kaserne zugelegenen Seite bewegte. Aber auch bei Gegenwind kann von keiner Benachteiligung die Rede sein, da nach einem Zeitraum von 45 Min. die Seiten jeweils gewechselt werden. Auf den weiteren Grund „Union's Mannschaft hätte nicht auf voller Höhe — gestanden" erlaube ich mir, zu bemerken, daß diese Behauptung nicht zutreffend ist, denn die Hinterleute Union's spielten besser als je. Hätten Victoria's Forwards besser combinirt, so würden die Gegner augenscheinlich eine Niederlage zu verzeichnen gehabt haben."

Mitteilung des „General-Anzeiger" vom Mittwoch, 19. November 1902, zum Spiel am 16. November 1902 zwischen MFG Union 1897 und MFC Viktoria 1897, das 2:2 endete.

überaus ehrenvoll bezeichnet, ebenso die 1:4 Niederlage gegen den besagten Karlsruher Fußball-Verein am 29. März

Mannheimer Fußball-Gesellschaft Union 1897 im Jahre 1902

v. l. stehend: Murr, Neufer, Freier, Busch, Sator; sitzend: Rüger, Messerschmidt, Wolf, Sedlmayer; liegend: Best und Kümmerle

1903. Als die MFG Union 1897 am 10. Mai 1903 den MSC Germania 1897 gar mit 7:0 Toren regelrecht überfuhr, erwartete man allgemein, in der MFG Union 1897 erwachse der MFG 1896 ein ernst zu nehmender Konkurrent in Mannheim.

Trotzdem befand sich Mannheims Fußballsport immer noch in einer gewissen Krise, wie auch einem Bericht des „General-Anzeiger" vom 22. März 1903 zu entnehmen ist, wo es hieß:

„Es ist die rege Thätigkeit der „Union" umso lebhafter zu begrüßen, als in letzter Zeit das Interesse am Fußballsport, welcher in anderen Städten immer mehr im Aufblühen begriffen ist, auf hiesigem Platz im Allgemein leider etwas nachgelassen hat. Dieser Rückgang dürfte in der Hauptsache wohl auf ein vielfach bestehendes Vorurteil zurückzuführen sein; das Fußballspiel wird nämlich irrthümlicher Weise vielfach als ein schädlicher Sport betrachtet."

Dennoch oder gerade deswegen kam es 1903 zu einigen wichtigen Neugründungen von Fußballvereinen. In der Gemeinde F e u d e n h e i m begeisterten sich bereits um die Jahrhundertwende meist Schüler für die neue Sportart, mit der sie auf dem Mannheimer Exerzierplatz in Berührung gekommen waren. Auf dem Brandplatz, wo später die Hundestation errichtet wurde, im großen Loch am Aubukkel, wo im Zweiten Weltkrieg der Bunker gebaut worden war, hinter dem alten Judenfriedhof und auf der Füllerweide wurde Fußball gespielt. Bald schlossen sich einige dieser Gruppen zusammen und gründeten die *Fußball-Gesellschaft 1901 Feudenheim*. Lange Bestand hatte jedoch dieser Club nicht.

Aber erst zwei Jahre später, Anfang 1903, schlossen sich Mitglieder dieser ehemaligen Fußball-Gesellschaft 1901 und Schulabgänger im Lokal „Zum Neckartal" in der Neckarstraße 58 zum

Fußball-Club „Viktoria" Feudenheim

zusammen. Gespielt wurde auf einem Wiesenstück hinter dem Wäld'le am Neckardamm, das vom Gemeinderat angemietet worden war. Ihr erstes Spiel bestritt die Mannschaft des FC Viktoria Feudenheim am 21. Juni 1903 auf dem Mannheimer Exerzierplatz gegen die Schülermannschaft des MFC Viktoria 1897 und gewann mit 4:3 Toren. In dieser Schülerelf des MFC Viktoria 1897 stürmte auf der halbrechten Position ein gewisser Wilhelm Trautmann, der

Fußball-Club „Viktoria" Feudenheim Gründungs-Mannschaft des Jahres 1903 auf dem Platz hinter dem Wäld'le am Neckardamm; v. l. Wilhelm Scherer, Eduard Schertel, Fritz Jülch, Georg Krämer, Georg Benzinger, Fritz Giebfried, Hans Überrhein, Jakob Ewald, Heinrich Pauschbach, Peter Sponagel, Adam Giebfried und Leonhard Stay

sieben Jahre später Mannheims erster Fußball-Nationalspieler werden sollte.

Schon bald gab es Absplitterungen vom FC Viktoria Feudenheim und für einige Zeit spielten in Feudenheim ein *Fußball-Club „Alemannia"* (Lokal „Zur Wartburg" in der Wallstadterstraße 15) und 1904 eine *Fußball-Gesellschaft „Britannia"* (Lokal „Zum Jägerhaus"in der Talstraße 40).

Auch im Norden Mannheims, in der Gemeinde S a n d h o - f e n, organisierte sich 1903 das bis dahin wild ausgeübte Fußballspiel und führte zur Gründung der

Fußball-Gesellschaft „Germania" 03 Sandhofen.

Erster Vorsitzender war Jakob Wehe; gespielt wurde auf einem Platz hinter der Zellstoffabrik Waldhof. Bereits ein Jahr später trat die FG „Germania" 03 dem Verband Süddeutscher Fußball-Vereine und dem Deutschen Fußball-Bund (DFB) bei. Aus dieser Zeit datiert auch das erste Spielergebnis: am 30.Oktober 1904 gewann die FG Germania 03 Sandhofen beim Fußball-Club Germania Friedrichsfeld mit 3:0 Toren.

Damit ist bereits die nächste Neugründung des Jahres 1903 genannt, der

Fußball-Club „Germania" Friedrichsfeld.

Gespielt wurde in F r i e d r i c h s f e l d zunächst auf einem Gelände am Bettelpfad, später auf der Freien Platte.

Den Reigen der Vereinsgründungen des in dieser Hinsicht ereignisreichen Jahres 1903 setzte der

Mannheimer Fußball-Klub „Alemannia"

fort, der auf einem Platz an der Mollschule in der Wespinstraße spielte. Dieser MFC Alemannia trug sein erstes Spiel am 13. September 1903 gegen den FC Viktoria Feudenheim aus und verlor mit 1:3 Toren.

Auch in L a d e n b u r g bildete das Jahr 1903 den Ausgangspunkt des dortigen Fußballgeschehens. Gleich zwei Vereine wurden gegründet. Am 13. März 1903 machte der *Fußballclub 03 Ladenburg* den Anfang mit seinem 1. Vorsitzenden August Mischler; gespielt wurde auf einem Platz an der Fähre, im Gasthaus „Zur Krone" traf man sich. Einige Monate später, am 1. November 1903, entstand im Gasthaus „Zum Stern" die *Fußball-Gesellschaft „Union" 03 Ladenburg;* erster Vorsitzender war Josef Reffert, gespielt wurde auf der Fohlenweide. Vom 27. März 1904 datiert das erste bekannte Spiel der Fußball-Gesellschaft Union 03 Ladenburg, die dem Fußball-Club Edingen in Ladenburg mit 1:8 Toren unterlag.[1] Der „General-Anzeiger" schrieb zu diesem Treffen:

„Beide Mannschaften, die noch Anfänger sind, suchten ihrem Orte die Siegespalme zu erringen."

Meister die MFG 1896 – wer sonst?

Das besondere Bestreben eines jeden Vereins war es, das Saison-Eröffnungsspiel zu bestreiten, und das möglichst mit einer „durch vorheriges Üben bestens trainierten Mannschaft", wie es immer wieder in der Presse hieß. Für die Saison 1903/1904 blieb es der MFG Union 1897 vorbehalten, am 27. September 1903 den MSC Germania 1897 auf dem Exerzierplatz zu diesem wichtigen Ereignis zu empfangen und auch mit 5:0 Toren einen hohen Sieg zu verzeichnen. Eine Woche später folgte die MFG 1896, die das Experiment wagte, mit einer Kombination ihrer 1., 2. und 3. Mannschaft gegen den MSC Germania 1897 anzutreten. Der Erfolg gab den Verantwortlichen recht, denn auch dieses Team war stark genug, die „Germanen" mit 4:0 Toren zu besiegen.

Als am 18. Oktober 1903 die „Offiziellen Wettspiele des Pfalzgau-Ausschusses vom Verband Süddeutscher Fußball-Vereine" beginnen sollten, zog der MSC Germania 1897 seine bereits gemeldete Mannschaft zurück, da sie – wie die vorausgegangenen Ergebnisse gezeigt hatten –, zu schwach war. Da diese Abmeldung jedoch zu spät kam, wurden alle Spiele des MSC Germania 1897 mit 0:5 Toren als verloren gewertet. In der einfachen Wettspielrunde hatte die MFG 1896 nach Siegen über MFC Viktoria 1897 (6:0 am 25. Oktober 1903) und MFG Union 1897 (7:0 am 15. November

---

1) wegen Fußball-Club Edingen vgl. Seite 86

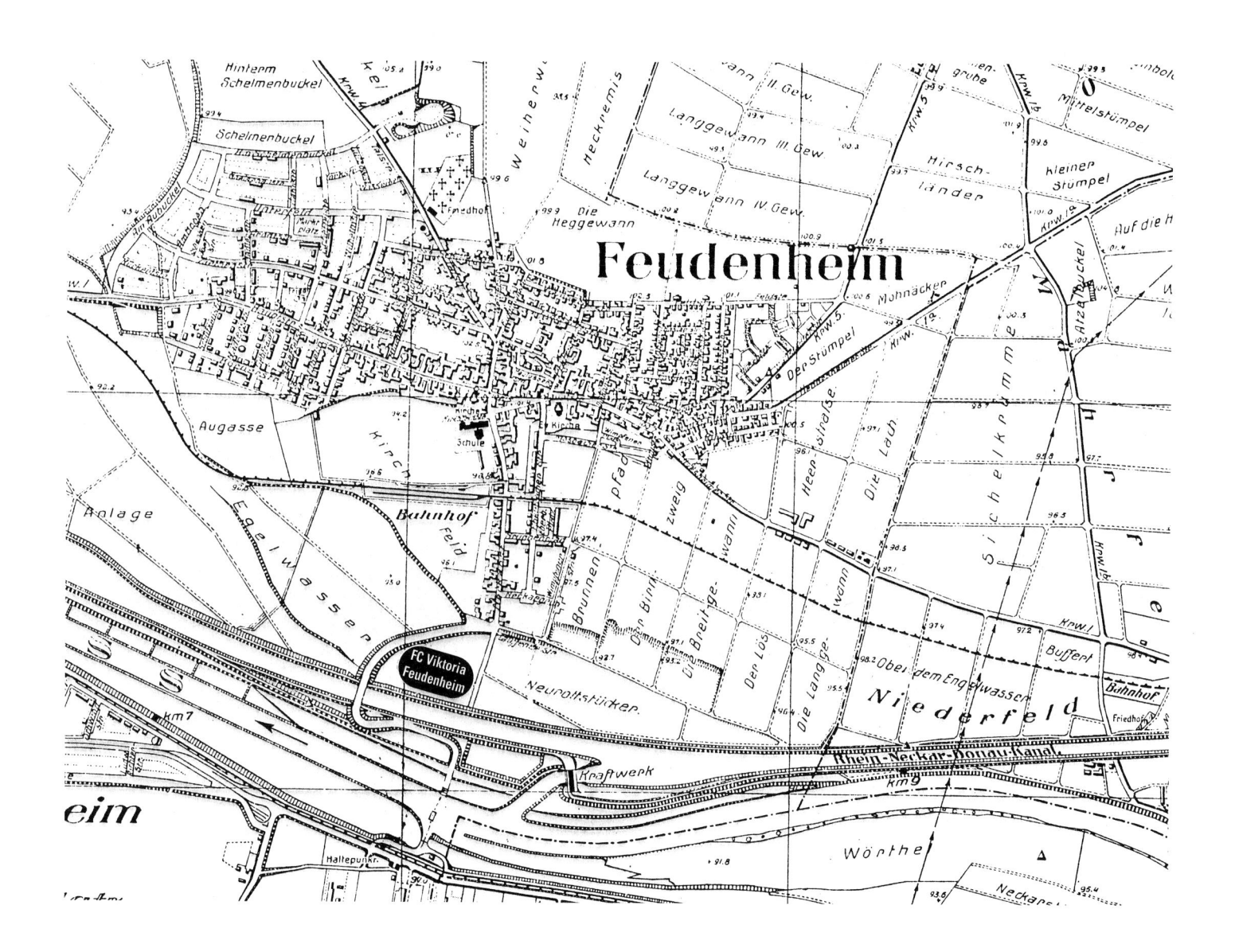

FC Viktoria Feudenheim

1903) keine Mühe, wieder die Meisterschaft zu erringen.

Als Meister des Pfalzgaus nahm die MFG 1896 nun an den Spielen um den Süddeutschen Verbandspokal teil und traf am 13. März 1904 auf den Sieger Gau Mittelbaden, den Karlsruher Fußball-Verein, der zuvor den FK Germania Frankfurt, Meister des Maingaus, ausgeschaltet hatte. Wie auch in den Jahren zuvor erwies sich die Karlsruher Mannschaft als unüberwindliches Hindernis für die MFG 1896, die mit 0:4 Toren dem neuen und alten Süddeutschen Meister Karlsruher FV unterlag. Im Kampf um die Deutsche Meisterschaft mußten die Karlsruher am 24. April 1904 gegen den Berliner Fußball-Club Britannia eine hohe 6:1 Niederlage hinnehmen, legten aber anschließend Protest dagegen ein, daß sie auf dem Platz der Berliner antreten mußten. Schließlich wurden alle DFB-Spiele für ungültig erklärt und der Meistertitel in diesem Jahr nicht vergeben.

Ein weiteres Kuriosum der Berichterstattung brachte die Begegnung am 29. November 1903 zwischen MFG 1896 I. und II. Mannschaft und MFC Viktoria 1897. Nachdem die MFG-Kombination mit 0:3 Toren verlor, berichtete der „General-Anzeiger" von der „überraschenden Niederlage der sieggewohnten 96er, da die Spieler der 2. Klasse für das Spiel nicht geeignet waren." Dies störte den Ehrgeiz der „Viktorianer", die zwei Tage später an gleicher Stelle klarstellen ließen, „daß nicht der Ersatz der 96er, sondern das überaus gute Spiel der „Viktoria" für den Spielausgang entscheidend gewesen sei!"

Fußball in der Schwesterstadt Ludwigshafen

Um die Jahrhundertwende ergriff das „Fußball-Fieber" auch Mannheims Schwesterstadt Ludwigshafen. Gegen Ende des Jahres 1900 wurde im Lokal „Zur Schützenstraße" in der Schützenstraße 34 der erste Fußballverein gegründet, die *Fußball-Gesellschaft „Revidia" 1900 Ludwigshafen*. Die beiden Vorstandsmitglieder waren Karl Köth und Georg Schweitzer; das Spielgelände befand sich am Luitpoldhafen. Mitte des Jahres 1902 jagten Jugendliche, die sich den Namen Fußballvereinigung „Teutonia" gegeben hatten, dem damals üblichen kleinen Gummiball nach; einen richtigen Fußball besaßen nur die großen Vereine.

Am 30. Mai 1903 gründeten 21 Fußballbegeisterte unter Leitung von Fritz Weber, genannt „Papa Weber", im Lokal „Geß" am Ruprechtsplatz, dem heutigen Goedelerplatz, die *Fußball-Gesellschaft 03 Ludwigshafen*. Als Vereinsfarben wurde Gelb-Schwarz gewählt; die Spitalwiesen in unmittelbarer Nähe der Städtischen Krankenanstalten stellten einen idealen Spielplatz dar.

Diesem „Nordverein", der Ruprechtsplatz lag im Stadtteil Nord (Hemshof), folgte am 22. August 1903 mit dem *Fußball-Club „Pfalz" Ludwigshafen* der erste „Südverein"; er diente „der Pflege des Fußballspiels, der Leichtathletik und der Eisspiele". Die Vereinsfarben waren Schwarz-Weiß; die erste Platzanlage befand sich an der Austraße. Da von Beginn an bei der Auswahl der Mitglieder ein strenger Maßstab angelegt wurde, erhielt der Verein sehr schnell den Beinamen „Stehkragenclub".

Am 31. Januar 1904 trat erstmals ein Mannheimer Verein gegen einen aus Ludwigshafen an. Die Mannheimer Fußball-Gesellschaft 1896 fuhr mit ihrer zweiten Mannschaft nach Ludwigshafen und besiegte die erste Mannschaft des FC Pfalz mit 18:1 Toren. Zu diesem Spiel wurden die Spielgeräte der Mannheimer Fußball-Gesellschaft 1896 (Torstangen, Cornerfahnen und Handbohrer) von einem Dienstmann nach Ludwigshafen gebracht. Die Aufstellung der jungen „Pfalz"-Mannschaft lautete:

Welker – Coblanz, Zimmermann – Jakobus, Belle, Bonnet – Bäßler, Muy, Lützel, Stegel und Stegle.

Da der FC Pfalz Ludwigshafen als „Stehkragenclub" nicht jedem Fußballbegeisterten zugänglich war, bestand im Südteil Ludwigshafen sehr bald das Bedürfnis, einen Fußball-Club für Jedermann zu gründen, was Ende Juli 1904 geschah. Im Lokal „Zur Rheinburg" in der Parkstraße 58 entstand der *Fußball-Club „Phönix" Ludwigshafen*. Kurz danach, etwa Ende August/Anfang September 1904, bekam auch der Nordteil der Stadt mit dem *Sport-Club „Germania" 04 Ludwigshafen* seinen zweiten Verein. Getreu dem Namen „Germania" wählte man als Vereinsfarben Schwarz-Weiß-Rot; gespielt wurde auf einem Platz an der Anilinstraße. Zum Vereinslokal hatten die „Germanen" das Lokal „Zur Frankenburg" in der Blücherstraße 14 erkoren.

Ludwigshafen mit seinen 76 000 Einwohnern hatte somit vier Fußballvereine; je zwei im Nordteil (29 000 Einwohner) und im Südteil (25 000 Einwohner). In den beiden restlichen Stadtteilen Friedenheim und Mundenheim entstanden 1906 der *Faust- und Fußball-Club Friesenheim* und der *Fußball-Club „Germania" Mundenheim*. Im gleichen Jahr wurde im Lokal *„Zum Hobelwerk"* in der Frankenthalerstraße 86 die *Fußball-Gesellschaft „Viktoria" Ludwigshafen* gegründet.

Festigung des Mannheimer Fußballsports

Der „General-Anzeiger" brachte in seiner Freitag-Ausgabe vom 13. Februar 1904 folgende Ankündigung für ein Spiel am Sonntag, den 15. Februar 1904, auf dem Exerzierplatz:

Mannschaft der Oberrealschule gegen Associations-Mannschaft des Neuenheim-College zu Heidelberg

„Seit nunmehr 4 Jahren ist dies das erste Mal, daß die Oberrealschule, durch die ja das Fußballspiel in Mannheim eingeführt wurde und die auch in früherer Zeit diesen Sport eifrig und erfolgreich gepflegt hat, wieder eine Fußballmannschaft ins Feld stellt."

Die Mannheimer Oberrealschüler schlugen sich auch diesmal wieder recht achtbar und verloren gegen die Engländer aus Heidelberg mit 3:6 Toren. Allgemein wurde diese Begegnung als Beweis dafür gewertet, daß der Fußballsport in Mannheim wieder aufsteigende Tendenz habe.

Eine gewisse Bestätigung dieser Annahme sah man auch in der Tatsache, daß am 20. Februar 1904 auf dem Exerzierplatz erstmals ein Entscheidungsspiel zweier auswärtiger Mannschaften zur Austragung kam. Um die Meisterschaft und den Pokal der 3. Klasse des Verbandes Süddeutscher Fußball-Vereine standen sich der Karlsruher Fußball-Verein und der Fußballklub Germania Frankfurt gegenüber, wobei die Frankfurter mit 3:2 Toren als Sieger den Platz verließen.

Als eine Würdigung der Verdienste der Mannheimer Vereine für den Fußballsport wurde der 8. Verbandstag des Verbandes Süddeutscher Fußball-Vereine angesehen, der am 27. und 28. August 1904 in Mannheim abgehalten wurde. Der „General-Anzeiger" schrieb dazu am 24. August 1904:

„Am Samstag, den 27., und Sonntag, den 28. August, tagt in Mannheim der VIII. Verbandstag süddeutscher Fußball-Vereine. Der Verband besteht aus circa 90 Vereinen und wird der Kongreß wie wir hören sehr zahlreich besucht werden. Die einzelnen Veranstaltungen setzen sich wie folgt zusammen: Samstag, den 27. August, abends 9 Uhr Vorstandssitzung in den „12 Aposteln", danach gemütliche Zusammenkunft der Vertreter der Verbandsvereine. Sonntag, den 28. August, morgens 9 Uhr Beginn der Vertreterversammlung im kleinen Saal des „Bernhardus-Hofes", mittags 1 Uhr gemeinschaftlicher Mittagstisch ebenda selbst, nachmittags 3 ½ Uhr Fußballwettspiele auf dem hiesigen Exerzierplatz, abends 7 ½ Uhr Fest-Kommers im großen Saal des „Bernhardus-Hofes". Wir hoffen, daß durch diese Veranstaltung des Süddeutschen Verbandes der Fußballsport auch in hiesigen Kreisen wie in anderen Städten Deutschlands weitere Verbreitung finden möge und ihm von seiten der hiesigen Bevölkerung das nötige Interesse entgegengebracht wird."

Bei den Wettspielen schlug die Mannheimer Fußball-Gesellschaft 1896 den Frankfurter Fußballklub Kickers mit 3:1 Toren und der Mannheimer Fußball-Club Viktoria 1897 trennte sich vom Hanauer Fußballklub 1893 mit einen 2:2 Unentschieden. Der Verlauf der Tagung, der Besuch der Spiele und die allgemeine Resonanz ließen bei den für diese Großveranstaltung verantwortlichen Stadtvereinen die Gewißheit aufkommen, daß Mannheims Fußballsport wieder auf festen Beinen stand und die Krise der letzten Jahre endgültig überwunden war.

Wachablösung durch die MFG Union 1897

Die Wettspiele des Verbandes Süddeutscher Fußball-Vereine um die Meisterschaft des Pfalzgaues wurden in der Saison 1904/1905 erstmals in drei Klassen ausgetragen. Mit einer Riesenüberraschung endeten sie in der *Klasse 1*: die MFG Union 1897 errang erstmals die Meisterschaft vor MFC Viktoria 1897, MSC Germania 1897 und MFG 1896.

Der Bernhardushof
Katholisches Vereinshaus zum Bernhardushof in K 1, erbaut im Jahre 1900 mit Saal und Galerie mit 1200 Sitzplätzen; eröffnet am 16. Dezember 1900

Der bisherige Abonnementmeister MFG 1896 war nicht nur entthront worden, sondern landete zur allgemeinen Verwunderung auf dem letzten Rang. Zwei hohe 0:5 Niederlagen gegen MFC Viktoria 1897 am 6. November 1904 und gegen MSC Germania 1897 eine Woche später waren neben der Stärke der MFG Union 1897 dafür verantwortlich. Besonders die Niederlage gegen den MSC Germania 1897 ließ aufhorchen; gegen eine Mannschaft, die ein Jahr zuvor die Teilnahme an den Meisterschaftsspielen noch abgebrochen hatte, da die Mannschaft zu schwach war.

In der *Klasse 2* lautete die Endplazierung:

MFC Viktoria 1897 II. Mannschaft

MFG Union 1897 II. Mannschaft

Fußball-Vereinigung 1898 Schwetzingen I. Mannschaft

MFC Phönix 02 I. Mannschaft

ASC (Akademischer Sport-Club) Heidelberg I. Mannschaft

Interessante Ergebnisse gab es hier u. a. mit:

FVg 98 Schwetzingen I gegen MFC Viktoria 1897 II 2:2 am 16. Oktober 1904

MFG Union 1897 II gegen MFC Phönix 02 I 4:0 am 30. Oktober 1904

MFC Viktoria 1897 II gegen MFG 1896 II 10:0 am 6.

*Mannheimer Sport-Club „Germania"
1897 im Jahre 1904
v. l. stehend: W. Bonifer, K. Ruppender, M. Heidenreich, P. Nikolet, A. Fanz, K. Meckler; kniend: K. Constantini, Uebelhör, E. Ruppender; sitzend: F. Fanz, Göckel, L. Banzhaf*

November 1904
MFG 1896 II gegen MFC Phönix 02 I 0:3 am 13. November 1904
MFC Phönix 02 gegen FVg 98 Schwetzingen 5:6 am 4. Dezember 1904

Die *Klasse 3* hatte folgende Schlußplazierung:
MFC Phönix 02 II. Mannschaft
MFC Viktoria 1897 III. Mannschaft
MFG 1896 III. Mannschaft
FC Pfalz Ludwigshafen I. Mannschaft
MFG Union 1897 III. Mannschaft

Hier zeigte sich, daß die „Pfalz"-Mannschaft aus Ludwigshafen noch wenig zu bestellen hatte; eine 0:4 Heimniederlage gegen die II. Mannschaft des MFC Phönix 02 am 20. November 1904 und eine 7:1 Niederlage gegen die III. Mannschaft der MFG 1896 am 4. Dezember 1904 auf dem Mannheimer Exerzierplatz bewiesen dies.

Der Mannheimer Fußball-Club Viktoria 1897 verbrachte die Weihnachtsfeiertage des Jahres 1904 in Hessen, besiegte am 25. Dezember 1904 den Hanauer FK 1894 mit 1:0 Toren und trennte sich tags darauf vom Frankfurter Sportverein 2:2 unentschieden.

Fußball-Boom in Neckarau

Wie berichtet, gab es in Neckarau von 1897 bis 1900 den Fußballclub Phönix Neckarau. Nach dessen Auflösung mußte man dort fast vier Jahre warten, bis sich die Fußballbegeisterten wieder organisierten, dann aber geschah dies fast explosionsartig. Den Anfang machte 1904 der *Fußball-Club „Viktoria" 04 Neckarau*, dem alsbald der *Fußball-Club „Germania" 1904 Neckarau* folgte, der seinen ersten Sportplatz „Am zweiten Brückel" errichtet und die Gastwirtschaft „Zur Krone" in der Friedrichstraße 6 zum Vereinslokal erkoren hatte. Noch im gleichen Jahr entstanden der

Fußballclub „Badenia" Neckarau und der *Fußballclub „Frankonia" Neckarau*.

Obwohl der Vorort Neckarau zu dieser Zeit nur etwa 12 000 Einwohner zählte, reichten diese vier Vereine den Fußballfreunden noch nicht, denn die Vereinsgründungen setzten sich 1905 fort. Zunächst wurde der *Fußball-Club „Helvetia" Neckarau* ins Leben gerufen, dem schon bald der *Fußball-Club „Alemannia" 05 Neckarau* folgte. Dieser hatte sein Spielfeld auf dem Gellertplatz, während man sich in der Gastwirtschaft „Zur Rheinlust" in der Friedrichstraße 104 regelmäßig traf. Das erste bekannte Spiel des FC Helvetia Neckarau datiert vom 1. April 1906, als man den FC Badenia Neckarau glatt mit 5:0 Toren besiegen konnte.

Kein anderer Vorort Mannheims besaß zu jener Zeit sechs Fußballvereine; die Fußballbegeisterung war also in Neckarau besonders groß. Bald jedoch lösten sich die Fußball-Clubs „Badenia" und „Frankonia" wieder auf. Die anderen Neckarauer Vereine werden uns jedoch wieder begegnen.

Der noch junge FC Viktoria Feudenheim bekam in der rein ländlichen Gemeinde schon bald große Schwierigkeiten; die Anfeindungen gegen das „rohe Spiel" veranlaßten die Fußballspieler, sich in die Obhut des Turnvereins „Badenia" Feudenheim zu begeben. Der *Fußball-Club „Badenia" Feudenheim* verlor sein erstes Spiel am 6. November 1904 bei der FG Ladenburg 03 nur knapp mit 3:2 Toren. Dieser Ehe war jedoch nur eine kurze Dauer beschieden. Bereits am 1. Oktober 1905 trat der FC Viktoria Feudenheim unter seinem alten Namen wieder auf und bezwang die FG Palatia Mannheim[1] mit 10:0 Toren. Am 1. Februar 1906 wurde der FC Viktoria Feudenheim Mitglied im Verband Süddeutscher Fußball-Vereine.

Auch in Friedrichsfeld trat im Jahre 1904 neben den Fußball-Club Germania 03 Friedrichsfeld mit dem *Fußball-Klub „Viktoria" Friedrichsfeld* ein zweiter Fußballverein an die Öffentlichkeit, der sich allerdings nicht lange halten konnte. Die einzig bekannte Begegnung dieser „Viktoria" ist das Retourspiel beim Mannheimer Sport-Club Germania 1897 am 26. Februar 1905, das mit 4:1 Toren verloren wurde.

Einen zweiten Fußballverein gab es auch in Schwetzingen, wo der *Fußball-Klub „Sport" 05 Schwetzingen* gegründet wurde. Zusammen mit der Fußballgesellschaft-Vereinigung 1898 Schwetzingen spielte man zunächst auf dem Exerzierplatz Hegenichhof, später auf dem von der Stadt Schwetzingen angelegten Platz am Wasserturm.

Die ersten vereinseigenen Platzanlagen

Mannheims Fußball-Mekka, der Exerzierplatz, konnte im Laufe der Jahre den stetig wachsenden Spielbetrieb nicht mehr verkraften. Fast jeder Sonntag sah die Vereine mit ihrem inzwischen auf teilweise vier Mannschaften angewachsenen Spielerreservoir von frühmorgens bis spät abends in Aktion. Entsprechend beengt und unbefriedigend für alle Beteiligten (Militärbehörden und Schäferei-Pachtbetrieb auf der einen, die Vereine auf der anderen Seite) ging es auf dem „Exe" zu. Allein die hygienischen Verhältnisse waren unhaltbar geworden.

So war es nicht verwunderlich, daß die Vereine dringend nach Abhilfe dieses Dilemmas suchten. Dem Mannheimer Fußball-Club Viktoria 1897 gebührte das Lob, als erster Verein Mannheims eine eigene Platzanlage präsentieren zu können. Der „General-Anzeiger" schrieb am 24. Juli 1905:

„Endlich rückt auch Mannheim in die Reihe derjenigen Städte, die durch Schaffung eines abgeschlossenen Sportplatzes dem Fußballsport die Bedeutung und Würdigung verschafft haben, die ihm als einem schönen und gesunden Sport gebührt. Die Vorstandschaft des Badischen Rennvereins, die sich bekanntermaßen allen und jeden Sports gerne annimmt, hat dem Mannheimer Fußball-Club „Viktoria" 1897 in liebenswürdiger Weise einen Platz pachtweise überlassen, der in Bezug auf die Bodenverhältnisse auch den weitgehendsten Ansprüchen der Neuzeit genügt, und die „Viktoria" ist emsig bemüht, denselben zu umsäumen und allen sportlichen Bedürfnissen entsprechend herzurichten. Der Platz stößt außen an die Rennbahn nach der Seckenheimer Straße zu und ist gegenüber der Restauration „Rennwiesen" am Wagenplatz und den beiden neuerbauten Stallungen vorbei, bequem zu erreichen; auch ist derselbe nur ca. 5 Minuten von der

---

1) wegen FG Palatia Mannheim vgl. Seite 46

Haltestelle Schlachthof der elektrischen Straßenbahn entfernt. Wir dürfen nun auch hoffen, mehr und mehr Wettspiele größeren Stils in Mannheim ausfechten zu sehen, so daß sich der Fußballsport auch mehr in den Kreisen einbürgern dürfte, die sich bislang von ihm entfernt hielten."

Am 6. September 1905 hieß es im „General-Anzeiger" schließlich:

„Der 17. September dürfte uns ein sportliches Ereignis ersten Ranges bringen. An diesem Tage wird sich der neue Sportplatz des FK Viktoria 1897 zum erstenmal als das repräsentieren, wozu er bestimmt ist, als ein nach den neuesten Bestimmungen eingerichteter Fußballplatz. Es ist nun der Viktoria gelungen, zu dem Eröffnungsspiel die 1. Mannschaft des Karlsruher Fußballvereins zu gewinnen, die seit Jahren unbestrittener süddeutscher Meister ist."

Victoria-Sportplatz
bei den Rennwiesen, 5 Minuten vom Endpunkte der elektr. Strassenbahn, Schlachthoflinie.

Sonntag, den 17. September,
nachmittags ½3 Uhr

Grosses Eröffnungswettspiel
zwischen den beiden I. Mannschaften des Karlsruher Fussballvereins E. V. (langjährig. süddeutscher Meister)
und des Fussball-Clubs Victoria 1897.

Um geneigten Zuspruch bittet

M. F. C. Victoria 1897.

Das Spiel endete mit einem 2:1 Sieg der Karlsruher. Für den Mannheimer Fußball-Club Viktoria 1897 und für Mannheim war dieser 17. September 1905 ein denkwürdiger Tag, der für den gesamten Fußballsport Signalwirkung haben sollte.

Bereits am 12. August 1905, also etwas über vier Wochen vor der Einweihung des „Viktoria"-Platzes, berichtete der „General-Anzeiger" über entsprechende Aktivitäten der Mannheimer Fußball-Gesellschaft 1896:

„Die MFG tritt nunmehr in die Verwirklichung eines längst beschlossenen und bereits Mitte Juni dieses Jahres bezirksamtlich genehmigten Projektes, der Erstellung eines eigenen, eingefriedeten Spielplatzes. Es handelt sich dabei nicht darum, den bisher durch stadträtliches Entgegenkommen benutzten Exerzierplatz, welcher durch seine Größe und günstigen Bodenverhältnisse gewissermaßen zur Zentrale für Mannheimer Fußballvereine geworden ist, aufzugeben, vielmehr wird derselbe bei der immer zunehmenden Mitgliederzahl und der damit korrespondierenden Vermehrung der Mannschaften umso mehr in Anspruch genommen werden. Aus diesem Grunde ist es daher als günstig zu bezeichnen, wenn sich die MFG 1896 mit der Wahl ihres Wettspielplatzes – denn hierzu soll der Platz hauptsächlich dienen – in unmittelbarer Nähe des Exerzierplatzes gehalten hat, so daß daselbst nach wie vor das Hauptinteresse für den Fußballsport konzentriert bleibt. Von der Haltestelle der „Kaserne" der Elektrischen Straßenbahn in wenigen Schritten zu erreichen, wird der Platz mit einer ansehnlichen Umzäunung versehen. Eingang von der verkehrsreichen Käfertaler Straße. Neben einer sorgfältigen, zweckentsprechenden Instandsetzung des Bodens ist, dank Entgegenkommen der Eichbaum-Brauerei, auch für angenehme Umkleideräume mit Wasch- und Dusch-Gelegenheit gesorgt, so daß den Spielern in hygienischer Hinsicht jede Bequemlichkeit geboten sein wird. Das anschließende „Feldschlößchen", mit dem Spielplatz verbunden, bietet dem Zuschauer-Publikum einen angenehmen Aufenthaltsort, auch wird der projektierte Anbau die Abhaltung größerer Veranstaltungen daselbst ermöglichen. Die Eröffnung des Platzes ist für den offiziellen Beginn der Spielsaison in Aussicht genommen."

Am 17. Dezember 1905, also auf den Tag genau drei Monate nach dem Mannheimer Fußball-Club Viktoria 1897, eröffnete die Mannheimer Fußball-Gesellschaft 1896 ihren Sportplatz an den Brauereien mit dem Spiel gegen den Meister der Zentralschweiz, den Basler Football-Club, der mit 4:1 Toren siegreich blieb.

Mannheim hatte nun zwei vereinseigene Sportplätze, die nicht nur eine Entlastung des Spielbetriebes auf dem Exer-

> **Mannheimer Fußballgesellschaft 1896**
>
> Morgen Sonntag, den 17. Dezember 1905,
> nachmittags präzis ½3 Uhr,
> zur Eröffnung des neuen Sportplatzes bei den
> Brauereien – Haltestelle der Elektrischen
>
> **Grosses internationales**
>
> # Wettspiel
>
> der ersten Mannschaft
>
> gegen den
>
> **Baseler Football-Club**
> (Meisterschaftsclub der Centralschweiz.)
>
> Abends 8 Uhr in den vereinigten Nebenlokalitäten der
> „12 Apostel" **Kommers**
> o. Stod
>
> Freunde und Gönner sind hierdurch freundlichst eingeladen.
> **Der Vorstand.**

zierplatz brachten, sondern sich auch auf die Entwicklung der beiden Vereine Mannheimer Fußball-Club Viktoria 1897 und Mannheimer Fußball-Gesellschaft 1896 positiv auswirken sollten.

„Viktoria" für MFC Viktoria 1897

Die Mannheimer Fußball-Gesellschaft 1896, entthronter Abonnement-Meister, unternahm nach ihrem jähen Sturz bei den Verbandsspielen der Saison 1904/1905 verstärkte Anstrengungen, verlorenes Fußball-Terrain in Mannheim wieder wettzumachen, indem sie sich das ganze Jahr 1905 über durch Wettspiele mit starken auswärtigen Mannschaften spielerisch zu verbessern suchte. Sie erzielte dabei beachtliche Resultate:

12. 3.	FG Germania Frankfurt – MFG 1896	1:5
2. 4.	Akad. Sport-Club Darmstadt – MFG 1896	2:3
23. 4.	FC Kickers Wiesbaden – MFG 1896 (Ostersonntag)	0:1
24. 4.	Sport-Verein Wiesbaden – MFG 1896 (Ostermontag)	0:3
7. 5.	Fußball-Verein Straßburg – MFG 1896	2:2

Zur Eröffnung der Spielzeit 1905/1906 empfing der Vorjahresmeister MFG Union 1897 den MFC Phönix 02 am 27. August 1905 auf dem Exerzierplatz. Zur allgemeinen Überraschung zeigte sich die „Phönix"-Mannschaft gegenüber dem Vorjahr stark verbessert und siegte mit 3:1 Toren unerwartet klar. Trotz eines 10:0 Sieges über den FC Pfalz Ludwigshafen eine Woche später ging die Mannheimer Fußball-Gesellschaft Union 1897 mit gedämpften Erwartungen in die bevorstehende Verbandsspiel-Runde.

Auch der Mannheimer Sport-Club Germania 1897 war 1905 bestrebt, seine Spielstärke durch Begegnungen mit auswärtigen Mannschaften zu verbessern, wobei ebenfalls schöne Erfolge erzielt werden konnten:

19. 3.	Karlsruher FK Weststadt – MSC Germania	0:2
9. 4.	MSC Germania – FC Offenbach 1889	1:0
16. 4.	MSC Germania – FK Allemannia Griesheim	8:0
7. 5.	FC Offenbach 1889 – MSC Germania	3:8
14. 5.	MSC Germania – FG Germania Offenbach	7:0

Als dann aber im Oktober 1905 die Verbandswettspiele begannen, kam alles anders. In einer einfachen Runde spielten MFG 1896, MFG Union 1897, MSC Germania 1897, MFC Viktoria 1897, MFC Phönix 02 und Akademischer FC Darmstadt. Weder der Vorjahresmeister MFG Union 1897, noch der Altmeister MFG 1896 lagen am Ende vorn, sondern der Mannheimer Fußball-Club Viktoria 1897 sicherte sich in seinem letzten Spiel am 12. November 1905 durch einen 10:4 Sieg beim Akademischen Fußball-Club Darmstadt erstmals den Meistertitel des Neckargaues.

Sieger der Klasse II wurde die 2. Mannschaft der MFG Union 1897; in der Klasse III holte sich die 3. Mannschaft der MFG 1896 den Titel.

Im Kampf um die Süddeutsche Meisterschaft scheiterte der Mannheimer Fußball-Club Viktoria 1897 nach einem 4:2 Sieg am 17. Dezember 1905 und einem 3:3 Unentschieden am 25. Februar 1906 gegen FK Viktoria Frankfurt am Hanauer FK 1893 durch zwei Niederlagen mit 3:9 am 26. November 1905 und 1:5 am 11. März 1906. Auf dem Platz der MFG 1896 an den Brauereien errang der 1. FC Pforzheim am 1. April 1906 mit einem 5:3 Sieg über eben diese Hanauer Mannschaft die Süddeutsche Meisterschaft.

Für Aufsehen sorgte die 2. Mannschaft der Mannheimer Fußball-Gesellschaft Union 1897, Meister des Neckargaues der Klasse II, bei den Wettspielen um die Kreismeisterschaft der zweiten Klasse. Nach Siegen beim FC Bavaria

**Mannheimer Fußball-Club
Viktoria 1897
Neckargau-Meister 1905/1906**

v. l. stehend: Bauer, Bleh, Banzhaf, Koch, Straßburger; kniend: Haupt, Müller, Lulei; liegend: Kallenbach, Trautmann und Frey

Kaiserslautern 1. Mannschaft (6:4 am 18. Februar 1906), über den SV Wiesbaden 2. Mannschaft (5:0 am 4. März 1906 in Darmstadt) und über den FC Kickers Offenbach 1. Mannschaft (7:2 am 11. März 1906 ebenfalls in Darmstadt) berichtete der „General-Anzeiger" am 13. März 1906:

> „Eine große Überraschung brachte am Sonntag das Entscheidungsspiel in der Nordkreismeisterschaft der II. Klasse, Offenbacher Kickers I gegen MFG Union II. Die Offenbacher Mannschaft, die allgemein für die beste gehalten wurde und deren Spieler an Größe, Körperstärke und gutem Einzelspiel den Mannheimern bedeutend überlegen waren, mußte sich, nachdem sie mit dem Winde spielend zuerst mit 2:0 gewonnen hatte, eine schwere Schlappe von 7:2 Goals aufhängen lassen. Diesen ungeahnten Erfolg hat die Union der guten Verteidigung wie auch dem guten Zusammenspiel und dem blitzschnellen Vorgehen ihrer Stürmerreihe zu verdanken, deren Eifer auch mit großem Beifall von Seiten der zahleichen Zuschauer belohnt wurde."

Letztendlich gab aber eine 4:2 Niederlage der MFG Union 1897 am 25. Februar 1906 in Hanau gegen Kickers Frankfurt und das damit insgesamt schlechtere Torverhältnis den Ausschlag dafür, daß die Offenbacher Kickers die Nordkreismeisterschaft der II. Klasse erringen konnten. Die MFG Union 1897 aber hatte den Beweis erbracht, daß sie auf ihren Nachwuchs bauen konnte.

Städtespiel Frankfurt gegen Mannheim

Um die Jahreswende 1905/1906 reiften Pläne für ein erstes Städtespiel zwischen Frankfurt und Mannheim, nachdem Vereine beider Städte schon seit Jahren einen äußerst intensiven Spielverkehr pflegten. Als Termin wurde der 21. Januar 1906 festgelegt; das Städtespiel sollte den würdigen Rahmen für die Jahresversammlung der Deutschen Sportbehörde für Athletik abgeben, die an diesem Tage in Frankfurt stattfand.

Auf Mannheimer Seite wurde frühzeitig eine Mannschaft aufgestellt, die sich in zwei Probespielen bewähren und einspielen sollte. Sie hatte folgendes Aussehen:

Leininger – Rüger, Kümmerle (alle Union) – Schellmann (MFG 1896), Müller (Viktoria), Wolf (Union) – Bauer (Viktoria), Gött (MFG 1896), Banzhaf (Viktoria), Nikolet (Germania) und Straßburger (Viktoria)

Mannschafts-Captain war Wolf von der MFG Union 1897; als Ersatzspieler wurde Frey vom MFC Viktoria 1897 nominiert.

Das erste Probespiel fand am 31. Dezember 1905 auf dem „Viktoria"-Platz gegen den MFC Viktoria 1897 (1. und 2. Mannschaft kombiniert) statt und wurde von der Auswahl mit 6:1 Toren gewonnen. Ernüchterung aber nach dem zweiten Probespiel am 14. Januar 1906 auf dem Platz der MFG 1896 gegen eine Kombination der 1. und 2. Mannschaft der MFG 1896, die gegen die Auswahl mit 4:3 Toren gewinnen konnte.

Das Städtespiel am 21. Januar 1906 gewann dann die Auswahl von Frankfurt hoch mit 5:2 Toren. Mannheim spielte in der genannten Aufstellung nicht schlecht, mußte aber dennoch die Überlegenheit der Frankfurter Elf, die insgesamt geschlossener und reifer wirkte, anerkennen.

Die erste Mannheimer Stadtauswahl im Jahre 1906

v. l. stehend: Haupt (Viktoria), Schellmann (MFG), Müller (Viktoria), Kümmerle (Union), Nikolet (Germania), E. Ruppender (Germania), Rüger (Union); sitzend: Bauer (Viktoria), Leininger (Union), H. Banzhaf (Viktoria), Gött (MFG) und Straßburger (Viktoria)

Erstaunliche Serie der MFG 1896

Wie wichtig für die Mannheimer Fußball-Gesellschaft 1896 und den Mannheimer Fußball-Club Viktoria 1897 die eigenen Platzanlagen waren, zeigte sich im Frühjahr 1906: zahlreiche Jugendliche, deren Interesse in den Jahren zuvor am Fußballsport rapide nachgelassen hatte, füllten die unteren Mannschaften beider Clubs in beachtlichem Maße auf. Attraktive Spiele gegen bekannte und spielstarke auswärtige Mannschaften taten ihr übriges.

Besonders die Mannheimer Fußball-Gesellschaft 1896 zog ein Fußballprogram auf, das für die damalige Zeit erstaunlich war und dem Fußballsport in Mannheim viele neue Freunde und auch Gönner bescherte. Am 7. Januar 1906 gastierte der Fußballverein Straßburg erstmals in Mannheim und verlor mit 2:0 Toren; zwei Wochen später mußte der Wiesbadener Sportverein, Meister des Mittel-Rheingaues, mit einer 0:1 Niederlage die Stärke der MFG 1896 anerkennen. Der 1. FC Pforzheim, der zu den stärksten Mannschaften des Kontinents zählte, besiegte die MFG 1896 am 28. Januar 1906 auf dem Platz an den Brauereien denkbar knapp mit 0:1 Toren.

Eine große Heerschau hielt die Mannheimer Fußball-Gesellschaft 1896 am 4. Februar 1906 ab und präsentierte dem Mannheimer Publikum seine vier Mannschaften; auf dem MFG-Platz spielten:

MFG 1896 IA gegen MFC Phönix 02 I	2:1
MFG 1896 IB gegen FG 03 Ludwigshafen I	4:0
MFG 1896 II gegen MFC Frankonia I	15:2

und auf dem Exerzierplatz gab es die Begegnung:

MFG 1896 III gegen FG 03 Ludwigshafen III	18:0

Beim Münchner Sport-Club Bayern siegte die MFG 1896 am 4. März 1906 mit 1:0 Toren; die Presse schrieb dazu:

> *„In der 11. Minute der zweiten Spielhälfte gelang es den Mannheimern, ein Tor zu erzielen, was vom Publikum mit lauten Beifallskundgebungen begleitet wurde."*

Am Ostersonntag, den 16. April, spielte die Societé sportive francaise Paris, die als erste französische Mannschaft in Süddeutschland weilte, gegen die MFG 1896; der „General-Anzeiger" berichtete darüber u. a.:

> *„Punkt 3 Uhr erschienen die Pariser Spieler auf dem Platz und wurden von dem sehr zahlreich erschienenen Publikum, etwa 12–1500 Zuschauer, enthusiastisch willkommen geheißen. Hierauf wurden die Pariser Spieler mit den gleichfalls angekommenen Spieler der MFG photografiert."*

Die MFG 1896 gewann auch dieses Spiel überraschend klar mit 4:2 Toren. Nach einer 0:3 Heimniederlage gegen den FK Phönix Karlsruhe am 22. April 1906 setzte die MFG 1896 bis Saisonende ihre Siegesserie fort. Am 29. April 1906 gewann sie das Retourspiel beim Football-Club Basel, der bekanntlich das Platz-Einweihungsspiel im Dezember 1905 mit 4:1 Toren gewonnen hatte, mit eben demselben Ergebnis! Nach einem 2:2 Unentschieden gegen den Fußball-Club Zürich am 13. Mai 1906 beendete die MFG 1896 eine Woche später mit einem 3:0 Sieg über den Freiburger Fußball-Club die Spielzeit 1905/1906.

Weniger erfolgreich verliefen die Freundschaftsspiele des Neckargaumeisters MFC Viktoria 1897. Am 28. Januar 1906 erlitt die „Viktoria" mit 3:4 gegen den FC Germania Frankfurt die erste Heimniederlage gegen eine Frankfurter Mannschaft. Beim Freiburger Fußball-Club wurde die „Viktoria" am 1. April 1906 mit 9:0 Toren regelrecht deklassiert. Einem 6:3 Sieg über den FC Donar Straßburg am 8. April 1906 auf eigenem Platz folgte am 6. Mai 1906 wieder eine 0:9 Niederlage bei den Stuttgarter Kickers.

Dennoch wurde der Fußballsport in Mannheim immer noch als unbedeutend abgetan. So wurde beispielsweise in einem 1906 erschienenen Werk „Mannheim und seine Bauten" [1] nach einer ausführlichen und mehrseitigen Würdigung des Pferdesports, Wassersports (Rudern), Lawn-Tennisspiele und Eissports (auf Eisbahnen) der Fußballsport in ganzen zwei Sätzen erwähnt:

> *„Das Fußballspiel wird hier durch sechs Vereine betrieben, von welchen zwei größere Plätze gemietet und dieselben mit einem Bretterzaun umgeben haben. Besonders erwähnenswerte Baulichkeiten befinden sich auf diesen Spielplätzen nicht."*

---

[1] Mannheim und seine Bauten. Herausgegeben vom Unter-Rheinischen Bezirk des Badischen Architekten- und Ingenieur-Vereins und vom Architekten- und Ingenieur-Verein Mannheim–Ludwigshafen, 1906, Seite 387

Einen großen Saisonabschluß bescherte der Deutsche Fußball-Bund den Mannheimer Fußballfreunden am 6. Mai 1906. Auf dem Platz der Mannheimer Fußball-Gesellschaft 1896 standen sich in einem Spiel um die DFB-Meisterschaft der Süddeutsche Meister 1. FC Pforzheim und der Meister des Rheinisch-Westfälischen Bundes, der FK 1899 Köln, gegenüber. Der „General-Anzeiger" vom 4. Mai 1906 berichtete in seiner Vorschau auf diese Begegnung vom „ersten Auftritt einer norddeutschen Mannschaft in Mannheim." Der 1. FC Pforzheim gewann nach zweimal zehnminütiger Verlängerung mit 4:2 Toren, nachdem es nach Ablauf der regulären Spielzeit 2:2 unentschieden gestanden hatte. Nach einem 4:0 Sieg über den Deutschen Vorjahresmeister Union Berlin mußte sich der 1. FC Pforzheim im Endspiel am 27. Mai 1906 in Nürnberg dem VfB Leipzig mit 1:2 Toren beugen.

Die MFG 1896 — Mannheims größter Fußballclub

Zehn Jahre nach dem ersten Fußballspiel auf Vereinsebene hatte sich 1906 die neue Sportart in Mannheim trotz zahlreicher Schwierigkeiten durchgesetzt und war zu einem festen Bestandteil des Sportlebens geworden. Auch die Jubiläumsausgabe der Stadt Mannheim[1] widmete dem Fußballsport immerhin einen 14-zeiligen Bericht in einem insgesamt 9-seitigen Beitrag über das Sportgeschehen in Mannheim. Es heißt da:

„Der Fußballsport beginnt in den letzten Jahren auch in Mannheim besseren Boden zu gewinnen. Wohl bestehen seit einer Reihe von Jahren mehrere Vereinigungen, welche diesem Sport auf dem Exerzierplatz huldigen, aber über den Rahmen des internen Vereinsspiels hinauszukommen, war den Vereinen infolge vielfacher ungünstiger Verhältnisse nicht möglich. Im Jahre 1905 wurde durch das Vorgehen des Fußballklubs „Viktoria 1897" die Richtschnur gegeben, daß auch unsere Stadt in die Reihe derjenigen Städte rückt, welche durch Schaffung abgeschlossener Sportplätze dem Fußballsport die Bedeutung und Würdigung verschaffen, die ihm als einem schönen und gesunden Sport gebührt. Das Direktorium des Badischen Rennvereins hat dem genannten Klub einen Platz auf den Rennwiesen pachtweise überlassen, der bezüglich der Boden- wie auch der Verkehrsverhältnisse selbst den weitgehendsten Ansprüchen der Neuzeit genügt. Dieser Umwälzung der Verhältnisse schloß sich die „Fußballgesellschaft 1896" alsbald an, indem auch sie einen eigenen eingefriedeten Spielplatz erwarb und zwar zwischen den Brauereien und dem Exerzierplatz gelegen. Von da ab wurden auch hier mehr und mehr Wettspiele größeren Stils ausgefochten."

Die Serie der Neugründungen im Zeitraum 1905/06 ließ die Zahl der Fußballvereine weiter ansteigen. Die *Mannheimer Fußball-Gesellschaft „Palatia"* mit den Vereinsfarben Rot-Weiß (später spielte man in Schwarz-Gelb) wurde von K. Geiger geführt und traf sich regelmäßig im Lokal „Zur Schloßwache" in M 2, 1; Erster Captain war K. Barth. Im Restaurant „Königsburg" in T 6, 33 war die *Sport-Gesellschaft „Olympia" 1906 Mannheim* beheimatet; Vereinsfarbe Schwarz-Weiß-Blau. Als 1. Vorstand fungierte Georg Emmert, die Binde des 1. Captains trug Robert Scheurer. Das erste bekannte Spiel der SG Olympia 1906 Mannheim fand am 22. September 1907 auf dem Exerzierplatz statt, wo man mit 1:0 Toren gegen den FC Badenia Feudenheim gewann. Schließlich entstand mit der *Fußball-Gesellschaft „Concordia" Mannheim* ein weiterer Stadtverein.

Aber auch im Ortsteil Waldhof regte sich erstes Fußballgeschehen. Neben der *Fußball-Gesellschaft „Kickers" Waldhof* spielte der *Fußball-Club „Viktoria" Waldhof* und die *Fußball-Gesellschaft „Ramelia" Waldhof*.

Somit gab es um die Jahreswende 1906/07 etwa 25 Fußballvereine in Mannheim und seinen Vororten; ein Drittel davon war Mitglied des Verbandes Süddeutscher Fußball-Vereine, einige auch Mitglied des Deutschen Fußball-Bundes (DFB). Wie sich die „Großen Vier" innerhalb dieser zehn Jahre entwickelt hatten, zeigt eine Bestandsaufnahme dieser vier ersten Mannheimer Vereine.

---

[1] Mannheim in Vergangenheit und Gegenwart, Band III: Mannheim seit der Gründung des Reiches 1871–1907; Im Auftrag des Stadtrates dargestellt vom Statistischen Amt, Mannheim 1907, S. 638 + 639

Das Aushängeschild aller Mannheimer Fußballvereine bildete nach wie vor die *Mannheimer Fußball-Gesellschaft 1896*. Sie war Mitglied des Verbandes Süddeutscher Fußball-Vereine und des Deutschen Fußball-Bundes (DFB), besaß einen eigenen, eingefriedeten Sportplatz bei den Eichbaum-Brauereien in der Käferthalerstraße mit Umkleideräumen sowie Wasch- und Duschgelegenheiten. Verbunden mit dem Spielplatz war die „Restauration altes Feldschlößchen" in der Käferthalerstraße 174/178, die als Treffpunkt der großen Vereinsfamilie zu allen Anlässen diente. Der Verein hatte etwas über 200 Mitglieder. Die Vereinsführung setzte sich wie folgt zusammen:

Ehrenpräsident: *Prof. Dr. Carl Specht*
1. Vorsitzender: *Ludwig Frey*
2. Vorsitzender: *Rudolf Seiler*
1. Schriftführer: *Karl Theis*
2. Schriftführer: *Ernst Kaiser*
Kassier: *Karl Müting*

Das Amt des Ehrenpräsidenten war übrigens das erste dieser Art bei Mannheimer Fußballvereinen. Die Aktivität vertraten:

Ehren-Captain: *John Hutton*
Spielleiter: *Heinrich Gött*
Kapitän der repräsentativen Mannschaft: *Emil Fontaine*
Kapitän der 1. Mannschaft *Kuno Friedrich*
Kapitän der 2. Mannschaft *Philipp Gutjahr*

Daneben gab es einen Zeugwart, einen Platzwart und einen Platzkassier. Die Vereinsfarbe war Schwarz-Rot.

Der *Mannheimer Fußball-Club Viktoria 1897*, Mitglied des Verbandes Süddeutscher Fußball-Vereine und des Deutschen Fußball-Bundes (DFB), hatte seinen eigenen, eingefriedeten Sportplatz bei den Rennwiesen. Sein Vereinslokal befand sich im „Wilden Mann" in N 2, 13; der Club hatte knapp 200 Mitglieder. Die Vereinsführung bestand aus:

Ehrenpräsident: *Adam Weick*
1. Vorsitzender: *Julius Steinsberg*
2. Vorsitzender: *Heinrich Preis*
1. Schriftführer: *Heinrich Traub*
2. Schriftführer: *Philipp Kutruff*
1. Kassier: *Heinrich Lulei*
2. Kassier: *Peter Höhnle*

Die Aktivität vertraten:
1. Kapitän: *Hermann Banzhaf*
2. Kapitän: *Ludwig Klein*
3. Kapitän: *Josef Flicker*
4. Kapitän: *Ludwig Klein*

Es gab einen Platzverwalter und einen Platzkassier, ferner zwei Beisitzende (Karl Krickel und Eugen Laih). Die Vereinsfarben waren Geld-Rot.

Wilhelm Trautmann, Spieler des MFC Viktoria 1897, als Schlußläufer der 400-m-Viktoria-Staffel

Die *Mannheimer Fußball-Gesellschaft Union 1897*, ebenfalls Mitglied des Verbandes Süddeutscher Fußball-Vereine und des Deutschen Fußball-Bundes (DFB), spielte noch auf dem Exerzierplatz bei der Kaiser-Wilhelm-Kaserne und hatte ihr Vereinslokal im Restaurant „Zum Schloßkeller" in L 4, 9. Die Mitgliederzahl lag bei etwa 120. Die Vereinsführung setzte sich wie folgt zusammen:

1. Vorsitzender: *Heinrich Scholl*
2. Vorsitzender: *Karl Sack*
1. Schriftführer: *Heinrich Ziegler*
2. Schriftführer: *Heinrich Wolf*
Kassier: *Karl Kümmerle*

Die Aktivität vertraten:

    1. Spielwart: Karl Busch
    2. Spielwart: Jean Hannack
    3. Spielwart: R. Treiber

Ferner gab es im Verein einen Zeugwart und einen Vertreter der Passivität. Vereinsfarbe war Schwarz-Blau.

Schließlich der *Mannheimer Sport-Club Germania 1897*. Er war Mitglied des Verbandes Süddeutscher Fußball-Vereine, spielte auch noch auf dem Exerzierplatz bei der Kaiser-Wilhelm-Kaserne und hatte etwa 30 Mitglieder. Das Gasthaus „Zur neuen Schlange" in P 3, 12 diente als Vereinslokal. Die Vereinsführung bestand aus:

    1. Vorsitzender: Fritz Reichenbach
    2. Vorsitzender: H. Bockermann
    Schriftführer: Fritz Keil
    Kassier: Theodor Dröcker

Die Aktivität vertraten:

    1. Kapitän: Paul Nikolet
    2. Kapitän: Max Heidenreich

Es gab einen Gerätewart und zwei Beisitzer (Georg Christ und Adolf Knecht). Vereinsfarbe war Blau-Weiß, Spielkleidung: dunkle Hose, weiße Bluse.

Schon frühzeitig erkannte man bei den Vereinen den Wert der Öffentlichkeitsarbeit und beschritt neue Wege bei der Berichterstattung. Um die Presse für den Fußballsport zu aktivieren, wurden Presseausschüsse gebildet, die regelmäßig Spielberichte und Mitteilungen aus dem Vereinsleben an die Zeitungen geben sollten. Diese Presseausschüsse übernahmen die Aufgaben der bisherigen Schriftführer, die der Berichterstattung entweder aus Zeitgründen nicht mehr gewachsen, oder einer objektiven Berichterstattung nicht fähig waren. Es muß aber festgestellt werden, daß diese guten Absichten nur von kurzer Dauer waren. Bald lösten sich diese Ausschüsse wieder auf.

Karnevalsgesellschaft Feuerio als Fußballsponsor

Die zunehmende Attraktivität des Fußballsports und die damit verbundene Werbewirksamkeit veranlaßte den „Feuerio, große Karnevalsgesellschaft Mannheim", einen Pokal zu stiften, um den alljährlich während des großen Volksfestes auf den Rennwiesen gespielt werden sollte. Erstmals wurde dieser „Feuerio-Pokal" am 9. September 1906 zwischen der MFG 1896 und der MFG Union 1897 ausgespielt.

> **Feuerio, große Karnevalgesellschaft Mannheim**
> (Eingetragener Verein).
> Zur Feier des 80. Geburtsfestes des Landesherrn u. im Auftrag der Stadtgemeinde
> Sonntag, den 9. und Montag den 10. September
> jeweils von mittags 3 Uhr ab
> **Grosse Volksfestlichkeiten**
> (Herbstpartie)
> auf den Rennwiesen, Eingang an den Tribünen.
> Eintrittskarten pro Tag 20 Pfg., Kinder in Begleitung Erwachsener frei, sind in Zigarrenhandlungen, im Habereck und bei den 11er Räten erhältlich. Näheres durch Programme.
> 66120
> Der 11er Rat.

Das Spiel selbst war eine eindeutige Angelegenheit der MFG 1896, die überlegen mit 7:0 Toren gewann und sich dem Mannheimer Publikum als ersten Pokalgewinner präsentieren konnte. Der „General-Anzeiger" brachte am 12. September 1906 folgenden Bericht über diese Begegnung:

> *„Anläßlich der Herbstpartie des Feuerio standen sich, so schreibt man uns, vergangenen Sonntag auf dem Volksfestplatz die beiden 1. Mannschaften der MFG 1896 und der MFG Union 1897 zu einem Fußballwettspiel gegenüber. Man war auf den Ausgang des Wettspiels, der eine Überraschung für das sich für den Fußball interessierende Publikum bringen sollte, sehr gespannt. Das Spiel endete zu Gunsten der MFG mit 7:0 Goals durch flotte und sichere Kombinationen, die sich die Union-Mannschaft noch durch fleißiges Training aneignen muß. Es ist dies der 1. Sieg seit langer Zeit, den die MFG über die Union-Mannschaft davontragen konnte. Das Spiel war sehr interessant und dürfte bei manchem Zuschauer Interesse für diesen Sport erweckt haben."*

Es war dies gleichzeitig das Saisoneröffnungsspiel in Mannheim, nicht jedoch die Saisoneröffnung durch eine Mannheimer Mannschaft, denn diese fand eine Woche früher, am 2. September 1906, in Ludwigshafen statt, wo die FG Revidia 1900 Ludwigshafen den FC Viktoria Neckarau mit 1:0 Toren bezwang.

Ein Jubiläumsspiel meldete die Fußball-Gesellschaft 1898 Seckenheim, die am 16. September 1906 ihr 50. Wettspiel austrug, und zwar gegen die 2. Mannschaft des MFC Viktoria 1897, die mit 3:1 Toren gewann. Man wählte den MFC Viktoria 1897 bewußt als Jubiläumsgegner aus, da es eben dieser Verein war, gegen den die Seckenheimer im Jahre 1898 ihr erstes Match ausgetragen hatten. Das Jubiläumsspiel fand auf dem 1903 eingeweihten neuen Platz jenseits der damaligen Hauptbahn-Station Seckenheim statt.

Die MFG 1896 meldet sich zurück

Die Erfolgsserie im Frühjahr 1906 gegen in- und ausländische Spitzenmannschaften, der Kantersieg gegen die MFG Union 1897 beim „Feuerio-Pokal-Spiel" sowie zwei große Erfolge in Vorbereitungsspielen gegen Karlsruher Mannschaften (12:0 gegen FK Alemannia am 16. September 1906 und 7:2 beim FC Phönix am 23. September 1906) stempelten die Mannheimer Fußball-Gesellschaft 1896 zum großen Favoriten für die Gauspiele um die Süddeutsche Meisterschaft, die am 14. Oktober 1906 begannen.

Teilnehmer dieser Verbandsrunde waren die fünf Mannheimer Vereine (MFG 1896, MFC Viktoria 1897, MFG Union 1897, MSC Germania 1897 und MFC Phönix 02) sowie die FG Olympia Darmstadt, die jedoch Mitte November 1906 wegen Verstoßes gegen die Verbandsparagraphen vom Verbandsgericht ausgeschlossen worden war. Voraussetzung für die Teilnahme der MFG Union 1897, des MSC Germania 1897 und des MFC Phönix 02 an diesen Verbandsspielen war das Entgegenkommen der MFG 1896 und des MFC Viktoria 1897, ihre vereinseigenen Plätze diesen drei Vereinen für die Austragung der Wettspiele zur Verfügung zu stellen.

Wie erwartet, holte sich die MFG 1896 nach zweijähriger Unterbrechung wieder die Meisterschaft im Neckargau vor dem MFC Viktoria 1897, der MFG Union 1897, dem MFC Phönix 02 und dem MSC Germania 1897. Allerdings verliefen einige Begegnungen der MFG 1896 recht knapp, wie die beiden 3:2 Erfolge gegen „Union" am 11. November 1906 und gegen „Phönix" eine Woche später zeigen; den einzigen Punktverlust für die MFG gab es am 16. Dezember 1906 beim 2:2 Unentschieden gegen den MFC Viktoria 1897. Die Entscheidung um Platz zwei war erst am letzten Spieltag gefallen, als der MFC Viktoria 1897 die MFG Union 1897 auf dem Platz der MFG 1896 mit 2:0 Toren besiegen konnte.

In vielen Spielen wurde guter Fußballsport geboten, was des öfteren die Presse besonders erwähnte. Beim 5:1 Sieg der MFG 1896 über den MFC Viktoria 1897 am 4. November 1906 schrieb der „General-Anzeiger" u. a.:

> *„Der gestrige Kampf zeigte bei sehr gutem Besuch trotz mancher Schärfe ein so hervorragendes Spiel, wie es hier schon lange nicht mehr gesehen wurde."*

Beim 5:1 Sieg des MFC Viktoria 1897 über den MFC Phönix 02 auf dem MFG-Platz am 25. November 1906 hob der „General-Anzeiger" erstmals einen Spieler namentlich hervor als er schrieb, daß *Trautmann*, früher im Tor der „Viktoria", als Mittelstürmer sehr gut war.

Meister der Klasse II wurde die 2. Mannschaft der MFG Union 1897, während sich die 3. Mannschaft der MFG 1896 den Titel in der Klasse III sichern konnte. Insgesamt also ein voller Erfolg der alteingesessenen Vereine.

Eine Neugründung gab es im Spätjahr 1906 mit dem *Mannheimer Fußball-Club „Badenia"*, der im Lokal „Stadt Aachen" in D 5, 11 seine Mitglieder um sich scharte. Die Vereinsfarbe war Grün-Weiß-Blau, Spielkleidung Marineblau. Das Amt des 1. Vorsitzenden und des 1. Captains versah K. Metzger. Sein erstes Spiel trug der MFC Badenia am 28. Oktober 1906 beim Friesenheimer FK Britannia aus und verlor mit 3:1 Toren.

Das Fußballjahr 1906 beschloß in Mannheim die MFG 1896 am 27. Dezember 1906 gegen den Delftsche Cricket en Footballklub „Concordia". Bei eisiger Kälte trennten sich beide Mannschaften 2:2 unentschieden; die Aufstellung der MFG 1896 lautete:

> Seyfarth — Nerz, Kratzmann — Hering, Jack, Buttle — Föckler, Müting, Heuberger, Fontaine und Heilig.

Die Mannheimer Fußball-Gesellschaft 1896 hatte also wieder zur alten Stärke und Größe zurückgefunden.

Die MFG 1896 unter den „Auserwählten"

Das Jahr 1907, in dem die Stadt Mannheim ihr 300. Jubiläum feierte, bescherte der Stadt und ihren Einwohnern eine Fülle glänzender Veranstaltungen auf allen Gebieten. Verständlich, daß die Fußballvereine, die in den Jahren zuvor für manchen Erfolg ihrer Stadtfarben gesorgt hatten, nicht zurückstehen wollten.

Dem MSC Germania 1897 war es vorbehalten, durch einige beachtliche Erfolge aufhorchen zu lassen. Am 6. Januar 1907 besiegte die 1. Mannschaft der „Germanen" den FK Palatia Kaiserslautern glatt mit 5:0 Toren, während die 2. Mannschaft den Meister des Neckargaues der Klasse C, den FC Viktoria Feudenheim, mit 10:4 Toren bezwang. Eine Woche später schlug der MSC Germania 1897 die FG Revidia 1900 Ludwigshafen mit 8:0 Toren und kam am 20. Januar 1907 mit einem 4:1 Erfolg vom FK 1899 Offenbach zurück.

Erwähnenswert auch die gute Leistung der FG Germania Sandhofen, die ebenfalls am 20. Januar 1907 beim MFC Phönix 02 „nur" mit 3:1 Toren unterlag.

Bei den Kreismeisterschaftsspielen um die Süddeutsche Meisterschaft scheiterte die Mannheimer Fußball-Gesellschaft 1896 einmal mehr am FC 1893 Hanau, obwohl sie den Hanauern im letzten Spiel am 24. März 1907 auf ihrem Platz an den Brauereien mit 2:1 Toren die erste Saisonniederlage beibringen konnte. Niederlagen in Hanau und beim FC Amicitia Bockenheim sowie ein 2:2 Unentschieden am 20. Januar 1907 beim SV Wiesbaden warfen die MFG 1896 hoffnungslos zurück; da nutzten auch die Heimsiege über den SV Wiesbaden mit 4:0 Toren am 27. Januar 1907 und über den FC Amicitia Bockenheim am 10. Februar 1907 mit 3:1 Toren nichts mehr.

Welchen Stellenwert die Mannheimer Fußball-Gesellschaft 1896 dennoch in überregionalen Sportkreisen genoß, zeigte die Einladung des Sportclubs „Slavia" Prag zu einem Wettspiel am 3. März 1907, das die Mannheimer allerdings hoch mit 7:1 Toren verloren. Der „General-Anzeiger" schrieb dazu:

„Die MFG erfüllt mit ihrer 1. Mannschaft eine ehrenvolle Mission. Die berühmte „Slavia" Prag, welche wohl die beste Fußballmannschaft des Kontinents stellt, ist ständig bedacht, ihren zu Tausenden zählenden ständigen Platzbesuchern nur ausgewählte Mannschaften zu bringen, welche entsprechend der Spielstärke ihrer eigenen Mannschaft vornweg ein interessantes Spiel garantieren. Unter den erwählten fünf deutschen Mannschaften, welche der diesjährige Spielplan aufweist, sind auch die einheimischen „1896ger".

Aber auch der MFC Viktoria 1897 war nicht müßig. Am 10. März 1907 präsentierte er auf seiner Platzanlage seine drei Mannschaften gegen jeweils starke Gegner; es spielten:

MFC Viktoria I — FK 1894 Hanau I	5:1
MFC Viktoria II — FK 1900 Kaiserslautern I	6:3
MFC Viktoria III — SC Germ. 04 Ludwigshafen I	5:2

Sowohl im Spiel gegen Hanau als auch eine Woche später beim 8:2 Sieg gegen FK Frankonia Karlsruhe wurde ein „Viktoria"-Spieler in der Presse wieder besonders lobend erwähnt: Mittelstürmer *Wilhelm Trautmann*. Die Mannschaftsaufstellung des MFC Viktoria 1897 lautete:

Dolder — Bleh, Hoffmann — Haupt, Müller, Grupp — Fuchs, Gehrig, Trautmann, Straßburger und Schneider.

Erstmals englische Profis in Mannheim

Ein glanzvolles Fußballprogramm an den Osterfeiertagen war schon seit Jahren zur Tradition in Mannheim geworden. Im Jahre 1907 empfing die MFG 1896 am Ostersonntag, 31. März 1907, die Basler „Old Boys" und einen Tag später den Norddeutschen Meister Viktoria Hamburg. Während es gegen die Schweizer Gäste einen knappen 4:3 Sieg gab, verlor man gegen Hamburg mit 3:4 Toren. Der MFC Viktoria 1897 weilte über Ostern in Zürich und spielte an beiden Feiertagen gegen den dortigen Fußballklub; mit einer 4:2 Niederlage und einem 4:5 Sieg kehrten die „Viktorianer" zurück. Die MFG Union 1897 schließlich spielte in München und verlor gegen den MTV München (Bayerischer Gaumeister) hoch mit 6:3 Toren sowie gegen die Turngemeinde München von 1860 mit 2:1 Toren.

Daß die Mannheimer Fußball-Gesellschaft 1896 ständig im Wachsen begriffen war, demonstrierte ein Fußball-Schau-Tag, der am 14. April 1907 auf der Platzanlage an den Brauereien abgehalten wurde; nicht weniger als fünf Mannschaften präsentierte der rührige Club dem Mannheimer Publikum, darunter erstmals eine AH (Alte Herren)-Mannschaft, denn die Spieler der ersten Stunde waren bereits in die Jahre gekommen und spielten nicht mehr in der 1. Mannschaft. Die Begegnungen im einzelnen:

MFG 1896 AH — Karlsruher Fußball-Verein AH   0:4
MFG 1896 I — MFC Phönix 02 I   0:0
MFG 1896 II — FC Phönix Ludwigshafen I   8:2
MFG 1896 III — FG 03 Ludwigshafen III   3:0
MFG 1896 IV — FC Phönix Ludwigshafen II   6:4

Die Presse berichtete von „großem Betrieb an den Brauereien, den das Publikum in großer Anzahl begeistert verfolgte."

Zwei Wochen später besiegte die neugegründete AH-Mannschaft der MFG Union 1897 die AH-Elf der MFG 1896 mit 5:2 Toren.

Am 22. April 1907 überraschte der „General-Anzeiger" seine Leser, besonders aber Mannheims Fußballfreunde, mit folgender Ankündigung:

„Jubiläums-Veranstaltung der MFG 1896: Der seinerzeitigen Anregung des Stadtoberhauptes an die Vereine folgend, dem Stadtjubiläum durch außergewöhnliche Veranstaltungen Rechnung zu tragen, hat die rührige MFG 1896 ein Arrangement getroffen, wie es ihrem Sportzweige entsprechend großartiger und bedeutender nicht gedacht werden kann: sie hat mit der berühmten „Newcastle United" (England) ein Abkommen zustande gebracht, das die Hierherkunft dieser weltberühmten Mannschaft für die Eröffnungswoche der Ausstellung sichert. Wenige Tage sind es her, daß sich in unserer badischen Residenz eine englische Mannschaft, die Representative der Universität Oxford mit dem spieltüchtigen Karlsruher Fußballverein ein sportliches Rendezvous gab, das trotzdem es Werktags stattfand, eine zu Tausende zählende Zuschauermenge aus nah und fern herangelockt hatte; u. a. waren es auch der Protektor Prinz Max von Baden, Staatsminister von Dusch, Ministerialpräsident Freiherr von Marschall und das Stadtoberhaupt, ein Beweis, daß sich der Fußballsport in unserer Residenz allerhöchster Protektion erfreut. Abgesehen von dem sportlichen Wert derartiger Veranstaltungen, muß ja auch das nationale Moment in Erwägung gezogen werden und es ist daher sehr zu begrüßen, wenn die leistungsfähigeren unserer süddeutschen Fußballvereine sich in letzter Zeit sehr um die Anknüpfung internationaler sportlicher Beziehungen bemüht haben. Das in Mannheim bevorstehende sportliche Schauspiel verdient insofern noch besondere Bedeutung, als Newcastle United seit Jahren in den vordersten Reihen der englischen Klubs steht und in diesem Jahr mit großem Vorsprung als sicherer Inhaber der englischen Meisterschaft anzusehen ist."

Mannheim fieberte dem Maimarkt-Dienstag, 7. Mai 1907, an dem die Begegnung mit der englischen Mannschaft stattfand, regelrecht entgegen. Fast kein Tag verging, ohne irgendwelche Meldungen und Hinweise in der Presse auf das Spiel und den Gegner, der sich in großer Reisegesellschaft auf Deutschland-Tournee befand. Der „General-Anzeiger" meldete am 6. Mai 1907:

„Sportplatz an den Brauereien: Das morgen am Maimarktdienstag halb 6 Uhr stattfindende große Fußballwettspiel zwischen unserer Mannheimer FG „1896" und der berühmten englischen Meistermannschaft „Newcastle United" erweckt allgemein großes Interesse. Das Spiel wird auf dem eigenen Sportplatz der 96er — bei den Brauereien — bei jeder Witterung abgehalten. Den Platz erreicht man auf die schnellste Weise mit der elektrischen Straßenbahnlinie Käferthal (weiß mit rot) Haltestelle Brauereien, dagegen ist für Spaziergänger die Nachenüberfahrt am Straßenbahndepot sehr bequem gelegen.

Das Wettspiel selbst ist, um den Interessenten nach Entscheidung des Badenia-Rennens (4.30 Uhr) den Besuch noch zu ermöglichen, auf halb 6 Uhr mit 1½stündiger Dauer festgelegt."

Eine gewaltige Zuschauermenge, man schätzte 4 000 bis 5 000, erlebte eine regelrechte Fußballdemonstration seitens der englischen Mannschaft.

Mannheimer Fußball-Gesellschaft 1896 – Newcastle United 0:5 am 7. 5. 1907 (Maimarkt-Dienstag) auf dem Platz bei der Eichbaum-Brauerei

M.F.G. 1896 in dunklem Dreß v. l. stehend: Müting, Schellmann, Frey, Kratochvil, Seyfarth, R. Nerz; kniend: Heuberger, Belle, Röthely; sitzend: Kratzmann, Hering und Fontaine

„Mit 5:0 triumphierten die Engländer, deren Zuspiel, Ballbehandlung und Taktik für die Mannheimer Sportswelt eine Offenbarung war."[1]

Noch nach Jahren schwärmte man in Mannheims Fußballkreisen von diesem Spiel und dem ersten Auftritt einer Mannschaft aus dem „Mutterland des Fußballs".

Städtekampf und DFB-Endspiel

Bereits zwei Tage nach dem Großereignis des Gastspiels der englischen Profi-Mannschaft erlebte Mannheim einen weiteren Fußball-Leckerbissen. Am Donnerstag, den 9. Mai 1907 (Christi-Himmelfahrt), fand das Rückspiel der Städteauswahl-Mannschaften von Mannheim und Frankfurt auf dem Platz des MFC Viktoria 1897 statt. Der „General-Anzeiger" vom 8. Mai 1907 schrieb dazu:

„Den Bemühungen des Mannheimer Spielausschusses ist es gelungen, dem Wettspiel von „Newcastle United" ein zweites interessantes Fußballspiel anzureihen. Der Viktoria-Sportplatz wird demnach am Himmelfahrtstag Schauplatz einer der interessantesten Fußballwettspiele der Saison, heißt es doch, daß sich die beste Elf Mannheims unter Leitung des Herrn Fontaine zusammengefunden hat, um den Auserwählten Frankfurts im Wettspiel gegenüber zu treten. Welches Interesse auch diesem Spiel entgegengebracht wird, geht schon daraus hervor, daß sich die Mannheimer Verbandsvereine dahingehend einigten, an diesem Tage weder hier noch auswärts ein Wettspiel auszutragen, so daß einem jeden Fußballer und Gönner dieses schönen Rasensports Gelegenheit geboten ist, einem wirklich erstklassigen Wettspiel beizuwohnen. Das Spiel findet bei jeder Witterung statt und ist der Beginn desselben auf ½4 Uhr nachmittags festgesetzt."

Die Mannheimer Auswahl, die das erste Treffen im Januar 1906 noch mit 2:5 Toren verloren hatte, zeigte sich stark verbessert und gewann klar mit 4:2 Toren.

Im Prestigekampf um die Vorherrschaft in Mannheims Fußball verlor der amtierende Neckargaumeister Mannheimer Fußball-Gesellschaft 1896 gegen den Mannheimer Fußball-Club Viktoria 1897 am 12. Mai 1907 mit 3:6 Toren. Zur Einweihung der Platzanlage des Ludwigshafener Turn- und Fechtklubs gewann eine kombinierte Mannschaft des MSC Germania 1897 (1. und 2. Mannschaft) am 15. Mai 1907, einem Mittwoch, mit 6:2 Toren. Der MFC Frankonia schließlich erzielte drei Tage später mit einem 18:0 gegen den Sportklub Neunkirchen seinen bis dahin höchsten Sieg.

Am 12. Mai 1907 brachte der „General-Anzeiger" eine Meldung aus Karlsruhe, die auch für Mannheims Fußballfreunde von Interesse war:

---

[1] 25 Jahre Mannheimer Rasensport. Denkschrift zum 25jährigen Jubiläum des Vereins für Rasenspiele Mannheim e.V. Professor Karl Bühn, Mannheim 1921

„Heute nachmittag fand der Wettkampf der englischen Meisterliga Newcastle United gegen den Karlsruher Fußballverein statt, der tausende von Zuschauern auf den Sportplatz des Vereins gelockt hatte. Die englische Mannschaft, die übrigens eine reine Berufsmannschaft ist, siegte mit 7:0. Es darf dabei aber doch hervorgehoben werden, daß einzelne der Engländer nicht ganz fair spielen, als sie Kopfbälle mit den Händen eine gewisse Richtung gaben, so daß die Wiederholung dieser Manipulation, die besonders von einem beliebt wurde, mit lautem Pfeifen begleitet wurde. Im übrigen ist das Spiel der Engländer hoch interessant und die einzelnen Tricks geradezu verblüffend; die Deutschen können hier noch viel lernen."

Vom 18. bis 20. Mai 1907 fand auf Antrag der Mannheimer Verbandsvereine anläßlich des Stadtjubiläums und der damit verbundenen Festlichkeiten der 11. Bundestag des Deutschen Fußball-Bundes (DFB) im „Bernhardushof" in K 1 statt. Der Bundesvorstand selbst hatte sein Standquartier in Kobers Winzerhaus in M 5 aufgeschlagen. Im Mittelpunkt dieses Verbandstages stand das Endspiel um die DFB-Meisterschaft, das am Pfingstsonntag, 19. Mai 1907, zwischen dem FC Freiburg und Viktoria Berlin ausgetragen wurde. Der „General-Anzeiger" berichtete am 21. Mai 1907 darüber:

„Das Endspiel um die Meisterschaft von Deutschland zwischen der Berliner „Viktoria" und dem Freiburger „Fußballklub" bot naturgemäß das Hauptinteresse des 11. Bundestages. Am Sonntag nachmittag nach 4 Uhr bewegte sich eine ansehnliche Menschenmenge auf dem großen Sportplatz der „Mannheimer Fußball-Gesellschaft von 1896" bei den Brauereien. Es mögen wohl circa 2 000 Personen gewesen sein, die dem äußerst spannenden Wettspiel mit Interesse folgten.

Der Kampf endete nach 1½ stündigem Spiel zu Gunsten Freiburgs, denen es gelang, 3 Bälle durch das Tor ihrer Gegner zu bringen, während die Berliner Mannschaft nur einmal die Freiburger überraschen konnte. Unter großem Beifall und geschmückt mit einem mächtigen Lorbeerkranz wurden die Freiburger von ihren Sportkameraden aus dem Spielplatz getragen und von allen Seiten beglückwünscht."

Damit hatte erstmals ein süddeutscher Verein die DFB-Meisterschaft errungen. Der abschließende Festkommers führte 600 Personen im „Bernhardushof" zusammen.

Das Saisonschlußspiel in Mannheim fand am 16. Juni 1907 auf dem Viktoria-Platz statt, wo der MFC Viktoria 1897 den

Endspiel um die Deutsche Fußball-Meisterschaft der Saison 1906/1907 am 21. Mai 1907 auf dem Platz an der Eichbaum-Brauerei
Deutscher Meister: der FC Freiburg
v. l.: Falschlunger, Sydler, Glaser, Bodenweber, Haase, Maier, Hunn, de Villier, v. Goldberger, Hofherr, Burkart

1. FC Pforzheim mit 3:2 Toren besiegen konnte. Der „General-Anzeiger" stellte danach fest:

„*Mit diesem Spiel hat die „Viktoria" nunmehr die Fußballsaison geschlossen und wird nunmehr mit den üblichen Turnsportübungen beginnen.*"

Die Vereinslokale des SV Waldhof von einst

Die ersten Zusammenkünfte fanden im Gasthaus „Zur Vorstadt" statt

Dann tagte man im Lokal zur „Guten Laune" in der Hubenstraße

Das Gasthaus „Zum Tannenbaum" der Familie Wolf war dann der Treffpunkt. Hier wurde auch der SV Waldhof gegründet

Die „Viktorianer" tagten im Lokal „Zum Landsknecht" beim Heinrich Schwärzel

Weitere Neugründungen und Zusammenschlüsse

Noch bevor die Saison 1907/1908 in Mannheim begann, hatte sich die Fußballszene in einigen Stadtteilen und Vororten Mannheims verändert. Auf dem *Waldhof* wurde am 11. April 1907 im Lokal „Zum Tannenbaum" in der Hubenstraße 18 der

Sport-Verein Waldhof 07

gegründet. Zum ersten Vorsitzenden wählten die 42 Gründungsmitglieder Emil Menton; erster Captain war Fritz Streckfuß, die Vereinsfarben Blau-Schwarz-Blau. Der Großteil der Gründungsmitglieder rekrutierte sich aus den beiden Fußball-Clubs „Ramelia" und „Viktoria"; die Fußball-Gesellschaft Ramelia brachte in den neugegründeten Sport-Verein Waldhof ein eigenes Spielfeld ein, das ihr 1906 von der Spiegelfabrik Waldhof zur Verfügung gestellt worden war. Dieser Platz befand sich am westlichen Ende des Ortsteils Waldhof an der Wachtstraße. Einheimische nannten das Gebiet „Das Schlammloch", eine Bezeichnung, die alles über seine Beschaffenheit sagte: wüstenähnlich ausgetrocknet im Sommer, knöcheltief aufgeweicht nach Regen; ein Gemisch aus Schlamm und Quarzsand, dem Mannheim die Gründung der Spiegelfabrik Waldhof auch zu verdanken hatte.

Im Stadtteil *Schwetzingerstadt* hatten sich unter einigen „wilden Clubs" drei Vereine herauskristallisiert, die sich „Urania", „Revidia" und „Helvetia" nannten. Im Sommer des Jahres 1907 schlossen sich diese drei Clubs zum

Sport-Verein „Helvetia" 1907 Mannheim

zusammen, wobei die Farben der alten „Revidia", nämlich Blau-Weiß, übernommen wurden; als Spielfeld diente der Exerzierplatz bei der Kaiser-Wilhelm-Kaserne.

Im Vorort *Neckarau*, der in den zurückliegenden Jahren die wohl größte Anzahl von Fußballvereinen hatte kommen und auch wieder gehen sehen, schlossen sich am 9. September 1907 der Fußball-Club Germania 04 Neckarau und der Fußball-Club Alemannia 05 Neckarau im Lokal „Palmengarten" in der Friedrichstraße 57 zur

Fußball-Vereinigung 07 Neckarau Gründungsmannschaft im Jahre 1907 auf dem Platz am Sporwörth

v. l. stehend: Vorsitzender Max Kern, Oskar Wahl, Otto Schneider, Otto Kretz, Viktor Kremer, Adolf Haberakker, Schiedsrichter Fahner; Mitte: Robert Scheerle, Fritz Heckler, Rudolf Gibis; unten: Karl Koch, Wilhelm Ludwig, Jakob Herrle

Fußball-Vereinigung 07 Neckarau

zusammen. Der neugegründete Club hatte alsbald einen großen Zulauf von Spielern des FC Viktoria Neckarau und des FC Helvetia Neckarau zu verzeichnen. Das Spielfeld der Fußball-Vereinigung 07 Neckarau befand sich am Sporwörth.

Der Sport-Verein Waldhof 07 und die Fußball-Vereinigung 07 Neckarau wurden laut Offizieller Bekanntmachung des Verbandes Süddeutscher Fußball-Vereine in der „Süddeutschen Sportzeitung" vom 12. März 1908 Mitglied des Süddeutschen Verbandes.

Süddeutsche Sportzeitung

Illustrierte Zeitschrift für alle Sportzweige : Fußball : Lawn-Tennis : Athletik : Hockey etc. etc.

Alleiniges amtliches Organ des Verbandes Süddeutscher Fußballvereine

Erscheint Dienstag und Donnerstag
Nachdruck sämtlicher Original-Artikel verboten

Nr. 21.   Karlsruhe i. B., den 12. März 1908.   4. Jahrgang.

Offizielle Bekanntmachungen.
Verband südd. Fußball-Vereine.

I.

Neuaufgenommen wurden:

Südmaingau: Wiesbadener F. V., 26 Mitglieder. Adresse: Ernst Langguth, Karlstr. 84.

Ostmaingau: Schweinfurter F. C. Luitpold, 30 Mitglieder. Adresse: Oskar Braun, Wolfsgasse 6.

Gau Mittelbaden: F. C. Germania Pforzheim-Brötzingen, 40 Mitglieder. Adresse: Gustav Merkle, Pforzheim-Brötzingen.

Neckargau: F. Vg. Neckarau Mannheim-Neckarau, 29 Mitglieder. Adresse: Heinrich Thron, Friedrichstraße 61.
Sp. V. Mannheim-Waldhof, 43 Mitglieder. Adresse: Emil Menton, Mannheim H. 6 3/4.

Nach der Aufnahme des Sport-Verein Waldhof 07 in den Verband Süddeutscher Fußball-Vereine berichtete die „Süddeutsche Sportzeitung" vom 14. April 1908 über die erste Generalversammlung wie folgt:

„S.V. Mannheim-Waldhof. Am Sonntag, den 29. März d. J. fand, nachdem der Verein in den Verband aufgenommen wurde, die erste Generalversammlung im Clublokal zum „Tannenbaum" statt. Der Vorstand setzte sich aus folgenden Herren zusammen: 1. Vors. Emil Menton, 2. Vor. Otto Karl, 1. Schriftf. Karl Lösch, 2. Schriftf. Wilh. Hoffmann, Kassier Adolf Wolf, 1. Spielf. Wilh. Streckfuß, Revisoren Karl Klein und Emil Menton, Zeugwart Joh. Kohrmann.

Sämtliche Schriftstücke und Wettspiel-Aufforderungen sind an Herrn Karl Lösch, Mannheim-Waldhof, Wachtstr. 8 zu richten."

Die Fußball-Vereinigung 07 Neckarau wurde nach Aufnahme in den Verband Süddeutscher Fußball-Vereine wegen ihrer außergewöhnlichen Spielstärke unter Umgebung der C-Klasse sofort in die B-Klasse eingestuft, wo sie ab der Saison 1908/1909 zusammen mit FG 1898 Seckenheim, MFC Frankonia, FC Viktoria Feudenheim und FVg Schwetzingen 1898 spielte.

Das Jahr 1907 war auch das Gründungsjahr der

Mannheimer Fußball-Gesellschaft „Kickers",

die das Restaurant „Zum Neckarschloß" in der Käferthalerstraße 1 (Ecke Max-Josef-Straße) als Vereinslokal erkoren hatte. Das Amt des ersten Vorsitzenden versah Jakob Geberth, 1. Captain war Karl Meckler. Gespielt wurde auf dem Exerzierplatz in rot-weißem Dreß.
In *Seckenheim* schließlich wurde der *Fußball-Klub „Union" 07 Seckenheim* gegründet. Das erste überlieferte Spiel datiert vom 20. Dezember 1908: gegen den FK Ladenburg 1903 gewann die „Union" mit 1:0 Toren.

Saison 1907/1908: „Viktoria" vor „Union"

Im August 1907 feierte die Mannheimer Fußball-Gesellschaft 1896 ihr 11. Stiftungsfest. Der 1. Vorsitzende Ludwig Frey konnte stolz sieben Mannschaften (I. bis IV. Mannschaft, I. und II. Jugendmannschaft und eine AH-Mannschaft) präsentieren; insgesamt 220 Mitglieder hatte der Verein.
Die Spielzeit 1907/1908 wurde am 8. September 1907 eröffnet: der MFC Viktoria 1897 trennte sich auf eigenem Platz vom Sportverein Wiesbaden 3:3 unentschieden, während die MFG 1896 mit einem 1:1 Remis vom FK Phönix Karlsruhe zurückkam. Eine Woche später verlor die MFG Union 1897 beim 1. FC Pforzheim hoch mit 5:1 Toren.

Der Verband Süddeutscher Fußball-Vereine, in dem Mitte des Jahres 1907 rund 15 000 Mitglieder in 180 Vereinen zusammengefaßt waren, hatte für die Saison 1907/1908 im Nordkreis die Städte Mannheim, Frankfurt, Wiesbaden und Hanau mit den jeweiligen Landkreisen vereinigt. Dieser Nordkreis teilte sich wiederum in vier Gaue, von denen einer der Neckargau war mit Mannheim, Feudenheim, Sandhofen, Seckenheim, Schwetzingen und Ladenburg. Gespielt wurde in drei Klassen:

Klasse A: große Stadtvereine
Klasse B: kleinere Stadtvereine
Klasse C: kleinere Stadtvereine und Landvereine.

Die Verbandsspiele der *Klasse A* begannen am 22. September 1907 mit einem Paukenschlag: der noch amtierende Meister MFG 1896 verlor auf eigenem Platz gegen den MFC Phönix 02 unerwartet klar mit 0:4 Toren, während der MFC Viktoria 1897 den MSC Germania 1897 mit 11:1 Toren abfertigte. Urplötzlich rückte der MFC Phönix 02 ins Rampenlicht und man räumte der Mannschaft große Chancen für die Meisterschaft ein. Aber schon am 6. Oktober 1907 gab es mit der 4:2 Niederlage bei der MFG Union 1897 ein böses Erwachen. Zwei Wochen später sollte es noch schlimmer kommen für die Phönix-Elf, die vom MFC Viktoria 1897 mit 9:2 Toren deklassiert wurde. Zur gleichen Zeit kassierte die MFG 1896 gegen die MFG Union 1897 mit 1:4 Toren ihre zweite Heimniederlage.

Die Rückrunde brachte von den Ergebnissen her keine Sensationen, dafür aber ein Protestspiel. Weil bei der Begegnung MFC Viktoria 1897 gegen MFG Union 1897 (5:1) am 17. November 1907 kein Verbandsschiedsrichter eingeteilt war, legte „Union" mit Erfolg Protest ein. Das Wiederholungsspiel am 22. Dezember 1907 gewann der MFC Viktoria 1897 zwar nur knapp mit 3:2 Toren, aber dieser Sieg reichte für die Meisterschaft im Neckargau. Die Abschlußtabelle hatte folgendes Aussehen:

Klasse A, Abteilung 1, Neckargau 1907/1908

MFC Viktoria 1897	8	5	2	1	36:16	12:4
MFG Union 1897	8	5	1	2	30:15	11:5
MFG 1896	8	4	1	3	17:15	9:7
MFC Phönix 02	8	4	0	4	21:23	8:8
MSC Germania 1897	8	0	0	8	11:46	0:16

Die MFG 1896 holte sich mit ihren 2. und 3. Mannschaften die Meisterschaften in der Klasse A, Abteilung 2 und 3.

In der *Klasse B* zeigte die Schlußtabelle die FG Germania Sandhofen als klaren Meister. Die FG 1898 Seckenheim war schon frühzeitig aus den Verbandsspielen ausgeschieden.

Klasse B Neckargau 1907/1908

FC Germania Sandhofen	6	5	1	0	21:11	11:1
FVg Schwetzingen 1898	6	3	0	3	24:15	6:6
MFC Frankonia	6	2	1	3	13:25	5:7
FC Viktoria Feudenheim	6	1	0	5	15:22	2:10

Meister „Viktoria" knapp gescheitert

Wie sehr die führenden Mannschaften bestrebt waren, spielstarke Gegner zu finden, was in der damaligen Zeit nicht so einfach war, geht aus einer Notiz der „Süddeutschen Sportzeitung" vom 14. Januar 1908 hervor, wo es hieß:

Vereinsnachrichten

„Mannheimer F.C. Viktoria 1897. Wir haben noch verschiedene Sonntage im Frühjahr 1908 (Februar bis Mai) unbesetzt und ersuchen die verehrlichen Verbandsvereine um Forderungen für 3 Mannschaften nach hier und auswärts. Als Meisterschaftsclub des Neckargaues dürfte für ein interessantes Spiel Garantie geleistet werden und sind eventuelle Anfragen zu richten an

Peter Höhnle, Mannheim, Collinistraße 14"

Als Generalprobe für die Kreis-Vorrundenspiele um die Süddeutsche Meisterschaft trug der Neckargaumeister MFC Viktoria 1897 am 19. Januar 1908 beim Pfalzgaumeister FC Pfalz Ludwigshafen ein Wettspiel aus und verlor mit 3:2 Toren.

Bei den am 26. Januar 1908 beginnenden Spielen um die Süddeutsche Meisterschaft ging es dann für den MFC Viktoria 1897 Schlag auf Schlag: einem 5:1 Heimsieg über den FC Kickers Frankfurt folgte am 2. Februar 1908 ein fast sensationell anmutender 5:3 Sieg über den Altmeister 1. FC Hanau 93 ebenfalls auf dem Viktoria-Platz und eine Woche später ein hoher 10:2 Erfolg bei der Bockenheimer Fußballvereinigung 1901. Ungeschlagen ging die „Viktoria" am 16. Februar 1908 in die Rückrunde und setzte ihren Siegeszug

Fußball-Club Pfalz Ludwigshafen
Pfalzgau-Meister und
Meister des Westkreises 1908

fort. Vom FC Kickers Frankfurt kam die Mannschaft am 16. Februar 1908 in der Aufstellung

> Eisele – Banzhaf, Frey – Bleh, Trautmann, Klein – Haupt, Link, Gehrig, Straßburger und Schneider

mit einem überlegenen 6:0 Sieg zurück und eine Woche danach gab es in Mannheim einen 10:0 Kantersieg über die Bockenheimer Fußballvereinigung 1901. Zum alles entscheidenden Spiel trat die „Viktoria" am 1. März 1908 beim 1. FC Hanau 93 an und verlor mit 2:5 Toren. Die „Süddeutsche Sportzeitung" vom 10. März 1908 sprach von einem hochklassigen Spiel, aber auch von einem verdienten Sieg des Altmeisters 1. FC Hanau 93. Dem Bericht folgte sodann folgende Anmerkung der Redaktion:

> *„Über obiges Spiel gingen uns 3 Berichte und 5 Berichtigungen zu. Wir geben vorstehenden Zeilen Raum, bemerken aber gleichzeitig, daß für weitere Polemik kein Raum mehr zur Verfügung gestellt werden kann."*

Ein treffendes Beispiel für die Problematik der Berichterstattung dieser Zeit. Die Schlußtabelle dieser Meisterschaft:

Süddeutsche Meisterschaft im Nordkreis
Saison 1907/1908

1. FC Hanau 93	6	5	0	1	39:10	10:2
MFC Viktoria 1897	6	5	0	1	38:11	10:2
FC Kickers Frankfurt	6	2	0	4	23:21	4:8
FVgg Bockenheim 1901	6	0	0	6	2:60	0:12

Nur ein geringfügig schlechteres Torverhältnis trennte also den Mannheimer Fußball-Club Viktoria 1897 von der Meisterschaft im Nordkreis. Das Abschneiden dieser zu Ende gehenden Saison stellte dennoch für den MFC Viktoria 1897 den größten Erfolg seiner Vereinsgeschichte dar.

Wie sehr sich dieser Verein unter der rührigen Vorstandschaft der Herren Julius Steinsberg (1. Vorsitzender) und Heinrich Preis (2. Vorsitzender) um vermehrte Anerkennung seiner Aktivitäten bemühte, wurde vor dem Spiel gegen den 1. FC Hanau 93 am 2. Februar 1908 deutlich, als dem hiesigen Regimentskommandeur Oberst von Winterfeld die Ehrenmitgliedschaft angetragen worden war. Oberst von Winterfeld war bereits 1907 als Protektor der „Olympischen Spiele" des MFC Viktoria 1897 (es waren dies leichtathletische Veranstaltungen in den Sommermonaten) in Erscheinung getreten.

Die Schule öffnet sich dem Fußballsport

Bekanntlich hatte sich der Schulbetrieb um die Jahrhundertwende nicht nur in Mannheim von dem langsam aufstrebenden Fußballsport abgewandt. Die Abneigung gipfelte in Mannheim in einem strikten Verbot des Fußballspiels an den Schulen. Dies änderte sich aber Mitte des Jahres 1907. Auf Initiative des Stadtschulrates Dr. Anton Sickinger wurde am 4. Juni 1907 auf dem Rennplatz ein großes Spiel- und Sportfest der Volks- und Höheren Schulen veranstaltet, das für die Verbreitung des Spielgedankens von weittragender Bedeutung war. Die Einführung eines obligatorischen Spielnachmittags an allen Schulen war die Folge und Rasenspiele, natürlich auch der Fußballsport, traten gleichberechtigt neben das Turnen. Mit dem Einzug des bisher verpönten Fußballsports an den Schulen Mannheims einher ging auch eine gesteigerte Wertschätzung dieser Sportart, was sich wiederum bei Verhandlungen mit Stadt- und Schulbehörden positiv bemerkbar machte.

Die Schüler-Mannschaften der Vereine, von denen es zu jener Zeit noch nicht sehr viele gab, waren direkte Nutznießer dieser Wandlung. Speziell die beiden Schüler-Mannschaften des MFC Viktoria 1897 nahmen in verstärktem Maße den Spielbetrieb mit Schulen auf, von dem auch die Presse berichtete: am 9. Oktober 1907 besiegte die 1. Schüler-Mannschaft der „Viktoria" die 1. Mannschaft des Großherzoglichen Gymnasiums mit 4:0 Toren, die beiden 2. Mannschaften trennten sich am 12. Oktober 1907 mit einem 2:2 Unentschieden und am 19. Oktober 1907 unterlag die 2. Schüler-Elf der „Viktoria" der 1. Mannschaft der Klasse O III a der Oberrealschule mit 3:4 Toren.

Neben dem MFC Viktoria 1897 (Leiter der Jugendabteilung war Ludwig Klein, gleichzeitig Captain der 2. Mannschaft) unterhielten noch die MFG 1896 (Leiter der Schülerabteilung: cand. math. Karl Kallenbach) und die MFG Union 1897 (Spielleiter der Jugendabteilung: Heinrich Wolf) Schüler- bzw. Jugendabteilungen.

„Union" VfB und MFC 08 Lindenhof

Nach ihrem Scheitern bei den Verbandsspielen der Saison 1907/1908 konzentrierte sich die Mannheimer Fußball-Gesellschaft 1896 voll und ganz auf einen möglichst umfassenden Wettspielbetrieb ihrer fünf Mannschaften gegen namhafte Gegner. Einen der beliebten Großkampftage, an denen alle Mannschaften zum Einsatz kamen, veranstaltete man am 17. November 1907 und konnte anschließend von 5 Siegen berichten; es spielten:

Old Boys Basel – MFG 1896	1:3
MFG 1896 (AH) – FC Viktoria Frankfurt	2:0
MFG 1896 II – SC Germania Ludwigshafen I	7:2
MFG 1896 III – MFC Frankonia II	5:2
FK Ladenburg 1903 I – MFG 1896 IV	0:4

Am 8. Dezember 1907 besiegte die MFG 1896 den FC Viktoria Frankfurt mit 3:2 Toren und am ersten Weihnachtsfeiertag 1907 unterlag sie dem Meister der Ostschweiz Football-Club Basel etwas überraschend mit 0:2 Toren.

Die in der Klasse B des Neckargaues spielende FG 1898 Seckenheim bewies am 5. Januar 1908 in einem Spiel gegen FG 03 Ludwigshafen II ihre Stärke, als sie in der Aufstellung mit

Schäfer – Meier, G. Merklein – Schnabel, H. Friedel, E. Friedel – J. Friedel, Pfisterer, Winkler, Sauer und A. Merklein

einen klaren 12:0 Sieg errang.

Auf der Generalversammlung vom 22. Januar 1908 beschloß die Mannheimer Fußball-Gesellschaft Union 1897 eine Namensänderung in

„Union" Verein für Bewegungsspiele (e. V.) Mannheim 1897.

Fußball-Gesellschaft 1898 Seckenheim im Frühjahr 1908
v. l. stehend: A. Merklein, Sauer, Blümmel, Pfisterer, Rude, J. Friedel; kniend: H. Friedel, Winkler, E. Friedel; liegend: G. Merklein, Schäfer und Meier

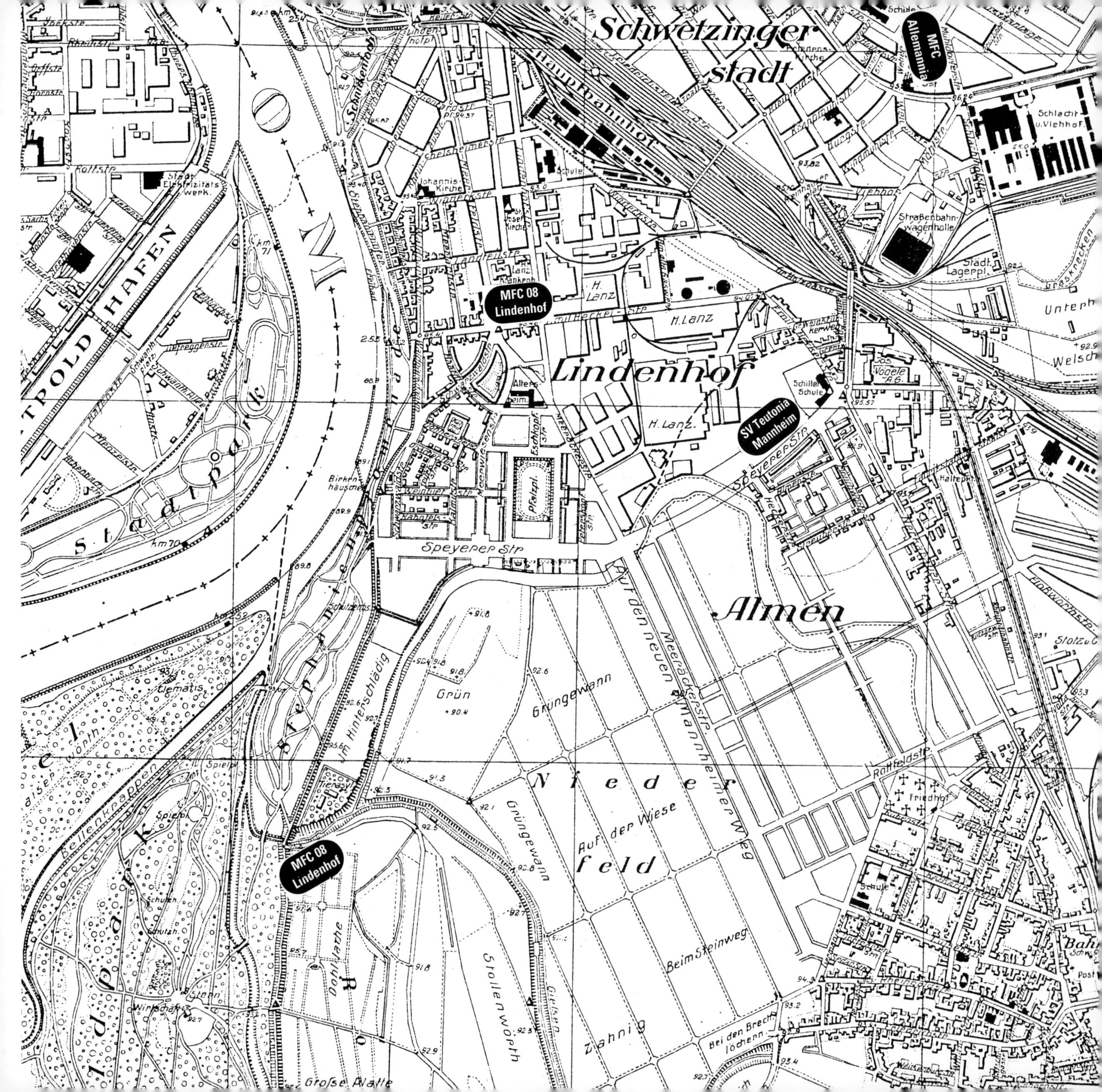

Schwetzinger stadt
MFC Allemannia
Schlacht- u. Viehhof
Hauptbahnhof
Straßenbahn-wagenhalle
Städt. Lagerpl.
Städt. Elektrizitäts werk
Johannis-Kirche
MFC 08 Lindenhof
H. Lanz
Lindenhof
Schiller Schule
SV Teutonia Mannheim
Speyerer Str
Pfalzpl.
Stadtpark
Almen
Grün
Grüngewann
Auf den neuen
Mannheimer Weg
Nieder feld
Auf der Wiese
Friedhof
Schule
MFC 08 Lindenhof
Stollenwörth
Beim Steinweg
Zahnig
Große Platte

Nachdem der Verein schon seit Jahren dem Verband Süddeutscher Fußball-Vereine und dem Deutschen Fußball-Bund (DFB) angehörte, wurde er förderndes Mitglied des „Zentralausschusses für Volks- und Jugendspiele" und nannte als Zweck seiner Aktivitäten die „Ausübung und Förderung aller Arten von Rasenspiele und des volkstümlichen Turnens (Leichtathletik) im Sinne der vorgenannten Verbände."[1]

Im Jahre 1908 trat der Ortsteil *Lindenhof* ins Mannheimer Fußballgeschehen ein. Bereits zwei Jahre zuvor wurde auf der Lanz'schen Wiese, die hinter dem späteren Heinrich-Lanz-Krankenhaus lag, mit einem Gummi-Ball gekickt. Mittelschüler hatten sogar einen „Club" gegründet, dem sie den Namen „Teutonia" gegeben hatten. Auf Initiative von Josef Jünger und Karl Walter schlossen sich die Fußballbegeisterten im Frühjahr 1908 zusammen und gründeten am 21. März 1908 den

Mannheimer Fußball-Club 1908 Lindenhof.

Zum ersten Vorsitzenden wurde Karl Walter gewählt und die Stadtfarben Blau-Weiß-Rot machte man zu den Vereinsfarben; die Spielkleidung bestand aus weißem Hemd und schwarzer Hose. Von Beginn an zählte der Industrielle Dr. Karl Lanz zu den Gönnern des Vereins. Er überließ den jungen Leuten die Lanz'sche Wiese im heutigen Dreieck Emil-Heckelstraße / Lindenhofstraße / Meerfeldstraße als Spielgelände, das zu einem spielfähigen Sportplatz ausgebaut wurde. Das erste belegbare Spiel datiert vom 6. September 1908: die 1. Mannschaft des MFC 08 Lindenhof verlor gegen die 2. Mannschaft der MFG Kickers auf dem Exerzierplatz mit 0:5 Toren. Bereits 1909 erfolgte die Aufnahme in den Verband Süddeutscher Fußball-Vereine, so daß einer Beteiligung an den Verbandsspielen der Saison 1909/1910 in der C-Klasse nichts mehr im Wege stand.

---

[1] Mannheimer Adreßbuch 1909

Mannheimer Fußball-Club 1908 Lindenhof

Die Gründer-Mannschaft mit v. l. stehend: Zipf, Müller, Schieler, Jos. Jünger, Strubel und Adam Jünger; kniend: Apfel, Kirchberger und Brand; liegend: Daiber, Kamber und Merkel

Platzeinweihung beim Sportverein Waldhof

Die MFG 1896 sorgte auch im Frühjahr 1908 für interessante Wettspiele und für Gesprächsstoff darüber, daß man in Freundschaftsspielen fast immer groß aufspielte und als Sieger den Platz verließ, während dies bei Verbandsspielen meist ganz anders aussah. Am 16. Februar 1908 wurde der FK Kaiserslautern hoch mit 11:0 Toren besiegt; am 8. März 1908 verlor der FK Alemannia Karlsruhe auf dem Platz an den Brauereien mit 3:1 Toren und eine Woche später mußte der MFC Phönix 02 mit einer knappen 3:2-Niederlage denselben Platz verlassen. Am 22. März 1908 kam es zum großen Aufeinandertreffen der MFG 1896 und des MFC Viktoria 1897 mit vier Mannschaften; es spielten:

MFG 1896 – MFC Viktoria 1897	1:3
MFG 1896 II – MFC Viktoria 1897 II	6:2
MFG 1896 III – MFC Viktoria 1897 III	5:0

und auf dem „Viktoria"-Platz:

MFC Viktoria IV – MFG 1896 IV	0:7

Der „General-Anzeiger" vertrat hierzu die Meinung:

„Der mit 3:1 Goals erfolgte Sieg Viktorias ist umso anerkennenswerter, als sich deren Mannschaft aus einheimischen Spielern zusammensetzt, während dies bei dem Gegner nicht der Fall ist."

Auf die Qualitäten des „Viktoria"-Spielers Wilhelm Trautmann war man mittlerweile auch in höchsten Kreisen aufmerksam geworden, denn Ende März 1908 wurde Mannheims Fußballwelt mit der Meldung überrascht, daß Trautmann vom Deutschen Fußball-Bund (DFB) in die repräsentative Mannschaft des Deutschen Reiches gegen die Schweiz und England berufen wurde. Allerdings kam der schußgewaltige Stürmer und umsichtige Mittelläufer Trautmann weder am 5. April 1908 in Basel (3:5-Niederlage gegen Schweiz), noch am 20. April 1908 in Berlin (1:5-Niederlage gegen England) zum Einsatz. Es blieb vorerst bei der Berufung in den Kader.

Die großen Mannheimer Vereine gingen immer mehr dazu über, ihre unteren Mannschaften gegen kleinere Vereine

Nach dem Gastspiel in Mannheim trat die Association Sportive Francaise Paris am Ostermontag (27. April 1908) in Heidelberg beim FC Heidelberg-Neuenheim 02 an und verlor mit 0:4 Toren. Als Spielplatz diente das Sportfeld des Neuenheim College längs der Quinckestraße. Im Hintergrund erkennt man die St.-Raphaels-Kirche und die Mönchhofschule. Zu den Spielern gehörten in der 1. Reihe Karl Lenz, Jakob Trost, W. Busch, Emil Franza, Karl Zimmermann und Heinser. Dahinter knien F. Rehberger, G. Lenz, Merkel, L. Treiber und Georg Treiber; stehend: Hermann Zimmermann, Georg Friedel, K. Heiler und Jakob Karch

der Umgebung antreten zu lassen, um einerseits die Spielstärke der eigenen Mannschaft zu heben, andererseits diese Vereine dem Mannheimer Publikum bekannt zu machen. Die MFG 1896 schickte am 29. März 1908 ihre vier Mannschaften aufs Feld:

MFG 1896 – FC Frankonia Karlsruhe	3:2
MFG 1896 II – FVg Bruchsal I	5:3
MFG 1896 III – SC Union Mundenheim I	13:0
MFG 1896 IV gegen SC Union Mundenheim II	10:3

An den Osterfeiertagen hatte die MFG 1896 wieder ausländische Gäste auf den Platz an den Brauereien eingeladen. Am Ostersonntag (26. April 1908) verlor die Association Sportive Francaise Paris mit 5:2 Toren, tagsdarauf trennte man sich vom FC Achilles Rotterdam vor der für damalige Verhältnisse „Riesenkulisse von 3000 Zuschauern" 1:1 unentschieden. Der MFC Viktoria 1897 kehrte mit zwei vielbeachteten Siegen von 3:0 beim 1. FC Nürnberg und 5:1 von der SpVgg Fürth zurück.

Mit zwei überraschenden Erfolgen startete die noch junge Fußballvereinigung 07 Neckarau nach ihrem Eintritt in den Verband Süddeutscher Fußball-Vereine: am 22. März 1908 wurde die 2. Mannschaft des MFC Frankonia mit 4:1 Toren besiegt und am 3. Mai 1908 gab es den ersten Heimerfolg mit 2:0 Toren über den FC Union Karlsruhe.

Die „Süddeutsche Sportzeitung" berichtete in ihrer Ausgabe vom 19. Mai 1908 über das zwei Tage zuvor stattgefundene erste Spiel des Sportverein Waldhof in einem größeren Kommentar:

Mannheim-Waldhof.

Darmst. Sp. C. 05 I — Sp. V. Mannh.-Waldhof I 4 : 1

Anläßlich der Einweihung seines Sportplatzes und seines ersten Wettspieles hatte sich der neu gegründete Sportverein Mannheim-Waldhof den Darmstädter Gaumeister, den Sportclub Darmstadt 05, zu Gast geladen. Das Spiel begann nachmittags 3½ Uhr mit dem Anstoß der Gäste, die sofort ein lebhaftes Tempo vorlegten. Auch Mannheim zeigt sich vorzüglich in Form und so entwickelt sich, trotz der infernalischen Hitze, ein aufregendes, abwechslungsreiches Spiel. Jedoch die Gäste zeigten sich hierbei den Einheimischen überlegen und konnten drei schöne Tore erzielen. Nach Seitenwechsel erlahmen beide Vereine, da die Hitze geradezu unerträglich geworden war. Namentlich fallen die Darmstädter Stürmer merklich ab, dafür spielen indes die Hinterleute um so sicherer. In 25. Minute kann Sportclub ein 4. Tor einsenden. Bald darauf verwirkt er jedoch einen Eckball, der von Mannh. unmittelbar vor das Tor getreten und von dem Halbrechten durch Kopfstoß ins Netz befördert wird, welches Resultat unverändert bleibt.

Der neue Sportplatz ist vorzüglich gelegen, hat genügende Länge und Breite, ist jedoch leider etwas sandig. Die Mannschaft des neuen Vereins ist überaus flink und stark und dürfte den übrigen Mannheimer Vereinen manche harte Nuß zu knacken geben. Daß verschiedene Spieler etwas allzu scharf auf den Mann gingen, ist zu entschuldigen, da dies das 1. Wettspiel des Sportvereins war.

Platzanlage der „Union" Verein für Bewegungsspiele am Luisenpark

Einweihung des „Union"-Platzes

Der Frankfurter Sportpark am Röderberg erlebte am 10. Mai 1908 das Duell der beiden Auswahlmannschaften Nordkreis gegen Südkreis. Für den Nordkreis spielten:

Seikel
(FC Viktoria Hanau)

<u>Fontaine</u>   Langli
(MFG 1896)   (FC Germania Frankfurt)

Bertraud   Hoffmann   Heiderich
(beide FC 03 Hanau)   (FC Hermania Frankf.)

Berck   Kuch   <u>Gehrig</u>   Becker   Fay
(FC Vikt. Frankf.)   (MFC Viktoria)   (FC Kickers Frankf).

Der Nordkreis mit den beiden Mannheimern Fontaine und Gehrig blieb knapp mit 3:2 Toren Sieger.

Die bereits angesprochene Wertschätzung des Fußballsports durch Stadt- und Schulbehörden, die 1907 in Mannheim eingesetzt hatte, führte dazu, daß die Stadt Mannheim erstmals einem Fußballverein städtisches Gelände zur Verfügung stellte zwecks Errichtung eines Sportplatzes. Die „Union" Verein für Bewegungsspiele 1897 Mannheim erhielt im 4. Gewann der Kuhweide am Luisenpark ein 28 842 qm großes Gelände für eine Jahrespacht von 433 Mark. Der Pachtvertrag ging von Martini (11. November) 1907 bis Martini 1916 mit monatlicher Kündigung, wenn das Gelände für die Stadterweiterung benötigt wurde. Auf dieser Anlage errichtete der Verein unter seinem 1. Vorsitzenden Karl Sack einen mustergültigen Sportplatz. Die große festliche Einweihung fand am 24. Mai 1908 statt. Nach Gesangsdarbietungen durch die Mannheimer Liedertafel und den üblichen Festreden stand das Spiel gegen den FC Karlsvorstadt Stuttgart im Mittelpunkt der Feierlichkeiten. Die „in großen Scharen gekommenen Zuschauer" erlebten eine echte Fußballdemonstration, denn das Spiel endete nach großartigem Verlauf 5:5 unentschieden. Nach dem MFC Viktoria 1897 und der MFG 1896 hatte Mannheim mit der Union Verein für Bewegungssiele 1897 den dritten vereinseigenen, geschlossenen (weil eingefriedeten) Sportplatz. Was diese Anlage jedoch von den beiden vorgenannten unterschied, war die Ausstattung des Platzes und der Baulichkeiten; Lauf- und Sprunganlagen, Turngeräte, eigene Wirtschaftsräume und eine Kegelbahn waren für Mannheim neue Einrichtungen bei einem Fußballplatz.

Eine Woche nach der glanzvollen Einweihung der Platzanlage mußte die Union VfB 1897 im Spiel gegen Sportverein Wiesbaden mit 2:3 Toren ihre erste Niederlage auf eigenem Gelände hinnehmen. Den ersten Sieg gab es bei tropischer Hitze am 14. Juni 1908 gegen den FC Kickers Frankfurt mit 2:1 Toren. Am gleichen Tag weilte erstmals eine Mannschaft aus Mitteldeutschland in Mannheim; der MFC Viktoria 1897 und Wacker Leipzig trennten sich 2:2 unentschieden.

Als wollte die Union VfB 1897 ihren neuen Sportplatz so richtig auskosten, absolvierte der Verein in den Schlußtagen des Juni 1908 innerhalb weniger Tage noch drei Spiele: am 16. Juni 1908 verlor die Mannschaft gegen den Münchner Männerturnverein von 1860 (MTV 1860) mit 2:4 Toren; am 18. Juni 1908 trennte sie sich vom MFC Phönix 02 mit einem torlosen 0:0 Unentschieden und im Saisonschlußspiel am 21. Juni 1908 gab es gegen eine Heidelberger Studenten-Auswahl ein 3:3 Unentschieden.

Der Niedergang des MSC Germania 1897

Die „Süddeutsche Sportzeitung", das zu dieser Zeit „offizielle Organ des Deutschen Fußballbundes, des Münchner Fußball-Bundes, des Frankfurter Association-Bundes, des Deutschen Rugby-Verbandes und der Deutschen Sportbehörde für Athletik" brachte in ihrer Ausgabe vom 18. August 1908 eine Adressenliste des Verbandes Süddeutscher Fußball-Vereine mit der Zahl der Mitglieder. Danach hatten die im Neckargau (dem Nordkreis angeschlossen) vertretenen Vereine am 1. August 1908 folgende Mitgliederzahlen:

FC Viktoria Feudenheim	*28 Mitglieder*
FC Ladenburg a. N. 1903	*35 Mitglieder*
Mannheimer FG 1896	*276 Mitglieder*
Mannheimer VfB Union 1897	*204 Mitglieder*

Mannheimer FC Frankonia	*40 Mitglieder*
Mannheimer FC Phönix 02	*72 Mitglieder*
Mannheimer FC Viktoria 1897	*246 Mitglieder*
Mannheimer SC Germania 1897	*38 Mitglieder*
FVg Mannheim-Neckarau	*29 Mitglieder*
SV Mannheim-Waldhof	*33 Mitglieder*
FV Viktoria Heidelberg	*25 Mitglieder*
FG Germania Sandhofen	*48 Mitglieder*
FGVg 98 Schwetzingen	*54 Mitglieder*
FC Sport Schwetzingen	*28 Mitglieder*
FG Seckenheim 98	*85 Mitglieder*

Anhand dieser Mitgliederliste läßt sich unschwer erkennen, daß von den ältesten vier Stadtvereinen nur die MFG 1896, die Union VfB 1897 und der MFC Viktoria 1897 eine stete Aufwärtsentwicklung zu verzeichnen hatten. Diese drei Vereine konnten auch auf große sportliche Erfolge verweisen, was wiederum eigene Fußballplätze zur Folge hatte.

Ganz anders dagegen verlief die Entwicklung beim Mannheimer Sport-Club Germania 1897. Wie berichtet, zog der MSC Germania 1897 bzw. die MFG Germania 1897 – wie der Verein sich bis 1901 genannt hatte –, bei mehreren Verbandsrunden die Mannschaft zurück, da sie sportlich einfach zu schwach gewesen war; zweistellige Niederlagen bildeten keine Ausnahmen. Bei der Verbandsrunde 1907/1908 konnte der Verein kein einziges Spiel gewinnen oder unentschieden gestalten. Die nur noch spärlich ausgetragenen Freundschaftsspiele brachten ebenfalls nur Niederlagen:

23. 2.	Union VfB 1897 – MSC Germania 1897	4:1
22. 3.	1. FC Pforzheim – MSC Germania 1897	10:0
27. 4.	FV Hagenau – MSC Germania 1897	7:0

Sein letztes Spiel trug der MSC Germania 1897 am 24. Mai 1908 gegen den FC Germania 03 Wiesbaden aus; es ging mit 0:2 Toren verloren. Danach hörte man nichts mehr von dem Verein. Ende August 1908 beschlossen die 38 Mitglieder im Vereinslokal „Karl Theodor", in O 6,2, unter ihrem 1. Vorsitzenden Ludwig Banzhaf, am 1. September 1908 geschlossen zur Union VfB 1897 Mannheim überzutreten. Eine Namensänderung wurde nicht vorgenommen, da sich die „Union" ihren neuen Namen erst acht Monate zuvor gegeben hatte. Die MSC Germania 1897, viertältester Fußballverein Mannheims und an der Entwicklung des Fußballsports in der Quadratestadt nicht unwesentlich beteiligt, hatte aufgehört zu existieren und verschwand sang- und klanglos von der Fußballbühne.

Auf der Mitgliederversammlung der Union Verein für Bewegungsspiele 1897 Mannheim am 5. September 1908 konnte der 1. Vorsitzende Karl Sack im Vereinslokal „Restaurant Schloßkeller" in L 4 erfreut feststellen, daß der Verein mit 250 Mitgliedern, 6 aktiven Mannschaften, 2 Senioren-Mannschaften und 2 Schüler-Mannschaften nach der Mannheimer Fußball-Gesellschaft 1896 zweitstärkster Fußballverein Mannheims sei. Während der Verein ein Jahr zuvor nur knapp 90 Mitglieder zu verzeichnen hatte, wirkte sich in erster Linie die Eröffnung des eigenen Sportplatzes und die damit verbundenen sportlichen und gesellschaftlichen Möglichkeiten äußerst positiv aus.

Die Union Verein für Bewegungsspiele 1897 Mannheim gab auch als erster Mannheimer Fußballverein im Jahre 1909 eine „Klubzeitung als Monatsschau" heraus; allerdings wurde ihr Erscheinen bereits nach einem Jahr wieder

M. Böhn und Wilhelm Trautmann, Mittelläufer des MFC Viktoria 1897, waren in den Jahren 1908–1910 die bedeutendsten Leichtathleten Mannheims

eingestellt. Die Mannheimer Fußball-Gesellschaft 1896 wollte da nicht hintanstehen und folgte kurze Zeit später ebenfalls mit der Ausgabe einer Monatsschrift; aber auch diese hielt sich nicht lange und verschwand nach etwa zwei Jahren aus dem Vereinsgeschehen.

Mannheim im Südkreis unter „ferner liefen"

Die Fußball-Saison 1908/1909 eröffnete die Mannheimer Fußball-Gesellschaft 1896 wieder mit einem Mammut-Spieltag am 23. August 1908; auf dem Platz an den Brauereien spielten:

MFG 1896 – FC Frankonia Karlsruhe	4:0
MFG 1896 II – FVg Schwetzingen I	6:2
MFG 1896 III – 1. FC Frankenthal I	10:2
MFG 1896 IV – FC Union Mundenheim I	3:0

Ein Beschluß des Verbandes Süddeutscher Fußball-Vereine bestimmte, daß für die Verbandsrunde 1908/1909 nur noch Vereine mit umfriedeten Plätzen und ordnungsgemäßem Spielfeld in der obersten Klasse spielen konnten. Dies hatte für Mannheim zur Folge, daß MFG 1896, MFC Viktoria 1897 und Union VfB 1897 in der obersten Klasse spielberechtigt waren, während die starke Mannschaft des MFC Phönix 02 in die B-Klasse verbannt wurde. Ferner startete die Runde nicht mehr auf Gauebene, sondern auf Kreisebene; die drei Mannheimer Clubs spielten in der Südkreis-Runde.

Die letzten Ergebnisse der drei Mannheimer A-Klasse-Vertreter gaben zu berechtigten Hoffnungen Anlaß, daß sie in dieser Südkreis-Runde eine gute Rolle spielen könnten; es waren dies:

30. 8. 1908 Union VfB 1897 – 1. FK Hanau 1893	2:2
MFG 1896 – FC Palatia Kaiserslautern	7:0
MFC Viktoria 1897 – FC Alem. Karlsruhe	5:0
6. 9. 1908 Union VfB 1897 – FG Germania Frankfurt	6:3
13. 9. 1908 MFG 1896 gegen FC Alemannia Karlsruhe	2:1
FSV Frankfurt – MFC Viktoria 1897	3:4
Union VfB 1897 – FC Viktoria Frankfurt	7:0

Am 6. September 1908 wurde aus Anlaß des IV. Volksfestes der Großen Karnevalsgesellschaft Feuerio auf dem städtischen Rennplatz zwischen der MFG 1896 und dem MFC Viktoria 1897 um den „Feuerio-Pokal" gespielt. Vor einer großen Zuschauerkulisse sicherte sich die MFG 1896 durch einen 4:2-Erfolg den begehrten Cup. Laut einer Rückschau auf dieses Volksfest im „General-Anzeiger" vom 7. September 1908 belebten Wurstbuden, Wein- und Bierzelte, Karussels, Zirkus, Schießbuden, Rutschbahn, Kinematograph und ein Tanzboden den Rennplatz; 50 000 Eintrittskarten wurden verkauft; 200 Hektoliter Bier, 20 Hektoliter Wein, 1 Hektoliter Milch und 2000 Tassen Mocca getrunken.

Am 20. September 1908 fiel der Startschuß der Südkreis-Verbandsspiele mit einem in dieser Größenordnung noch nicht gekannten Teilnehmerfeld; die 12 Vereine waren: Union VfB 1897 Mannheim, MFG 1896, MFC Viktoria 1897, 1. FC Pforzheim, Karlsruher FV, FC Phönix Karlsruhe, FC Alemannia Karlsruhe, FC Freiburg, FC Kickers Stuttgart, FC Sportfreunde 96 Stuttgart, FV Straßburg und FC Mühlhausen, wobei die Mannschaft aus Mühlhausen im Elsaß schon am dritten Spieltag wegen zu schwachen Leistungen zurückgezogen wurde. Der Fußballverein Straßburg schied im weiteren Verlauf der Runde ebenfalls aus.

Deprimierender hätte der Rundenstart für die drei Mannheimer Vereine nicht verlaufen können: die MFG 1896 verlor auf eigenem Platz gegen den Deutschen Meister der Saison 1906/1907, FC Freiburg, mit 1:2 Toren, während die „Union" beim 1. FC Pforzheim mit 5:1 Toren verlor und die „Viktoria" beim Karlsruher Fußballverein gar mit 9:0 Toren unter die Räder kam. Natürlich gab es auch Siege und Punktgewinne durch Unentschieden für Mannheims Vereine, aber insgeheim hatte man sich doch mehr versprochen als nur Mittelplätze in der Schlußtabelle. Einigen Erfolgen wie

27. 9. 1908 MFC Viktoria 1897 – FK Alem. Karlsruhe	6:0
1. 11. 1908 MFC Viktoria 1897 – FC Freiburg	3:1
15. 11. 1908 Union VfB 1897 – FV Straßburg	4:1
29. 11. 1908 MFG 1896 – FC Sportfreunde Stuttgart	4:1
13. 12. 1908 Union VfB 1897 – FC Freiburg	3:2

standen fast deklassierende Niederlagen gegenüber wie

18. 10. 1908 MFC Viktoria 1897 – FC Kickers Stuttgart	0:4
8. 11. 1908 FC Phönix Karlsruhe – MFG 1896	5:0
15. 11. 1908 FC Kickers Stuttgart – MFG 1896	6:0
29. 11. 1908 FC Phönix Karlsruhe – Union VfB 1897	5:2
6. 12. 1908 Union VfB 1897 gegen 1. FC Pforzheim	0:6

Zum absoluten Höhepunkt dieser Runde aus Mannheimer Sicht wurde der 3. Januar 1909, als die Union VfB 1897 den Altmeister Karlsruher Fußballverein durch Tore von Oberle und Busch mit 2:0 Toren besiegen konnte. Der „General-Anzeiger" schrieb zu diesem spektakulären Erfolg der „Union":

> „Zum ersten Male seit Bestehen mußte sich der Karlsruher Fußballverein einer Mannheimer Fußballmannschaft beugen. Trotzdem war die Mannschaft der „Union" gestern nicht auf der Höhe. Die vielen Feiertage scheinen den Spielern noch in den Beinen gesteckt zu haben".

Die Schlußtabelle dieser „Mammut-Liga" hatte folgendes Aussehen:

Klasse A im Südkreis, Saison 1908/1909

FC Phönix Karlsruhe	60:22	28:8
FC Kickers Stuttgart	61:21	27:9
1. FC Pforzheim	59:31	25:11
Karlsruher Fußballverein	51:28	22:14
MFC Viktoria 1897	44:60	19:17
FC Alemannia Karlsruhe	33:40	18:18
FC Sportfreunde 96 Stuttgart	30:38	16:20
FC Freiburg	32:55	13:23
Union VfB 1897 Mannheim	27:68	10:26
MFG 1896	21:55	2:34

Als Beste der drei Mannheimer Mannschaften beendete die „Viktoria" vor „Union" und MFG 1896 diese bisher längste und schwerste Verbandsrunde. Südkreis-Meister, danach Süddeutscher Meister und schließlich Deutscher Meister wurde der FC Phönix Karlsruhe.

Nach der knappen 2:1 Niederlage des MFC Viktoria 1897 beim FC Alemannia Karlsruhe am 13. Dezember 1908 schrieb die „Süddeutsche Sportzeitung" vom 15. Dezember 1908:

> „Die Mannheimer Viktoria kann stolz sein, in Trautmann einen der besten, wenn nicht den besten deutschen Mittelläufer ihr eigen nennen zu können."

Der Deutsche Meister 1908/09 FC Phönix 1894 Karlsruhe; stehend: F. Reiser, Michaelis, Karth, Beier (Kapitän), Leibold, Neumeier, Noe; sitzend: Wegele, Oberle, J. Reiser, Heger

MFC Phönix 02 wird Süddeutscher B-Klassen- und Pokal-Meister

Der wegen unzureichender Platzanlagen in die B-Klasse verbannte Mannheimer Fußball-Club Phönix 02 bereitete sich ebenfalls intensiv auf die Verbandsrunde 1908/1909 vor. Einer 5:2 Niederlage beim FC Pfalz Ludwigshafen am 23. August 1908 folgte eine Woche später auf dem Exerzierplatz ein Groß-Spieltag mit drei Mannschaften:

MFC Phönix 02 – FG Revidia Ludwigshafen	9:0
MFC Phönix 02 II – FC Pfalz Ludwigshafen II	3:6
MFC Phönix 02 III – FVg Neckarau II	2:3

In der B-Klasse spielte der MFC Phönix 02 zusammen mit FC Frankonia Mannheim, FC Viktoria Feudenheim, FVg Neckarau, FG 98 Seckenheim sowie FVg 1898 Schwetzingen und wurde ohne Punktverlust bei einem Torverhältnis von 46:8 Meister. Den zweiten Platz belegte die FG 98 Seckenheim vor dem FC Viktoria Feudenheim.

Bei den anschließenden Ausscheidungsspielen um die Süddeutsche Meisterschaft traf die „Phönix"-Mannschaft zunächst auf den FV Hagenau; einem 4:4 Unentschieden in Hagenau am 28. März 1909 folgte eine Woche später auf dem „Union"-Platz in Mannheim ein 2:0 Sieg. Am 11. April 1909 gewann der MFC Phönix 02 beim Privatturnverein Ulm knapp mit 2:1 Toren und mit demselben Ergebnis holte sich die Mannschaft in der Aufstellung mit

> E. Schönig – Konrad, Kellenbenz – Kürschner, Mehler, Knodel – Hch. Schmitt, Rösch, Keßler, O. Schönig, Fahner

am 18. April 1909 wiederum auf dem Platz der „Union" den Titel des Süddeutschen Meisters der B-Klasse.

Die vier Kreismeister

> *MFC Phönix 02 (Südkreis)*
> *FC Viktoria Offenbach (Nordkreis)*
> *SpVgg Metz (Westkreis)*
> *FC Pfeil Nürnberg (Ostkreis)*

Mannheimer Fußball-Club Phönix 02 Süddeutscher Meister der B-Klasse der Saison 1908/1909
v. l. Kessler, Rösch, Kellenbenz, Schmitt, Knodel, Streiber, Konrad, Fahner, Mehler, Emil Schönig und Otto Schönig

sollten anschließend um den „Pokal von Süddeutschland" spielen. Nach dem Verzicht von Metz und Nürnberg kämpften „Phönix" und Offenbach um den Pokal. Auch hier zeigte sich die „Phönix"-Elf klar überlegen. Einem 4:0 Sieg am 2. Mai 1909 in Offenbach folgte am 23. Mai 1909 ein 2:0 Erfolg in Mannheim. Damit hatte der Mannheimer Fußball-Club Phönix 02 nach der Süddeutschen Meisterschaft auch die Süddeutsche Pokal-Meisterschaft der B-Klasse errungen. Es war dies der bisher größte Erfolg des erst sieben Jahre alten Vereins. Fünf Tage danach berichtete der „General-Anzeiger":

> *„Die siegreiche Mannschaft wurde mit einem Lorbeerkranz erfreut, der von den Mitgliedern gestiftet worden war."*

Erstes Verbandsspiel des Sportverein Waldhof

Die C-Klasse des Neckargaues spielte in der Saison 1908/1909 in zwei Abteilungen.

In der *Abteilung 1* nahm der Sportverein Waldhof zusammen mit SV Helvetia 07 Mannheim, FG Kickers Mannheim, FG Ladenburg 03, FK Viktoria 05 Heidelberg und FC Sport 05 Schwetzingen erstmals den Kampf um Punkte auf. Sein erstes Verbandsspiel bestritt der SV Waldhof am 4. Oktober 1908 bei der FG Ladenburg 03 in folgender Aufstellung

> Streckfuß – Dierolf, Hof – Scheuermann, Strauch, Gentner – Meier, K. Weingärtner, Schwärzel, Hahner, Rottmann

und kehrte mit einem 8:1 Erfolg zurück.

Auch für Heidelberg begann erstmals eine Fußball-Verbandsrunde. Der im Jahre 1905 gegründete *Fußball-Club „Viktoria" 1905 Heidelberg* startete am selben Tage mit einem 2:1 Sieg über den FC Sport 05 Schwetzingen. Beim ersten Punktspiel-Auftritt in Mannheim unterlag der FC Viktoria 1905 Heidelberg am 11. Oktober 1908 beim SV Waldhof knapp mit 5:4 Toren, revanchierte sich aber am 8. November 1908 durch einen klaren 4:0 Erfolg über den SV Waldhof.

Ebenfalls im Jahre 1908 tauchte mit dem *Fußball-Club „Britannia" Heidelberg* ein weiterer Fußballverein auf; Näheres über diesen Club, vor allem Spielergebnisse sind nicht bekannt.

Als stärkste Mannschaft erwies sich die FG Kickers Mannheim, die ungeschlagen Meister der C-Klasse, Abteilung 1, wurde. Im November 1908 verzichtete die FG Ladenburg 03 auf die weitere Teilnahme und zog ihre Mannschaft zurück. Die Schlußtabelle sah wie folgt aus:

C-Klasse, Abteilung 1, Neckargau, 1908/1909

FG Kickers Mannheim	8	8	0	0	20:7	16:0
SV Helvetia 07 Mannheim	8	4	2	2	20:13	10:6
SV Waldhof	8	3	1	4	16:28	7:9
FC Viktoria 05 Heidelberg	8	3	1	4	15:13	7:9
FC Sport 05 Schwetzingen	8	1	2	5	8:12	4:12

In der C-Klasse, *Abteilung 2*, spielten: SG Olympia Mannheim, FK Badenia Mannheim, FG Concordia Mannheim, FG Palatia Mannheim, MFC 08 Lindenhof und die FG Alemannia Ilvesheim.

Die *Fußball-Gesellschaft „Alemannia" Ilvesheim*, die 1908 gegründet wurde, war Nachfolgerin der 1903 im Gasthaus „Zum Pflug" entstandenen „Fußballgesellschaft" Ilvesheim. Das erste in Mannheim ausgetragene Wettspiel der FG Alemannia Ilvesheim fand am 11. Oktober 1908 auf dem Exerzierplatz statt; die Ilvesheimer verloren gegen die FG Concordia Mannheim mit 3:4 Toren.

Meister der C-Klasse, Abteilung 2, wurde die SG Olympia Mannheim, die sich dem Meister der Abteilung 1, der FG Kickers Mannheim, im Kampf um die C-Klassen-Meisterschaft geschlagen geben mußte. Meister der C-Klasse im Neckargau und somit Aufsteiger in die B-Klasse wurde die Fußball-Gesellschaft Kickers Mannheim.

Im Jahre 1908 gab es wieder einige Bewegungen, was die Anzahl der Fußballvereine in Mannheim und seiner näheren Umgebung betraf. In der Gemeinde Sandhofen löste sich die Fußballgesellschaft Germania 03 Sandhofen auf; ein Großteil ihrer Mitglieder gründete zusammen mit anderen Fußballanhängern den

> *Fußball-Club „Phönix" Sandhofen.*

In der Saison 1909/1910 nahm dieser FC Phönix Sandhofen in der C-Klasse erstmals an Verbandsspielen teil.

Der Ortsteil Waldhof bekam mit dem *Fußballklub „Amicitia" Waldhof 1908* einen weiteren Verein, der am 17. Januar 1909 sein erstes Spiel beim Mannheimer Fußball-Club Badenia mit 1:2 Toren verlor. Der FC Amicitia Waldhof 1908 spielte zunächst auf dem Exerzierplatz in Mannheim.

Prag in Mannheim

Den Fußball-Leckerbissen des Jahres präsentierte die Union VfB Mannheim 1897 am ersten Weihnachtsfeiertag des Jahres 1908 den Fußballfreunden Mannheims und Umgebung. Kein geringerer als der Deutsche Fußball-Klub Prag, der zu dieser Zeit als die beste kontinentale Fußballmannschaft galt, gab seine Visitenkarte ab. Die beiden Mannschaften traten in folgenden Aufstellungen an:

„Union": Ehmann – Rüger, Kümmerle – Senft, Wolf, Freiländer – Lannert, Heidenreich, Oberle, Busch, Burkhardt

Prag: Pacco – Dewhourst, Raab – Klein, Kurpiel, Blechl - Thurm, Neumann, Kadletz, Graubard, Kasso.

Vor 1000 Zuschauern boten beide Teams eine gute Leistung, wobei besonders die „Union" überraschte. Lange stand die Begegnung 1:1 unentschieden, erst gegen Spielende konnte Prag den Treffer zum etwas glücklichen 2:1 Sieg erzielen.

Am zweiten Weihnachtsfeiertag empfing die MFG 1896 den belgischen Meister FK Union St. Gilloise Brüssel, der den Einheimischen keine Chance ließ und klar mit 3:0 Toren siegte. Auch am darauffolgenden Sonntag, 27. Dezember 1908, verlor eine Kombination MFG 1896/MFC Viktoria 1897 gegen diese belgische Mannschaft mit 5:6 Toren.

Ein Weihnachtsfest so recht nach dem Geschmack der Fußballfreunde, auch wenn kein Mannheimer Sieg dabei heraussprang, was jedoch bei den spielstarken Gegnern zu verschmerzen war. Was zählte, war die Demonstration höchsten Fußballsports gegen zwei führende ausländische Mannschaften.

Erstes deutsches „Sechser-Turnier" in Mannheim

Den drei Großvereinen MFC Viktoria 1897, MFG 1896 und Union VfB Mannheim 1897 brachten ihre eigenen Platzanlagen nicht nur sportliche Erfolge und allgemeine Anerkennung, sondern auch erhebliche finanzielle Sorgen. Der Ausbau der Plätze und ihre Unterhaltung überstiegen sehr schnell die vorhandenen finanziellen Möglichkeiten. Freiwillige Stiftungen halfen nur für kurze Zeit über finanzielle Engpässe hinweg.

Verstärkt hielt man Ausschau nach guten Wettspielgegnern. Die MFG 1896 hatte an den beiden Osterfeiertagen Besuch aus Mittel- und Westdeutschland. Am Ostersonntag, 11. April 1909, spielte sie gegen den Ballspielklub Mittweida, eine repräsentative Studenten-Mannschaft des Technikums Mittweida im Bezirk Chemnitz, und gewann mit 5:2 Toren. Tagsdarauf folgte ein MFG-Sieg mit 4:1 Toren über den Sportverein Preußen Duisburg.

Beim 5:2 Sieg des MFC Viktoria 1897 gegen die MFG 1896 am 25. April 1909 wurden im „General-Anzeiger" erstmals alle Torschützen namentlich genannt, was einen beachtlichen Fortschritt der Berichterstattung bedeutete: 0:1 Kratzmann durch Elfmeter, 1:1 Trautmann, 2:1 und 3:1 Bauer, 3:2 Heuberger, 4:2 Trautmann und schließlich 5:2 Straßburger. Die Union VfB Mannheim 1897 erlitt am 9. Mai 1909 gegen den FV Kaiserslautern eine empfindliche 2:6 Heimniederlage; der FV Kaiserslautern war durch den Zusammenschluß der drei Vereine FC 1900, Bavaria und Palatia Kaiserslautern entstanden.

Ebenfalls am 9. Mai 1909 verlor der MFC Viktoria 1897 beim FK Phönix Karlsruhe mit 4:0 Toren. Besser hielt sich die MFG 1896, die beim FC Pfalz Ludwigshafen knapp mit 2:1 Toren gewann. Eine Reise an die Saar unternahm die MFG 1896 am Himmelfahrtstag, 19. Mai 1909, und siegte beim Sportklub Saar Saarbrücken überlegen mit 6:1 Toren. Am Pfingstsonntag, 30. Mai 1909, verlor Union VfB Mannheim 1897 gegen den FK Aarau mit 2:3 Toren, während tagsdarauf der MFC Viktoria 1897 den Football-Club Zürich klar mit 5:2 Toren bezwang.

Um die Finanzlücken einigermaßen zu schließen, waren die drei genannten Mannheimer Vereine gezwungen, zu ungewöhnlichen Mitteln zu greifen: bei den Spielen gegen ausländische Clubs mußten die Vereinsmitglieder erstmals Eintrittsgelder entrichten, was nicht ohne Murren und heftige Debatten über die Bühne ging.

Auf der Suche nach einer Auslastung der Platzanlagen auch in der fußball-freien Zeit stießen die Mannheimer Vereine auf eine interessante Einnahmequelle. Sie veranstalteten erstmals im Deutschen Reich „Fußballturniere von Sommer-Mannschaften", sogenannte „Sechser-Turniere", die zu jener Zeit in der Schweiz und in Italien sehr beliebt waren. Die Union Verein für Bewegungsspiele Mannheim 1897 übernahm die Vorreiterrolle: am 6. Juni 1909 fand das erste Turnier dieser Art auf dem „Union"-Platz statt. Gespielt wurde auf verkleinertem Spielfeld mit sechs Spielern je Mannschaft (Tormann, 2 Verteidiger und 3 Stürmer); Spielzeit 2 x 7 Minuten zuzüglich 5 Minuten Verlängerung, danach bis zur Entscheidung; als Spielregeln galten die des Deutschen Fußball-Bundes (DFB).

An dem Turnier nahmen teil:

Gruppe 1	MFC Phönix 02	1. Mannschaft
	Union VfB Mannheim 1897	1. + 2. Mannschaft
	MFC Viktoria 1897	3 a Mannschaft
	FG 1903 Ludwigshafen	1. Mannschaft
	SC Germania 04 Ludwigshafen	1. Mannschaft
Gruppe 2	Union VfB Mannheim 1897	3. Mannschaft
	SG Olympia 1906 Mannheim	1. Mannschaft
	FG Kickers Mannheim	1. Mannschaft
	MFC Viktoria 1897	3 b Mannschaft
	FC Viktoria Feudenheim	1. Mannschaft

Die Gegner wurden durch Los ermittelt; die Verlierer schieden aus. Sieger der Gruppe 1 wurde der MFC Phönix 02, in der Gruppe 2 die Union VfB Mannheim 1897 3. Mannschaft; beide Sieger erhielten je einen silbernen Pokal und ein Ehrendiplom.

Neben diesen „Sechser-Turnieren", die sich sehr schnell größter Beliebtheit erfreuten, wurden die bisherigen internen Sportfeste zu „Internationalen Olympischen Spielen" ausgebaut. Am 8. August 1909 führte der MFC Viktoria 1897 die erste Veranstaltung dieser Art in Mannheim mit einer Rekordbeteiligung von 1 400 Aktiven durch. Die Olympischen Spiele der „Viktoria" standen unter dem Protektorat des Regimentskommandeurs Oberst von Win-

terfeld und wurden in Einzel- und Mannschaftswettbewerben ausgetragen; erstmals ergänzten Ringkämpfe die leichtathletischen Disziplinen. Neben 56 ersten Preisen verzeichnete der MFC Viktoria 1897 einen stattlichen finanziellen Erlös.

Der „General-Anzeiger" vom 29. Juli 1909 berichtete, „daß der noch verhältnismäßig junge *Mannheimer Fußball-Klub „Weststadt"* beim Sportfest in Friedrichsfeld einige Erfolge erringen konnte." Erstmals in Mannheim trat er am 20. Februar 1910 an; die *FG Olivia Mannheim* besiegte diesen FC Weststadt auf dem Exerzierplatz mit 2:1 Toren.[1]

Am 20. Juni 1909 sah der „Union"-Platz das Endspiel um den Süddeutschen Meisterschaftspokal der C-Klasse zwischen der FG Union Karlsruhe und dem FK Nordend Frankfurt, das die Frankfurter mit 3:2 Toren gewannen.

Militär-Fußball in Mannheim

Mit einer Attraktion besonderer Art eröffnete die Union VfB Mannheim 1897 die Fußball-Saison 1909/1910 in Mannheim. Der Fußballsport fand auch in Militärkreisen immer mehr Anerkennung. Neben einer Matrosen-Fußball-Mannschaft in Kiel bildeten sich auch in verschiedenen Garnisonsstädten Fußballmannschaften. Die 2. Mannschaft der „Union" empfing am 15. August 1909 die „Fußballabteilung der 9. Kompanie des 1. Kurhessischen Infanterie-Regiments Nr. 81 Frankfurt" und siegte mit 9:2 Toren. Es war dies das erste Fußballspiel einer Militärelf in Mannheim.

Ein großes Fußballprogramm bescherte der 29. August 1909 dem Mannheimer Publikum. Die Union VfB Mannheim 1897 trennte sich vom Hanauer FK 1893 mit einem 1:1 Unentschieden. Die MFG 1896 besiegte den spielstarken FV Kaiserslautern mit 4:3 Toren, wobei die MFG-Elf in folgender Aufstellung antrat:

> Breidinger – Nerz, Kaltreuther – Frey, Maier, Altfelix – Wesch, Altfelix, Stauch, Kratzmann, Kronenberger.

---

[1] vgl. Seite 80 wegen FG Olivia Mannheim

Schließlich veranstaltete der MFC Viktoria 1897 sein erstes „Sechser-Turnier"; 16 Teams spielten in der B- und C-Klasse, während in der A-Klasse wegen zu geringer Meldungen keine Spiele ausgetragen werden konnten. Sieger der B-Klasse wurde der FK Mühlburg, in der C-Klasse setzte sich die 3. Mannschaft der „Viktoria" durch.

Anläßlich des Volksfestes der Großen Karnevals-Gesellschaft Feuerio am 5. September 1909 wurde der „Feuerio-Pokal" erstmals unter vier Mannschaften ausgespielt. Nach den Begegnungen

  MFC Viktoria 1897 – Union VfB 1897 2:0 und
  MFG 1896 – MFC Phönix 02 1:0

besiegte die MFG 1896 den MFC Viktoria 1897 im Endspiel mit 2:0 Toren und sicherte sich den Pokal.

Um den Kronprinzen-Pokal in Mannheim

Auf dem DFB-Bundestag 1906 in Leipzig wurde erstmals über die Einführung von Pokalspielen auf Landesverbandsebene beraten und auch sofort ein entsprechender Beschluß gefaßt. Der deutsche Kronprinz Friedrich Wilhelm stiftete für diesen neuen Wettbewerb einen Pokal, nachdem er bei mehreren Besuchen von Fußballspielen großen Gefallen an dieser Sportart gefunden hatte. Am 1. November 1908 wurde zum ersten Male im Gebiet des Norddeutschen Fußball-Verbandes ein Kronprinzen-Pokal-Spiel zwischen Norddeutschland und Süddeutschland ausgetragen; mit einem 5:2 Sieg holten sich die Norddeutschen den Pokal.

Ab der Saison 1909/1910 beteiligten sich fast alle Landesverbände an diesem Pokalwettbewerb. In der Vorrunde trafen am 10. Oktober 1909 auf dem Platz der Mannheimer Fußball-Gesellschaft 1896 an den Brauereien Süddeutschland und Westdeutschland (Rheinland) aufeinander. Der „General-Anzeiger" schrieb dazu:

> *„Beim Kronprinzenpokal-Spiel gilt es also, im Gegensatz zu Vereinsmannschaften, auserlesene Leute in technischer Vollkommenheit der Ballbehandlung einerseits und gutem Anpassungsvermögen andererseits die Kräfte erproben zu lassen."*

Für den Verband Süddeutscher Fußball-Vereine spielten:

Dr. Anthes (SpV Wiesbaden)

Dr. Nicodemus (SpV Wiesbaden)   Neumaier (Phönix Karlsruhe)

Burger (SpVgg Fürth)   Breunig (Karlsruher FV)   Unfried (Kickers Stuttgart)

Schweikert (1. FC Pforzheim)   Förderer (Karlsruher FV)   Löble (Kickers Stuttgart)   Kipp (Sportfr. Stuttgart)   Fink (1. FC Pforzheim)

Durch Tore von Schweikert, Kipp und Förderer siegte die Süddeutsche Auswahl klar mit 3:0 Toren. Schiedsrichter Grafe aus Leipzig war vor etwa 2000 Zuschauern ein umsichtiger Leiter des Spiels.

Eine Woche später gewann Süddeutschland in Posen das Zwischenrundenspiel gegen den Baltischen Rasensportverband mit 4:0 Toren. Um den Einzug ins Pokalfinale ging es am 14. November 1909 in Nürnberg zwischen Süddeutschland und dem Verband Mitteldeutscher Ballspielvereine im Vorschlußrundenspiel, das Süddeutschland mit 6:2 Toren gewinnen konnte. Im Finale schlug Süddeutschland am 10. April 1910 in Berlin die Auswahl des Verbandes Berliner Ballspielvereine knapp mit 6:5 Toren und errang den Kronprinzen-Pokal.

FK Katholischer Jünglingsverein Neckarau

Den ersten konfessionellen Fußballverein Mannheims gab es im Vorort Neckarau, wo – wie bereits ausführlich geschildert –, das Interesse am Fußballspiel besonders groß geschrieben wurde. Ausgangspunkt war der „Katholische Jünglingsverein", den Stadtpfarrer Anton Freund am 21. März 1909 im Gasthaus „Prinz Max" in der Werderstraße 1 ins Leben gerufen hatte. Eine Woche später fand die erste Mitgliederversammlung statt, von der Hugo Crisand, Anton Noll, Alois Frey und Heinrich Traub in den Vorstand gewählt wurden. Nach Turnen, welches die erste sportliche Betätigung darstellte, gesellte sich im Spätjahr 1909 das Fußballspiel hinzu. Wie groß die Begeisterung gerade für diese Sportart war, zeigte die Tatsache, daß innerhalb kürzester Zeit drei Mannschaften gebildet werden konnten.

Bezirksverband der katholischen Jugendvereine
der badischen Pfalz.

Ehren-Urkunde

Dem Kathol. Jugendverein Mannheim-Feudenheim

wurde bei den Verbandsspielen 1910/1911 die

Verbandsmeisterschaft im Fussballspiel Klasse A

mit Wanderpreis

zuerkannt.

Mannheim, Oktober 1911.

Der Vorsitzende des Sportverbandes.

Das erste Spiel des *Fußballklub Katholischer Jünglingsverein Neckarau* fand am 5. Dezember 1909 beim Bruderklub in Brühl statt und endete 4:4 unentschieden. Das eigene Spielgelände befand sich auf der sogenannten „Rheinplatte" (auf der heute das Großkraftwerk steht), ab April 1910 bezog man einen Platz in der *Gießenstraße*. Als Spielleiter der ersten Mannschaft fungierte Felix Schandin.

Fast zur gleichen Zeit wurde auch beim *Katholischen Jünglingsverein Feudenheim* das Fußballspiel eingeführt; als Spielfeld diente eine Wiese auf der „Gänsweide". Im Bezirksverband der katholischen Jugendvereine konnten die Feudenheimer 1910/1911 in der A-Klasse die Meisterschaft erringen.

Unwiderstehliche MFG 1896

Für die Spielzeit 1909/1910 wurden die Mannheimer Vereine dem *Westkreis* zugeordnet, in dem folgende Clubs um die Meisterschaft kämpften:

MFG 1896, Union VfB Mannheim 1897, MFC Viktoria 1897, MFC Phönix 02, SC Germania 04 Ludwigshafen, FG 1903 Ludwigshafen, FC Pfalz Ludwigshafen, FV Kaiserslautern und FC Olympia Darmstadt.

Der Mannheimer Fußball-Club Phönix 02 konnte deshalb an den Verbandsspielen der A-Klasse teilnehmen, weil ihm die Union VfB Mannheim 1897 ihren Platz im Oberen Luisenpark pachtweise für diese Spiele überlassen hatte. Auch dies ein Zeichen dafür, wie man die angespannte Finanzlage der Platzvereine zu entlasten suchte.

Die Spiele begannen am 26. September 1909. Altmeister MFG 1896 kam zu einem hohen 5:1 Sieg über den FC Olympia Darmstadt, während der MFC Viktoria 1897 bei der FG 1903 Ludwigshafen nur knapp mit 3:2 Toren die Oberhand behielt. Zum Spiel in Ludwigshafen schrieb der „General-Anzeiger":

> *„Die laute Schreierei und Streiterei, die man während des Spiels zu hören bekam und nicht gerade zu seiner Verschönerung beitrug, darf nicht ungerügt bleiben."*

Eine Riesenüberraschung brachte der zweite Spieltag mit der 1:3 Heimniederlage der MFG 1896 gegen den FC Pfalz Ludwigshafen, der eine Woche zuvor schon über den FV Kaiserslautern mit 3:0 Toren erfolgreich geblieben war. Aber auch der 17. Oktober 1909 sorgte für Gesprächsstoff: der favorisierte MFC Viktoria 1897 erlitt beim FC Olympia Darmstadt eine vernichtende 7:3 Niederlage und der MFC Phönix 02 entführte von der Union VfB mit einem 1:0 Sieg beide Punkte; Otto Schönig sorgte mit einem verwandelten Elfmeter für diese Sensation des vorjährigen Meisters der B-Klasse.

Die MFG 1896 holte die „Mannschaft der Stunde" – wie der

Espenschied, Banzhaf und Torwart Roth stellten die Stützen der „Viktoria"-Hintermannschaft dar

MFC Phönix 02 als ungeschlagener Tabellenführer genannt wurde –, am 31. Oktober 1909 durch einen 6:2 Sieg auf dem „Union"-Platz wieder auf den harten Boden der Wirklichkeit zurück. Am selben Tag besiegte eine starke „Viktoria"-Elf in der Aufstellung mit

> Roth – Banzhaf, Seitz – Brühmüller, Trautmann, Haupt – Schneider, Engel, Bauer, Trenker, Knittel

den FV Kaiserslautern mit 4:1 Toren.

Nach drei Siegen des MFC Phönix 02 bei den Vereinen in Ludwigshafen (5:2 beim SC Germania am 7. November 1909, 3:1 bei der FG 1903 am 21. November 1909 und 2:0 beim FC Pfalz am 28. November 1909) in Folge, belegte die Mannschaft nach Beendigung der Vorrunde „nur" den zweiten Tabellenplatz punktgleich mit der MFG 1896; eine 0:3 Niederlage am 5. Dezember 1909 gegen den FV Kaiserslautern beim gleichzeitigen 4:1 Sieg der MFG 1896 über den alten Rivalen MFC Viktoria 1897 sorgte für diese Tabellenkonstellation.

In einem imponierenden Siegeszug errang die Mannschaft der MFG 1896 in der Standardbesetzung mit

> Breidinger – Nerz, Kaltreuther – Kraus, Frey, Kronenberger – Zimmermann, Theiß, Kirsch, Hering, Kratzmann

bereits einen Spieltag vor Rundenschluß die Meisterschaft des Westkreises. Neben dem höchsten Sieg einer Mannheimer Mannschaft überhaupt, dem 11:0 am 19. Dezember 1909 über den FC Pfalz Ludwigshafen, schafften Siege über die Mitkonkurrenten MFC Phönix 02 (4:1 am 16. Januar 1910) sowie FV Kaiserslautern (3:1 eine Woche später) die Voraussetzung dafür. Mit einem 9:2 Sieg über Union VfB Mannheim 1897 am 20. Februar 1910 krönte die MFG 1896 ihre gute Saisonleistung. Hinter dem Westkreis-Meister MFG 1896 plazierten sich FV Kaiserslautern und der MFC Phönix 02; eine beachtliche Leistung der „Phönix"-Mannschaft.

*Mannheimer Fußball-Gesellschaft 1896
Westkreis-Meister der Saison 1909/1910
v. l. Kratzmann, Kraus, Kirsch, Theiß, Kaltreuther, O. Altfelix, Zimmermann, R. Nerz, W. Altfelix, Hering und Frey*

Die MFG 1896 scheiterte am Deutschen Meister

Um den Titel eines Süddeutschen Meisters kämpften

Mannheimer Fußball-Gesellschaft 1896 (Westkreis-Meister)
FC Viktoria 1894 Hanau (Nordkreis-Meister)
Karlsruher Fußball-Verein (Südkreis-Meister)
FC Bayern München (Ostkreis-Meister).

Die MFG 1896 also wieder einmal im erlauchten Kreise. Gleich am ersten Spieltag, 6. März 1910, verlor die MFG 1896 beim Nordkreis-Meister Hanau mit 4:1 Toren. Kein gutes Omen für die Begegnung gegen den FC Bayern München eine Woche später. Aber eine Glanzleistung der MFG-Mannschaft brachte den Einheimischen durch Tore von Kirsch, Kratzmann, nochmals Kirsch und Willy Altfelix einen in dieser Höhe nicht erwarteten 4:1 Sieg; erstmals hütete Oskar Altfelix das Tor der MFG 1896. Im nächsten Heimspiel am 20. März 1910 stellte sich die MFG-Elf wieder in blendender Form vor und unterlag dem Altmeister Karlsruher Fußball-Verein nur knapp mit 2:3 Toren; lange Zeit sah es so aus, als sollte der MFG-Truppe eine Punkteteilung glücken.

Gegen den FC Viktoria Hanau konnte nur ein Sieg im Rückspiel am 27. März 1910 die MFG-Chancen auf den Meistertitel erhalten. Die MFG-Mannschaft in der Aufstellung mit

Oskar Altfelix – Kaltreuther, Nerz – Kraus, Frey, Zimmermann – Willy Altfelix, Theiß, Kirsch, Hering, Kratzmann

nutzte ihre Chance und gewann gegen eine Hanauer Mannschaft, die erst ab der 30. Spielminute komplett spielen konnte, da sich ein Mann verspätet hatte, mit 2:1 Toren. Zwei Niederlagen in München mit 4:0 Toren und beim Karlsruher FV am letzten Spieltag, den 10. April 1910, mit 5:2 Toren bedeuteten jedoch das „Aus" für die Mannheimer Fußball-Gesellschaft 1896. Mit diesem Sieg wurde der Karlsruher Fußball-Verein Süddeutscher Meister.

Schlußtabelle Süddeutsche Meisterschaft
Saison 1909/1910

Karlsruher Fußball-Verein	18:7	12:0
FC Bayern München	16:12	5:7
Mannheimer Fußball-Gesellschaft 1896	11:18	4:8
FC Viktoria 1894 Hanau	10:18	3:9

Nach Siegen über den Duisburger SV (1:0 am 17. April 1910 in München-Gladbach), über FC Phönix Karlsruhe – der Vorjahresmeister durfte an diesen Spielen teilnehmen – (2:1 am 5. Mai 1910 in Karlsruhe) und über Holstein Kiel (1:0 am 15. Mai 1910 in Köln) wurde der fünffache Süddeutsche Meister Karlsruher Fußball-Verein zum ersten Mal Deutscher Meister.

SV Waldhof in der B-Klasse

In der *B-Klasse* des Neckargaues im Westkreis spielten in der Saison 1909/1910 folgende Vereine:

FVg 07 Neckarau, FC Viktoria Feudenheim, FG Kickers Mannheim, FC Frankonia Mannheim, FVgg 1898 Schwetzingen.

Von Beginn an schien es einen Zweikampf zwischen FG Kickers Mannheim und Fußball-Vereinigung Neckarau zu geben. Nachdem sich beide Clubs sowohl am 31. Oktober 1909 auf dem Exerzierplatz, als auch am 5. Dezember 1909 auf dem Platz der Neckarauer am Sporwörth 2:2 unentschieden getrennt hatten, machte eine 3:1 Niederlage der „Kickers" beim Drittplazierten FVgg Schwetzingen am 30. Januar 1910 alle Hoffnungen der Mannheimer ein Ende.

Fußball-Vereinigung 07 Neckarau
Erste Meisterschaft des Vereins in der Saison 1909/1910 in der B-Klasse des Neckargaues; v. l.: Gümmel, Scheerle, Ad. Haberacker, Wahl, Schneider, Kremer, Thyri, Koch, Lenz, Ludwig; unten: Gibis, J. Haberacker, Heckler

Mannheimer Fußball-Club 1908 Lindenhof
Erstmals nahm die Mannschaft in der Saison 1909/1910 an Verbandsspielen teil, und zwar in der C I-Klasse; v. l. stehend: Mehler, Bender, Heimer, Meroth, Grunewald, Weiß (Captain); kniend: Ripp, Albrecht, Kamber, Leimez, Maier

Neckarau und Schwetzingen standen am Ende der Runde punktgleich an der Tabellenspitze, so daß ein Entscheidungsspiel auf neutralem Platz den Sieger ermitteln mußte. Dieses fand am 6. Februar 1910 auf dem Platz der Union VfB Mannheim 1897 statt. Wegen des am selben Tage durchgeführten Faschingsumzuges der Großen Karnevalsgesellschaft Feuerio war der Spielbeginn auf 10 Uhr vormittags festgesetzt. Vor etwa 500 Zuschauern gewann die Fußball-Vereinigung 07 Neckarau mit 2:0 Toren und holte sich die Meisterschaft der B-Klasse.

Die *C-Klasse* war wieder in zwei Gruppen eingeteilt, in denen folgende Clubs spielten:

C I-Klasse: SV Helvetia Mannheim, MFC 08 Lindenhof, FG Olympia Mannheim, FG Palatia Mannheim, SV Waldhof, FK Sport 1905 Schwetzingen, FC Viktoria 05 Heidelberg

Meister wurde der Sportverein Waldhof mit der Mannschaft

    Streckfuß – Sterner, Hof – Scheuermann, Siebert, Spiegel – Meier, K. Weingärtner, Schwärzel, Dechant, Biedermann.

Zu Beginn des Jahres 1910 mußte sich der FK Sport 1905 Schwetzingen unter recht dramatischen Umständen auflösen. Beim Verbandsspiel gegen die FG Palatia Mannheim am 21. November 1909 kam es zu Ausschreitungen einiger Schwetzinger Spieler gegen den Schiedsrichter. Die Begegnung, die 3:3 unentschieden endete, wurde für ungültig erklärt und der FK Sport 1905 Schwetzingen vom Verband Süddeutscher Fußball-Vereine mit einer Geldstrafe von 45 Goldmark belegt. Da der Verein diese für die damalige Zeit gewaltige Summe nicht aufbringen konnte, löste er sich auf. Das letzte Spiel des FK Sport 1905 Schwetzingen fand am 2. Januar 1910 gegen den SV Waldhof statt, das die Waldhof-Mannschaft mit 3:2 Toren für sich entscheiden konnte.

C II-Klasse: FG Concordia Mannheim, FK Badenia 1907 Mannheim, FG 1898 Seckenheim, FC Phönix Sandhofen, FG Kickers Waldhof, FG Olivia Mannheim, FC Germania Friedrichsfeld, FG Alemannia Ilvesheim

Wenig bekannt ist über die Entstehung der *Fußball-Gesellschaft „Olivia" Mannheim*. Ihr erstes Auftreten datiert vom 24. Oktober 1909; der FC Germania Friedrichsfeld und eben diese FG Olivia Mannheim spielten 0:0 unentschieden.

Den Meister der C II-Klasse stellte die Fußball-Gesellschaft 1898 Seckenheim mit ihrer Mannschaft:

    Hagenlocher – Transier, Kuhn – Merklein, Keil, Pfisterer – Reuther, Engel II, Engel I, Friedel, Meng.

Die beiden Meister der C I- und C II-Klassen ermittelten in einem Qualifikationsspiel den Aufsteiger in die B-Klasse des Neckargaues. Am 24. Juli 1910 unterlag die FG 1898 Seckenheim dem SV Waldhof mit 1:5 Toren, womit die Waldhöfer in die B-Klasse aufstiegen.

Mammut-Programm der Union VfB Mannheim

Die Union Verein für Bewegungsspiele Mannheim 1897, die bei Beendigung der Vorrunden-Verbandsspiele 1909/1910 noch auf einem aussichtsreichen dritten Rang drei Punkte hinter der MFG 1896 und dem MFC Phönix 02 rangierte, schließlich die Runde aber nur als Vierter beschloß, absolvierte zum Jahreswechsel 1909/1910 ein umfangreiches Wettspielprogramm gegen ausländische Clubs. Am ersten Weihnachtsfeiertag trennte sie sich auf ihrem Platz vom FV Hagenau 3:3 unentschieden. Einen Tag später bezwang eine Auswahl Union VfB/MFC Phönix in der Aufstellung mit

    Ehmann (Union)
    Kellenbenz (Phönix)   Kümmerle (Union)
    Freiländer (Union)   Wolf (Union)   Kürschner (Phönix)
    Egetmeyer (Union)   Schäfer (Union)   Rohr (Union)   E. Schönig (Phönix)   O. Schönig (Phönix)

den 1. Football-Club Basel mit 4:3 Toren.

Am 1. Januar 1910 unterlag die „Union" dem Tabellenersten der Schweizer Liga, dem FK Aarau, mit 1:5 Toren.

*"Union" Verein für Bewegungsspiele
1897
Die Mannschaft im Jahre 1910
v. l.: Burkhardt, Sack, Aulbach, Bekkenbach, F. Freiländer, A. Egetmeyer, Trumpp, Scheurer, Steinmüller, Hindenlang, Constantini*

Zu dieser Zeit konnte Union Verein für Bewegungsspiele Mannheim 1897 zwei Meister vorstellen. In der Klasse A 2 wurde die II. Mannschaft in der Aufstellung mit

Burkhardt – Weber, Meckler – Richard, Betzgar, Heck – Scholtz, Constantini, Rathgeber, Ruppender, Drescher

ebenso Meister wie in der Klasse A 3 die III. Mannschaft mit:

Beckenbach – Senft, de Lank – Zipf, Geyer, Will – Keßler, Kaufmann, Roßbach, Bohn, Würz.

Einen Zusammenschluß gab es Ende 1909 in Neckarau, wo der 1905 gegründete Fußballclub Helvetia Neckarau dem Fußballclub Viktoria Neckarau bei Beibehaltung dieses Namens beitrat.

Eine überraschende und peinliche 1:8 Niederlage leistete sich die Union VfB Mannheim 1897 am 6. März 1910 gegen einen groß aufspielenden MFC Phönix 02. Am 20. März 1910 empfing die „Union" als erster der großen Mannheimer Stadtvereine mit drei Mannschaften den Sportverein Waldhof, wobei es folgende Ergebnisse gab:

Union VfB I b – SV Waldhof I	5:8
Union VfB III – SV Waldhof II	10:0
Union VfB IV – SV Waldhof III	8:0

Mit vier Niederlagen beschloß die Union VfB Mannheim 1897 die Spielzeit 1909/1910: am 3. April 1910 verlor man auf eigenem Platz gegen den FK Britannia Frankfurt mit 2:3 Toren und eine Woche später beim FC Kickers Stuttgart mit 0:3 Toren. Am 1. März 1910 schlug der FK Kickers Offenbach die „Union" mit 5:1 Toren und das Saisonschlußspiel am 22. Mai 1910 verlor die „Union"-Elf in der Aufstellung mit Ehmann – Kümmerle, Sohns – Rohr, Wolf, Senft – Seyfarth, Aulbach, Freiländer, Egetmeyer, Leipersberger

gegen den FSV Frankfurt mit 0:2 Toren. Allgemein wurde die Meinung vertreten, daß die Mannschaft infolge der vielen absolvierten Spiele ausgebrannt wirkte; eine erste Folge der so dringend benötigten Geldmittel zum Unterhalt der eigenen Platzanlage.

Legt man den gleichen Maßstab beim MFC Viktoria 1897 an, so schien da die finanzielle Situation wesentlich besser gewesen zu sein, denn das Wettspielprogramm der „Viktorianer" nahm sich im Vergleich zur „Union" direkt bescheiden aus. Am Ostersonntag, 27. März 1910, hatte man den Ballspielverein Barmen zu Gast und gewann mit 5:1 Toren; einen Tag später, Ostermontag, verlor die Mannschaft beim FK Amicitia 1902 Frankfurt knapp mit 4:5 Toren. Ein 1:1 Unentschieden brachte die Begegnung mit dem MFC Phönix 02 am 3. April 1910, während das Spiel gegen Union VfB Mannheim 1897 am 24. April 1910, ebenfalls auf eigenem Platz, mit 0:1 Toren verloren ging. Das Saisonschlußspiel fand am Pfingstsonntag, 15. Mai 1910, beim Ballspielverein Barmen statt, wo es eine deftige 6:1 Niederlage gab.

Aber auch die kleineren Mannheimer Vereine gingen auf „große Fahrt". Die Fußball-Vereinigung 07 Neckarau trennte sich am 27. Februar 1910 vom SK Saar 05 Saarbrücken 2:2 unentschieden. Der Sportverein Helvetia 07 Mannheim verlor am 6. März 1910 beim SV Hassia Mainz mit 4:3 Toren. Am Ostermontag, 28.März 1910, siegte der MFC 08 Lindenhof in Darmstadt gegen die 2. Mannschaft des FK Olympia mit 2:1 Toren. Auch die Pfingstfeiertage verbrachte der MFC 08 Lindenhof im Hessenland: am Pfingstsonntag, 15. Mai 1910, trennte man sich von der FG Sprendlingen 2:2 unentschieden, einen Tag später gewann die Mannschaft bei der FG Dreieichenheim mit 2:0 Toren.

Deutschland mit Trautmann

Wie erinnerlich, wurde Wilhelm Trautmann vom MFC Viktoria 1897 im April 1908 in den Kader des Deutschen Fußball-Bundes (DFB) berufen, kam jedoch in den damaligen Länderspielen gegen die Schweiz und gegen England nicht zum Einsatz. Der athletische Mittelläufer war aber in der Zwischenzeit derart in den Mittelpunkt des Mannheimer Fußballsports getreten, daß er immer häufiger in der Presse lobende Erwähnung fand. Bei all seinen technischen Fähigkeiten als Fußballspieler, sehr oft bewährte er sich auch als torgefährlicher Stürmer beim MFC Viktoria 1897, profitierte er von seiner Schnelligkeit, denn Trautmann hatte sich als exzellenter Leichtathlet, vor allem als Meister der 100-Meter-Sprintstrecke, überregional einen Namen gemacht.

Es überraschte deshalb in Mannheim nicht, daß Wilhelm Trautmann für das siebte Länderspiel einer Deutschen Nationalmannschaft nicht nur nominiert wurde, sondern am 3. April 1910 in Basel zu seinem ersten, aber auch einmaligen Einsatz kam. Die Aufstellung dieser Deutschen Nationalmannschaft lautete:

H. Riso
(Wacker Leipzig)

Hempel Kühnle
(Sportfr. Leipzig) (Kickers Stuttgart)

Burger Trautmann Hunder
(SpVgg Fürth) (MFC Viktoria) (Vikt. 89 Berlin)

Wegele M. Hiller Löble Kipp Philipp
(Phönix Karlsr.) (1. FC Pforzheim) (Kickers Stuttgart) (Sportfr. Stuttgart) (1. FC Nürnberg)

Wilhelm Trautmann Mittelläufer des Mannheimer Fußball-Club Viktoria 1897, war Mannheims erster Nationalspieler im Treffen Schweiz gegen Deutschland am 3. April 1910 in Basel beim 3:2-Sieg der Deutschen Nationalmannschaft

Durch Tore von Hiller und Kipp, der zweimal erfolgreich war, gewann die Deutsche Nationalmannschaft mit 3:2 Toren. Es war dies übrigens nach dem 1:0 Erfolg am 4. April 1909 in Karlsruhe, ebenfalls gegen die Schweiz, erst der zweite Sieg einer Deutschen Nationalmannschaft.

Der „General-Anzeiger" berichtete am 9. April 1910:

„Länderwettspiel Deutschland-Schweiz.

Auf dem Sportplatz des Fußballklubs Basel, dem

Spielplatz Landhof, in unmittelbarer Nähe des badischen Bahnhofes, kam am Sonntag mittag das große Länder-Match zwischen Deutschland und der Schweiz zum Austrag, dem ein nach vielen Tausenden zählendes Publikum beiwohnte. Jedes Land stellte eine Mannschaft von 11 guten Spielern.

Unter allgemeiner Spannung begann um 3 Uhr das Wettspiel. Sofort hatte man den Eindruck, daß hier zwei gleichwertige Mannschaften einander gegenüberstehen. Nach etwa 20-minütigem Spiel errang die deutsche Mannschaft das erste Tor, was mächtiger Beifall auslöste. Noch stürmischer aber war der Beifall, als gleich darauf die Schweizer ebenfalls ein Goal machten. Dann blieb bis zum Eintritt der Pause das Spiel unentschieden und bei der Pause standen die Chancen 1:1. Nach der Pause setzten die Deutschen sehr scharf ein und nach einer Viertelstunde errangen sie das zweite Goal; aber auch die Schweizer folgten bald mit dem zweiten Goal, was wiederum ungeheuren Beifall auslöste.

Lebhafte Zurufe ermunterten die Spieler und lang ging der Kampf, die Goalwächter konnten den ankommenden Ball geschickt parieren, bis die Deutschen das dritte Goal errangen. Alle Mühe der Schweizer war nun umsonst, es ging dem Schluß des Spieles zu und es gelang ihnen nicht mehr, den Ball zum dritten Male ins Tor zu bringen, so daß es bei folgendem Resultat blieb: Deutschland 3, die Schweiz 2 Goals. Deutschland ist somit Sieger geworden. Freilich war ihr Sieg kein solcher, wie ihn voriges Jahr die Engländer über die Schweizer davon trugen. Allgemein wurde das flotte Zusammenspiel der Mannschaften gelobt, wenn auch das manchmal allzu stürmische Vorgehen der Schweizer getadelt wurde, und sie um den Erfolg brachte."

Westkreis gegen Nordkreis

Der 24. Juli 1910 bot dem Mannheimer Fußballpublikum zwei interessante Wettspiele. Auf dem „Union"-Platz fand das „Erste Militärische Fußballwettspiel" zwischen der Mannschaft des 1. Grenadier-Regiments Kaiser Wilhelm Nr. 110 Mannheim und der Elf des Telegraphen-Bataillon Nr. 4 Karlsruhe bei freiem Eintritt statt; die Karlsruher gewannen klar mit 4:0 Toren.

Es war dies das erste Auftreten einer Fußballmannschaft des „Hausregiments der Mannheimer" auf eigenem Platz in Mannheim. Seit 1867 hatte das „2. Infanterie-Regiment König von Preußen" seine Garnison in Mannheim. Am 9. September 1869, dem Geburtstag Großherzogs Friedrich, wurde es zum „Grenadier-Regiment König von Preußen" erhoben. Nach dem „Ruhm- und Ehrentag des Regiments" bei Nuits am 18. Dezember 1870, wo die Franzosen im Deutsch-Französischen Krieg 1870/71 entscheidend geschlagen wurden, erhielt das Regiment den Namen „2. Badisches Grenadier-Regiment Kaiser Wilhelm". Am 18. Mai 1871 fügte das Regiment seinem Namen die Nummer 110 hinzu und nannte sich somit „2. Badisches Grenadier-Regiment Kaiser Wilhelm Nr. 110".[1]

Als „Probespiel für das Propagandaspiel gegen den Nordkreis" traten sich am selben Tag auf dem Platz der MFG 1896 zwei Auswahlmannschaften gegenüber.

Das A-Team in folgender Besetzung:

E. Schönig
(Phönix Mannheim)

Nerz — Gräser
(MFG 1896) (FV Kaiserslautern)

Nebeling — Frey — Schuck
(FV Kaiserslautern) (MFG 1896) (Pfalz Ludwigshafen)

Schneider — Höffler — Leising — Mohler — Kratzmann
(Viktoria Mannheim) (FV Kaiserslautern) (MFG 1896) (FV Kaiserslautern) (MFG 1896)

Die Aufstellung des B-Teams lautete:

Eisele
(FG 03 Ludwigshafen)

Göbel — Banzhaf
(SC Darmstadt) (Viktoria Mannheim)

Brühmüller — Kaltreuther — Schwarz
(Viktoria Mannheim) (MFG 1896) (Phönix Mannheim)

W. Altfelix — O. Schönig — Schmitt — Plöser — Carnier
(MFG 1896) (Phönix Mannheim) (FV Kaiserslautern) (SC Darmstadt) (Olympia Darmstadt)

In einem torreichen Treffen siegte das A-Team mit 6:4 Toren.

---

[1] vgl. Chronik der Hauptstadt Mannheim für das Jahr 1902, III. Jahrgang, Im Auftrag des Stadtrats bearbeitet von Dr. Friedrich Walter, Mannheim 1904, Seite 27 ff

Aufgrund dieses Probespiels wurde folgende Westkreis-Auswahl nominiert:

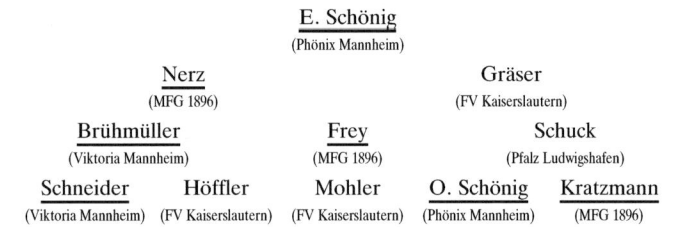

E. Schönig
(Phönix Mannheim)

Nerz Gräser
(MFG 1896) (FV Kaiserslautern)

Brühmüller Frey Schuck
(Viktoria Mannheim) (MFG 1896) (Pfalz Ludwigshafen)

Schneider Höffler Mohler O. Schönig Kratzmann
(Viktoria Mannheim) (FV Kaiserslautern) (FV Kaiserslautern) (Phönix Mannheim) (MFG 1896)

Auf dem Platz des FC Alemannia Worms besiegte diese Westkreis-Elf am 31. Juli 1910 vor 2500 Zuschauern den Nordkreis sensationell hoch mit 6:0 Toren. Otto Schönig vom MFC Phönix 02 sorgte mit einem Hattrick in der 2., 5. und 7. Minute für den 3:0 Halbzeitstand; Höffler, Kratzmann und nochmals Schönig machten nach der Pause das halbe Dutzend Tore voll.

Das Umfeld Mannheims formiert sich

Mit wenigen Ausnahmen war bisher überwiegend von Mannheimer Stadt- und Vorort-Vereinen die Rede gewesen. In der Tat ging die Fußballbewegung von der Stadt aufs Land. In den umliegenden Gemeinden schlug der Fußballsport in der Regel erst einige Jahre später durch Gründung von Vereinen seine Wurzeln; einige Ausnahmen, die bereits genannt wurden, ausgenommen. Das schließt selbstverständlich nicht aus, daß auch dort schon frühzeitig „gekickt" wurde; in gelenktere Bahnen kam der Fußballsport aber meist erst einige Zeit später.

In *Neckarhausen* gab es zu Beginn dieses Jahrhunderts zwei Vereine: den *Sportclub 1903 Neckarhausen*, der sein Vereinslokal im Gasthaus „Zum Zähringer Hof" hatte, und den *Fußballclub „Viktoria" Neckarhausen*, dessen Spieler sich im Gasthaus „Zur Krone" trafen. Beide Klubs schlossen sich am 27. März 1908 zum *Fußball-Club Viktoria 1908 Neckarhausen* zusammen; Vereinslokal blieb zunächst das Gasthaus „Zum Zähringer Hof", als 1. Vorsitzender fungierte Fritz Bühler. Da man umgehend dem Verband Süddeutscher Fußball-Vereine beitrat, stand einem geregelten Spielbetrieb nichts im Wege. Das erste belegbare Spiel fand am 30. August 1908 gegen den Fußball-Club Viktoria Neckarau statt, der mit 9:1 Toren besiegt wurde.

Mannheims nördliche Nachbargemeinde *Viernheim* blieb auch nicht verschont vom Fußballgeschehen. Bekannt sind Vereinsgründungen wie „*Sportklub 1907 Viernheim*", „*Alemannia 1908 Viernheim*", „*Sportverein Viernheim*" und „*Amicitia Viernheim*"; die beiden letzteren im Jahre 1909. Die „*Viktoria 1910 Viernheim*" sowie „*Olympia Viernheim*" und „*Germania Viernheim*" folgten 1911. Obwohl noch weitere Clubs hinzu kamen — bekannt sind „*Bavaria*", „*Herta*" und „*Fußballgesellschaft Viernheim*" alle 1912, „*Fußballverein 1913*" sowie „*Komet 1915 Viernheim*" — waren nur zwei von Bedeutung, und zwar der Sportverein Viernheim und die Amicitia Viernheim aus den Jahren 1909, die sich 14 Jahre später (im August 1923) zur „*Sportvereinigung Amicitia 09 Viernheim*" zusammenschlossen.

Der *Sportverein 09 Viernheim* unter seinem Vorsitzenden Nikolaus Hofmann traf sich im Lokal „Darmstädter Hof" und spielte nach seinem Beitritt zum Verband Süddeutscher Fußball-Vereine in der C-Klasse Bergstraße-Riedgau. Bekannt ist, daß der SV 09 Viernheim am 19. April 1914 auf dem Platz der FG 03 Ludwigshaften nach einem 1:0 Sieg über FK Konkordia Friesenheim Westkreis-Meister der C-Klasse geworden ist. Der *Fußballklub „Amicitia" 09 Viernheim*, im April 1909 im Gasthaus „Zum Stern" gegründet — Erster Vorsitzender war Johann Frank — soll sein erstes Spiel gegen den Sportverein Waldhof bestritten und „mit einer haushohen Niederlage (ein Dutzend reichte nicht) verloren haben", berichtet die Jubiläumsschrift der Sportvereinigung Amicitia 09 e.V. Viernheim zum 50jährigen Jubiläum.

In *Weinheim* standen bei der Einführung des Fußballspiels zwei Engländer Pate; es waren dies englische Schüler der damaligen Bender-Schule. Die Gründung des *Fußballverein 09 Weinheim* erfolgte am 20. März 1909, zum 1. Vorsitzenden wurde Fritz Oberst gewählt; der erste Platz befand sich am Schlachthaus. Nach dem notwendigen Beitritt zum Verband Süddeutscher Fußball-Vereine konnte man in der Saison 1911/1912 an den Verbandsspielen der C-Klasse teilnehmen; das erste Verbandsspiel fand am 8. Oktober 1911 gegen den FC Viktoria 1908 Neckarhausen statt und endete mit einer 0:1 Niederlage.

*Fußballklub Amicitia 09 Viernheim
Die erste Mannschaft im Jahre 1912*

mit v. l.: Alex Wunder, Peter Krug, Konrad Frank, Karl Lammer, Bernhard Schmitt, Mathias Bauer, Georg Wunder, Jakob Faltermann; liegend: Hans Bugert, Hans Ditsch und Johann Frank

*Fußballverein 09 Weinheim
Die Gründungsmannschaft im Jahre 1909*

v. l. stehend: Blessing, Leist, Brander, Schneider, Ellen, Diebold, Sachs, Huggins, Wäsch, Schrank, Kinzinger, Weinberger; kniend: Hack, Reibold, Dangel, Nau Sallej, Bruns; sitzend: Haas, Strauß und Rheuter

Vier Jahre vor dieser Vereinsgründung in Weinheim berichtete jedoch der „General-Anzeiger" vom 25. November 1906 von einer Begegnung zwischen *Sport- und Vergnügungsklub Alemannia* gegen *Fußball-Klub Badenia Weinheim*, die 7:5 endete; beide „Mitglieder des rheinischen Fußballverbandes".

Auch für die Gemeinde *Wallstadt* wurde das Jahr 1910 zum wichtigen Fußballdatum. Im Gasthaus „Zum Deutschen Kaiser" gründeten 27 fußball-begeisterte Jugendliche den *Fußball-Club „Viktoria" 1910 Wallstadt*. Erster Vereinsvorsitzender war Oskar Stutz, als Vereinsfarben wählte man Schwarz-Rot. Zum ersten Sportplatz machten die jungen „Viktorianer" die gemeindeeigene „Waldspitze". Das wichtigste Utensil, einen Fußball, spendete ein Oberrealschüler namens Albert Sohn, der sich unter den Gründungsmitgliedern befand. Spielergebnisse aus jener Zeit liegen nicht vor, man dürfte jedoch in erster Linie an „Sechser-Turnieren" teilgenommen haben. Aus diesem Grunde soll sich der FC Viktoria 1910 Wallstadt ein Jahr nach seiner Gründung dem „Dossenheimer Fußballverband" mit Sitz in Heidelberg, abwertend auch „Schrottenverband" genannt, angeschlossen haben. Näheres über diesen Verband ist nicht bekannt.

Eine weitere Neugründung fand in *Edingen* statt. Dort schlossen sich 15 jugendliche Fußballanhänger im Gasthaus „Zum Lamm" zusammen und gaben ihrem Verein den Namen *Fußball-Club „Fortuna" Edingen 1910*. Schwarz-Weiß sollten die Vereinsfarben sein; die Spielkleidung bestand somit aus schwarzen Hosen und schwarz-weiß gestreiften Trikots. Zum 1. Vorsitzenden wurde Michael Jung gewählt. Das Training fand im Garten der „Schloßwirtschaft" statt, die auch als erstes Vereinslokal diente. Da die Gemeindeverwaltung Edingen nicht bereit war, dem jungen Club ein Spielgelände zur Verfügung zu stellen, half die Stadt Ladenburg aus und verpachtete dem FC Fortuna Edingen 1910 eine am Neckar gelegene Wiese in der Nähe des sogenannten „Hochspannungsmastes" gegenüber der Gemeinde Edingen.

Am 27. November 1910 trug der FC Fortuna Edingen 1910 sein erstes Wettspiel beim FC Sportfreunde Dossenheim

Fußball-Club Fortuna Edingen 1910
Die Mannschaft des Jahres 1912,
Meister des Rasensportverbandes

v. l. stehend: J. Bassauer, F. Thoma, Prof. Meier, P. Grabinger, Hch. Hechler. L. Buchmüller; kniend: J. Krämer, K. Ding, F. Mäule; sitzend: O. Hochlenert, J. Bauer und F. Jung

aus und verlor mit 4:3 Toren. Danach soll der FC Fortuna Edingen 1910 dem „Verband für Rasensport", einem der vielen lokalen Fußball-Bünde jener Zeit, beigetreten sein; vermutlich handelt es sich hierbei um einen Verband mit Sitz in Heidelberg, auch „Dossenheimer Fußballverband" genannt. Von Vereinen, die zu dieser Zeit bereits dem Verband Süddeutscher Fußball-Vereine angehörten, soll dieser Verband in Heidelberg als „Klepperlesverband" bezeichnet worden sein. Näheres konnte über diesen Verband nicht in Erfahrung gebracht werden.

Einen Vorläufer dieses FC Fortuna Edingen 1910 gab es schon sechs Jahre zuvor. Vom 27. März 1904 ist — wie bereits an anderer Stelle berichtet —, ein Spiel zwischen der Fußball-Gesellschaft „Union 03" Ladenburg und dem *Fußball-Club Edingen* (1:8) bekannt.

In *Schwetzingen* wurde 1910 ein weiterer Verein gegründet, und zwar der *Fußballverein 1910 Schwetzingen*. Vorläufer dieses Fußballvereins waren der *Fußball-Club Alemannia Schwetzingen* und der *Fußball-Verein Viktoria Schwetzingen*, beide 1908 gegründet sowie der *Fußball-Club Germania Schwetzingen*, 1909 gegründet. Alle drei Clubs lösten sich jedoch nach kurzem Bestehen wieder auf. Nur vom *FV Viktoria Schwetzingen* ist ein Spielergebnis bekannt: er verlor am 11. Oktober 1908 beim *FK Alemannia Heidelberg* mit 1:0 Toren.

In *Ladenburg* führte im Laufe des Jahres 1910 der Zusammenschluß der beiden Vereine Fußballclub 03 Ladenburg und Fußball-Gesellschaft „Union 03" Ladenburg zur Bildung der *Sportfreunde Ladenburg*; 1. Vorsitzender war Peter Höfer, als Sportplatz diente eine Wiese gegenüber von Edingen. Über Spiele der „Sportfreunde" ist nichts bekannt.

In *Heddesheim* wurde 1909 mit dem *Fußballklub „Viktoria" Heddesheim* der erste Fußballverein gegründet, der sich

Fußballverein 1910 Schwetzingen
Die Mannschaft um die Jahreswende 1910/1911

v. l. stehend: K. Hartung, L. Lubberger, W. Prosi, K. Frank, R. Gund, Gg. Brixner; sitzend: P. Rey, Franz Brixner (Spielausschuß-Vors.), Heinrich Zeh (Vorsitzender), P. Pfister; sitzend: Gg. Maier, W. Spieß, J. Pfister

aber nur etwa ein Jahr lang halten konnte. Mit dem *Fußballverein „Fortuna" 1911 Heddesheim* nahm der Spielbetrieb konkretere Formen an, wenn auch zunächst nur in Beteiligung an den bereits mehrfach genannten „Sechser-Spielen". Als Spielfeld diente die „Kuhweide", erster Vorsitzender war Franz Kohl. Laut Vereinschronik[1] trat der FV „Fortuna" 1911 Heddesheim dem ebenfalls schon genannten „Verband für Rasensport" in Heidelberg bei.

---

[1] 60 Jahre Fußball, Fußballverein Fortuna 1911 e. V. Heddesheim

Veränderungen auch in Mannheim

Neugründungen und Zusammenschlüsse von Fußballvereinen gab es aber auch in Mannheim. Am 10. August 1910 berichtete der „General-Anzeiger", daß der *Fußball-Klub „Sportfreunde" Mannheim* ein Sechser-Turnier des *Sportklub Herrmania Heidelberg* gewonnen hat." Näheres ist weder über diesen SK Herrmania Heidelberg noch über den oben erwähnten FK Alemannia Heidelberg bekannt.

Mitte August 1910 schlossen sich die beiden Mannheimer Fußball-Gesellschaften „Franconia" und „Palatia" im Lokal „Friedrichshof" in S 2,1 — dem bisherigen Vereinslokal der „Palatia" —, zum *Mannheimer Ballspiel-Klub 1904* zusammen. Dieser spielte in der Saison 1910/1911 in der B1-Klasse Neckargau im Westkreis. Sein erstes Spiel bestritt der Mannheimer Ballspiel-Klub 1904 am 18. September 1910 gegen die FG Seckach und feierte einen 5:1 Erfolg.

Sport-Club Käfertal
Die „Sechser-Mannschaft" für die „Sechser-Spiele" der Jahre 1911 und 1912
v. l. stehend: Gg. Schwind, E. Hoffmann, Jak. Herrmann, J. Herrwerth, Wildermut; liegend: Ph. Beckenbach und Chr. Fritz

Der Vorort *Käfertal* machte 1910 in Sachen Fußball von sich reden, nachdem dort zuvor nur um die Jahre 1906/1907 eine *Fußballgesellschaft „Askania" Käfertal* kurzzeitig versuchte, gegen die allgewaltigen Turner anzukämpfen; vergebens natürlich. Im Winter 1909 trafen sich einige junge Leute, zumeist vom damaligen evangelischen Jünglingsverein, in der Weinstube „Grüner Hof" in der Mannheimer Straße 63, um einmal in der Woche durch Volks- und Trinklieder sowie heitere Spiele die Geselligkeit zu pflegen. Im Frühjahr 1910 wurde eine Vereinssatzung für einen Vergnügungsverein erstellt, wobei sich alsbald „körperliche Betätigung wie Faustball- und Tamburinball-Spiel und leichtathletische Übungen" hinzugesellten. Als das in Mannheim schon weit verbreitete Fußballspiel hinzukam, wurde aus dem Vergnügungsverein ein Fußballverein mit dem Namen *Sport-Club 1910 Käfertal*. Erster Vorsitzender war J. Beichert, der als Einziger über 21 Jahre alt war und somit die Berechtigung zur bezirksamtlichen Anmeldung des Vereins besaß. Gespielt wurde auf einem Gelände am OEG-Bahnhof. Bis zum Eintritt in den Verband Süddeutscher Fußball-Vereine im Sommer des Jahres 1911 beteiligte man sich ausschließlich an „Sechser-Turnieren".

Ihre ersten großen Erfolge konnten die noch jungen Vereine FK Sportfreunde Mannheim und SC 1910 Käfertal am 21. Mai 1911 in Heidelberg erringen. Beim „Sechser-Turnier der FG Kirchheim", an dem 38 Vereine in einer A- und B-Klasse teilnahmen, unterlag in der A-Klasse der FK Sportfreunde Mannheim der FG Kickers Mannheim nur knapp mit 0:1 Toren, während der SC 1910 Käfertal in der B-Klasse Turniersieger wurde.

Mit der Gründung der *Sportabteilung des Turnverein Mannheim von 1846,* einer Unterabteilung des Turnvereins, führten im September 1910 die Volksturner das Fußballspiel in ihrem Verein ein. Sie wollten sich neben ihren Übungsstunden an den Turnabenden in diesem „Lauf- und Kampfspiel betätigen". Die Mannschaft

    Englert — K. Stahl, Döring — Greiner, Frey, Fr. Hack — Scheich, Kaufmann, Wichmann, Adelmann und W. Hack

Die Mannschaft des Turnvereins Mannheim von 1846
nach dem Eintritt in den Verband Süddeutscher Fußball-Vereine im Jahre 1912 von links: Obmann Döring, O. Mahler, Schachtner, Frey, Heck, Koch, W. Stahl, Scheich, K. Stahl, Albert, Schell und W. Hack

bestritt die ersten Wettspiele mit Mannschaften auswärtiger Turnvereine auf dem Waldspielplatz des TV Mannheim von 1846 bei der Eisenbahnstation Seckenheim. Nach dem Eintritt in den Verband Süddeutscher Fußball-Vereine im Jahre 1912 fand das erste bekannte Spiel gegen einen Fußballverein auf diesem Platz am 25. Juli 1912 statt und zwar gegen die Fußball-Gesellschaft 1898 Seckenheim, einem Vertreter der B-Klasse; die Turner siegten überraschend mit 3:2 Toren.

Erster englischer Trainer in Mannheim

Am 16. Juli 1910 überraschte der „General-Anzeiger" mit der Meldung, daß die Union Verein für Bewegungsspiele Mannheim 1897 Mr. Charles Williams zur Ausbildung seiner Fußballmannschaften engagiert habe. Williams war zuvor 16 Jahre lang englischer Fußballprofi, davon 13 Jahre bei Manchester City und 3 Jahre bei Arsenal Woolwich; mehrmals spielte er in der englischen Nationalmannschaft. Im Jahre 1908 betreute er die Dänische Nationalmannschaft mit großem Erfolg beim Olympischen Fußballturnier.

Die Nachricht elektrisierte natürlich Mannheims Fußballfreunde und man konnte die Ankunft des Trainers kaum erwarten. Eine „nach Hunderten zählende Menge" verfolgte äußerst interessiert das erste Training am 1. August 1910 auf dem „Union"-Platz, und als die Union VfB Mannheim 1897 ihr Saisoneröffnungsspiel am 14. August 1910 beim Fußballverein Viktoria Frankfurt mit 5:1 Toren gewann, kannte der Jubel in Mannheim, speziell im Vereinslokal der „Union" im Restaurant „Schloßkeller" in L 4 keine Grenzen. Bewußt wollte man die Spannung der Mannheimer Fußballfreunde hoch halten, denn noch zweimal trat die „Union" auswärts an: am 21. August 1910 verlor die Mannschaft beim FC Kickers Frankfurt mit 5:3 Toren und eine Woche später trennte sie sich vom FK Hanau 1893 mit einem 2:2 Unentschieden.

Am 4. September 1910 war es dann so weit. Zu ihrem ersten Heimspiel unter ihrem Trainer Charles Williams empfing die Union VfB Mannheim 1897 den linksrheinischen Nachbar FC Pfalz Ludwigshafen. Vor etwa 2 000 erwartungsvollen Zuschauern gab es einen 5:2 Sieg. Die Presse berichtete, daß „die Union bereits wesentlich verbessert gewesen sei". Da der FC Pfalz Ludwigshafen jedoch schwach spielte, hielt man sich in der Beurteilung noch etwas zurück. Dies änderte sich allerdings eine Woche später nach dem 3:2 Sieg der „Union" über den FC Alemannia Karlsruhe. Jetzt schrieb der „General-Anzeiger":

„Die regelmäßigen Übungen unter der Leitung des Trainers Williams scheinen schon kleine Früchte zu zeigen. Im Sturm macht sich eine lebhafte Schußfreudigkeit bemerkbar. Das Zusammenspiel ist auch besser ausgestattet. Eine vorbildliche Taktik und Ballbehandlung greift Platz. Allerdings von einer vollendeten Ausbildung kann man jetzt noch nicht im geringsten reden."

Dennoch ging man bei der Union VfB Mannheim 1897 mit großem Optimismus in die bevorstehende Punktspielrunde 1910/1911 und setzte vollstes Vertrauen in die Mannschaft mit:

Ehmann — Sohns, Freiländer — Weber, Sack, Rathgeber — Schäfer, Egetmeyer, Leipersberger, Burkhardt und Rohr.

Man wollte dem alten Rivalen, der Mannheimer Fußball-Gesellschaft 1896, endlich die Führungsrolle in Mannheims Fußballgeschehen streitig machen.

Einweihung des „Phönix"-Platzes

Die Krux des Mannheimer Fußball-Club Phönix 02 in dieser Zeit lag nicht in schwachen Mannschaftsleistungen, sondern im Fehlen einer Platzanlage, die den Verbandsvorschriften für die Einteilung zur A-Klasse, der damals höchsten Spielklasse, entsprach: der „Phönix"-Platz war nicht umfriedet. Die Überlassung der Platzanlage im Oberen Luisenpark durch Union VfB Mannheim 1897 zwecks Austragung der Verbandsspiele in der Saison 1909/1910 stellte nur eine Übergangslösung dar.

Im Sommer des Jahres 1910 wurde man fündig und konnte einen 15 000 qm großen Platz auf dem Hohenwiesen bei der Fohlenweide pachten. Es war dies der vierte Fußballplatz eines Vereins außerhalb der Sphäre Mannheims an der zu den Kasernen führenden Pappelallee, günstig gelegen zur Straßenbahnhaltestelle Neckarschloß/Max-Joseph-Straße.

Nachdem der MFC Phönix 02 die Spielzeit 1910/1911 mit einem 1:1 Remis bei der FVg Bockenheim am 14. August 1910 eröffnet hatte, fand die Platzeinweihung am 28. August 1910 statt. Gegner dieses denkwürdigen Treffens war kein geringerer als der Deutsche Meister der Saison 1908/1909, der Fußballklub Phönix Karlsruhe. Nach einem begeisternden Spiel trennten sich beide Mannschaften 2:2 Unentschieden. Der MFC Phönix 02 hatte nun die Gewißheit, daß er künftig im Quartett der Großen, also in der A-Klasse, spielen konnte. Jedenfalls stellte die Platzfrage hierfür kein Hindernis mehr dar.

Anläßlich eines großen Volksfestes in der Neckarstadt spielten am 22. August 1910, einem Montag, auf dem Exerzierplatz die FG Kickers Mannheim und der MFC 08 Lindenhof um einen von der „Großen Karnevalsgesellschaft Neckarstdt (e.V.)" gestifteten Pokal. Sowohl die Karnevalsgesellschaft Neckarstadt, als auch die FG Kickers Mannheim hatten im Lokal „Zum Neckarschloß" Ecke Max-Joseph-Straße/Käferthalerstraße ihren Treffpunkt. Die Lindenhöfer gewannen mit nur neun Mann diesen Pokal durch einen 4:2 Sieg.

Schüler-Fußball

Der „General-Anzeiger" vom 14. Oktober 1910 brachte folgenden Bericht:

> *Schülermannschaften*
>
> *„Nach englischem System beabsichtigt der Verband Süddeutscher Fußballvereine die Bildung von Schülermannschaften und Veranstaltungen regelmäßiger Wettspiele unter Austragung von Schülermeisterschaften nach Muster der Verbandsspiele. Im Gau Oberbayern und Neckargau soll zunächst der Anfang damit gemacht werden und die Spiele in letzterem womöglich schon nächsten Monat beginnen. Die hiesige „Union" Verein für Bewegungsspiele hat deshalb die Gründung spezieller Schülermannschaften beschlossen, die unter der sach- und fachgemäßen Leitung des Trainers Mr. Williams ausgebildet werden sollen. Für Übungsspiele ist der Mittwoch Nachmittag in Aussicht genommen worden. Interessenten nicht unter 14 Jahren!"*

Diese Entwicklung war aber erst möglich geworden, nachdem speziell die Schulen in Mannheim ihren teilweise sehr harten Widerstand gegen den Fußballsport, wie bereits berichtet, im Sommer des Jahres 1907 aufgegeben hatten.

Schülerabteilungen hatten zu diesem Zeitpunkt von den Mannheimer Stadtvereinen:

> 1. *Die Mannheimer Fußball-Gesellschaft 1896 seit dem Jahre 1906 (Leiter: Karl Kallenbach)*
> *„Dem Verein ist unter sachlicher Leitung eine Schülerabteilung zu lediglich sportlicher Ausübung angegliedert; Übungs- und Wettspiele für Schüler: Mittwoch und Samstag."*[1]
>
> 2. *Der Mannheimer Fußball-Club Viktoria 1897 seit dem Jahre 1903 (Leiter: Ludwig Klein)*
>
> 3. *Die Mannheimer Fußball-Gesellschaft Union 1897 bzw. Union Verein für Bewegungsspiele Mannheim 1897 seit dem Jahre 1905 (Spielleiter: H. Wolf)*
> *„Dem Verein ist eine Juniorenabteilung für Zöglings- und Schülermitglieder unter 17 Jahren angegliedert; Spielnachmittage für Schülermitglieder: Mittwoch und Samstag."*[2]

Die MFG 1896 ein souveräner Meister

Der Mannheimer Fußball-Gesellschaft 1896 blieben die Vorbereitungen der anderen Mannheimer Clubs – englischer Trainer bei der „Union", eigene Platzanlage bei „Phönix" – nicht verborgen. Intensiv bereitete sich der Verein auf die bevorstehende Punktspielrunde vor und nach den herausragenden Ergebnissen der Vorbereitungsspiele (3:2 Sieg beim FV Kaiserslautern am 14. August 1910 und 8:2 Heimsieg über den FC Alemannia Karlsruhe eine Woche später) fuhr man am 18. September 1910 zuversichtlich zum Punktspielauftakt nach Ludwigshafen, von wo die MFG-Elf auch mit einem klaren 3:0 Sieg über den SC Germania zurückkehrte. Eine Riesenenttäuschung dagegen bot die Union VfB ihren Anhängern, die in großen

---
[1] Laut Eintragung im „Mannheimer Adreßbuch 1910"
[2] Laut Eintragung im „Mannheimer Adreßbuch 1909"

Scharen zum „Union"-Platz gekommen waren: mit 2:3 Toren verlor die mit vielen Vorschußlorbeeren bedachte „Union"-Mannschaft gegen die FG 1903 Ludwigshafen. Das Mannheim-Ludwigshafener Duell des ersten Spieltages komplettierte die Begegnung MFC Phönix 02 gegen FC Pfalz Ludwigshafen, die auf dem neuen „Phönix"-Platz an der Fohlenweide, wie die Anlage genannt wurde, 3:3 unentschieden endete.

Am dritten Spieltag fuhr als einzige verlustpunktfreie Mannheimer Mannschaft, die der MFG 1896, zum heimstarken FC Pfalz Ludwigshafen, der mit

Kattwinkel – Holländer, Schmidt – Hameier, Day, Hahneberger – Kroneberger, Schwind, Räpple, Langer und Beyer

die stärkste Elf aus Ludwigshafen stellte. Als die MFG 1896 an diesem 2. Oktober 1910 mit einem klaren 5:2 Erfolg aus Ludwigshafen zurückkam, wurden dieser Mannschaft die größten Meisterschafts-Chancen eingeräumt, zumal die Union VfB eine Woche später an gleicher Stelle eine empfindliche 5:3 Niederlage hinnehmen mußte.

Erstaunlich gut schlug sich der MFC Phönix 02, wobei der 4:2 Sieg über MFC Viktoria 1897 am 2. Oktober 1910, der hohe 8:1 Erfolg über den SC Germania Ludwigshafen eine Woche danach und das 2:0 über den FV Kaiserslautern am 13. November 1910 herausragten.

Erfreulich für die MFG 1896 (verlustpunktfreier Tabellenführer mit 14:0 Punkten) und ernüchternd für die Union VfB (Tabellen-Siebter mit 7:9 Punkten) präsentierte sich die Tabelle am Schluß der Vorrunde; die MFG 1896 befand sich mit einem Spiel im Rückstand. Auf Platz 2 lag der MFC Viktoria 1897 und den 3. Rang nahm der MFC Phönix 02 ein.

Die Rückrunde änderte schließlich auf den ersten beiden Plätzen nichts mehr. Klarer Meister wurde die MFG 1896 vor dem MFC Viktoria 1897. Dagegen rutschte die „Phönix"-Mannschaft auf den 7. Rang ab; die Union VfB belegte einen alles in allem enttäuschenden 5. Tabellenplatz.

Westkreis A-Klasse, Saison 1910/1911

MFG 1896	16	14	1	1	60:16	29:3
MFC Viktoria 1897	16	10	2	4	61:27	22:10
FV Kaiserslautern	16	7	4	5	47:38	18:14
FC Pfalz Ludwigshafen	16	7	3	6	45:39	17:15
Union VfB Mannheim 1897	16	6	5	5	47:43	17:15
FG 03 Ludwigshafen	16	7	2	7	37:43	16:16
MFC Phönix 02	16	6	3	7	45:37	15:17
FC Olympia Darmstadt	16	3	2	11	21:53	8:24
SC Germania Ludwigshafen	16	1	0	15	16:84	2:30

Den FEUERIO-POKAL des Jahres 1910 erkämpfte sich die Mannheimer Fußball-Gesellschaft 1896 am 4. September 1910 durch einen 1:0-Sieg über den Mannheimer Fußball-Club Viktoria 1897 auf dessen Platz bei den Rennwiesen

Das herausragendste Ergebnis der Rückrunde stellte zweifellos der hohe 9:2 Erfolg der MFG 1896 über Union VfB am 10. Dezember 1910 dar. Die einzige Niederlage erlitt der Meister MFG 1896 beim Tabellenvorletzten FC Olympia Darmstadt mit 1:0 Toren. Das Vorhaben der Union VfB Mannheim 1897, die Vorherrschaft in Mannheims Fußballsport zu erringen, mißlang gründlich.

Im „Kronprinzen-Pokal" mit Mannheimer Beteiligung

Die Spiele um den „Kronprinzen-Pokal" führten in der Vorrunde am 9. Oktober 1910 die Mannschaften des Westdeutschen und des Süddeutschen Verbandes als Pokalverteidiger in Köln zusammen. Die Süddeutsche Mannschaft in folgender Aufstellung:

E. Schönig
(Phönix Mannheim)

Hollstein — Burger
(Karlsruher FV) — (SpVgg Fürth)

Frey — Breunig — Krebs
(MFG 1896) — (Karlsruher FV) — (Kickers Stuttgart)

Schweikert — Hiller — Fuchs — Förderer — Philipp
(beide 1. FC Pforzheim) — (beide Karlsruher FV) — (1. FC Nürnberg)

Pokalverteidiger Süddeutschland hatte wenig Mühe, sich mit einem 4:1 Sieg für die Zwischenrunde zu qualifizieren. Diese fand am 15. November 1910 in Frankfurt statt, wo die Mannschaft des Süddeutschen Verbandes auf die des Verbandes Berliner Ballspielvereine traf. Süddeutschland spielte mit:

E. Schönig
(Phönix Mannheim)

Hollstein — Kühnle
(Karlsruher FV) — (Kickers Stuttgart)

Burger — Breunig — Frey
(SpVgg Fürth) — (Karlsruher FV) — (MFG 1896)

Gablonsky — Hiller — Löble — Kipp — Philipp
(Bayern München) — (1. FC Pforzheim) — (Kickers Stuttgart) — (Sportfr. Stuttgart) — (1. FC Nürnberg)

Nach dem 3:1 Sieg stand die Vertretung des Verbands Süddeutscher Fußball-Vereine wieder im Endspiel um den „Kronprinzen-Pokal". Dieses verlor sie ohne Beteiligung Mannheimer Spieler am 25. Mai 1911 in Berlin gegen Norddeutschland mit 2:4 Toren nach Verlängerung.

*Mannheimer Fußball-Club Viktoria 1897
Die Mannschaft im Jahr 1910
mit v. l. Brühmüller, H. Banzhaf, Bauer, Trautmann (Nationalspieler), Engel, Eisele, Hook, Seitz, Hanemann, Kessler und Schneider*

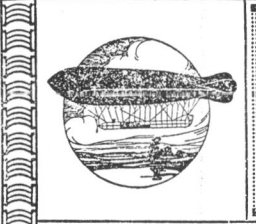

Am 10. Januar 1911 erschien im „General-Anzeiger" die erste ganzseitige Sport-Revue; zuvor gab es bereits eine ebenfalls ganzseitige Ausgabe „Winter-Sport" (Organ für Ski-, Rodel- und Eislaufsport. Wochenbeilage des General-Anzeiger).

B-Klassen-Meister SV Waldhof weiht Platzanlage ein

Neueinteilungen durch Aufstockungen der Klassen sowie Zusammenschlüsse von Vereinen gab es in der B- und C-Klasse des Neckargaues in der Spielzeit 1910/1911.

In der B-Klasse vertreten waren neben den bisherigen Vereinen FVg Neckarau, FC Viktoria 1903 Feudenheim, FG Kickers Mannheim und FVg 1898 Schwetzingen der Aufsteiger aus der C-Klasse Sportverein Waldhof, der Ballspiel-Klub 1904 Mannheim (durch Fusion des MFC Frankonia und der FG Palatia entstanden) und, neu hinzugekommen, der FC Viktoria Heidelberg.

Klarer Meister dieser B-Klasse wurde der Aufsteiger SV Waldhof mit seiner Standardbesetzung:

Kürschner – Schenkel, Hecht – Liebert, Strauch, Spiegel – Gentner, Weingärtner, Schwärzel, Kohlschmidt und Woll.

Die höchsten Saisonergebnisse stellten die beiden Siege des SV Waldhof über den Ballspiel-Klub 1904 Mannheim mit 15:0 Toren am 13. November 1910 und 10:0 Toren am 15. Januar 1911 dar.

B-Klasse Neckargau Saison 1910/1911

SV Waldhof	14	12	1	1	78:22	25:3
FC Vikt. 1903 Feudenheim	14	10	0	4	52:24	20:8
FVg Neckarau	14	8	2	4	56:29	18:10
FVg 1898 Schwetzingen	14	8	1	5	52:34	17:11
FC Vikt. 1905 Heidelberg	14	5	3	6	30:42	13:15
FG Kickers Mannheim	14	5	2	7	27:41	12:16
FG 1898 Seckenheim	14	1	4	9	26:71	6:22
Ballsp.-Kl. 1904 Mannheim	14	0	1	13	18:76	1:27

Wie hart und verbissen gerade in dieser Spielzeit um die Meisterschaft gekämpft wurde, geht aus der Tatsache hervor, daß es insgesamt sechs Spielabbrüche bzw. Spielannulierungen und somit sechs Protestspiele gab.

Der SV Waldhof als Meister der B-Klasse Neckargau in der Saison 1910/1911

von links: Strauch (Capt.), Hecht, Kohlschmidt, Schenkel, Kürschner, Schwärzel, Spiegel, Gentner, Liebert, Weiss (Schiedsrichter), Dechant und Woll

Fußball-Club „Viktoria" Feudenheim Vizemeister der B-Klasse im Neckargau der Saison 1910/1911
v. l. Jülch, Höfer, Gierig, Paul, Schmidt, Benzinger, Leibig, Pauschbach, Marsteiner, Sponagel, Geis, Fritz und Schiedsrichter Ziegler

Platz des Sportverein Waldhof hinter der Waldhofschule, der sogenannte „Sandacker"

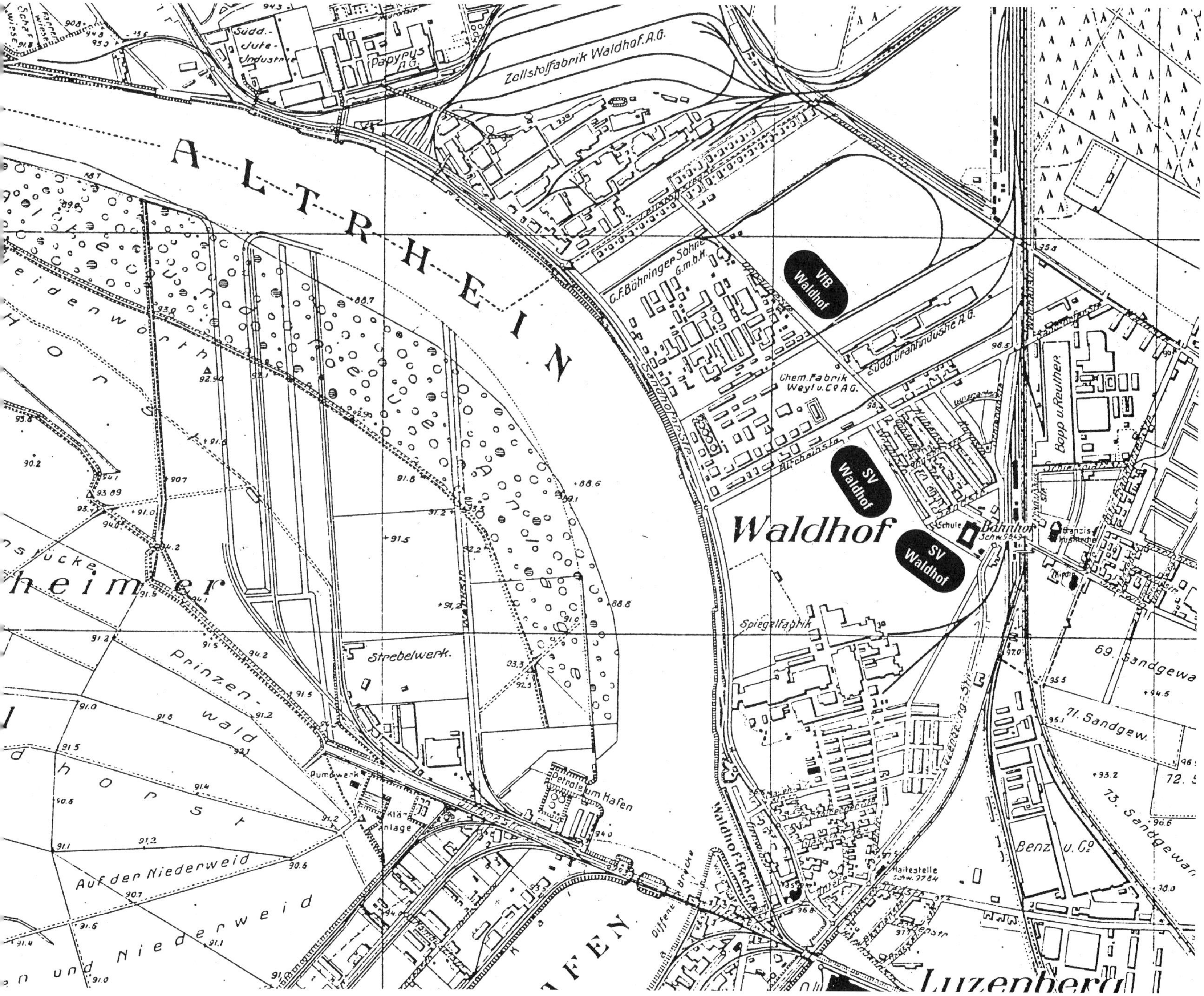
ALTRHEIN
Zellstoffabrik Waldhof A.G.
Südd. Jute-Industrie
Papyrus A.G.
VfB Waldhof
SV Waldhof
SV Waldhof
Waldhof
C.F. Böhringer Söhne G.m.b.H.
Südd. Drahtindustrie A.G.
Chem. Fabrik Weyl u. Co A.G.
Bopp u. Reuther
Schule
Bahnhof
Spiegelfabrik
Strebelwerk.
Petroleum Hafen
Pumpwerk
Kläranlage
Prinzen-wald
Auf der Niederweid
Benz u. Co
69. Sandgewa
71. Sandgew.
73. Sandgewan
Haltestelle
Luzenberg

Die Meister der B-Klassen aus dem Neckargau, Saargau, Nahegau und Pfalzgau spielten anschließend um die Westkreis-Meisterschaft der B-Klasse. Es waren dies: SV Waldhof (Neckargau), VfB Borussia Neunkirchen (Saargau), 1. FC Kreuznach 1902 (Nahegau) und FC Phönix Ludwigshafen (Pfalzgau). Der Mittelrhein-Meister FC Germania Pfungstadt verzichtete auf eine Teilnahme.

Rechtzeitig zu diesen Meisterschaftsspielen hatte der Sportverein Waldhof seinen neuen Fußballplatz hinter der Waldhofschule an der Endhaltestelle der Straßenbahn fertiggestellt. Das erste Spiel fand am 12. März 1911 gegen VfB Borussia Neunkirchen statt. Über 1000 Zuschauer sahen ein „äußerst interessantes und spannendes Spiel und bejubelten einen 5:2 Sieg der Einheimischen", berichtete die Presse. Da „einige der geladenen Persönlichkeiten an diesem 12. März 1911 auf dem Waldhof-Platz nicht zugegen sein konnten", wurde die offizielle Einweihung auf den 21. Mai 1911 verlegt. Hierüber wird noch zu berichten sein.

Nach einer 0:2 Niederlage beim 1. FC Kreuznach 1902 am 26. März 1911 und einem 3:2 Sieg im Rückspiel in Neunkirchen am 2. April 1911 schrieb der „General-Anzeiger" zum Spiel gegen den 1. FC Kreuznach 1902, das der SV Waldhof mit 7:0 Toren gewann:

„Wir waren ganz erstaunt, als wir den Sportplatz des SV Waldhof betraten. Der Platz, ein gut angelegtes, schön ebenes Feld, ist mit einer wohlgeordneten Tribüne ausgestattet, wie sie kein Verein Mannheims besitzt. Dem Boden fehlt zwar noch die Grasnarbe, aber in jeder Hinsicht müssen die Platzverhältnisse als vorzüglich bezeichnet werden. Auch das Können des im Vorjahr noch in der C-Klasse rangierenden Vereins überraschte uns in angenehmer Weise. Forscher Angriff und das Vermögen, sich in allen Lagen geschickt zurechtzufinden, sicherten ihm den Sieg."

Die „Süddeutsche Sportzeitung" vom 21. März 1911 schrieb über den Sportverein Waldhof:

***Sportverein Waldhof
Meister der B-Klasse in der Saison 1910/1911 bei den Spielen um die Westkreis-Meisterschaft
v. l. stehend: Rössling, Schwärzel, Müller, Kohlschmidt, Woll; kniend: Handen, Strauch, Schenkel; liegend/sitzend: Hecht, Kürschner und Beisel***

"Zu den noch bevorstehenden Westkreisspielen hat der noch junge Verein sich einen neuen Platz angelegt und zwar in einer Größe von 15 000 qm in sehr idealer Lage. Es sei noch erwähnt, daß der Verein durch sein strebsames Zusammenwirken zur Zeit fünf spielstarke Mannschaften ins Feld stellt und hoffnungsvoll in die Zukunft blickt."

Eine knappe 0:1 Niederlage beim FC Phönix Ludwigshafen am 14. April 1911 entschied die Westkreis-Meisterschaft für die Ludwigshafener; daran änderte auch der 7:0 Heimsieg des SV Waldhof über den FC Phönix Ludwigshafen drei Tage später nichts mehr.

Westkreis-Meisterschaft B-Klasse, Saison 1910/1911

FC Phönix Ludwigshafen	6	5	0	1	17:11	10:2
Sportverein Waldhof	6	4	0	2	22:7	8:4
VfB Borussia Neunkirchen	6	2	0	4	16:20	4:8
1. FC Kreuznach 1902	6	1	0	5	8:24	2:10

Der FC Phönix Ludwigshafen stieg damit in die A-Klasse des Westkreises auf.

Übrigens nutzte der Sportverein Waldhof den 12. März 1911 nicht nur zur Eröffnung seiner neuen Platzanlage mit dem ersten Spiel um die Westkreis-Meisterschaft, sondern stellte Mannheims Fußballfreunde auch gleich seine drei übrigen Mannschaften vor; es spielten noch:

SV Waldhof II – FC Olympia Lampertheim I	5:2
SV Waldhof III – FG Revidia Ludwigshafen III	5:0
SV Waldhof IV – FC Alemannia Worms IV	8:4

Auf dem bisherigen Spielfeld des Sportverein Waldhof, im sogenannten „Schlammloch" an der Wachtstraße, spielten nun die FG Kickers Waldhof und zeitweilig auch der FC Amicitia Waldhof 1908.

Wie erwähnt, mußte die offizielle Einweihung des Waldhof-Platzes auf den 21. Mai 1911 verlegt werden. Als Gegner verpflichteten die Waldhöfer den spielstarken FC Germania Frankfurt, der das Treffen knapp mit 5:4 Toren für sich entscheiden konnte. Dennoch ein festliches Ereignis für den Sportverein Waldhof, wie aus dem Bericht der „Süddeutschen Sportzeitung" vom 13. Juni 1911 zu entnehmen ist:

Sportplatz-Einweihung der SV Mannheim-Waldhof „Mannheim ist um einen Sportplatz reicher. In der schönen Vorstadt Waldhof hat sich der SV eine Stätte geschaffen, die ihm alle Ehre macht. Die Lage desselben ist die günstigste, die man sich denken kann. Direkt am Bahnhof und der Trambahn gelegen. Das Spielfeld ist von guter Beschaffenheit und gegen Witterungsunbilden sind die Zuschauer durch eine geräu-

---

Eigener eingezäunter Platz — **Sportplatz Mannheim-Waldhof** — **Direkt am Bahnhof**

Sonntag, den 21. Mai 1911, nachmittags ¼4 Uhr

Eröffnungs-Spiel

Frankf. FC Germania I – SV Mannheim-Waldhof I

Eines der bedeutendsten sportlichen Ereignisse im Neckargau.

mige, gedeckte Tribüne geschützt. Die arrangierten Festlichkeiten wurden eingeleitet durch eine Vorfeier am Samstag abend auf dem Sportplatz. Am Sonntag früh war Promenadekonzert auf dem Platz und um halb vier Uhr begann der Festzug vom Vereinslokal nach dem Sportplatze. Voran die Mannheimer Kapelle Petermann, welche das ganze musikalische Programm ausführte, sodann die Vereinsvertreter, die beiden spielenden Vereine, Frankfurter FC Germania 1894 nebst des festgebenden Vereins erste Mannschaft in ihrem schmucken Dress und dann folgten die Mitglieder und Anhänger. Auf dem Sportplatze angekommen, begrüßte der 1. Vorsitzende des SV die Gäste und übergab den Sportplatz.

Hierauf betraten beide Mannschaften das Spielfeld, lebhaft begrüßt vom Publikum, um ihm ein großartiges Spiel vorzuführen. Man sah es den Spielern des SV an, daß sie bemüht waren, mit diesem Spiele den Höhepunkt aller Veranstaltungen des Festes zu erreichen und es gelang ihnen vollständig. Diese Mannschaft kann sich sehen lassen. Sie ist fair, flink und besitzt die Energie, in heiklen Momenten richtig einzugreifen und so immer schöne Momente schaffend. Die Verteidigung ist sicher und Läufer und Stürmer arbeiten schön zusammen, auch fehlt bei letzteren nicht der gesunde Schuß. Alle vier Tore, die SV erzielte, sind schön zu nennen. Von den fünf des Gegners zwei. Aber auch er zeigte sein Können in gutem Lichte, dadurch die volle Zufriedenheit des Gebotenen von allen Seiten erntend. Herr Richard von Union, VfB Mannheim, fungierte als Schiedsrichter vorzüglich.

Nach dem Spiel ein Bummel auf dem Sportplatze und nach erfolgtem gemeinschaftlichen Nachtmahl gings in den schönen Saalbau zum Festball. Im Verlaufe der Reden überreichte der 1. Vorsitzende des SV Waldhof dem Vertreter des Frankfurter FC Germania 1894 eine prachtvolle Gedenktafel an diesen großen Tag in der Geschichte des Vereins. Möge der SV Waldhof weiter schreiten auf dem Wege, den er betreten, möge diese Sportplatzanlage eine dauernde Pflegestätte sein, zum Wohle seiner selbst und unseres schönen Sports."

Platzeinweihung beim SV Waldhof am 21. Mai 1911 mit den beiden Mannschaften des Frankfurter FC Germania und des SV Waldhof

Auch FC Phönix Sandhofen ist Meister

Die geschilderten Veränderungen der B-Klasse wirkten sich auch in der C-Klasse des Neckargaues aus. In einer Klasse waren hier in der Saison 1910/1911 zusammengefaßt:

FG Concordia Mannheim, SV Helvetia Mannheim, MFC 08 Lindenhof, FG Olympia Mannheim, FC Phönix Sandhofen, FG Alemannia Ilvesheim, Mannheimer FC Badenia 1907, FC Viktoria 1908 Neckarhausen und FG 1906 Plankstadt.

Schon bald nach Rundenbeginn kristallisierten sich mit dem FC Phönix Sandhofen, der FG Olympia Mannheim und dem MFC 08 Lindenhof drei Titelaspiranten heraus, wobei den Lindenhöfer ihr neuer Sportplatz auf der „Schäferwiese" hinter dem Tierasyl im Waldpark zustatten kam, den sie von der Stadt Mannheim für 200 Mark jährlich angemietet hatten. Als der FC Phönix Sandhofen nach Abschluß der Vorrunde mit fünf Punkten Vorsprung vor der FG Olympia Mannheim die Tabelle anführte, schien eine Vorentscheidung bereits gefallen zu sein; nach dem 3:1 Sieg der „Olympia" über den Tabellenführer am 17. Dezember 1910 wurde es aber nochmals spannend. Letztendlich schafften es die Sandhöfer und wurden Meister der C-Klasse im Neckargau.

In einem Entscheidungsspiel um die Westkreis-Meisterschaft der C-Klasse besiegte der FC Phönix Sandhofen die Spielvereinigung Kaiserslautern am 30. April 1911 mit 3:1 Toren, wurde Westkreis-Meister und stieg damit in die B-Klasse auf. In der siegreichen „Phönix"-Elf spielten: Philipp Schnell, Johann Michel, Peter Schenkel, Georg Herwehe, Valentin Bade, Tobias Schäfer (Torwart) Ludwig Wehe, Hermann Partsch, Böhe, Valentin Müller und Valentin Schmelzer.

Abgeschlagene MFG 1896

Nach den Ausflügen in die B- und C-Klassen des Neckargaues wieder zurück zur A-Klasse, und hier zum Westkreis-Meister Mannheimer Fußball-Gesellschaft 1896. Zur Generalprobe für die Spiele um die Süddeutsche Meisterschaft empfing man am 5. März 1911 den 1. Football-Club Basel, der hoch mit 6:1 Toren geschlagen wurde.

Zum ersten Treffen um die Süddeutsche Meisterschaft spielte die MFG 1896 beim Südkreis-Meister Karlsruher Fußball-Verein am 12. März 1911 sehr selbstbewußt auf,

Fußballclub Phönix Sandhofen Westkreis-Meister der C-Klasse in der Saison 1910/1911
v. l. Philipp Schnell, Johann Michel, Peter Schenkel, Georg Herwehe, Valentin Bade, Tobias Schäfer, Ludwig Wehe, Hermann Partsch, Böhe, Valentin Müller, Valentin Schmelzer

> **Um die süddeutsche Meisterschaft**
> spielt die I. Mannschaft der Mannheimer Fussball-
> Gesellschaft „1896" e. V. als Westkreismeister
> in der Schlussrunde am
> Sonntag, den 19. März 1911, nachmittags 3 Uhr
> gegen Münchner Sport-Club „Bayern" auf dem
> **1896er Sportplatz bei den Brauereien**

führte auch lange Zeit mit 0:1 Toren, verlor aber am Ende noch mit 3:1 Toren. Zum ersten Meisterschaftsspiel in Mannheim sollte eine Woche später der Ostkreis-Meister Sport-Club Bayern München erscheinen. Als beide Mannschaften zum Spiel bereit waren, fehlte der Schiedsrichter. Der Not gehorchend, wurde die Begegnung als Freundschaftsspiel ausgetragen; vor 3000 Zuschauern siegten die Münchner nach 2 x 40 Minuten Spielzeit mit 3:2 Toren.

Ein 2:1 Sieg beim Nordkreis-Meister SV Wiesbaden am 26. März 1911 schaffte für die MFG 1896 die denkbar besten Voraussetzungen für das Spiel gegen Altmeister Karlsruher Fußball-Verein am 2. April 1911. Beide Teams traten in ihren bestmöglichen Formationen an:

MFG 1896: Strauß – Espenschied, Nerz – Rötheli, Frey, Zimmermann – Kratzmann, Kaltreuther, Stemmle, Theiß, W. Altfelix

KFV: Burger – Hüber, Hollstein – Bosch, Breunig, Groß – Hirsch, Heidt, Fuchs, Förderer, Tscherter

Karlsruhe also mit den Nationalspielern Breunig, Förderer, Fuchs und Hollstein; Hirsch und Bosch gehörten zum Aufgebot der Nationalmannschaft. Stemmle brachte die MFG 1896 in der 28. Minute mit 1:0 in Führung, aber bereits acht Minuten später schoß Heidt zum 1:1 Ausgleich ein. Man hatte sich schon mit diesem insgesamt verdient gewesenen Resultat vertraut gemacht, als Fuchs eine Minute vor Spielende den glücklichen 2:1 Siegtreffer der Karlsruher markierte. Eine großartige Leistung der gesamten MFG-Mannschaft blieb damit unbelohnt.

Ihre höchste Niederlage in einem Verbandsspiel mußte die MFG 1896 am 14. April 1911 in München hinnehmen; mit einem deprimierenden 9:0 ließ der SC Bayern München den Mannheimern nicht den Hauch einer Chance. Torwächter Pekarna, der zu dieser Zeit als einer der Besten des Kontinents galt, ließ nicht einmal den Ehrentreffer der MFG 1896 zu. Diese Packung schien der MFG-Elf eine Woche später im Rückspiel gegen die Bayern noch in den Knochen zu stecken; trotz einer Leistungssteigerung gab es mit 2:3 Toren die vierte Niederlage bei den Meisterschaftsspielen. Der abschließende 2:0 Sieg über den SV Wiesbaden am 30. April 1911 änderte nichts an dem alles in allem enttäuschenden Abschneiden der Mannheimer Fußball-Gesellschaft 1896.

Süddeutsche Meisterschaft der Saison 1910/1911

Karlsruher Fußball-Verein	6	6	0	0	23:4	12:0
SC Bayern München	6	3	0	3	17:15	6:6
MFG 1896	6	2	0	4	8:18	4:8
SV Wiesbaden	6	1	0	5	7:18	2:10

Eine völlig überspielte MFG-Mannschaft beschloß die Spielzeit 1910/1911 mit zwei Niederlagen in Freundschaftsspielen: Am 14. Mai 1911 verlor sie beim Altmeister FC Freiburg mit 4:1 Toren und beim FK Bern am 4. Juni 1911 mit 2:1 Toren.

Das „Kornblumentag-Spiel"

Das nach Abschluß der Verbandsspiele alljährlich einsetzende umfangreiche Programm der Freundschaftsspiele schien im Frühjahr 1911 besonders den Mannheimer Fußball-Club Phönix 02 in seiner Eigenschaft als Besitzer eines „eigenen, eingefriedeten Sportplatzes mit Restauration bei der Fohlenweide" zu beflügeln. Nach einer 2:3 Heimniederlage gegen den MFC Viktoria 1897 am 5. März 1911 verlor die Mannschaft am 19. März 1911 beim Altmeister 1. FC Pforzheim mit 5:0 Toren. Am Ostersonntag, 16. April 1911, gewann die „Phönix"-Elf beim FC Alemannia Worms mit 2:0 Toren und besiegte einen Tag danach den 1. Football-Club Basel mit 1:0 Toren. Das Rückspiel gegen den

1. FC Pforzheim gestaltete die „Phönix"-Mannschaft am 21. Mai 1911 auf eigenem Platz 1:1 unentschieden, während man eine Woche später beim FV Beiertheim mit 5:1 Toren böse unter die Räder kam.

Am 18. Juni 1911 fand auf dem „Phönix"-Platz das erste Rugby-Spiel in Mannheim statt. Es spielte der MFC Phönix 02 gegen den Fußball- und Lawntennisclub Worms (0:9), wobei sich die Rugby-Mannschaft des MFC Phönix 02 zum größten Teil aus Franzosen und Engländern zusammensetzte. Es war dies übrigens erst das zweite Spiel der „Phönix"-Rugby-Spieler, die ihr erstes Treffen in Worms mit 17:5 verloren hatten. Das Vorspiel zu dieser ersten Rugby-Begegnung in Mannheim bestritt die Fußball-Elf des MFC Phönix 02 gegen den FC Amicitia und 02 Frankfurt; der MFC Phönix 02 siegte mit 6:2 Toren.

Der Freundschaftsspiel-Auftakt des MFC Viktoria 1897 verlief wenig verheißungsvoll: am 12. März 1911 gab es beim FC Pfalz Ludwigshafen eine blamable und unverständliche 0:5 Niederlage. Über die Osterfeiertage (16./17. April 1911) reisten die „Viktorianer" in die Schweiz und kehrten vom FC Etoiles Chaux-de-Fonds (3:3) sowie vom FC Young Boys Bern (1:1) mit zwei achtbaren Unentschieden zurück. Zwei klaren Erfolgen über SC Germania Ludwigshafen (12:1) am 23. April 1911 und FK Frankonia Karlsruhe (5:1) am 30. April 1911 folgte eine achtbare 1:2 Niederlage gegen den FC Phönix Karlsruhe (Deutscher Meister 1908/1909) am 28. Mai 1911, bevor ein 2:1 Sieg über die FG 03 Ludwigshafen am 18. Juni 1911 die Saison des MFC Viktoria 1897 beschloß.

Bei der Union Verein für Bewegungsspiele Mannheim hatte man sich durchweg hochkarätige Gegner ausgewählt, gegen die es dann auch recht unterschiedliche Ergebnisse gab. Am 12. März 1911 verlor die „Union" gegen den FK Phönix Karlsruhe knapp mit 1:2 Toren und auch beim SC Germania 04 Ludwigshafen gab es am 2. April 1911 eine 2:0 Niederlage. Den ersten Sieg mit 4:2 Toren erkämpfte sich die „Union"-Elf am 23. April 1911 gegen den FK Kickers Frankfurt.

Am Sonntag, den 14. Mai 1911, wurde im Deutschen Reich der „Kornblumentag" begangen. Überall fanden Veranstaltungen aller Art statt, deren Erlös der „Wohltätigkeitskasse der Frauen für Veteranendank zufloß." Die Spenden wurden mit Kornblumen, der Lieblingsblume Kaiser Wilhelm I, geschmückt, nach dem Motto: „Die Kornblumen waren nur eine zarte Quittung." In Mannheim fand, wie in vielen anderen Städten auch, aus diesem Anlaß ein „Kornblumen-Spiel" statt zwischen der Union VfB Mannheim und dem MFC Viktoria 1897. Die vor der Begegnung mit Kornblumen geschmückten Spieler schenkten sich auf dem Spielfeld nichts, denn die „Union" unterlag dem MFC Viktoria hoch mit 2:8 Toren.

Auch eine Woche später mußte die „Union" mit 0:5 Toren eine hohe Heimniederlage gegen den FC Kickers Stuttgart hinnehmen. Versöhnlich dann der Ausgang des letzten Heimspiels, denn am 28. Mai 1911 wurde der 1. FC Hanau 1893 von der „Union"-Elf in der Aufstellung

> Ehmann – Scheurer, Sohns – Weber, Sack, Rathgeber – Hindenlang, Egetmeyer, Schäfer, Rohr und Burkhardt

mit 4:2 Toren geschlagen. Das Saison-Schlußspiel der „Union" ging am 18. Juni 1911 bei der SpVgg Fürth mit 3:1 Toren verloren.

Der FC Viktoria Feudenheim eröffnete am Karfreitag, den 14. April 1911, seine neue Platzanlage in der Nähe der Neckarstraße („zu erreichen entlang des rechten Ufers des Neckars oder mit der Feudenheimer Bahn bis zur Endstation") mit einem Spiel gegen FC Viktoria Hanau Ib, das die Gäste mit 3:4 Toren knapp für sich entscheiden konnten.

Der Sportverein Waldhof ging am 5. Juni 1911 erstmals auf große Reise und verlor beim FV Schwaben 1896 Stuttgart mit 4:1 Toren.

Für die Hochwassergeschädigten im Taubergrund wurde am 9. Juli 1911 in Seckenheim ein Fußballspiel ausgetragen; die FG 1898 Seckenheim besiegte eine Auswahl FC Germania Friedrichsfeld / FG Alemannia Ilvesheim mit 1:0 Toren. Der Erlös aus diesem ersten bekannten Benefizspiel betrug 60 Mark.

Sport-Revue
für alle Zweige des modernen Sports
Wochenbeilage des Mannheimer Generalanzeigers (Badische Neueste Nachrichten)

Olympische Spiele.

(Veranstaltet am 13. August vom Sportverein Waldhof.)

In lobenswerter Weise hatte der Sportverein Mannheim-Waldhof in diesem Jahre erstmalig ein leichtathletisches Meeting ausgeschrieben, dem er den Charakter eines lokalen verlieh. Unter Beteiligung einer stattlichen Anzahl von Leichtathleten nahm das Fest dank der aufopfernden Leitung der Herren L. Klein (Viktoria Mannheim) und R. Stober (Deutsche Sportbehörde für Athletik) einen harmonischen Verlauf. Von den 13 ausgetragenen Konkurrenzen konnte der Mannheimer F.-K. Viktoria sechs, Mannheimer F.-G. 1896 und Union V. f. B. Mannheim je zwei, Turnverein 1846 Mannheim, Sp.-V. Mannheim-Waldhof und F.-C. Phönix Ludwigshafen je eine siegreich beenden. Mit den Darbietungen durfte man vollauf zufrieden sein. Nachstehend veröffentlichen wir die Resultate:

50 Meter-Seniorlaufen: 1. M. Böhn, Mannheimer F.-K. Viktoria, 6 Sek.; 2. Fr. Reuther, Mannheimer F.-G. 1896, 6,2 Sek.; 3. J. Frey, Turnverein 1846 Mannheim, 6,4 Sek.

100 Meter-Juniorlaufen: 1. Fr. Reuther, Mannheimer F.-G. 1896, 11,8 Sek.; 2. O. Altselix, Mannheimer F.-G. 1896, 12 Sek.; 3. C. Friedebach, Sp.-V. Palästra Mannheim, 12,1 Sek.; 4. J. Woll, Sp.-V. Waldhof, 13 Sekunden.

100 Meter Seniorlaufen: 1. R. Falkner, Mannheimer F.-K. Viktoria, 12,2 Sek.; 2. J. Frey, Turnverein 1846 Mannheim, 12,4 Sek.; 3. F. Woll, Sp.-V. Waldhof, 12,8 Sek.

1000 Meter-Juniorlaufen: 1. W. Schäfer, Union V. f. B. Mannheim, 2 Min. 49,6 Sek.; 2. W. Jung, Union V. f. B. Mannheim, 2 Min. 49,8 Sek.; 3. E. Rubel, F.-G. Kickers Mannheim, 2 Min. 50,4 Sek.; 4. A. Smit, F.-C. Viktoria Mannheim; 5. P. Sponagel, F.-K. Viktoria Feudenheim.

1500 Meter-Seniorlaufen: 1. W. Jung, Union V. f. B. Mannheim; 2. H. Benzinger, F.-K. Viktoria Feudenheim; 3. W. Schäfer, Union V. f. B. Mannheim; 4. E. Rubel, F.-G. Kickers Mannheim; 5. Fr. Sack, Union V. f. B. Mannheim.

400 Meter-Stafettenlaufen: 1. Mannheimer F.-K. Viktoria, 50 Sek.; 2. Turnverein 1846 Mannheim, 51 Sekunden.

Weitsprung mit Anlauf: 1. J. Fegbeutel, F.-K. Viktoria Mannheim, 5,82 Meter; 2. J. Frey, Turnverein 1846 Mannheim, 5,10 Meter.

Diskuswerfen: 1. M. Böhn, F.-K. Viktoria Mannheim, 33,35 Meter; 2. E. Fuhrhop, F.-G. 1896 Mannheim, 32,10 Meter; 3. K. Freund, F.-K. Phönix Ludwigshafen, 29 Mtr.

Speerwerfen: 1. J. Fegbeutel, F.-K. Viktoria Mannheim, 48,85 Meter; 2. R. Zimmermann, Sp.-V. Waldhof, 45,90 Meter.

Kugelstoßen: 1. K. Freund, F.-K. Phönix Ludwigshafen, 10,70 Meter; 2. M. Böhn, F.-K. Viktoria Mannheim, 10,32 Meter; 3. E. Fuhrhop, F.-G. 1896 Mannheim, 9,84 Meter; 4. F. Reuther, F.-G. 1896 Mannheim, 9,79 Meter.

Juniorendreikampf: a) 50 Meter Laufen, b) Weitsprung ohne Anlauf, c) Speerwerfen. 1. F. Reuther, F.-G. 1896 Mannheim, 12 Punkte; 2. A. Büche, Turnverein Mannheim, 9 Punkte; 3. P. Gerdon, F.-V. 1903 Ludwigshafen, 8 Punkte; 4. R. Falkner, F.-K. Viktoria Mannheim, 8 Punkte.

Seniorendreikampf: a) 200 Meter Laufen, b) Weitsprung mit Anlauf, c) Schleuderballwerfen. 1. J. Frey, Turnverein 1846 Mannheim, 12 Punkte; 2. M. Böhn, F.-K. Viktoria Mannheim, 12 Punkte. Böhn überläßt Frey den 1. Preis.

100 Meter-Schülerlaufen: 1. F. Woll, Sp.-V. Waldhof, 12,8 Sekunden; 2. H. Weicker, Sp.-V. Waldhof, 13 Sek.

Vereinsfünfkampf (Klubmeisterschaft): 1. Jos. Hof, Sp.-V. Waldhof, 16 Punkte; 2. O. Hecht, Sp.-V. Waldhof, 14 P.

J. M.

Bericht vom 16. August 1911

Ludwig Gerard und Otto Wollmann, Außenläufer der Ligamannschaft, waren die ersten bekannten Leichtathleten des SV Waldhof

Fortsetzung der Neugründungen und Zusammenschlüsse

Die Spielzeit 1911/1912 begann in Mannheim mit einer Reihe neuer Fußballvereine. Die „Süddeutsche Sportzeitung", das „Alleinige amtliche Organ des Verbandes Süddeutscher Fußball-Vereine" meldete in ihrer Ausgabe vom 1. August 1911 die Anmeldung des *Fußball-Club „Sportfreunde" Mannheim* (30 Mitglieder) und des *Sport-Verein Neckarau* (37 Mitglieder). Letzterer war bisher offiziell noch nicht in Erscheinung getreten; am 15. Oktober 1911 bestritt er sein erstes Verbandsspiel der C-Klasse beim FC Viktoria Neckarhausen und verlor mit 6:0 Toren.

In der Neckarstadt formierte sich das Fußballspiel eigenartigerweise sehr spät, obwohl in unmittelbarer Nähe, nämlich auf dem Exerzierplatz, seit 1896 diese Sportart von einer Vielzahl von Vereinen betrieben worden war. Natürlich wurde auch in der Neckarstadt auf Straßen und Plätzen gekickt, aber zur Bildung eines Vereins kam es erst gegen Ende des Jahres 1911. Die offizielle Vereins-Chronik nennt 1912 als Gründungsjahr. Karl Schwab, ein Frisör aus der Neckarstadt, blieb es vorbehalten, die Neckarstädter Fußballbuben um sich zu scharen. Er war es auch, der in seiner Frisörstube in der Garnisonstraße 22 zusammen mit zehn Jugendlichen den *Sport-Club Neckarstadt* gründete. Gespielt wurde auf dem nahegelegenen Exerzierplatz; das erste Spiel datiert vom 10. September 1911 gegen die Sportfreunde Ladenburg, es endete 2:2 unentschieden. Lange Zeit blieb es bei der Austragung von Freundschaftsspielen, denn der SC Neckarstadt trat erst nach dem Ersten Weltkrieg dem Verband Süddeutscher Fußball-Vereine bei und konnte erst danach den Spielbetrieb in der C-Klasse aufnehmen.

Anfang September 1911 schlossen sich die Sport-Gesellschaft Olympia 1906 Mannheim und der Fußball-Club Sportfreunde Mannheim zur *Sport-Gesellschaft Olympia-Sportfreunde 1906 Mannheim* zusammen. Erster Vorsitzender wurde Andreas Glock, Erster Captain Georg Kalbfleisch; Vereinslokal blieb die Gaststätte „Zum Klostergärtchen" in U 6, 13. Das erste Verbandsspiel in der C-Klasse fand am 1. Oktober 1911 beim SC Käfertal statt, das die SG Olympia-Sportfreunde 1906 Mannheim mit 5:3 Toren gewann.

Im November 1911 kam es im Vorort Feudenheim zur Gründung der *Fußball-Gesellschaft „Germania" Feudenheim*, die am 28. Januar 1912 erstmals auf dem „Germania"-Platz am Neckardamm der Öffentlichkeit ihre beiden Mannschaften präsentierte; die erste Mannschaft gewann gegen den FC Fortuna Edingen mit 2:1 Toren, die zweite Mannschaft besiegte den SV „Eiche" Sandhofen mit 3:0 Toren. Beim „Sechser-Turnier" in Eppelheim/Heidelberg am 26. April 1912 belegte die A-Mannschaft der FG Germania Feudenheim den zweiten Platz. Zwei Wochen später stellten die Feudenheimer am 11. Mai 1912 beim „Sechser-Turnier" des Fußball-Klub Sportfreunde Dossenheim mit ihrer A-Mannschaft (Leibig, Bauer, V. Hildenbrand, Düster, Max und Michael Biedermann) sowie ihrer B-Mannschaft (Adam Lang, B. Dünkel, W. Ueberrhein, Louis Brunner, Heinrich Biedermann, M. Hildenbrand) die Sieger in der A- und B-Klasse.

Bei dem *SV „Eiche" Sandhofen* handelte es sich um einen der beiden Kraftsportvereine Sandhofens („Eiche" und „Kraftsportverein 07"), die sich 1919 zur „Athletenvereinigung 07" Sandhofen zusammengeschlossen hatten, aus der dann im Dezember 1930 der „Ring- und Stemmclub Eiche 1930 Sandhofen" entstanden ist. Es muß angenommen werden, daß Sportler dieses Kraftsportvereins Eiche Sandhofen um die Jahreswende 1911/1912 eine Fußballmannschaft gebildet hatten; näheres darüber ist nicht bekannt.

Kronprinzenpokal und Schlußspiel der C-Klasse

Bei den Spielen um den Kronprinzenpokal der Jahre 1911/1912 war die Mannschaft des Verbandes Süddeutscher Fußball-Vereine in der Vorrunde spielfrei. In der Zwischenrunde kam es am 12. November 1911 in Leipzig zu der Begegnung Mitteldeutschland gegen Süddeutschland, das in folgender Aufstellung spielte:

Borck
(MTV München)

Fiedler   Burger
(Hanau)   (SpVgg Fürth)

Ugi   Breunig   Bosch
(Frankfurt) (beide Karlsruher FV)

Kratzmann   Förderer   Fuchs   Philipp   Hirsch
(MFG 1896) (beide Karlsruher FV) (1. FC Nürnberg) (Karlsruher FV)

Mitteldeutschland gegen Süddeutschland in Leipzig im Zwischenrunden-Spiel um den Kronprinzen-Pokal 1911/1912
Die Süddeutsche Mannschaft mit
v. l. Hirsch, Kratzmann, Förderer, Fuchs, Ugi, Breunig, Borck, Bosch, Burger, Philipp, Fiedler

Durch Tore von Breunig und Fuchs kam die süddeutsche Mannschaft vor 3000 Zuschauern zu einem knappen 2:1 Sieg und zog ins Endspiel ein. Dieses fand am 18. Februar 1912 auf dem Union-Platz in Berlin-Mariendorf gegen die Auswahl von Berlin statt. Ohne Mannheimer Beteiligung gewann Süddeutschland in einem torreichen Spiel mit 6:5 Toren und wurde Pokalsieger.

Am 8. Oktober 1911 erlebten Mannheims Fußballfreunde wieder ein Endspiel. Um die Süddeutsche Verbandsmeisterschaft der C-Klasse spielten auf dem Platz der Union Verein für Bewegungsspiele Mannheim der FK Hellas-Nordende Frankfurt und der FK Phönix Pforzheim. Erst in der Verlängerung fiel der einzige Treffer des Tages, und zwar für die „Gold-Städter"; der FK Phönix Pforzheim war somit Süddeutscher Meister der C-Klasse.

Eine ganz normale Spielzeit?

Die Saison 1911/1912 begann für die Mannheimer Fußball-Gesellschaft 1896 mit der Ankündigung, „daß es ihr nach vieler Mühe gelungen sei, den englischen Trainer Alexander Tait, einen Schotten, zu verpflichten," (General-Anzeiger vom 11. Juli 1911). Fünf Wochen später kam die Meldung, nicht Tait, sondern H. L. Birnie übernimmt das Traineramt; „General-Anzeiger" vom 24. August 1911:

„Englischer Trainer. Durch unvorhergesehene Verhältnisse war der seinerzeit von der Mannheimer Fußball-Gesellschaft e. V., engagierte Trainer A. Tait nicht in der Lage, seinen Dienst anzutreten. Die Vereinsleitung der M. F. G. 1896 nahm wegen eines neuen Trainers alsdann Verhandlungen mit der englischen Football-Association auf, die zu einem guten Abschluß führten, da der Sekretär des Verbandes eine durchaus tüchtige Kraft namens H. L. Birnie ausfindig machte. Birnie, welcher 7 Jahre für Newkastle United, 2 Jahre für Chelsea und nachher für Tottenham spielte, wurde definitiv von der M. F. G. 96 angestellt und hat seine Tätigkeit bereits aufgenommen. Er übt nicht nur mit aktiven Mannschaften, sondern lernt auch den Schülern sachgemäß das Fußballspielen. Zu diesem Zwecke finden auf dem Sportplatz bei den Brauereien jeden Abend Übungsspiele statt, für Schüler während der Ferien jeden Nachmittag 3 ½ Uhr."

Das Saison-Eröffnungsspiel fand am 27. August 1911 zwischen der Mannheimer Fußball-Gesellschaft 1896 und dem 1. FC Nürnberg statt, in dessen Reihen der mehrfache Repräsentativ- und Nationalspieler Ludwig Philipp stand. Zudem hatte sich der 1. FC Nürnberg gegen Ende der Saison 1910/1911 mit dem A-Klasse-Verein FK Franken Nürnberg vereinigt, so daß ihm ein entsprechend großes und gutes Spielermaterial zur Verfügung stand. Die MFG 1896 schlug sich dennoch achtbar und verlor mit 3:5 Toren.

In einem mäßigen Spiel bezwang die MFG 1896 am 3. September 1911 den MFC Viktoria 1897 mit 1:0 Toren und wurde damit Gewinner des „Feuerio-Pokals 1911".

Die Verbandsspiel-Saison 1911/1912 des Westkreises begann mit folgenden zehn Clubs:

> MFC Viktoria 1897, Union VfB Mannheim, MFG 1896, MFC Phönix 02, FC Pfalz Ludwigshafen, FG 03 Ludwigshafen, FC Phönix Ludwigshafen als Neuling, SC Germania 04 Ludwigshafen, FV Kaiserslautern und FC Olympia Darmstadt.

Bereits der erste Spieltag, der 24. September 1911, brachte mit der 1:3 Heimniederlage der Union VfB Mannheim gegen die FG 03 Ludwigshafen und dem 1:0 Heimsieg des MFC Phönix 02 über die MFG 1896 zwei faustdicke Überraschungen. Nach der erneuten Niederlage der MFG 1896 auf eigenem Platz gegen den FC Pfalz Ludwigshafen mit 0:1 Toren und dem zweiten Sieg des MFC Phönix 02 über seinen Namensvetter aus Ludwigshafen mit 2:0 Toren eine Woche später stand Mannheims Fußballwelt Kopf. Aber die Talfahrt des Meisters MFG 1896 setzte sich fort: Am 8. Oktober 1911 verlor eine völlig verunsicherte MFG-Mannschaft auf dem Platz an den Brauereien gegen den FV Kaiserslautern mit 2:6 Toren; schon zur Pause führten die Gäste sensationell hoch mit 0:5 Toren. Zu gleicher Zeit landete der MFC Phönix 02 mit dem 2:1 über Union VfB Mannheim seinen dritten Sieg in Folge.

Noch am besten vom einstigen Mannheimer Dreigestirn MFG 1896, Union VfB und MFC Viktoria 1897 hatte sich bisher der letztere Club gehalten: einem 6:1 Sieg über den FC Phönix Ludwigshafen war eine 1:0 Niederlage bei Union VfB Mannheim gefolgt, danach gab es einen 2:0 Heimsieg über die FG 03 Ludwigshafen. Mit großer Spannung sah man dem vierten Spieltag am 15. Oktober 1911 entgegen. Die MFG 1896 konnte mit einem 6:1 Heimerfolg über FC Olympia Darmstadt ihre Niederlagenserie beenden; der MFC Phönix 02 spielte bei der FG 03 Ludwigshafen 1:1 unentschieden und Union VfB Mannheim kehrte vom FC Phönix Ludwigshafen, der mit diesem Spiel seine neue Platzanlage am „Licht-, Luft- und Sonnenbad" einweihte, mit einem 5:0 Sieg zurück.

Der MFC Viktoria 1897 hatte es am 15. Oktober 1911 in der Hand, mit einem Sieg über den FV Kaiserslautern sich hinter Tabellenführer MFC Phönix 02 in der Tabellenspitze zu etablieren. Aber wieder einmal kam es anders; in einem dramatischen Spiel blieben die Gäste knapper 3:4 Sieger. Beide Mannschaften spielten in folgender Aufstellung:

Viktoria: Wieland – Banzhaf, Engel – Seitz, Trautmann, Brühmüller – Schmitz, Bauer, Hering, Hook, Mosemann

Kaiserslautern: Bähr – Gräser, Schmitt – Klotz, Ehresmann, Hake – Busch, Bossung, Mohler, Höffler, Schaub.

In diese Situation platzte am 16. Oktober 1911 folgende Meldung des „General-Anzeiger":

> „Über eine Fusion unter den führenden Fußballvereinen wird berichtet. Zwischen den Vorständen der Mannheimer Fußball-Gesellschaft 1896, der Union (Vereine für Bewegungsspiele) und dem Fußball-Klub Viktoria ist über einen Zusammenschluß zu einem einzigen Verein unter dem Namen „Mannheimer Sportverein" in der letzten Zeit beraten worden. Die Vorstände der einzelnen Vereine kamen zu einer Einigung, über welche jetzt noch die Mitgliederversammlungen zu entscheiden haben. Für die Rolle des Mannheimer Fußballsports nach außenhin wäre eine solche Vereinigung von erheblicher Bedeutung."

Was war tatsächlich geschehen? Treibende Kraft für eine Fusion war Carl Egetmeyer, neuer Vorsitzender der Union VfB Mannheim, der zunächst in persönlichen Vorgesprächen mit Ludwig Klein, Vorsitzender des MFC Viktoria 1897, und Heinz Jacoby, Vorsitzender der MFG 1896, den Boden für eine Besprechung im größeren Kreise vorbereitete. Am 15. Oktober 1911 traten im Lokal „Wilder Mann" in N 2,13 die Vertreter der drei genannten Vereine zu einer Beratung zusammen, die sich einmütig für eine Fusion aussprachen.

Hintergrund dieser Bestrebungen war wieder einmal die leidige Platzfrage, die um diese Zeit speziell die Union VfB Mannheim, aber auch den MFC Viktoria 1897 betraf. Beide hatten ihre Platzanlagen beim Luisenpark, ein Gebiet, das für die Stadterweiterung vorgesehen war. Deshalb wurde das Pachtverhältnis der Union VfB Mannheim mit der Stadt Mannheim von letzterer zum 1. März 1911 zunächst für einen Teil des Geländes, zum 1. März 1912 für das ganze

Martin Stemmle, schußgewaltiger Mittelstürmer der Mannheimer Fußball-Gesellschaft 1896

Areal gekündigt, weil dieses Gelände für die Fortführung der Kanalisation nach Neuostheim und die neuen Straßen in der Oststadt benötigt wurde.[1] Dasselbe Los drohte auch dem Mannheimer Fußball-Club Viktoria 1897. Somit bestand für beide Vereine die große Gefahr, innerhalb kurzer Zeit ohne eigene Platzanlage den Fußballbetrieb entweder verlagern oder einstellen zu müssen.

Die Überraschung in der Öffentlichkeit war perfekt durch diese Ankündigung in der Presse, die Verunsicherung groß; wie würde es weitergehen?

Zunächst kam der vierte Spieltag, 22. Oktober 1911, mit einem 1:0 Sieg des MFC Phönix 02 über den MFC Viktoria 1897, einem 6:1 Erfolg der MFG 1896 beim SC Germania 04 Ludwigshafen sowie einem 1:1 Unentschieden zwischen Union VfB Mannheim und dem FV Kaiserslautern. Zwei Tage danach wurde berichtet, daß die alles entscheidende Sitzung in Sachen Fusion auf den 30. Oktober 1911 festgelegt worden sei. Am 29. Oktober 1911 gewann der MFC Viktoria 1897 sein Heimspiel gegen den FC Pfalz Ludwigshafen mit 3:2 Toren und das „Lokalderby" zwischen MFG 1896 und Union VfB konnten die Platzherren mit 5:1 Toren für sich entscheiden. Beide Clubs spielten in folgender Aufstellung:

MFG 1896:   Lemmel – Nerz, Espenschied, Nieding, Sohns, Zimmermann – Kratzmann, Schmelzer, Stemmle, Schmoll, W. Altfelix

Union: Beckenbach – Burkhardt, Scheurer – Diebold, Sack, Freiländer – Trumpp, Egetmeyer, Constantini, Steinmüller, Aulbach.

Dieser 29. Oktober 1911 sollte der letzte Spieltag gewesen sein, an dem diese drei Vereine der ersten Stunde unter ihren Traditionsnamen antraten.

Die Geburtsstunde des VfR Mannheim

Mit großer Spannung warteten Mannheims Fußballfreunde auf die weitere Entwicklung. Es gab Stimmen, die vor einer Zerschlagung der drei Vereine warnten und eine gesunde Konkurrenz befürworteten. Andere sahen in einer derartigen Vereinigung die einzige Möglichkeit, Anschluß zu finden an die Fußballmacht Karlsruhe oder an andere Städte wie Frankfurt, Stuttgart oder München.

Übrigens war der Gedanke an eine Fusion nicht neu, denn schon Ende des Jahres 1909 gab es diesbezügliche Überlegungen zwischen Union VfB Mannheim, vertreten durch den 1. Vorsitzenden Karl Sack, und MFC Viktoria 1897, vertreten durch dessen 1. Vorsitzenden Emil Ruppender. Allerdings stieß man zu jener Zeit beim MFC Viktoria 1897 fast nur auf Ablehnung. Jetzt aber, im Spätjahr 1911, hing die Platzfrage wie ein Damoklesschwert über den Beteiligten.

Die Generalversammlungen der drei Vereine wurden nach der erfolgreich abgeschlossenen Vertreter-Versammlung vom 15. Oktober 1911 im „Wilden Mann" zu folgenden Terminen einberufen: Mannheimer Fußball-Gesellschaft 1896 zum 26. Oktober 1911, Union VfB Mannheim zum 27. Oktober 1911 und Mannheimer Fußball-Club Viktoria 1897 zum 28. Oktober 1911. Während die Generalversammlungen der Mannheimer Fußball-Gesellschaft 1896 und der Union VfB Mannheim die Fusion fast einstimmig befürwor-

---
[1] Verwaltungs- und Rechenschaftsbericht der Großherzoglich-Badischen Hauptstadt Mannheim für 1906, herausgegeben vom Statistischen Amt der Stadt Mannheim, 1907

teten, gab es beim Mannheimer Fußball-Club Viktoria 1897 wieder Bedenken und Einwände, die erst nach erregten Diskussionen aus der Welt geräumt werden konnten.

Am 31. Oktober 1911 meldete der „General-Anzeiger":

„Vereinigung der Mannheimer FG 1896, Union VfB Mannheim und Mannheimer F.-Kl. Viktoria. Die Generalversammlungen der drei Vereine stimmten fast einmütig der Vereinigung zu. Die konstituierende Versammlung findet bereits am Donnerstag, 2. November, abends 9 Uhr, im Ballhaussaale statt, wozu noch besondere Einladungen durch die Tageszeitungen ergehen. Was die Austragung der Verbandsspiele anbelangt, so hat der Verbandsvorstand angeordnet, daß sich der neue Verein mit der Mannschaft, die die beste Punktzahl bis jetzt erreicht hat, weiter beteiligt. Es ist dies die Elf der Union. Die Spiele, die Viktoria und 1896 bereits ausgefochten haben, werden annulliert, doch trägt der neue Verein die Kreisspiele nach Möglichkeit weiter mit aus 96 und Viktoria kombinierten Mannschaften als Privatspiele aus. So ist für den kommenden Sonntag schon folgendes Team aufgestellt, das auf dem Platze bei den Brauereien, der als der seiner Beschaffenheit nach beste für die ersten Spiele benutzt wird, der F.-G. 1903 Ludwigshafen entgegentritt:

Tor: Lemmel; Verteidiger: Espenschied, Banzhaf; Läufer: Brühmüller, Sohns, Nerz; Stürmer: W. Altfelix, Hook, Stemmle, Bauer und Kratzmann.

Trautmann wird infolge einer Fußverletzung an diesem Spiel noch nicht teilnehmen. Eine andere kombinierte Elf spielt in Ludwigshafen gegen F. C. Germania. Das Verkehrslokal und die Geschäftsstelle der Vereinigung befindet sich im Restaurant „Eichbaum", P 5,9."

An der konstituierenden Versammlung im Ballhaussaal nahmen am Abend des 2. November 1911 aus den drei fusionswilligen Vereinen 276 Mitglieder teil. Als Vereinsname wurde nach längeren Debatten

Verein für Rasenspiele Mannheim

vorgeschlagen und beschlossen. Der neugegründete Verein zählte 819 Mitglieder. Als Spielgelände wurde der Platz der bisherigen Mannheimer Fußball-Gesellschaft 1896 bei den Brauereien bestimmt. Über die weitere Verwendung der Platzanlagen der Union Verein für Bewegungsspiele Mannheim am Luisenpark und des Mannheimer Fußball-Club Viktoria 1897 bei den Rennwiesen mußte noch beraten werden.

Entsprechend der Zahl der Mitgliederstärke setzte sich der Verwaltungsrat wie folgt zusammen: von der Mannheimer Fußball-Gesellschaft 1896 (358 Mitglieder) neun Vertreter, von Union Verein für Bewegungsspiele Mannheim (245 Mitglieder) sechs Vertreter und vom Mannheimer Fußball-Club Viktoria 1897 (216 Mitglieder) fünf Vertreter. Der Verwaltungsrat bestand aus:

1. Vorsitzender:	Carl Egetmeyer (Union)
2. Vorsitzender:	Heinz Jacoby (MFG 1896)
3. Vorsitzender:	Eugen Laih (Viktoria)
Spielausschuß:	Karl Marquardt (MFG 1896)
Leichtathletik:	Ludwig Klein (Viktoria)
Jugend:	Prof. Karl Bühn (Union)
Presse:	Emil Ruppender (Viktoria)
Finanzen:	E. Mügel und E. Lersch (MFG 1896)
Beisitzer:	Hermann Banzhaf (Viktoria)
	Wilhelm Trautmann (Viktoria)
	Heinrich Hornig (MFG 1896)
	Heinrich Langenbein (Union)
	Ludwig Banzhaf (Union)
Vereinszeitschrift:	Prof. Dr. Streibich (Union)
Geschäftsführung:	Heinz Jacoby (MFG 1896)
Platzkasse:	E. Dreher, J. Henn (MFG 1896) und K. Kümmerle (Union)
Vergnügen:	Adolf Kinzinger (MFG 1896)

Als Clubfarben wurden die Stadtfarben Blau-Weiß-Rot übernommen. Die Vereine brachten ihr Vermögen nach Abzug der Schulden in den neuen Verein ein.

Die ersten Spiele des VfR Mannheim

Bereits zwei Tage nach der Gründung des VfR Mannheim wurde der Spielbetrieb aufgenommen, dessen Organisation die Verantwortlichen vor keine leichten Aufgaben stellte.

Der „General-Anzeiger" vom 4. November 1911 kündigte an:

„Sportplatz bei den Brauereien. Morgen Sonntag wird der Verein für Rasenspiele (Vereinigung von M.F.G. 1896, F.-K. Viktoria und Union) sich zum erstenmal auf dem grünen Rasen betätigen. Von dem Verwaltungsrat des neuen Vereins sind folgende Spiele für den 5. November festgesetzt: 1. Mannschaft a. d. Sportplatz b. d. Brauereien gegen Ludwigshafener F.-G. 1903 1. Beginn 3 Uhr. 1. Mannschaft a. d. Sportplatz b. d. Brauereien F.-K. Pfalz Ludwigshafen 1. Beginn 3 Uhr. 1. Mannschaft a. d. Sportplatz b. d. Brauereien F.K. Germania Ludwigshafen 1. Beginn 3 Uhr. 2. Mannschaft a. d. Sportplatz b. d. Brauereien gegen F.-G. 1903 Ludwigshafen 2. Beginn 3 Uhr. Alte Herrenmannschaft auf dem Sportplatz bei den Brauereien gegen alte Herrenmannschaft des Fußballvereins Frankenthal. Beginn 1.30 Uhr. Die Wettspiele finden morgen bei jeder Witterung statt und stehen unter sachgemäßer Leitung. Der Spielausschuß des Vereins für Rasenspiele wird dafür Sorge tragen, daß jeden Sonntag auf dem Sportplatz bei den Brauereien erstklassige Spiele stattfinden."

Die ersten Ergebnisse des VfR Mannheim von diesem 5. November 1911 lauteten dann:

VfR Mannheim 1 A – FG 1903 Ludwigshafen	5:0
VfR Mannheim 1 B – FC Pfalz Ludwigshafen (Ligamannschaft)	1:3
VfR Mannheim 1 C – SC Germania 04 Ludwigshafen	0:2
VfR Mannheim AH – FV Frankenthal AH	2:3

Etwa 3000 erwartungsvolle Zuschauer erlebten nicht das Fußball-Festival, das sie erhofft hatten, denn auch das Verbandsspiel des Westkreises gegen die FG 03 Ludwigshafen konnte nur zum Teil befriedigen, wie die Torfolge erahnen läßt:

14. Spielminute 1:0 durch Eigentor der FG 03 Ludwigshafen
46. Spielminute 2:0 durch Hook
52. Spielminute 3:0 durch Stemmle mit Elfmeter
55. Spielminute 4:0 durch Stemmle mit Elfmeter
66. Spielminute 5:0 durch Kratzmann

Die Mittwoch-Ausgabe des „General-Anzeiger" (8. November 1911) brachte folgenden Bericht:

„Glücklich vereint! So begann Herr Egetmeyer seine Begrüßungsansprache in der konstituierenden Versammlung. Glücklich vereint, will auch ich zur Einleitung sagen. Denn, wenn man hervorragende Spieler und Anhänger ohne Zahl auf einem Rasen beisammen sieht, wem sollte da das Herz nicht lachen? Wer könnte da an ein Mißlingen der Projekte denken? Ein besonderes Verdienst haben sich die Herren Egetmeyer, Jacoby und Klein erworben. Mit goldenen Lettern wird es eingetragen werden in das Buch der Mannheimer Sportsbewegung. Jetzt haben wir die Genugtuung, daß der Rasensport in unserer Stadt zu der ihm gebührenden Entfaltung kommt. Eine neue Zeit bricht an. Möge sie uns zur höchsten Stufe der Entwicklung hinaufführen.

Am Sonntag standen diejenigen brüderlich nebeneinander, die sich noch vor kurzem als Rivalen gegenübergetreten waren. In schwarzer Hose, weißem Hemd, das durch ein Täschchen in den Mannheimer Stadtfarben (blau-weiß-rot) geziert ist, erschienen sie auf dem Felde, ein prächtiger Anblick. Infolge der Qualität der einzelnen Spieler erwarteten manche ein „Bombenresultat". Es muß zugegeben werden, daß die erreichte Torzahl ein schönes Ergebnis ist. Aber wenn man das ständige Überlegensein berücksichtigt, so wundert man sich doch darüber, daß die Spieler sich noch nicht richtig verständigen konnten. Wir waren indessen vom Ganzen befriedigt. Mit glänzenden Leistungen darf in der Folge sicher gerechnet werden."

MFC Phönix 02 wird Westkreis-Meister

Natürlich beanspruchten die Ereignisse der Fusion das Hauptinteresse in Mannheims Fußball-Geschehen. Daneben ging aber der Fußballalltag weiter. Der MFC Phönix 02 erlitt an diesem 5. November 1911 seine erste Saison-Niederlage beim FC Olympia Darmstadt mit 2:1 Toren. Der nächste Spieltag am 12. November 1911 brachte dem VfR Mannheim (Union-Mannschaft) – wie diese Elf zunächst bezeichnet wurde –, einen 5:1 Sieg über den FC Olympia Darmstadt, während die VfR I A-Elf in einen Privatspiel den Fußballsportverein Frankfurt mit 2:1 Toren bezwang.

Der 3. Dezember 1911 wurde zur großen Fußball-Demonstration des VfR Mannheim, der seine gesamten Mannschaften ins Feld schickte; es spielten:

VfR (Ligamannschaft) – FC Phönix Ludwigshafen	6:0
FC Phönix Karlsruhe – VfR I A	4:2
FC Frankonia Karlsruhe – VfR I C	5:2
VfR II A – FC Phönix Sandhofen	0:2
VfR II B – FC Union Ludwigshafen	15:0
VfR II C – FC Plankstadt	5:1
VfR III A – FV Weinheim	5:1
VfR III B – FC Phönix Sandhofen II	2:1
VfR III C – FV Weinheim II	8:1
VfR IV B – FC Union Ludwigshafen II	3:1
VfR Schüler I – FVg Schwetzingen Schüler I	6:0
VfR Schüler II – Klasse 0 III der Ober-Realschule Mannheim	2:2

Eine wahrhaft beeindruckende Fußballmacht, die der VfR Mannheim aufzubieten hatte.

Bei den Meisterschaftsspielen im Westkreis aber zog die Mannschaft des MFC Phönix 02 unaufhaltsam, wie es schien, davon. Nach der Niederlage in Darmstadt errang die „Phönix"-Elf nur noch Siege: 2:1 gegen SC Germania 04 Ludwigshafen am 12. November 1911, 5:0 gegen FG 03 Ludwigshafen am 3. Dezember 1911 und 2:0 beim SC Germania 04 Ludwigshafen am 10. Dezember 1911.

Auch die Mannschaft des VfR Mannheim bezwang den SC Germania 04 Ludwigshafen mit 1:0 Toren (19. November 1911) und die FG 03 Ludwigshafen mit 2:0 Toren, mußte dann aber am 17. Dezember 1911 ihre erste Niederlage hinnehmen gegen den FV Kaiserslautern, und zwar mit 1:6 Toren auf eigenem Platz.

Das Feiertagsprogramm zum Jahresende 1911 wurde ausschließlich vom VfR Mannheim bestritten, da der MFC Phönix 02 am zweiten Weihnachtsfeiertag ein Verbandsspiel beim FC Phönix Ludwigshafen auszutragen hatte, das die Mannheimer mit 5:2 Toren für sich entscheiden konnten. Der VfR Mannheim bezwang am Weihnachtstag, 24. Dezember 1911, den Turnerbund Essen mit 2:0 Toren, verlor am 26. Dezember 1911 gegen den FC Freiburg mit 1:3 Toren und siegte am Silvestertag gegen Union Sportive Suisse Paris hoch mit 7:0 Toren.

Beste Voraussetzungen somit für das erste Zusammentreffen der beiden Mannheimer Verbandsvereine VfR Mannheim und MFC Phönix 02 am 7. Januar 1912 auf dem Platz an den Brauereien. Etwa 4000 Zuschauer wollten Zeuge dieses Treffens sein, das die beiden Clubs mit folgenden Mannschaften bestritten:

VfR: Beckenbach – Freiländer, Scheurer – Burkhardt, Sack, Wolf – Aulbach, Constantini, Wezel, Egetmeyer, Hindenlang

Phönix: E. Schönig – Müller, Kellenbenz – Knodel, Stein, Schwarz – Streiber, O. Schönig, Meinhardt, Neidig, Rohr

Der MFC Phönix 02 wurde von Spielbeginn an seiner Favoritenrolle gerecht, ließ die VfR-Elf nie zur Entfaltung kommen und siegte hochverdient mit 4:1 Toren. Ein großartiger Erfolg des „Zwergen Phönix" (200 Mitglieder) über den „Riesen VfR" (1040 Mitglieder).

Die Verbandsrunde ging danach aus Mannheimer Sicht sehr positiv zu Ende. Der MFC Phönix 02 gewann auch das Rückspiel gegen den VfR Mannheim am 11. Februar 1912 mit 1:0 Toren, und der VfR Mannheim errang eine Woche zuvor das höchste Ergebnis eines Mannheimer Vereins in dieser Runde mit dem 9:1 über den SC Germania 04 Ludwigshafen. Nach dem 0:0 Unentschieden zwischen MFC Phönix 02 und FV Kaiserslautern am 17. März 1912 standen beide Vereine bei Abschluß der Verbandsrunde punktgleich (je 20:8 Punkte) an der Tabellenspitze. Der VfR Mannheim belegte den dritten Platz.

A-Klasse Westkreis 1911/1912

FC Phönix Mannheim 02	33:13	20:8
FV Kaiserslautern	58:18	20:8
VfR Mannheim	42:25	18:10
FC Pfalz Ludwigshafen	27:23	15:13
FG 03 Ludwigshafen	23:31	15:13
FC Olympia Darmstadt	17:30	12:16
FC Phönix Ludwigshafen	13:45	6:22
SC Germania 04 Ludwigshafen	15:43	6:22

Sportliche Rundschau.

Stand um die Süddeutsche Meisterschaft:

Vereine:	Zahl der Spiele	ge- wonnen	unent- schieden	ver- loren	Punkte	Tore für	Tore geg.
Karlsr.-Fußball-Verein	1	1	—	—	2	4	1
Spielvereinigung Fürth	2	1	—	1	2	2	4
Fußballverein Frankfurt	1	—	—	1	—	—	1
? ? ?							

Stand der Privat-Pokalrunde:

Vereine:	Zahl der Spiele	ge- wonnen	unent- schieden	ver- loren	Punkte	Tore für	Tore geg.
Karlsruher F. V.	3	3	—	—	6	17	3
Phönix Karlsruhe	1	1	—	—	2	5	1
Spielvereinigung Fürth	2	—	1	1	1	2	5
Kickers Stuttgart	1	—	1	—	1	3	3
1. F.-C. Nürnberg	2	—	1	1	1	2	6
Ver. f. Rasensp. Mannh.	3	—	1	2	1	5	16

Zu dem notwendig gewordenen Entscheidungsspiel zwischen MFC Phönix 02 und FV Kaiserslautern am 24. März 1912 auf dem Platz des VfR Mannheim erschien in der Samstag-Ausgabe des „General-Anzeiger" erstmals eine Fußball-Tabelle auf der ersten Seite einer Mannheimer Zeitung!

Rund 3000 Zuschauer erlebten eine groß aufspielende „Phönix"-Mannschaft, die nach Treffern von Koffler und Otto Schönig in der zweiten Halbzeit mit 2:0 Toren verdient gewann und erstmals Westkreis-Meister wurde.

Erste gewählte Verwaltung des VfR Mannheim

Auf der ersten Generalversammlung des VfR Mannheim am 2. Februar 1912 im Gasthaus „Rodensteiner" in Qu 2,16 wurde die erste Verwaltung des Vereins gewählt, im Gegensatz zu dem anläßlich der Fusion von den Vereinsvertretern bestimmten Verwaltungsrat. Das respektable Aufgebot setzte sich wie folgt zusammen:

Mannheimer Fußball-Club Phönix 02 Westkreis-Meister der Spielzeit 1911/1912

v. l. Neidig, Heitzmann (1. Vorsitzender), Kellenbenz (Ehrenspielführer), Streiber, Meinhardt, Koffler, Emil Schönig, Knodel, Schwarz, Otto Schönig, Rohr und Müller

1. Vorsitzender	Professor Dr. A. Streibich
2. Vorsitzender	Heinz Jacoby
3. Vorsitzender	E. Laih
Verwaltungsrat	H. Banzhaf, L. Banzhaf, K. Betz, Prof. Bühn, H. Derschum, E. Dreher, H. Hornig, A. Kinzinger, K. Kümmerle, H. Langenbein, Ed. Lersch, K. Maibier, E. Mathes, E. Mügel. St. Oppenheimer, F. Rosenfeld, K. Sack, Prof. Specht, W. Trautmann
Ärztl. Beirat	Dr. med. Karl Ramsperger
Spielausschuß	
Fußball	Prof. Hermann Specht (Vorsitzender), H. Langenbein (2. Vorsitzender), L. Banzhaf, O. Bohn (Schriftführer), H. Brand, C. Busch, H. Derschum, H. Jacoby, E. Mathes, J. Nudischer, E. Ruppender, R. Schellmann
Hockey	K. Betz (Vorsitzender), Dr. W. Giulini, Walter Herbst, R. Liebe, St. Oppenheimer, Prof. A. Ratzel, F. Rosenfeld, Dr. Wünsch
Tennis	R. Liebe, O. Boehringer, R. Nerz, R. Schellmann, H. Vetter
Leichtathletik	E. Ruppender (Vorsitzender), W. Trautmann, J. Müller, L. Banzhaf, Fr. Kaltreuther, Hch. Langenbein, R. Schellmann
Schülerabteilung	Prof. K. Bühn (Vorsitzender, zugleich Leiter der Bewegungsspiele passiver, älterer Herren) unterstützt von einer Reihe Lehrer der Mittel- und Volksschulen; Spielführer: Loos, Körner, Wagner, Witzenhausen; Vertrauensleute: Rebstein (Oberrealschule), Körner (Realgymnasium), Witzenhausen (Gymnasium), Buß (Lessingschule), Wihler (Sigmund)
Jugendabteilung	Prof. Bühn (Abteilung mußte sich noch konstituieren)
Platzausschuß	E. Laih (Vorsitzender), H. Banzhaf, H. Hornig, E. Lersch, K. Sack
Schiedsrichterabteilung	L. Banzhaf (Vorsitzender), K. Lipfert (2. Vorsitzender), R. Claus (Schriftführer), O. Haupt, K. Spaeth, R. Dorn
Ausschuß für das Rechnungswesen	E. Mügel (1. Kassierer), E. Lersch (2. Kassierer), E. Dreher, K. Kümmerle und E. Mathes (Platzkassiere); Rechnungsprüfer: L. Banzhaf, K. Kümmerle und K. Sack; Kassenprüfer: H. Derschum, Prof. Hugo Droes, H. Kasper
Vergnügungsausschuß	Adolf Kinzinger (Vorsitzender), E. Akkermann (Schriftführer), E. Dreher, H. Englert, P. Gehrig, M. Heim, J. Müller, A. Rischert, H. Schenk, E. Stammbach, W. Theilacker
Presse- und Propagandaausschuß	Heinz Jacoby (Vorsitzender), K. Maibier (Schriftführer), H. Derschum, H. Engel, H. Espenschied, W. Herbst, H. Langenbein, Dr. E. Müller, E. Ruppender, W. Theilacker
Empfangsausschuß	K. Sack (Vorsitzender), R. Dorn, J. Kälbli, H. Kasper, V. Kunz, G. Lamerdin, K. Lipfert, E. Mathes, W. Theilacker
Hauptamtliche Angestellte	Geschäftsführer: P. Casper Trainer: Mr. C. Griffiths Einkassierer: A. Ziegler
Geschäftsstelle:	Mannheim P 5, Telefon 49 83

Verein für Rasenspiele E. V.
(M. F. G. 96 – Union – Viktoria)
MANNHEIM.

Postkarte.

Herrn L. Zeller

Hier
Zehntstalerstr. 177

P. P. 191 2, Nachm. 1/2 10 Uhr

Kommenden Sonntag, den 7. I.

findet auf unserm Brauerei Platze statt.

~~VERBANDS-WETTSPIEL~~
PRIVAT-WETTSPIEL

gegen Jugendmannschaft

Treffpunkt: 9 Uhr auf d. Platze

Abfahrt:

Kleidung: schwarze Hose, weisses Hemd mit Wappen.
Wir bitten um **pünktliches Erscheinen**, im Verhinderungsfalle um
sofortige Verständigung an die Geschäftsstelle.

Mit Sportsgruss:
Der Spiel-Ausschuß des V. f. R.

Mannheim, den 4. 1. 1912   i. A. gez. L. Klein
Geschäftsstunden 1–4 Uhr. Tel. 4983.

Mittels Postkarte erfolgten die Spielerbenachrichtigungen

Im Januar 1912 erschien die Vereins-Zeitung des VfR Mannheim in neuem Format und Aussehen

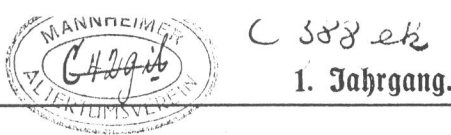

No. 1.   1. Jahrgang.

Mannheim, im Januar 1912.

Mitteilungen
des
Vereins für Rasenspiele e. V. Mannheim.

Für den Verein für Rasenspiele e. V. als Manuskript gedruckt.

Schriftleitung: Prof. Dr. Aug. Streibich, Mannheim, Collinistr. 22.
Beiträge für die Monatsschrift
sind zu richten an: Curt Maibier, Mannheim, O 7, 13.

Selbstverlag des Vereins. — Druck: Handelsdruckerei Katz, Mannheim.

Der Abdruck einzelner Artikel ist nur mit ausdrücklicher Erlaubnis der Schriftleitung gestattet.

An unsere Mitglieder.
Zur Jahreswende.

Allen unseren Mitgliedern entbieten wir die herzlichsten Glückwünsche zum neuen Jahr mit der Versicherung, daß wir alle unsere Kräfte aufbieten wollen, um den hohen Idealen, die unser Verein sich als Ziel gesteckt hat, näher zu kommen. Dazu ist aber die Mitarbeit aller unserer Mitglieder erforderlich, insofern diese bestrebt sein sollen, nach außen hin dem Sportsgedanken neue Anhänger zu gewinnen. Aber auch nach innen besteht für sie eine Verpflichtung: den spielenden und mit der Verwaltung betrauten Mitgliedern ein gewisses Vertrauen nicht versagen zu wollen. Dieses Vertrauen ist eine Macht, die niemand unterschätzen soll, da sie tiefer begründet ist als alle verstandesmäßigen Erwägungen und eine wichtige Vorbedingung des Gelingens unserer Sache ist. Besonders aber auch in den Spielerkreisen ist ein derartiges Vertrauen Grundbedingung. Wenn es geboten erscheint, daß auf die sportliche Mitarbeit eines Spielers in diesem oder jenem Falle verzichtet werden muß, so soll nicht Engherzigkeit oder Eifersüchtelei sportliche Erfolge gefährden; solche Sonderbrödeleien muß jeder, dem das große Ganze am Herzen liegt, auf das entschiedenste verurteilen. Unser Verein muß es natürlich jetzt als vornehme Aufgabe betrachten, auf sportlichem Gebiet Hervorragendes zu leisten: die sportliche Tat entscheidet alles. Daneben darf ein Verein von der Größe und Bedeutung des unsrigen es nicht versäumen, den Sport von den verschiedensten Seiten aus zu beleuchten. Ausgehend von der Ansicht, daß wir die unvergänglichen Güter der Vergangenheit uns zunutze machen müssen, haben sich unsere Mitglieder Herr Professor Hugo Droes und Herr Lehramtspraktikant Boß in dankenswerter Weise bereit erklärt, den Sport in seiner geschichtlichen Entwicklung aufzuzeichnen; ersterer wird über den Sport im alten Griechenland, mit besonderer Berücksichtigung der olympischen Spiele, letzterer über die Entwicklung des Sports bis zur Neuzeit sprechen. Unser Mitglied Herr Professor Bühn wird sportliche Tagesfragen erörtern. Weiterhin ist beabsichtigt, in besonderer Darbietung Lichtbilder, die interessante Spielmomente veranschaulichen, vorzuführen. Auch der Jurist wird zu Worte kommen: Herr Rechtsanwalt Dr. Ernst Müller wurde zu einem Vortrag gewonnen, worin er rechtliche Fragen, die sich auf den Sport beziehen, besprechen wird. In Aussicht steht die Behandlung der hygienischen Seite des Sports von fachkundiger Seite.

Es tue jeder an seinem Platze seine Pflicht nach Kräften und bedenke, daß die gesamte deutsche Sportswelt unsere Entwicklung beobachtet; nur dann wird unsere Arbeit im neuen Jahre von Erfolg gekrönt sein.

S.

Der am 2. November 1911 eingesetzte Verwaltungsrat des VfR Mannheim gab im Januar 1912 folgenden Rechenschaftsbericht:

Vom Verwaltungsrat.

Eine arbeitsreiche Zeit, die in jeder Weise für die Beteiligten des üblichen Beigeschmacks teilhaftig war, liegt hinter uns. Die Organisation, die die Fusion mit sich gebracht hat, stellte an die freie Zeit einiger unserer Herren ganz enorme Anforderungen, heute ist der größte Teil unter Dach und Fach gebracht, vollendet ist das Werk noch nicht. Vor allem werden die Satzungen, die einer außerordentlichen Generalversammlung am 2. Februar vorgelegt werden sollen, reichlich Beschäftigung für die nächsten vier Wochen bringen; wir hoffen jedoch, dieselben unseren Mitgliedern ungefähr druckfertig an dem genannten Termin unterbreiten zu können. Eine weitere Frage von wichtigster Bedeutung ist die Platzfrage, ob die Anlage bereits in diesem Jahr geschaffen wird, läßt sich im Augenblick noch nicht übersehen. Hier ist auf der einen Seite größte Ueberlegung und Vorsicht am Platze, auf der anderen Seite darf nicht übersehen werden, daß eine Anlage der Größe und Würde unseres Vereins entsprechend sobald als möglich auf der Bildfläche erscheinen muß. Es wären hier noch weitere Fragen anzuschneiden, infolge Platzmangel wird in der nächsten Schrift auf dieselben näher eingegangen werden.

Wir möchten bei dieser Gelegenheit nicht verfehlen, unseren Mitgliedern in kurzen Zügen einen Rückblick über unsere bisherige Tätigkeit zu geben, es sei hier natürlich lediglich das Wichtigste erwähnt. Der Verwaltungsrat hielt bisher 11 offizielle Sitzungen ab, die durchschnittlich von 17 Herren besucht waren.

Da die Anstellung eines Sekretärs und eines Vereinsdieners sich als nicht vorteilhaft erwies, wurde eingangs Dezember das Vertragsverhältnis mit den fraglichen Herren gelöst und Herr Ludw. Klein, der den meisten Mitgliedern durch seine ehrenamtliche Tätigkeit in der früheren „Viktoria" bekannt sein dürfte, als Betriebsleiter angestellt. Dies erwies sich als überaus glücklich, denn sein rastloser Eifer und die bisherigen Erfolge lassen darauf schließen, daß wir der Zukunft unbesorgt entgegensehen können. Es sei hier offen gesagt, daß wir in ihm den Mann gefunden haben, der die ihm übertragenen Arbeiten mit peinlichster Genauigkeit ausführt und uns insbesondere in den Sommerarbeiten in Punkto Leichtathletik zweifellos große Dienste leisten wird. — Die Mitgliederbeiträge werden entgegen einem früheren Beschluß des Verwaltungsrats in der Hauptsache an der Platzkasse eingezogen, es ist hier das erfreuliche Resultat zu berichten, daß von über 600 Mitgliedern dieser Modus sofort eingehalten worden ist, wenn man berücksichtigt, daß eine Menge Geschäftsleute, die nur selten zum Platz kommen, dem Verein angehören und ein Teil außerhalb wohnt, ein gutes Zeichen für die Anerkennung unserer Intensionen. Bemerkt sei an dieser Stelle noch, daß die Herren, die die Kassenkontrolle ausüben, angewiesen sind, darauf zu achten, daß der laufende Monat geklebt ist, bei mehr wie zweimonatlichem Beitragsrückstand muß der Eintritt verweigert werden. Wir haben jedoch die feste Zuversicht, daß wir in dieser Hinsicht bei unseren Mitgliedern auf keine Schwierigkeiten stoßen werden.

Damen und Kinder bis zu 12 Jahren in Begleitung von Mitgliedern sind vorläufig eintrittsfrei. Für die Väter von Mitgliedern können Jahreskarten zu ermäßigtem Preis in der Geschäftsstelle bestellt werden.

Die Kontrolle auf dem Sportplatze wird in Kürze lediglich noch von bezahlten Kontrolleuren ausgeführt, es liegt also im Interesse unserer Mitglieder, immer dafür zu sorgen, daß ihre Karten in Ordnung sind. Ohne Karte hat niemand Zutritt. Ausnahmefälle sind nur dann gestattet, wenn der Betreffende sich durch einen Herrn des Verwaltungsrats ausweisen läßt. Der Satzungsentwurf wird einen Passus bringen, wonach Mitglieder, die 6 Monate mit ihrem Beitrag im

Rückstand sind, gestrichen werden. Damit bei der Größe des Vereins insbesondere in den Sommermonaten Schiebungen nicht eintreten können, ist ein Kathotel angelegt worden, die über jedes Mitglied die wichtigsten Notizen enthält.

Die Anhäufung der schriftlichen Arbeiten hat die Anschaffung einer Schreibmaschine erforderlich gemacht, auch in sonstiger Hinsicht wurde die Geschäftsstelle mit dem Notwendigen büromäßig ausgestattet. Der Besuch unserer Mitglieder während der Geschäftsstunden in der Geschäftsstelle ist insbesondere im letzten Monat ein sehr reger geworden. Auch der telephonische Verkehr hat derartig zugenommen, daß wegen Zeitersparnis die Anlegung einer Nebenstelle im zweiten Stock erforderlich ist. Erwähnt sei hier noch, daß abgesehen von der Monatsschrift bisher weit über 2000 Schriftstücke von der Geschäftsstelle expediert wurden.

Die Aufnahme in die Schülerabteilung kann für die Folge lediglich dadurch erwirkt werden, daß das Aufnahmegesuch die Unterschrift des Vaters trägt. Schüler, die nicht aktiv tätig sein wollen, können nicht Zöglinge werden, an diese werden Platzabonnements verabfolgt, für die ebenfalls monatlich Marken zu lösen sind.

Von Wichtigkeit ist auch die Gründung einer Schiedsrichterabteilung innerhalb des Vereins. Des Näheren hierauf einzugehen erübrigt sich, da an anderer Stelle hierüber ausführlich berichtet ist.

Was die bisherigen Erfolge des Vereins anbelangt, so sind dieselben leider auf sportlichem Gebiete noch nicht zu suchen. Die durch die gleichzeitige Austragung der Ligaspiele, sowie durch das erforderliche Ausprobieren des großen Spielermaterials nötigen Umstellungen lassen einen Teil der bisherigen Resultate unserer Elitemannschaft als erklärlich bezeichnen. Auffällig ist jedoch, daß unsere beste Elf, sobald sie auf schlechtem Boden spielt und das war recht oft der Fall, vollkommen versagt. Die Spiele auf gutem Boden wurden durchweg überlegen ausgetragen. Was die gesamte Aktivität anbelangt, so muß leider gesagt werden, daß einige Spieler es in Fällen, die zum Eingreifen Veranlassung boten, an der nötigen Disziplin haben fehlen lassen. Wir hoffen, daß diese Fälle vereinzelt bleiben und machen gleichzeitig darauf aufmerksam, daß wir es für die Folge nicht mehr bei Verweisen bewenden lassen, es wird hier strengste Bestrafung eintreten.

Die Vergnügungen, die unseren Mitgliedern bisher geboten wurden, haben infolge ihrer Vielseitigkeit allgemein befriedigt; es ist nur zu hoffen, daß diejenigen Herren, die an dem Gelingen der Weihnachtsfeier und den Familien- und Herrenabenden den größten Anteil haben, noch recht lange das Szepter im Vergnügungsausschuß schwingen.

Durch den Rücktritt des Herrn C. Egetmeyer ist die Stelle des 1. Vorsitzenden neu zu besetzen; wir können jedoch mit Freuden berichten, daß seine Arbeitstätigkeit dem Verein erhalten bleibt. Für den Posten des 1. Vorsitzenden haben wir einen Herrn gewonnen, der in jeder Beziehung als passender Ersatz bezeichnet werden kann. Seine Beziehungen zu den hiesigen besseren Kreisen, sein zielbewußtes Auftreten, seine großen Kenntnisse von den verschiedenen Rasenspielen bieten uns die Gewähr dafür, daß dieses Amt bei ihm in guten Händen sein wird. Wir erwarten der Wichtigkeit der Punkte entsprechend zu der außerordentlichen Generalversammlung im „Rodensteiner" am 2. Februar ein volles Haus. —

Wir werden unseren Mitgliedern in Zukunft regelmäßig in den „Mitteilungen" einen kurzen Bericht über die Tätigkeit im verflossenen Monat bringen.

Der Verwaltungsrat.
J. V. Heinz Jacoby.

Gerangel um den MFC Phönix 02

Der Mannheimer Fußball-Club Phönix 02 hatte schon früh durch gute Leistungen seiner Mannschaften auf sich aufmerksam gemacht. Abgesehen von vielen lokalen Erfolgen standen die Süddeutsche Meisterschaft und Pokal-Meisterschaft der B-Klasse im Jahre 1909, die Abstellung des Brüderpaares Otto und Emil Schönig für Repräsentativspiele sowie letztendlich die gerade errungene Meisterschaft im Westkreis ganz oben auf der Erfolgsliste des Vereins. Daß diese Erfolge nicht nur Achtung, sondern auch den Neid und die Begehrlichkeit anderer erweckten, mußten die Verantwortlichen der MFC Phönix 02 schon bald erfahren.

Der Beschluß des Verbandstages im Jahre 1908, nur noch solche Vereine in der obersten Spielklasse zuzulassen, die über die entsprechenden Platzanlagen verfügten, kam auf Drängen einiger „großer" Vereine zustande; Leidtragender in Mannheim war seinerzeit bekanntlich der MFC Phönix 02. Schon damals streckten die Union Verein für Bewegungsspiele Mannheim und der MFC Viktoria 1897 ihre Fühler nach dem MFC Phönix 02 aus, um – wenn schon nicht den ganzen Verein –, dann zumindest einige gute Spieler an sich zu ziehen. In einer denkwürdigen Mitgliederversammlung im Lokal „Portugal" in F 4,1 kam es zu einem eindrucksvollen Treueschwur der gesamten Mannschaft für die Farben „Schwarz-Weiß-Grün".

Nach der Fusion der drei Stadtvereine zum VfR Mannheim im November 1911 und dem Anschluß des Mannheimer Hockey-Clubs an den VfR Mannheim am 2. Februar 1912 war dessen Mitgliederzahl auf 1 080 gestiegen. Und das Fusionskarussel schien nicht zur Ruhe kommen zu wollen. Am 10. Februar 1912 meldete der „General-Anzeiger":

„In letzter Zeit wurden verschiedentlich Vorschläge betreffend Fusion zwischen dem VfR Mannheim e. V. und Phönix gemacht. Da die gesamte Mitgliedschaft von Phönix sich indessen ablehnend zu dieser Angelegenheit äußerte, so mußten die diesbezüglichen Verhandlungen abgebrochen werden."

Zu dieser Mitteilung nahmen anschließend beide Seiten direkt Stellung. Der „General-Anzeiger" vom 19. Februar 1912:

„Vom VfR wird uns geschrieben: Vergangenen Samstag war unter der Spielankündigung Phönix – VfR die Bemerkung, daß der Fußballklub auf seiner Generalversammlung beschlossen habe, eine Fusion mit dem VfR nicht einzugehen. Diese Notiz hat vielfach zur Annahme geführt, als ob ein Antrag von seiten des VfR abschlägig beschieden worden sei. Demgegenüber ist richtig zu stellen, daß Verhandlungen gepflogen wurden, aber rein privater Natur waren; vor allem ist hervorzuheben, daß die Generalversammlung des VfR allein über Fusionssachen das entscheidende Wort sprechen kann; über eine eventuelle Fusion mit Phönix hätte erst sie den Ausschlag zu geben."

Danach das gleiche Blatt vom 24. Februar 1912:

„Fusion. Der Vorstand des FC Phönix Mannheim ersucht uns, aufgrund des § 11 des Pressegesetzes um Aufnahme nachstehender Berichtigung: „Es ist nicht wahr, daß die Fusionsverhandlungen einen privaten Charakter trugen. Wahr ist dagegen, daß unser Vorstand von dem Vorstand des VfR zu einer Besprechung eingeladen wurde. Bei dieser Versammlung wurden uns von dem Vorstand des VfR die Gründe einer Fusion, die wir im sportlichen Interesse sehr begrüßt hätten, nahegelegt. Der Vorstand versicherte uns im Voraus die Zustimmung der Generalversammlung des VfR. Von unserer Vorstandschaft konnte hingegen eine gleiche Erklärung nicht abgegeben werden. Der Vorstand des VfR sagte uns im Falle einer vorherigen Fusion mit ihm, das sichere Gewinnen des Protestspieles gegen dessen Liga-Mannschaft mit der Bemerkung zu, daß wir dadurch dann Westkreismeister würden. Das Erwähnte ist wohl der letzte Beweis, daß die gepflogenen Unterhandlungen nicht privater Natur waren."

Nach dieser eindeutigen Klarstellung seitens des MFC Phönix 02 wurde das Thema Fusion fallengelassen.

„Phönix" Mannheim Süddeutscher Vize-Meister

Die Mannschaft des Mannheimer Fußball-Club Phönix 02, am Ende der vorjährigen Verbandsrunde 1910/1911 noch abgeschlagen auf Rang sieben von neun Mannschaften gelandet, schickte sich am 31. März 1912 an, nach der Süddeutschen Meisterschafts-Krone zu greifen. Beim Fußball-Verein Frankfurt errang sie mit einem überragenden Otto Schönig im Tor ein hochverdientes 0:0 Unentschieden. Zwei Wochen später, am 14. April 1912, kreuzte Altmeister Karlsruher Fußball-Verein mit seinen fünf Nationalspielern auf dem „Phönix"-Platz an der Fohlenweide auf. Knapp 3000 Zuschauer erlebten eine hochdramatische Begegnung. Nach dem 1:0 Pausenstand durch Emil Schönig und dem 2:0 durch Meinhardt kurz nach Beginn der zweiten Halbzeit sahen die Platzherren schon wie der sichere Sensationssieger aus. Ein Eigentor von Rechts-Verteidiger Albert Müller ließ Karlsruhe auf 2:1 herankommen, und was niemand mehr für möglich gehalten hatte, geschah: kurz vor Spielende glückte Nationalmittelstürmer Gottfried Fuchs der mehr als schmeichelhafte 2:2 Ausgleich für seine Farben. Dennoch war das Ergebnis ehrenvoll für eine nicht nur kämpferisch, sondern auch spielerisch groß auftrumpfende „Phönix"-Elf.

Kein Wunder, daß eine Woche darauf Großkampfstimmung auf dem „Phönix"-Platz herrschte; kein geringerer als der Ostkreis-Meister Spielvereinigung Fürth gab seine Visitenkarte ab. Die Aufstellungen beider Mannschaften lauteten:

"Phönix": O. Schönig – Müller, Kellenbenz – Schwarz, Knodel, Neidig – Rohr, Meinhardt, E. Schönig, Koffler, Streiber

Fürth: Steiger – Mütze, Kraus – Isenmann, Burger, Schmidt – Lang, Hutton, Seidel, Franz, Segitz

Wieder waren es etwa 3000 Zuschauer, die gekommen waren. Nach Toren von Schönig und Seidel ging man mit 1:1 in die Pause. In der zweiten Halbzeit brannte die „Phönix"-Elf ein wahres Fußballfeuerwerk ab und kam durch Tore von Rohr und Koffler, der zweimal erfolgreich war, zu einem in dieser Höhe nie erwarteten 4:1 Sieg.

Hatten schon die bisherigen Erfolge des MFC Phönix 02 in süddeutschen Fußballkreisen aufhorchen lassen, so war der Mannschaft spätestens nach dem 3:1 Sieg in Fürth am 28. April 1912 die Hochachtung und der Respekt sicher. Vor dem alles entscheidenden Spiel in Karlsruhe am 5. Mai 1912 gegen den Fußball-Verein schrieb der „General-Anzeiger" in seiner Vorschau vom 2. Mai 1912:

„Phönix Mannheim (Westkreismeister) gewinnt zweimal gegen Spielvereinigung Fürth und ist so neben dem K. F.-V. nächster Anwärter auf die süddeutsche Meisterschaft. Beide Vereine stehen sich am kommenden Sonntag in Karlsruhe gegenüber, so daß also hierbei die Entscheidung fallen wird. Wohl niemand hätte geglaubt, daß der junge aufstrebende Mannheimer Club, der vor zwei Jahren noch in der B-Klasse spielte, dem K. F.-V. die süddeutsche Meisterschaft derartig streitig machen könnte, daß er am Sonntag sein ganzes Können zeigen muß, wenn er gegen die Mannheimer mit Erfolg bestehen will."

Die 4:1 Niederlage beim Karlsruher Fußball-Verein machte zwar alle „Phönix"-Hoffnungen zunichte und brachte den Karlsruhern den erneuten Meistertitel, dennoch konnten die Mannheimer mit dem Erreichten vollauf zufrieden sein. Nach dem 1:1 Unentschieden am 19. Mai 1912 zuhause im bedeutungslos gewordenen Treffen gegen den Fußball-Verein Frankfurt wurde der MFC Phönix 02 schließlich Süddeutscher Vize-Meister, wie die Schlußtabelle zeigt:

Süddeutsche Meisterschaft 1911/1912

Karlsruher FV	6	5	1	0	31:6	11:1
MFC Phönix 02	6	2	3	1	11:10	7:5
SpVgg Fürth	6	1	2	3	12:22	4:8
FV Frankfurt	6	0	2	4	5:21	2:10

Zu diesem Erfolg des MFC Phönix 02 paßt der Bericht des „General-Anzeiger" in seiner „Sport-Revue" vom 6. Mai 1912:

Süddeutsche Meisterschaft.

Karlsruher Fußball-Verein gewinnt die Südd. Meisterschaft mit 4:1 gegen Phönix Mannheim.

bf. Karlsruhe, 6. Mai. (Tel.) Prachtvolles Sportswetter war dem Meeting günstig. Es dürften wohl an 3000 Zuschauer gestern auf dem Sportplatze des K. F.-V. geweilt haben, um einem Spiel anzuwohnen, das voll spannender Momente, entschlußsicherer Tatkraft und höchstentwickelter Technik war. Soviel ist sicher, daß das Spiel K. F.-V. gegen Phönix Mannheim nicht nur ein erstklassiges Treffen, sondern auch ein ganz wirkungsvolles Propagandaspiel für den Fußballsport überhaupt war. Die sicher hochgespannten Erwartungen wurden vollauf erfüllt durch Leistungen, die nur von Berufsmannschaften überboten werden können. Der Karlsruher Fußballverein konnte sich die Südd. Meisterschaft sichern, aber Mannheim ist ehrenvoll unterlegen. Ihr bester Mann ist unstreitig Schönig, ein Torwächter von internationalen Qualitäten. Aber auch die übrige Mannschaft gab einen guten Gegner ab. Die Aufstellung war folgende: Phönix Mannheim: Tor (E. Schönig); Verteidiger Müller, Kellenbenz); Läufer (Schwarz, Knobel, Neidig); Stürmer (Rohr, Meinhardt, O. Schönig, Koffler, Streiber.) K. F.-V.: Stürmer (Kächele, Hirsch, Fuchs, Förderer, Tscherter); Läufer (Groß, Ruzel, Bosch); Verteidiger (Hollstein, Hüber); Tor (Burger). Schiedsrichter Munk ließ um 3.35 Uhr das Spiel beginnen, wobei Karlsruhe den Anstoß hatte. Die erste halbe Stunde waren die Gegner sich vollständig ebenbürtig und erst von da an trat die vorzügliche Kombinationstechnik der Karlsruher zutage. Erst 4.10 Uhr, also fast gegen Ende der ersten Spielhälfte fiel durch Hirsch für Karlsruhe das erste Tor, 4.15 durch Fuchs das zweite und kurz darauf konnte der K. F.-V. einen Elfmeter verwandeln. Diese überraschenden Erfolge wirkten auf Mannheim verblüffend, deren Leute bisher ganz hervorragende Eigenschaften zeigten, nun aber nachließen. Mit 3:1 ging es in die Pause. Nach Feldwechsel konnte Meinhardt für Mannheim einen Elfmeterball einsenden. Das sollte allerdings der einzige Erfolg bleiben. Karlsruhe hielt die Gäste nun fast ständig in ihrer Spielhälfte fest und erst gegen Schluß des Treffens brängte Mannheim in für Karlsruhe äußerst gefährlicher Weise. In den letzten Minuten konnte Förderer für Karlsruhe noch einmal einsenden, nachdem etwa ein Dutzend Schüsse von Schönig abgewehrt worden waren. Stürmer- und Läuferreihe der Mannschaft lassen für die Zukunft noch manches erwarten. Freilich müßte dann noch etwas von der glänzenden Technik der Karlsruher hinzutreten. Unter brausendem Beifall wurde dem Sieger ein Lorbeerkranz mit einer Schleife in badischen Farben überreicht. Abends fand eine Siegesfeier statt.

Sportverein Waldhof wieder B-Klassen-Meister

In der B-Klasse Neckargau spielte in der Saison 1911/1912 für den in die C-Klasse abgestiegenen Ballspiel-Klub 1904 Mannheim der FC Phönix Sandhofen. In Vorbereitungsspielen erreichten die zu Favoriten erkorenen Mannschaften des Sportverein Waldhof und des FC Viktoria Feudenheim beachtliche Ergebnisse; Waldhof besiegte am 10. September 1911 den FC Melitia Offenbach mit 4:1 Toren und die Feudenheimer gewannen am 24. September 1911 bei der SpVgg Kaiserslautern mit 8:2 Toren. Entsprechend gespannt war man auf den Rundenauftakt am 1. Oktober 1911: FVg Schwetzingen gegen SV Waldhof und FC Viktoria Feudenheim gegen FVg Neckarau lauteten die beiden Schlagerbegegnungen; klare 5:1 Sieger wurden Waldhof und Feudenheim.

Für die Überraschung des ersten Spieltages aber sorgte Aufsteiger FC Phönix Sandhofen mit einem hohen 7:0 Sieg über die FG 1898 Seckenheim. Bereits am dritten Spieltag, 15. Oktober 1911, trafen Feudenheim und Waldhof aufeinander. Der „General-Anzeiger" schrieb dazu:

„Besonderes Interesse verdient im Turnus der Gaumeisterschaftsspiele der Klasse B das Treffen der starken Rivalen „Viktoria" Feudenheim und „SV Waldhof", welches auf kommenden Sonntag festgesetzt ist. Beide Vereine stellen zwei vollständige Mannschaften ins Feld. Da doch unter einem dieser Vereine der diesjährige Gaumeister zu suchen ist, werden beide Teams in kompletter Aufstellung antreten."

Der FC Viktoria Feudenheim gewann mit 1:0 Toren und übernahm die Tabellenführung, die er bis zum Abschluß der Vorrunde auch nicht mehr abgab: mit einem Punkt Vorsprung führte Feudenheim (13:1 Punkte) vor Waldhof (12:2 Punkte). In der Rückrunde blieb Waldhof jedoch ungeschlagen – das Rückspiel gegen Feudenheim gewann man am 10. Dezember 1911 mit 4:1 Toren –, während die Feudenheimer durch eine Serie von zwei weiteren Niederlagen und drei Unentschieden entscheidend zurückgeworfen wurden. Der Sportverein Waldhof errang wie im Vorjahr mit klarem Vorsprung die Meisterschaft der B-Klasse.

Die Mannschaft des Sportverein Waldhof im Jahre 1912
Von links: Layer (Schiedsr.), Creutz, Rößling, Schmitz, Scheurer, Endemann, Reinhard, Walter, Ruppert (2. Vors.), Kräger, Strauch (Spielf.), Müller, Lidy, Woll, Lidy sen. (Ehrenv. im Spielaussch.)

B-Klasse Neckargau, Saison 1911/1912

SV Waldhof	14	11	2	1	24:4
FC Viktoria Feudenheim	14	7	4	3	18:10
FVg 1898 Schwetzingen	14	8	2	4	18:10
FC Phönix Sandhofen	14	6	4	4	16:12
1. FC Viktoria Heidelberg	14	5	3	6	13:15
FG Kickers Mannheim	14	4	3	7	11:17
FVg Neckarau	14	5	2	7	12:16
FG 1898 Seckenheim	14	0	1	13	1:27

In Heidelberg nannte sich der bisherige FC Viktoria 1905 Heidelberg ab der Spielrunde 1911/1912 nun *1. FC Viktoria Heidelberg;* ein Indiz dafür, daß man sich von anderen Fußball-Clubs unterscheiden wollte und auf seine Stellung als ältester Fußball-Club pochte.

Das höchste Saisonergebnis erzielte der SV Waldhof am 14. Januar 1912 mit seinem 11:0 Sieg über FVg 1898 Schwetzingen. Die Standard-Besetzung der Waldhof-Mannschaft lautete:

Keller – Müller, Hecht – Rupp, Willmann, Strauch – Baumann, Creutz, Endemann, Schwärzel und Woll.

Bei den sich anschließenden Spielen um die Westkreis-Meisterschaft der B-Klasse mußte sich der SV Waldhof mit FK Alemannia Worms (Mittelrheingau-Meister), VfB Borussia Neunkirchen (Saargau-Meister), 1. FC Kreuznach 1902 (Nahegau-Meister) und FV Frankenthal (Pfalzgau-Meister) auseinandersetzen. Der FV Frankenthal war 1911 aus der Fusion der beiden Fußballklubs Palatia und VfB 1910 Frankenthal entstanden.

Der Start der Waldhöfer verlief verheißungsvoll: einem 3:1 Sieg in Worms am 18. Februar 1912 folgte eine Woche später ein klarer Heimsieg mit 8:1 Toren über Kreuznach. Dann aber kam am 3. März 1912 der Einbruch in Neunkirchen, wo die Borussen mit 8:3 Toren siegreich blieben. Dem 3:1 Heimsieg über Worms am 17. März 1912 folgten jedoch die entscheidenden Waldhof-Niederlagen in Frankenthal (4:1 am 24. März 1912) und zuhause gegen Neunkirchen (1:2 am 31. März 1912). Das 1:1 Remis in Kreuznach am 7. April 1912 und die 1:2 Heimniederlage gegen Frankenthal am 21. April 1912 hatten keinerlei Auswirkungen mehr; der VfB Borussia Neunkirchen wurde ungeschlagener Westkreis-Meister der B-Klasse.

Westkreis-Meisterschaft der B-Klasse
Saison 1911/1912

VfB Borussia Neunkirchen	8	8	0	0	35:10	16:0
FV Frankenthal	8	5	0	3	26:13	10:6
SV Waldhof	8	3	1	4	21:20	7:9
FK Alemannia Worms	8	3	0	5	10:18	6:10
1. FC Kreuznach 1902	8	0	1	7	5:36	1:15

Neckarhausen Westkreis-Meister der C-Klasse

Die beiden C-Klassen im Neckargau der Spielzeit 1911/1912 deckten nicht nur das gesamte Stadtgebiet Mannheims mit Vororten, sondern auch das nähere Umland ab.

In der C 1-Klasse spielten:
SG Olympia-Sportfreunde 1906 Mannheim, SC Käfertal, SV Neckarau, FK Alemannia Ilvesheim, FC Viktoria Neckarhausen 08, FV 09 Weinheim und FK Neuenheim-Heidelberg

In der C 2-Klasse waren verteten:
FG Concordia Mannheim, SV Helvetia Mannheim, MFC 08 Lindenhof, FK Badenia 1907 Mannheim, Ballspiel-Klub 1904 Mannheim, FC Germania Friedrichsfeld und FG 1906 Plankstadt.

In der *C 1-Klasse* dominierte von Rundenbeginn an der Fußball-Club Viktoria Neckarhausen 08; für ihn schien es keine ernsthaften Gegner zu geben. Selbst die hoch eingeschätzten Mannschaften wie SC Käfertal und FK Alemannia Ilvesheim mußten der Elf aus Neckarhausen Tribut zollen; gegen den SC Käfertal gewann man mit 2:1 Toren am 12. November 1911 und 6:1 Toren am 7. Januar 1912, gegen FK Alemannia Ilvesheim mit 3:1 Toren am 1. Oktober 1911 und 4:1 Toren am 14. Januar 1912. Der Rest war dann nur noch Formsache; in souveräner Manier wurde der FC Viktoria Neckarhausen 08 Meister der C 1-Klasse.

Mit dem FK Neuenheim-Heidelberg nahm, nach dem 1. FC Viktoria Heidelberg in der B-Klasse, der zweite Fußballklub aus Heidelberg an Verbandsspielen teil.

Die Mannschaft des FV 09 Weinheim im Jahre 1911

v. l. Valentin Dörsam, Georg Gärtner, Emil Schertel, Hermann Langer, Albert Woither, Franz Link, Georg Wetzel, Georg Vetter, August Strauß, Wilhelm Jeck, Hermann Grimm und Alois Gallus

Der SV Helvetia Mannheim im Jahre 1911

v. l. Dressel, Lacombe, Hennig, August Höhr, Geier, Weber, Mosemann, Waibel, J. Müller, Fritz Heck, Heinrich Heller, Schmid, Klaus

Fußball-Club Germania Friedrichsfeld Meister der C 2-Klasse im Neckargau der Spielzeit 1911/1912

v. l. J. Koch, Ph. Schmitt, M. Bien, Fr. Dehoust, J. Bien, J. Jung, Gg. Krieger, Gg. Jung, G. Hoog, J. Gropp und K. Weber

Wesentlich enger ging es in der *C 2-Klasse* zu. Hier lieferten sich der Absteiger aus der B-Klasse des Vorjahres (1910/1911), der Ballspiel-Klub 1904 Mannheim, der MFC 08 Lindenhof und der FC Germania Friedrichsfeld bis zum letzten Spieltag heftige Positionskämpfe, ehe die Mannen aus Friedrichsfeld die Meisterschaft der C 2-Klasse unter Dach und Fach bringen konnten.

Um die Gaumeisterschaft der C-Klasse standen sich sodann am 10. März 1912 auf dem Platz der Fußball-Vereinigung Schwetzingen der FC Viktoria Neckarhausen 08 und der FC Germania Friedrichsfeld gegenüber. Vor der beachtlichen Kulisse von 1000 Zuschauern bewies die Mannschaft aus Neckarhausen in der Aufstellung mit

Betzwieser – Fischer, Siemisch – Krabenauer, Bräunig, Laumann – Hack, Meng, Fuchs, Stahl und Ball

auch hier ihr großes Können und wurde durch einen klaren 3:1 Sieg Gaumeister der C-Klasse im Neckargau. Der „General-Anzeiger" berichtete zu diesem Spiel:

„Unter klingendem Spiel wurde abends am Bahnhof Ladenburg die Meistermannschaft nach Neckarhausen begleitet."

Der Fußball-Club Viktoria Neckarhausen 08 hatte sich damit für die Spiele um die Westkreis-Meisterschaft der C-Klassen qualifiziert und kämpfte mit dem FK Oberstein (Nahegaumeister) und FK Union Pirmasens (Pfalzgaumeister) um den Titel. Nach Siegen über Pirmasens mit 1:0 am 31. März 1912 in Pirmasens und am 14. April 1912 zuhause mit 2:1 Toren sowie einem Erfolg über Oberstein mit 2:0 Toren am Ostermontag, 8. April 1912 – das Spiel in Oberstein verlor man am 21. April 1912 mit 3:2 Toren – stand der FC Viktoria Neckarhausen 08 Anfang Mai 1912 nach Verzicht des Protestspieles durch FK Union Pirmasens mit sechs Punkten Vorsprung uneinholbar an der Tabellenspitze, wurde Westkreis-Meister der C-Klassen und hatte den Aufstieg in die B-Klasse geschafft.

Am 12. Mai 1912 besiegte der neue Westkreis-Meister der C-Klasse, FC Viktoria Neckarhausen 08, den Pfalzgau-Meister der B-Klasse, den FV Frankenthal, in einem Freundschaftsspiel mit 1:0 Toren und als die „Viktoria" zum Saisonausklang am 9. Juni 1912 eine kombinierte Mannschaft des MFC Phönix 02 gar mit 5:0 Toren bezwang, war die Fußballwelt im kleinen Neckarhausen rundum in Ordnung.

Der Fußball-Club Viktoria Neckarhausen 08 wurde Westkreis-Meister der Klasse C in der Saison 1911/12

Süddeutsche Privat-Pokal-Runde

Am 24. September 1911 faßten die führenden Vereine Süddeutschlands in Karlsruhe den Beschluß, zwecks Hebung des Fußballsports eine „Süddeutsche Privat-Fußballrunde" einzuführen. Die Vereine wurden verpflichtet, mit ihren stärksten Mannschaften anzutreten, um wirklich erstklassige Veranstaltungen bieten zu können. Die Wertung sollte nach dem Verbandssystem, also mit Punktewertung erfolgen. Die sieben besten Vereine gaben ihre Zusage: Karlsruher Fußball-Verein, FC Phönix Karlsruhe, 1. FC Nürnberg, SpVgg Fürth, FC Kickers Stuttgart, 1. FC Pforzheim und die damals noch bestehende Mannheimer Fußball-Gesellschaft 1896; der 1. FC Pforzheim zog später seine Zusage wieder zurück.

Vom Verband Süddeutscher Fußball-Vereine wurde diese Privat-Runde heftig bekämpft und zunächst verboten, da sie im Widerspruch zu diesbezüglichen Verbandsbeschlüssen der Jahre 1910 und 1911 standen. Die Vereine erzwangen jedoch nach intensiven Gesprächen mit dem Verband einen Sinneswandel und Ende Oktober 1911 erteilte der Verband Süddeutscher Fußball-Vereine seine Zustimmung.

Im Frühjahr 1912 einigte man sich dann auf eine Spielrunde um den „Gold-Pokal"; anstelle der Mannheimer Fußball-Gesellschaft 1896 trat der VfR Mannheim. Die Runde wurde am 25. Februar 1912 gestartet. Vor dem Spiel des VfR Mannheim gegen die Stuttgarter Kickers war der „Gold-Pokal", der einen Wert von 700 Mark hatte, im Mannheimer Bekleidungshaus Engelhorn & Sturm an den Planken zu besichtigen.

Der Start verlief wenig verheißungsvoll für den VfR Mannheim. Einem 3:3 Heimspielauftakt gegen die Stuttgarter Kickers am 25. Februar 1912 folgte eine Woche später eine katastrophale 9:1 Schlappe beim Karlsruher Fußball-Verein. Bereits am 10. März 1912 traten die Karlsruher zum Rückspiel in Mannheim an; beide Teams in folgenden Aufstellungen:

VfR: Lemmel – Nerz, Banzhaf – Brühmüller, Trautmann, Schäfer – Altfelix, Engel, Link, Egetmeyer, Kratzmann

KFV: Burger – Hollstein, Hüber – Bosch, Breunig, Groß – Kächele, Heidt, Hirsch, Förderer, Tscherter

Auch diesmal konnte die VfR-Elf den Karlsruhern kein Paroli bieten und verlor mit 1:4 Toren.

Den ersten VfR-Sieg gab es am 24. März 1912 mit 2:1 Toren bei den Stuttgarter Kickers; drei weitere folgten: 4:2 und 3:1 gegen FC Phönix Karlsruhe am 21. und 28. April 1912 sowie am 19. Mai 1912 zuhause gegen die Spielvereinigung Fürth. Keine Chance hatte dagegen der VfR Mannheim am 26. Mai 1912 beim 1. FC Nürnberg: 3:0 lautete das Endergebnis. Aber ein 3:2 Sieg über Nürnberg eine Woche später auf dem Platz an den Brauereien und ein hoher 5:0 Auswärtssieg in Fürth sorgten für einen versöhnlichen Abschluß und den zweiten Tabellenplatz. Insgesamt verlief diese Runde äußerst schleppend; die letzte Begegnung, die dem Karlsruher Fußball-Verein den ersten Platz und den Pokal-Gewinn brachten, wurde erst Anfang September 1912 ausgetragen.

Süddeutsche Privat-Pokal-Runde 1912

Karlsruher FV	10	7	2	1	32:12	16:4
VfR Mannheim	10	6	1	3	25:27	13:7
FC Kickers Stuttgart	10	4	3	3	16:24	11:9
FK Phönix Karlsruhe	10	3	2	5	26:25	8:12
1. FC Nürnberg	10	3	1	6	24:12	7:13
SpVgg Fürth	10	2	1	7	14:24	5:15

Erste Schiedsrichter-Organisation in Mannheim

Als man den 13. Januar 1912 schrieb, waren fast genau fünfzehn Jahre vergangen, seit in Mannheim der erste Fußballverein gegründet und in zwölf Verbandsrunden, zunächst auf lokaler Ebene, später in überregionaler Runde Fußballmeister ausgespielt worden waren. Seit dem Jahre 1896 hatte es in Mannheim etwa 60 Fußballvereine gegeben. Was bisher jedoch fehlte, war eine Organisation für Schiedsrichter. Zwar bemühten sich die einzelnen Verbände um Schiedsrichter und der Verband Süddeutscher Fußball-Vereine gab auch – wie berichtet –, 1899 eine „Offizielle Schiedsrichterliste" heraus, auf der sich die

Namen zweier Mannheimer Schiedsrichter befanden; eine straffe Reglementierung fehlte jedoch.

Die aus England übernommenen Spielregeln konnte sich jeder, der dazu Lust hatte, aneignen; eine Prüfung gab es nicht. Wichtigste Voraussetzung für einen zunächst von den Vereinen, später von den Regionalverbänden festgesetzten Schiedsrichter war das Vertrauen, das die Spieler in ihn setzten. Anfangs übernahmen Vereinsvorsitzende in Zivilkleidung, meist mit Melone, das Amt eines Schiedsrichters. Allmählich kamen Spieler, die nicht mehr aktiv waren, hinzu; zumindest diese zeichneten sich durch ein einigermaßen gutes Laufvermögen aus. Sehr oft mußten Mannschafts-Capitäne dazu überredet werden, nicht zu spielen, sondern zu schiedsrichtern. Entsprechend fielen die Spielleitungen und die Regelauslegungen aus; Spielabbrüche und Protestspiele bildeten die Regel.

Zwei Zitate aus dem „General-Anzeiger" mögen hier stellvertretend für viele andere Spiele genannt werden:

> Vom 3. Juli 1898 zum Spiel MFG Union 1897 gegen MFG Germania 1897, Endstand 0:0:
> *„Erfreulicherweise hat Herr Dr. Risson aus Heidelberg sich erboten, das dornenvolle Amt des Schiedsrichters zu übernehmen."*
>
> Vom 10. November 1901 zum Spiel MFG 1896 II gegen MSC Germania 1897 II, Endstand 1:3:
> *„Als unfair zu bezeichnen ist das Wirken eines Seitenrichters (Mitglied der MFG 1896), welcher unter anderem auch seine Leute ununterbrochen durch Zurufe instruierte."*

Je mehr Vereine entstanden, umso größer wurde zwangsläufig der Mangel an guten Schiedsrichtern. Natürlich gab es in vielen Vereinen „vertrauensvolle" Schiedsrichter, die jedoch sehr gefragt und dadurch auch oft überfordert waren. Um das Jahr 1910 zählte man in Mannheim und Umgebung rund zwanzig Schiedsrichter, die von den meisten Vereinen, zumindest von den bekannten Verbandsvereinen, als unparteiisch betrachtet wurden. Zu dieser Zeit hatte auch eine etwas sportlichere Kleidung die gesteiften Hemden mit „Vatermörder", lange Hosen und Melone abgelöst.

Dem VfR Mannheim blieb es in unserem Raume vorbehalten, die erste Schiedsrichter-Organisation ins Leben zu rufen. In den „Mitteilungen des Vereins für Rasenspiele e. V." Nr. 1 vom Januar 1912 heißt es hierzu:

Schiedsrichter-Organisation

„Um den Mangel an tüchtigen Schiedsrichtern abzuhelfen und insbesondere für die Spiele unserer jüngeren Mannschaften für dieses Amt befähigte Herren zur Verfügung zu haben, wurde vom Verwaltungsrat auf Antrag der Unterzeichneten die Gründung einer
Schiedsrichter-Abteilung
beschlossen. Die konstituierende Versammlung findet am Samstag, den 13. Januar, abends 9 Uhr im Vereinslokal P 5, 9 statt.

Als Stamm werden in die neue Abteilung berufen die Herren Banzhaf, Busch, C. Casper, Claus, Derschum, Dorn, Engel, Gött, Hannack, Haupt, Jacoby, Keller, L. Klein, H. Langenbein, Lipfert, Marquardt, Mathes und Müller. In jedem Monat werden Sitzungen stattfinden, die Einladung erfolgt durch die Vereinszeitschrift, in besonderen Fällen durch die Geschäftsstelle.

Der vornehmste Zweck dieser Organisation ist, dem Verein und in zweiter Linie auch dem Verband tüchtige Schiedsrichter heranzubilden. Um das Interesse für die Sache zu heben sind
drei wertvolle Ehrenpreise
ausgesetzt, die an diejenigen Herren, die innerhalb des Vereins die meisten Spiele geleitet haben, an dem Tage der Jahresversammlung jeweilig zur Verteilung gelangen. Mitglieder, die in die Abteilung aufgenommen zu werden wünschen, haben sich einer praktischen Prüfung zu unterziehen. Über die Aufnahme entscheidet die Schiedsrichtersitzung.

Diejenigen Herren, welche sich zur Schiedsrichterprüfung vorbereiten wollen, werden ersucht, sich an den Unterzeichneten zu Händen der Geschäftsstelle zu wenden. Wir hoffen, daß sich unter der großen Anzahl Mitglieder recht viele dieser guten Sache widmen werden.

Der Verwaltungsrat
Heinz Jacoby"

Die Resonanz auf diese Ankündigung blieb äußerst schwach. Es wurde deshalb beschlossen, die genannten

Schiedsrichter nochmals zu einer Sitzung am 16. Februar 1912 „ganz ergebenst einzuladen mit dem Wunsche, diese Besprechung vollzählig besuchen zu wollen."

In den Vereins-Mitteilungen Nr. 3 vom März 1912 wurde sodann berichtet:

> „Die am 16. Februar 1912 stattgefundene Besprechung mit dem Stamm der Schiedsrichter war leider auch nicht wieder vollzählig besucht. Es scheint, daß verschiedene Herren Schiedsrichter der Organisation vorerst nicht sympathisch gegenüberstehen. Wir hoffen zuversichtlich, daß diese Herren bald anderer Ansicht sind, und der jüngsten Kommission – Vorsitzender Herr L. Banzhaf, Schriftführer Herr Claus und als Beisitzer die Herren A. Keller, Späth, O. Haupt und Dorn – künftig mehr Interesse entgegenbringen".

Diese mahnenden Worte verfehlten ihre Wirkung nicht, denn im Vereins-Mitteilungsheft Nr. 4 vom April 1912 wird gemeldet:

> „Im Gegensatz zu unserer letzten Mahnung in den März-Mitteilungen können wir bezüglich Beitritt heute erfreulicher über den Stand der Abteilung berichten. Bis jetzt gehören 20 Schiedsrichter zur Organisation. Wir haben nun eine ganz ansehnliche Schar von brauchbaren Kräften, so daß wir bei zeitiger Bekanntgabe in der Lage sind, für die vielen Mannschaften Unparteiische zu stellen.
>
> Folgende Mitglieder zählen zur Abteilung:
> L. Banzhaf, K. Busch, P. Casper, R. Claus, R. Dorn, Hch. Englert, Franz, J. Hannack, O. Haupt, J. Kaufmann, Ad. Keller, K. Lipfert, K. Maibier, A. Messerschmidt, J. Neu, Fr. Nieding, C. Späth, A. Renner, Ad. Rischert, W. Theilacker.
>
> Es ist sehr zu begrüßen, daß gerade diejenigen Mitglieder, welche Verbandsspiele in allen Klassen bisher leiteten, sich in den wichtigen Dienst der Sache gestellt haben."

Der Anfang für organisierte und geschulte Schiedsrichter in Mannheim war somit gemacht. In den „Vereins-Zeitungen des Verein für Rasenspiele e. V." vom 10. Oktober 1912 und 14. November 1912 wurden die ersten Richtlinien für alle Schiedsrichter veröffentlicht:

Schiedsrichter-Abteilung.

Bevor alle unsere für Verbandsspiele gemeldeten Schiedsrichter zur ernsten Arbeit auf dem grünen Rasen übergehen, wollen wir nicht unterlassen, endstehend eine Instruktion folgen zu lassen, die für alle Schiedsrichter unendlich wichtig sein wird. Wir bitten daher dringend, aus den folgenden Zeilen alles wissenswerte zur Kenntnis zu nehmen; denn nur solche Schiedsrichter sind brauchbare Kräfte, die praktische und theoretische Erfahrungen zu verwenden wissen.

1. Der Schiedsrichter ist verpflichtet, vor dem Wettspiele das Spielfeld, die Markierung, die Tore, Tornetze und den Ball zu prüfen.

2. Der Beginn der Wettspiele findet im Sinne der Ausschreibung statt.

3. Ganz besondere Fälle ausgenommen, darf die Pause die Dauer von 10 Minuten nicht übersteigen.

4. Wegen leichter Verletzungen ist das Spiel nicht zu unterbrechen, in schweren Fällen ist der Verletzte vom Spielfelde zu entfernen. Doch soll die Unterbrechung des Wettspiels nicht länger als 3 Minuten währen.

5. Es ist Pflicht des Schiedsrichters, darauf zu achten, daß das Wettspiel streng im Sinne der Regeln durchgeführt wird.

6. Der Schiedsrichter hat darauf zu achten und es besonders vom veranstaltenden Vereine zu fordern, daß die Gäste, ganz besonders der Torwächter, bei der ungünstigen Anlage unserer Fußballplätze vom Publikum nicht gehindert, bezw. in seiner Tätigkeit beeinträchtigt wird.

7. Von Zeit zu Zeit, und auf Verlangen immer, soll der Schiedsrichter vor dem Spiele und auf eine Anzeige hin während desselben die Fußballschuhe untersuchen und Spieler mit regelwidrigem Schuhwerk im Sinne der Regel disziplinieren.

8. Der Schiedsrichter hat sich behufs Regulierung der Spielzeit, wegen Spielfähigkeit des Feldes und sonst im Sinne der Regeln mit den Linienmännern ins Einvernehmen zu setzen.

10. Der Schiedsrichter entscheidet über die Spielfähigkeit des Feldes, wobei er zu berücksichtigen hat, ob ein regelmäßiges Spiel darauf möglich ist und ob die Gesundheit der Spieler durch ein Spiel auf diesem Felde nicht gefährdet erscheint.

11. Der Schiedsrichter hat sich stets mit Pfeife und auch mit Uhr zu versehen.

12. Auf das Wettspiel bezughabende Diskussionen mit den Vereinsfunktionären, den Spielern, sowie dem Publikum während und nach dem Wettspiele hat der Schiedsrichter zu unterlassen.

13. Erst nach Erhalt der Mannschaftsaufstellung seitens der Kapitäne ist das Spiel zu eröffnen.

14. Spieler, welche Strafstöße durch unfaires Spiel verursachen, sind zu verwarnen oder auszuschließen. **Spieler, welche verwarnt oder ausgeschlossen wurden, müssen im Spielberichte namhaft gemacht werden.**

15. Der Spielbericht hat sofort nach dem Wettspiel verfertigt und noch mit der Abendpost an die Gau= bezw. Kreisbehörde, bei Vereinsspielen an die Geschäftsstelle, abgeschickt zu werden.

16. Spieler, welche den Schiedsrichter, den Gegner, die Kameraden oder das Publikum belästigen, sind vom Spiele auszuschließen.

18. **Rohe, derbe, rücksichtslose sowie jede unfaire** daß Personen, welche den Schiedsrichter beleidigen, ohne Pflicht des Schiedsrichters, das Spiel stets auf gebührendem sportlichen Niveau zu halten.

19. Im Spielbereiche ist vorerst das Gesamtresultat sodann das Ergebnis vor und nach der Pause, die Art der erzielten Tore, die verwarnten oder ausgeschlossenen Spieler und sonstige, auf das Spiel bezughabende, wichtige Vorfälle bekanntzugeben.

20. Ein suspendierter oder disqualifizierter Spieler darf weder als Schiedsrichter noch als Linienrichter funktionieren.

21. Spieler, welche das Spielfeld verlassen, ohne es dem Schiedsrichter zu melden, (den Ausschluß oder Unfall ausgenommen), sind anzuzeigen.

22. Es ist Pflicht der Verbandsvereinsfunktionäre, und der Schiedsrichter, Vorfälle, die geeignet sind, das Ansehen des Fußballsports zu schädigen, der Gau= bezw. Kreisbehörde sowie dem Verein zur Anzeige zu bringen.

23. Sollte eine Mannschaft mit einem oder mehreren unberechtigten Spielern antreten, oder sind die Tore, Netze, Markierung den Regeln nicht entsprechend, so hat der Schiedsrichter wohl das Spiel durchführen zu lassen, hat aber diesbezüglich Anzeige an die Verbandsbehörde zu erstatten.

24. Einmal ausgeschlossene Spieler dürfen an demselben Spiel, also auch an einem Nachspiel, nicht mehr teilnehmen.

25. Auf jedem Sportplatze muß leicht sichtbar eine Tafel angebracht sein, durch welche bekanntgegeben wird, daß Personen, welche den Schiedsrichter beleidigen, ohne weiteres zum Verlassen des Sportplatzes, ohne Rückerstattung des Eintrittsgeldes, veranlaßt werden können.

Nach dieser bahnbrechenden Initiative des VfR Mannheim dauerte es nicht lange, bis auch andere Vereine diesem Beispiel folgten. Anläßlich des 50jährigen Jubiläums der Schiedsrichtervereinigung des Badischen Fußballverbandes, Kreis Mannheim, wird berichtet:[1]

> „Auch in anderen Vereinen erkannte man die dringende Notwendigkeit, das Schiedsrichterproblem zu lösen. Immer mehr Sportfreunde griffen zur Pfeife und leisteten einen wesentlichen Beitrag zur einwandfreien Durchführung der Spiele. Beim Sportverein Waldhof waren es die Kameraden Seppl Hof, Fritz Hecht und Karl Klein, bei der Phönix Chr. Schuhmacher, Reinhardt und Berthold, von Feudenheim L. Stay und Josef Klippstiel, von 07 Mannheim Gottfried Albrecht, von den Kickers Julius Ziegler, von 98 Seckenheim Gg. Hauck und von der Fußballvereinigung Neckarau Förschner und Ziegler."

Dennoch muß festgehalten werden, daß es sich hierbei ausschließlich um Bemühungen auf Vereinsebene gehandelt hatte. Ähnliche Aktivitäten von Verbandsseite ließen noch einige Jahre auf sich warten.

---

[1] Badischer Fußballverband e. V. Kreis Mannheim – 50 Jahre Schiedsrichtervereinigung, 1966, S. 31

Das geehrte Publikum (insbesondere unsere Mitglieder) werden im sportlichen Interesse dringend gebeten,

Zurufe an Schieds= und Linienrichter sowie Spieler zu unterlassen.

Zuwiderhandelnde haben Platzverweis eventl. gerichtliche Verfolgung zu gewärtigen.

Die „Queen's Park Rangers" in Mannheim

Ein umfangreiches und attraktives Freundschaftsspielprogramm bot der VfR Mannheim seinen Anhängern, aber auch Mannheims Fußballfreunden zum Saisonausklang 1911/1912. Im Mittelpunkt stand die Begegnung mit dem Meister von Südengland, den „Queen's Park Rangers", den der VfR Mannheim zu mehreren Spielen nach Süddeutschland für die zu dieser Zeit nicht unerheblichen Summe von 6 200 Mark verpflichtet hatte. Den Auftakt dieser Tournee bildeten Spiele beim Sport-Club Saar Saarbrücken am 11. Mai 1912 (12:0 für QPR) und tagsdarauf beim Fußball-Verein Kaiserslautern (1:0 für QPR).

In der Vorschau zum Spiel der Engländer am 16. Mai 1912 (Christi Himmelfahrt) in Mannheim gab der „General-Anzeiger" vom 14. Mai 1912 einen Einblick in den englischen Fußballsport:

„Queen's Park Rangers (englische Berufsspieler), Meister der Südliga Englands 1912, in Mannheim. Ein vielversprechender Genuß wird den Sportsanhängern sowohl von Mannheim-Ludwigshafen als auch aus der Umgebung der Christi-Himmelfahrtstag, Donnerstag, 16. Mai, sein, an welchem Tage, wie mitgeteilt, die englischen Berufsspieler – Queen's Park Rangers in Mannheim ein Wettspiel gegen die erste Mannschaft des Vereins für Rasenspiele liefern. Berufsspieler, deren es in England sehr viele gibt, zeigen ein Fußballspiel, das vollkommen und technisch seinesgleichen sucht. In England ist der Fußballsport zum Nationalsport geworden, was auch die hohe Besucherzahl von 80–100 000 Personen bei den großen Wettspielen beweist; an Eintrittsgelder werden durchschnittlich bei derartigen Meisterschaftsspielen M. 40–50 000 vereinnahmt. Die Queen's Park Rangers sind eine sehr bekannte und beliebte englische Mannschaft, der es gelang, in dieser Saison nach Absolvierung von 38 Wettbewerben – davon 21 gewonnen, 9 verloren und 8 unentschieden – mit einem Punkt Vorsprung gegen Plymouth, 2 Punkten vor Northampton und 5 Punkten vor Swindon, Crystal Palace etc. Meister der Südliga Englands 1912 zu werden. Die Namen der Spieler von Queen's Park Rangers sind Smith, King, Revill (einer der besten Stürmer Englands; um diesen Spieler zu erhalten, mußte die Direktion von Queen's Park Rangers die größte bis jetzt bezahlte Kaufsumme von nahezu M. 40 000 anlegen), Levi, Odens, Radnage, Shaw, Nicholls, Macdonald, Fidler, Mischell, Butterworth Wake, Hartwell, Whyman, Bornes, Mekie, Wilson, Pullen und Browning. Smith, Revill Ovens spielten öfters in der repräsentativen Mannschaft von England.

Der Verein für Rasenspiele wird in verstärkter Aufstellung antreten. Daß dieses Wettspiel ein wirklich hocherstklassiges wird, bedarf wohl keiner weiteren Erwähnung, denn dafür bürgen die von den Queen's Park Rangers und Verein für Rasenspiele in der jüngsten Zeit erzielten Resultate. Das Wettspiel findet bestimmt am Donnerstag, den 16. Mai statt und beginnt nachmittags 3½ Uhr. Bei schlechtem Wetter steht den Zuschauern eine große gedeckte Zuschauertribüne, zirka 1 600 Personen fassend, zur Verfügung."

Die hochgeschraubten Erwartungen erfüllten sich jedoch nur zum Teil, wie aus dem Bericht des „General-Anzeiger" vom 17. Mai 1912 zu entnehmen ist:

Sportliche Rundschau.

Queen's Park Rangers London gegen Verein für Rasenspiele, e. V., Mannheim.

England, das Mutterland des Sports, ist natürlich auch die Wiegestätte des Fußballspiels. Seine Spieler gelten seit jeher als Meister dieses Rasensports. Ihr Können, das ihnen das tägliche Brot einbringt, ist zum Ideal geworden. Groß ist daher die Freude in unsern Gauen, wenn das seltene Schauspiel eines Wettkampfes mit einer englischen Mannschaft geboten wird und hoch sind die Erwartungen geschraubt, die unzählbare Jünger des Sports auf die Leistungen der Nachbarn setzen. Wie rege das Interesse für eine Veranstaltung von sportlich so hohem Range ist, bewies die ungeheure Zuschauermenge, die sich gestern zum obigen Treffen auf dem Sportplatze bei den Brauereien eingefunden hatte. Infolge des am Morgen niedergegangenen Regens befand sich das Feld in tabellosem Zustande. Um 3½ Uhr betraten beide Mannschaften in folgender Aufstellung das Feld: Queen's Park Rangers: Nicoll (Tor); Macdonald, Pullen (Verteidiger); Wohmann, Mitchell, Wake (Läufer); Sangester, Toswill, Mc. Rie, Revill, Barnes; Mannheim: Lemmel (Tor); Banzhaf, Eisenschmied (Verteidiger); Schäfer, Trautmann (Läufer); Kratzmann, Egetmeyer, Nerz, Engel, Hoof (Stürmer.)

Sportplatz bei den Eichbaum-Brauereien eingefriedet mit Zuschauertribüne, Restauration, Garderobe und Doucheräume sowie Kegelbahn (Haltestelle Brauereien der Straßenbahnlinie 5) anno 1912

Die Engländer, alle zähe und kräftige Naturen, haben Anstoß, der im Aus endet. Weiter in der Offensive bleibend, erzielen sie dann auch bereits in der 5. Minute das erste Tor, indem Wake von der linken Seite aus an die rechte Latte stößt, sodaß der Ball ins Heiligtum abprallt.

Hierauf kommt die einheimische Elf ebenfalls in Schwung. Während jedoch das Zusammenspiel auf dem linken Flügel sehr mäßig ist, arbeitet sich die rechte Seite oft in geschickter Weise flott durch. Allein im letzten Augenblick steht den Rasenspielern immer noch ein Gegner gegenüber, der ihre Bemühungen zunichte macht.

Die englische Verteidigung ist meist schneller als die Einheimischen und der Torwart leistet in der Rettung Vorzügliches. Das Spiel gestaltet sich alsdann zu einem ausgeglichenen Kampfe, bei dem sich beide Parteien im Angriff ablösen. Die Hintermannschaften lassen indessen keinen Erfolg zu und beim Stande von 1:0 für die Rangers geht es in die Pause. Nach Seitenwechsel spielen die Engländer mit scharfem Winde im Rücken, der ihre Bestrebungen somit wirksam unterstützt. Längere Zeit drängen sie den Platzeigner auf seine Spielhälfte zurück, können aber vorerst keinen Treffer buchen, da die Deckung und Verteidigung samt Torwart ihre Posten würdig ausfüllen. Hie und da gelingt es den Einheimischen, sich von der Umzingelung frei zu machen, aber mit dem nie geschlossenen Angriff vermögen sie nichts auszurichten. So verläuft eine halbe Stunde ungefähr torlos. Da setzen die Queens Park Rangers mit einem überaus energischen Finish ein. Nach einem exakten Vorstoß erringen sie durch Toswill den zweiten Treffer. Die Angriffsreihe der Londoner betätigt sich weiter sehr eifrig und bei einem kleinen Gedränge vor dem Tore Mannheims kann sie noch einmal einsenden. 3:0 zugunsten der Queens Park Rangers laut demnach das Ergebnis.

Die Leistungen des Siegers bereiteten manche Enttäuschung. Viele Sportfreunde glaubten ein technisch wie auch taktisch vollendetes Spiel sehen zu können. Was die Technik anbelangt, so waren ja die Leistungen eines jeden Spielers glänzend. In Ballstoppen und Behandlung konnten die Einheimischen sehr viel von ihnen lernen. Aber diese „flüssige Kombination", wie sie gerade der Karlsruher F.V. sein eigen nennt, trat nicht in die Erscheinung. Der Torwart und die Verteidigung waren sehr aufmerksam und verstanden sich gut. Die Läufer deckten den Gegner stets geschickt und unterstützten die Stürmerreihe, die ihre Angriffe einmal mit Dreiinnenkombination das andere Mal mit Flügelspiel einleitete, in wirkungsvoller Weise. In was sie alle den Einheimischen noch überlegen waren, war ihr feines Kopfspiel. Von den Rasenspielern verdienen die Verteidiger, der Torwart und die Läufer ihrer großen Aufopferung und Hingabe wegen in vollem Maße Lob. Vom Sturm war der rechte Flügel der beste Teil. Der Mittelstürmer konnte den Platz nicht gebührend versehen, wie auch der linke Außenstürmer sich nicht in hervorragender Weise betätigte. Das Amt des Schiedsrichters wurde von Herrn Fritz Langer (Karlsruhe) durchgeführt. J. M.

Es folgten dann noch Spiele der Engländer beim 1. FC Pforzheim am 20. Mai 1912 (7:3 für QPR), beim 1. FC Nürnberg am 22. Mai 1912 (5:1 für QPR) und beim FC Kickers Stuttgart am 24. Mai 1912 (2:1 für QPR); sechs Spiele also und sechs Siege für die englischen Profis.

Vereins-Zeitung

des

Schriftleitung: R. Hofmeister
Geschäftsführer des V. f. R.

Beiträge für die „Vereins-Zeitung" sind stets bis spätestens Dienstag morgen um 9 Uhr in der Geschäftsstelle P 5, 9 abzuliefern

Geschäftsstunden täglich von 1 bis 3 Uhr, ausserdem Freitags und Samstags abends von 6 bis 9 Uhr

Verein für Rasenspiele E. V. MANNHEIM
Eigener Sportplatz bei den Brauereien

Für den Verein für Rasenspiele e. V. Mannheim als Manuskript gedruckt

Selbstverlag des Vereins

Der Abdruck einzelner Artikel ist nur mit ausdrücklicher Erlaubnis der Schriftleitung gestattet

Die „Vereins-Zeitung" erscheint jeweils Freitags. — Reklamationen betreffend unpünktlicher Zustellung sind bei der Post direkt, dagegen Adressenveränderungen bei der Geschäftsstelle einzureichen

No. 7 — Mannheim, den 15. August 1912 — 1. Jahrgang

Vorwort.

Wenn wir heute unsere Mitteilungen erstmalig in anderer Form erscheinen lassen, so haben uns hierbei die verschiedenen Beweggründe geleitet. Zunächst und hauptsächlich war für uns bestimmend, daß durch das möglichst wöchentliche Erscheinen unsere Mitglieder prompter über alles orientiert werden, was im Verein vorgeht. Des weiteren war die finanzielle Seite für uns maßgebend. Die bisherige Form der Mitteilungen hat einen größeren Zuschuß aus der Vereinskasse erfordert, der insbesondere dadurch, daß unter anderem die Portospesen für den Versand der Schrift, Einladungen zu Sitzungen, Versammlungen, Festlichkeiten und Wettspielen in Wegfall kommen, um ein Erhebliches reduziert wird.

Die Zustellgebühren sind mit 12 Pfg. pro Vierteljahr und Schrift von jedem Mitglied selbst zu tragen. Reklamationen betreffs unpünktlicher Zustellung wolle man bei der Post direkt anbringen. Adressenveränderungen dagegen sind der Geschäftsstelle nach wie vor anzuzeigen.

Wir geben uns der angenehmen Hoffnung hin, daß die neue Schrift ihren Zweck voll und ganz erfüllen wird und bitten alle befähigten Mitglieder, uns durch Uebermittlung von geeigneten, allgemein interessierenden Artikeln tatkräftig zu unterstützen.

Redaktionsschluß ist jeweils Dienstag, vormittags 9 Uhr.

Der Verwaltungsrat:
J. A. H. Jacoby.

Zur Beherzigung.

Für unsere Mitglieder, insbesondere aber auch für unsere Mitarbeiter, möchten wir zur Beherzigung folgendes beim Erscheinen unserer neuen Vereinszeitung erwähnen.

Die Aufgabe unseres von heute ab in anderer Ausgabe erscheinenden Vereinsorganes soll die sein, in sachlicher und vorurteilsfreier Weise alle sportlichen Vorkommnisse innerhalb und außerhalb des Vereins zu besprechen. Jede Anregung, jede Idee, sei sie auch noch so klein, ist uns stets willkommen und werden wir immer versuchen, dieselben fruchtbringend für unsern lieben V. f. R. zu verwenden.

Fernerhin sollen mehr, als wie bisher, allgemeine Artikel über das Wesen des Sports erscheinen, um das Sportsverständnis innerhalb des Vereins besser zu heben, andererseits aber auch das Verständnis für unseren herrlichen Rasensport außerhalb der Sportkreise in größerem Maße zu wecken.

Vor allem aber wird dringend gebeten, gut gemeinte Ratschläge, die hie und da auch mit Kritik bezeichnet werden, nicht auf das persönliche Gebiet zu übertragen! Den ausgezeichneten Ruf unseres V. f. R. zu wahren, muß unsere erste Aufgabe sein und denselben immer mehr zu festigen, muß unser höchstes Bestreben sein. Hat sich jedes Mitglied mit diesem Gedanken vertraut gemacht, dann können Mißverständnisse nicht aufkommen und Reibereien, die für den V. f. R. nur schädigend wirken, bleiben vermieden.

Wir alle müssen treu und fest zu unserm Verein halten. Jeder muß stolz sein, Mitglied des V. f. R. sich nennen zu dürfen, er muß aber auch stolz sein und seinen höchsten Ehrgeiz darein setzen, mitarbeiten zu dürfen an den hohen sozialen Bestrebungen unseres Vereins zum Wohle unserer deutschen Jugend und zum Besten unseres deutschen Vaterlandes.

Zuvor schlug der VfR Mannheim am 28. April 1912 den Fußball-Verein Straßburg mit 4:3 Toren. Über die Pfingstfeiertage, 25. und 26. Mai 1912, gastierte der VfR Mannheim in Westdeutschland, besiegte SpV Rheydt mit 4:1 Toren und TV Essen mit 4:2 Toren. Im Saison-Schlußspiel gab es jedoch am 30. Juni 1912 gegen den FC Alemannia Worms eine etwas blamable 0:3 Niederlage.

Acht Monate nach seiner Gründung blickte der VfR Mannheim auf eine „Mini-Saison" zurück, an deren Ende er jedoch trotz eines Großaufgebotes von Mannschaften nicht genau wußte, wo er eigentlich stand. Zu unterschiedlich waren die Ergebnisse, zu wenig eingespielt traten die oft wechselnden Mannschaftsformationen auf. Einen wichtigen Schritt hoffte man Anfang Mai 1912 getan zu haben mit der Verpflichtung des englischen Trainers Charles Hewitt von Chrystal Palace. Der ehemalige Spieler und spätere Trainer von FC Brighton, West-Bromwich Albian FC, Tottenham Hotspure und FC Chrystal Palace sollte Ordnung in die vielen Reihen der VfR-Aktiven bringen. Entsprechend zuversichtlich sah man den nächsten Monaten entgegen.

Westkreis-Meister VfR Mannheim

Auf dem Verbandstag des Verbandes Süddeutscher Fußball-Vereine, der am 17. und 18. August 1912 in Ludwigshafen a. Rh. stattfand, verabschiedeten die Verbandsvertreter ein neues Spielsystem. Neu eingeführt wurde die Liga-Klasse mit je acht Vereinen für den West-, Nord-, Ost- und Südkreis; darunter die A-, B- und C-Klassen, diese allerdings mit unterschiedlicher Anzahl der teilnehmenden Vereine.

Zunächst zur *Liga-Klasse,* der im Westkreis die beiden Mannheimer Vereine FC Phönix 02 und VfR angehörten, ferner die drei Ludwigshafener Clubs (FG 03, FC Phönix und FC Pfalz), der FV Kaiserslautern, VfB Borussia Neunkirchen und FC Olympia Darmstadt.

In Vorbereitungsspielen warteten die beiden Mannheimer Vertreter mit teilweise recht beachtlichen Ergebnissen auf. Der MFC Phönix 02 empfing zu seinem 10. Vereinsjubiläum am 25. Juli 1912 den Sport-Verein Wiesbaden und gewann mit 2:1 Toren. Am 8. September 1912 trennte man sich vom Fußball-Verein Frankfurt 4:4 unentschieden und eine Woche später gewann die „Phönix"-Elf beim FC Viktoria Hanau mit 3:0 Toren. Der VfR Mannheim schlug den Sport-Club Bayern München im Saison-Eröffnungsspiel am 25. Juli 1912 mit 2:1 Toren, verlor aber das Rückspiel am 1. September 1912 in München mit 3:1 Toren. Am 8. September 1912 gab es beim FC Freiburg einen 2:0 Sieg und eine Woche danach auf dem Platz an den Brauereien einen hohen 6:0 Erfolg über den Fußball-Verein Frankfurt. Derart gut gerüstet starteten beide Mannheimer Clubs in die Verbandsspiel-Saison 1912/1913, die am 22. September 1912 begann.

Der Mannheimer Fußball-Club Phönix 02 kam mit seiner neuformierten Elf mit

E. Schönig – Kellenbenz, Müller – Schwarz, Seitz, Brühmüller – Meinhardt, Schwärzel, Hook, Koffler und Streiber

zu einem knappen 2:1 Sieg über die FG 03 Ludwigshafen. Der VfR Mannheim, in der Aufstellung mit

Lemmel – Banzhaf, Espenschied – Schäfer, Sack, Drescher – Kratzmann, Egetmeyer, Stemmle, Engel und Aulbach

kehrte vom FC Olympia Darmstadt mit einem klaren 3:0 Erfolg zurück.

Als das erste Lokalderby am 13. Oktober 1912 auf dem VfR-Platz gegen den MFC Phönix 02 stattfinden sollte, führte der VfR Mannheim nach Siegen über den FC Pfalz Ludwigshafen (3:1 am 29. September 1912) und beim FV Kaiserslautern (3:0 am 6. Oktober 1912) die Tabelle an. Das „Derby" konnte dann jedoch nur als Freundschaftsspiel ausgetragen werden (4:0 für den VfR Mannheim), da Otto Schönig vom MFC Phönix 02 in der Auswahl für Süddeutschland stürmte.

In der Vorrunde um den Kronprinzen-Pokal besiegte an diesem 13. Oktober 1912 in Fürth die süddeutsche Auswahl in der Aufstellung mit

Burger
(Karlsruher FV)

Neumaier   Diemer
(Phönix Karlsruhe)   (FC Freiburg)

Bosch   Breunig   Jockel
(beide Karlsruher FV)   (FV Frankfurt)

Hirsch   Kipp   O. Schönig   Förderer   Wegele
(Karlsruher FV) (Sportfr. Stuttg.) (MFC Phönix) (Karlsruher FV) (Phönix Karlsruhe)

Vorrundenspiel Süddeutschland gegen Mitteldeutschland um den Kronprinzen-Pokal 1912
Die Süddeutsche Mannschaft mit v. l. Burger, Dr. Diemer, Schönig, Jokkel, Neumaier, Wegele, Kipp, Förderer, Hirsch, Bosch. Sitzend: Breunig

die Mannschaft von Mitteldeutschland durch Tore vor Förderer, Breunig und Otto Schönig vor 6 000 Zuschauern mit 3:1.

Zwei 1:1-Unentschieden am 20. Oktober 1912 gegen den FC Phönix Ludwigshafen und eine Woche danach beim FC Pfalz Ludwigshafen kosteten den VfR Mannheim vorübergehend die Tabellenführung, die der MFC Phönix 02 nach einem 3:1 Sieg beim FC Olympia Darmstadt und einem 4:1 Erfolg über den FV Kaiserslautern einnahm. Daran änderte sich nichts bis zum 17. November 1912: während der VfR Mannheim über den FC Olympia Darmstadt einen 8:1 Kantersieg landen konnte, verlor der MFC Phönix 02 etwas überraschend beim FV Kaiserslautern mit 3:1 Toren.

Eine Woche zuvor, am 10. November 1912, vertrat Espenschied die Farben Mannheims in der Mannschaft Süddeutschlands, die in Duisburg die Zwischenrunden-Begegnung um den Kronprinzen-Pokal mit 1:2 Toren verloren hatte. Für Süddeutschland spielten:

Hofmeister
(Bayern München)

Espenschied   Karth
(VfR Mannheim)   (Phönix Karlsruhe)

Bosch   Breunig   Bodenweber
(beide Karlsruher FV)   (FC Freiburg)

Forell   Kipp   Fuchs   Förderer   Wegele
(1. FC Pforzheim) (Kickers Stuttgart) (beide Karlsruher FV) (Phönix Karlsruhe)

Am 24. November 1912 schoß der VfR Mannheim wieder acht Tore, diesmal beim VfB Borussia Neunkirchen; 8:0 lautete das Schlußresultat. Am 1. Dezember 1912 fand dann das Mannheimer Derby statt. Zum bereits vorentscheidenden Treffen um die Westkreis-Meisterschaft hatten beide Clubs ihre Mannschaften umgestellt und traten in der – zumindest erhofften –, bestmöglichen Formation an:

VfR: Lemmel – Banzhaf, Espenschied – Engel, Sohns, Sack – Kratzmann, Stemmle, Trautmann, Altfelix, Aulbach

Phönix: E. Schönig – Kellenbenz, Müller – Schwarz, Knodel, Brühmüller – Rohr, Bauer, O. Schönig, Koffler, Streiber.

Vor der imponierenden Kulisse von 4 000 Zuschauern sorgten Treffer von Altfelix und Stemmle für den 2:0 Sieg des VfR Mannheim. Die Meisterschaft schien nun für den VfR Mannheim in greifbare Nähe gerückt zu sein, als kurz danach folgende Meldung wie eine Bombe einschlug:

„Die Westkreisbehörde beschloß, dem VfR Mannheim wegen nicht satzungsgemäßer Meldung des Spielers Altfelix die Spiele gegen FC Pfalz Ludwigshafen (1:1) und Borussia Neunkirchen (5:0) als verloren zu werten. Ferner annulierte sie das Spiel Phönix Ludwigshafen gegen Phönix Mannheim (1:2) wegen falscher Entscheidungen des Schiedsrichters."

Durch dieses Urteil rutschte der VfR Mannheim, der punktgleich mit dem FC Phönix Ludwigshafen an erster Stelle gelegen war, auf den dritten Rang ab. Ganz wichtig deshalb für den VfR Mannheim die beiden Siege zum Jahresende beim MFC Phönix 02 mit 2:0 Toren am 15. Dezember 1912 und zuhause gegen FV Kaiserslautern mit 4:0 Toren am 22. Dezember 1912. Das letzte Spiel gegen die FG 03 Ludwigshafen am 12. Januar 1913 wurde vom Schiedsrichter als Punktspiel abgesetzt, da der Platz an den Brauereien mit hohem Schnee bedeckt war; die Begegnung endete als Freundschaftsspiel mit einem 5:3 Sieg für den VfR Mannheim.

Eine Woche später, am 19. Januar 1913, kam die Revision der Westkreisbehörde. Das Urteil gegen den VfR Mannheim wurde aufgehoben. Damit führte der VfR Mannheim vor dem letzten Spieltag uneinholbar mit fünf Punkten die Tabelle an und stand als Westkreis-Meister fest. Das bedeutungslos gewordene Spiel gegen die FG 03 Ludwigshafen sah den VfR Mannheim als klaren 7:0 Sieger. Der MFC Phönix 02 beendete die Spielzeit mit einer 3:1 Niederlage beim Namensvetter aus Ludwigshafen. Die Schlußtabelle hatte folgendes Aussehen:

Liga-Klasse Westkreis, Saison 1912/1913

VfR Mannheim	53:8	25:3
MFC Phönix 02	35:16	18:10
FG 03 Ludwigshafen	30:27	18:10
FC Phönix Ludwigshafen	28:27	15:13
FV Kaiserslautern	24:23	14:14
FC Pfalz Ludwigshafen	22:25	10:18
VfB Borussia Neunkirchen	15:38	8:20
FC Olympia Darmstadt	10:53	4:24

Sandhofen scheiterte an Metz

Die *A-Klasse*, durch das neu-eingeführte Spielsystem zu Beginn der Spielzeit 1912/1913 direkt unter der Liga-Klasse angesiedelt, umfaßte im Neckargau, *Bezirk I*, die Vereine SV Waldhof, FC Viktoria Feudenheim, FC Phönix Sandhofen, FVg 1898 Schwetzingen und 1. FC Viktoria Heidelberg.

Es wurde ein kurzes, aber heftiges Ringen; Sandhofen, Feudenheim und Waldhof wechselten mehrmals an der Tabellenspitze. Während zwei hohe 1:6 Niederlagen bei der FVg 1898 Schwetzingen am 17. November 1912 und

Westkreisligameister 1912/13
Verein für Rasenspiele e. V. Mannheim (M.F.G. 96 – Union – Victoria – Hockey-Club)
v. l. Roth, Kratzmann, Schäfer, Espenschied, Nerz, Lemmel, Klithau, Altfelix, F. Egetmeyer, Sack, Sohns, Stemmle, H. Banzhaf, Trautmann (Spielführer), Aulbach

gegen FC Phönix Sandhofen am 1. Dezember 1912 den Sportverein Waldhof am Ende der Runde um alle Meisterschafts-Chancen brachten, standen FC Viktoria Feudenheim und FC Phönix Sandhofen punktgleich an der Spitze der Tabelle.

A-Klasse, Bezirk I (Neckargau), Saison 1912/1913

FC Viktoria Feudenheim	8	4	3	1	14:10	11:5
FC Phönix Sandhofen	8	4	3	1	22:10	11:5
SV Waldhof	8	4	1	3	18:24	9:7
FVg 1898 Schwetzingen	8	1	3	4	16:24	5:11
1. FC Viktoria Heidelberg	8	0	5	3	12:18	5:11

Das erste Vereins-Emblem des Sport-Verein Waldhof entstand noch vor dem Ersten Weltkrieg und wurde Mitte der Zwanziger Jahre durch die neben abgebildete Rhombenform ersetzt

Somit mußte ein Entscheidungsspiel über die Meisterschaft durchgeführt werden, das am 8. Dezember 1912 stattfand. Der FC Phönix Sandhofen setzte sich mit einem knappen 1:0 Sieg durch und wurde Meister der A-Klasse im Bezirk I des Neckargaues.

Im *Bezirk II* holten sich der SC 1905 Darmstadt und im *Bezirk III* die Spielvereinigung Metz die Meisterschaft.

Die Gesamtmeisterschaft der A-Klasse und somit den Aufstieg in die Liga-Klasse errang anschließend die Spielvereinigung Metz.

Dennoch ein großer Erfolg für den Fußball-Club Phönix Sandhofen, der schon vor, aber auch nach den Verbandsspielen einige beachtliche Resultate in Freundschaftsbegegnungen erzielen konnte. Am 1. September 1912 schlug man den VfR Mannheim (A I Mannschaft, nicht identisch mit der Ligamannschaft) mit 5:2 Toren und trennte sich von demselben Gegner zwei Wochen später 1:1 unentschieden; schließlich gewann die „Phönix"-Elf am 9. Februar 1913 vor 800 Zuschauern in Sandhofen gegen den FC Frankonia Karlsruhe mit 6:2 Toren.

Übrigens bekam im Laufe des Jahres 1912 der FC Phönix in Sandhofen wieder Konkurrenz; nachdem er seit seiner Gründung im Jahre 1908 alleiniger Fußballklub dieser Gemeinde gewesen war, entstand mit dem *Fußball-Verein Sandhofen* ein zweiter Club.

Fußballclub Phönix Sandhofen Meister der A-Klasse, Bezirk I des Neckargaues in der Saison 1912/1913 v. l. Philipp Schnell, Johann Michel, Fritz Breitinger, Rudolf Hackel, Ludwig Wehe, Valentin Bade, Valentin Michel, Hubert Dargel, Tobias Weikkel, Hermann Partsch, Valentin Schmelzer, Fritz Guldner

Neckarau Süddeutscher Vize-Meister der B-Klasse

In der *B-Klasse* kämpften FVg Neckarau, FG Kickers Mannheim, SV Helvetia 07 Mannheim, MFC 08 Lindenhof, FG 1898 Seckenheim, FC Germania Friedrichsfeld und der vorjährige Westkreis-Meister der C-Klasse, der FC Viktoria Neckarhausen 08, um Punkte und Meisterschaft. In überlegener Manier holte sich die Fußball-Vereinigung Neckarau die Meisterschaft, nachdem sie auch die vor Rundenbeginn hoch eingeschätzte Mannheimer Fußball-Gesellschaft Kickers auf deren Platz hinter dem Isolierspital am 1. Dezember 1912 mit 3:1 Toren besiegt hatte.

Bei den anschließenden Spielen um die Kreismeisterschaft setzten die Neckarauer ihren Siegeszug fort. Der 1. FC Idar a. d. Nahe wurde mit 2:0 Toren (9. Februar 1913) und 1:2 Toren (16. Februar 1913) besiegt, gegen den SpC 05 Pirmasens gewann man mit 3:6 Toren (23. Februar 1913) und 2:1 Toren (9. März 1913) und gegen die FVgg 06 Mainz-Kastel gab es mit 0:3 Toren (16. März 1913) sowie 4:1 Toren (6. April 1913) die höchsten Siege. Die Fußball-Vereinigung Neckarau war mit der Mannschaft

Jörger – Bisson, Heckler – Thyri, Boos, Ludwig – Gärtner, Otterpohl, Frey, Mangold und Wahl

Kreismeister der B-Klassen geworden und griff nun nach der Süddeutschen Meisterschaft.

Hierbei traf der Westkreis-Meister FVg Neckarau auf den Südkreis-Meister FC Viktoria Feuerbach. Bereits im ersten Spiel am 18. Mai 1913 gab es für die Neckarauer auf ihrem Sportplatz „Sporwörth" mit einer 1:2 Niederlage einen empfindlichen Dämpfer. Trotzdem schlug sich die Neckarauer Elf im Rückspiel am 1. Juni 1913 überaus tapfer und überließ dem FC Viktoria Feuerbach erst nach einem großartigen Spiel mit 5:3 Toren den Sieg und die Süddeutsche Meisterschaft. Aber auch die Süddeutsche Vize-Meisterschaft wurde in Mannheim, besonders natürlich im Vorort Neckarau, stürmisch gefeiert; zudem war die Fußball-Vereinigung Neckarau durch die Erringung der Kreismeisterschaft in die A-Klasse aufgestiegen.

Fußball-Vereinigung 07 Neckarau Meister des Neckargaues Klasse B, Kreismeister der B-Klassen und Süddeutscher Vizemeister der B-Klassen in der Saison 1912/1913

v. l. Heckler, Bisson, Thyri, Ludwig, Mangold, Otterpohl, Wahl, Jörger, Hennhöfer, Gärtner, Frey und Boos

*Mannheimer Fußball-Club 1908 Lindenhof
Die Mannschaft der Saison 1912/1913
in der B-Klasse
v. l. Bassauer, Müller, Gg. Wieland, Siefert, Bachmann, Jung, Phil. Wieland, Becker, Albrecht, Baumeister, Theuer, Schieler und Rehmann*

C-Klasse mit vielen neuen Gesichtern

Die beiden Gruppen der C-Klasse sahen in der Spielzeit 1912/1913 einige Neulinge beim Punktspielstart.

In der *Gruppe C 1* spielten neben den Teilnehmern des Vorjahres wie SG Olympia-Sportfreunde 1906 Mannheim, SC Käfertal, SV Neckarau, FC Alemannia Ilvesheim, FG Concordia Mannheim und FK Neuenheim-Heidelberg die beiden Klassenneulinge Sport-Club Neckarstadt und TV 1846 Mannheim. Die *Gruppe C 2* hatte neben FK Badenia 1907 Mannheim, Ballspiel-Klub 1904 Mannheim, FV Weinheim und der FG 1906 Plankstadt mit FK Viktoria 1910 Wallstadt, FC Germania Feudenheim, SV Alemannia Mannheim und Sport-Club „Komet" 08 Mannheim gleich vier Neulinge in ihren Reihen.

Der *Mannheimer Sport-Club „Komet" 08* trat am 2. Juni 1912 erstmals in die Sport-Öffentlichkeit (Meldung im „General-Anzeiger" vom 5. Juni 1912), als er beim „Sechser-Turnier" in Kirchheim/Heidelberg (veranstaltet von der FG Kirchheim) den 3. Platz in der A-Klasse belegen konnte. Sein erstes Wettspiel bestritt er am 26. Dezember 1912 gegen den Sport-Verein Alemannia Mannheim, das er mit 4:2 Toren verlor.

Von diesem *Sport-Verein Alemannia Mannheim* wurde erstmals am 6. Oktober 1912 berichtet, als er den FC Germania Feudenheim in einer Begegnung der C-Klasse mit 5:4 Toren besiegte.

Meister der Gruppe C 1 wurde der FC Alemannia Ilvesheim, während sich in der Gruppe C 2 etwas überraschend der FV Weinheim durchsetzen konnte. Das Duell dieser beiden Gruppenmeister um die Neckargau-Meisterschaft der C-Klasse konnte der FC Alemannia Ilvesheim durch einen 3:1-Sieg über den FV Weinheim für sich entscheiden.

Eine weitere Neugründung gab es mit dem *Mannheimer Fußball-Klub „Union" 1912*, der am 4. Mai 1913 erstmals erwähnt wurde; auf dem Platz des Fußball-Klub Alemannia Viernheim gewann er die „Sechser-Spiele" mit der Mannschaft:

H. Wagner – H. Dubois, K. Wagner – G. Ziemer, A. Zimmermann, H. Böhringer.

Die Mannschaft des FV 09 Weinheim im Jahre 1913
Von links: Grimm, Schörtel, Uhl, Weber, Walter, Langer, Dick, Gallus. Sitzend: Gärtner, Strauß, Schröder.

Fußball-Club Viktoria 1910 Wallstadt Die Mannschaft des Jahres 1912
mit v. l. stehend: Adam Dörsam, Wilhelm Reisigel, Christoph Horn, Philipp Horn, Johann Walter, Richard Arnold, Josef Gebhart, Adam Krämer, Anton König, Oskar Stutz; sitzend: August Large, Peter Krämer, Georg Krämer

Trotz dieser erfreulichen Entwicklung des Fußballsports in Mannheim gab es immer wieder kritische Stimmen, wie beispielsweise die vom 28. Dezember 1912 im „General-Anzeiger":

Stimmen aus dem Publikum.
Das Fußballspiel auf dem Goetheplatz!

Man hält sich gewiß nicht darüber auf, wenn sich die Jugend auf dem Goetheplatz herumtummelt und dem Spiele huldigt, daß aber dieser Platz täglich zum Fußballspiel benützt wird, das geht denn doch zu weit. Wo bleibt die Polizei, um hier die Ordnung aufrecht zu erhalten? Wenn die Ballen nicht über die Peripherie des Platzes herausgestoßen würden, wollte man auch schließlich darüber kein Wort verlieren, indessen werden täglich Dutzende von Passanten auf den angrenzenden Straßen und Trottoirs durch diese Ballen belästigt, die bis zu den angrenzenden Wohnhäusern hinüber getrieben werden. In der Hauptsache wird dieses Spiel direkt gefährlich für Frauen und Mädchen, die bei schönem Wetter Kinder an der Hand oder im Kinderwagen mit Vorliebe hier draußen spazieren führen. Die verehrl. Polizei nimmt vielleicht hiervon Kenntnis und verbietet das Fußballspiel auf dem Goetheplatze oder sorgt wenigstens dafür, daß man unbehelligt um den Platz herum laufen kann, ohne einen Ballen zwischen die Füße geworfen zu bekommen.

Ein täglicher Passant.

Mannheim in der DFB-Statistik

Recht interessante Vergleichszahlen liefert das
  „Deutsche Fußball Jahrbuch 1913",
erschienen im Selbstverlag des Deutschen Fußball-Bundes (DFB) Dortmund; der DFB gab in jener Zeit regelmäßig diese Jahrbücher heraus.

Der Mitgliederstand des DFB setzte sich zum 1. Januar 1913 wie folgt zusammen:

	Ortschaften	Vereine	Mitglieder
Verband Süddeutscher Fußball-Vereine	264	464	51 322
Westdeutscher Spiel-Verband	281	501	34 645
Norddeutscher Fußball-Verband	104	258	25 230
Verband Mitteldeutscher Ballspiel-Vereine	157	365	23 260
Verband Brandenburgischer Ballspiel-Vereine	40	152	14 673
Süd-Ostdeutscher Fußball-Verband	55	112	6 899
Baltischer Rasen- und Wintersport-Verband	48	84	5 288
	949	1 936	161 317

Interessant auch die Zahl der ausgetragenen Spiele pro Mannschaft; hier führte im Verband Süddeutscher Fußball-Vereine Nürnberg (25) vor Ludwigshafen (21), Mannheim und Offenbach mit je 20 Spielen, wie die Reihenfolge zeigt:

 1. Königshütte — 27 Spiele pro Mannschaft
 2. Nürnberg — 25 Spiele pro Mannschaft
 3. Dresden — 25 Spiele pro Mannschaft
 4. Chemnitz — 25 Spiele pro Mannschaft
 5. Plauen — 25 Spiele pro Mannschaft
 6. Leipzig — 24 Spiele pro Mannschaft
 7. Charlottenburg — 23 Spiele pro Mannschaft
 8. Schöneberg — 23 Spiele pro Mannschaft
 9. Harburg — 22 Spiele pro Mannschaft
10. Ludwigshafen — 21 Spiele pro Mannschaft
11. *Mannheim* — *20 Spiele pro Mannschaft*
12. Bremen — 20 Spiele pro Mannschaft
13. Offenbach — 20 Spiele pro Mannschaft
14. Potsdam — 20 Spiele pro Mannschaft
15. Dortmund — 19 Spiele pro Mannschaft
16. Aachen — 19 Spiele pro Mannschaft
17. Neukölln — 18 Spiele pro Mannschaft
18. Düsseldorf — 18 Spiele pro Mannschaft
19. Karlsruhe — 18 Spiele pro Mannschaft
20. Stuttgart — 17 Spiele pro Mannschaft

Innerhalb des Verbandes Süddeutscher Fußball-Vereine ergab sich – wieder bezogen auf den Stichtag 1. Januar 1913 – folgende Aufteilung:

Stadt	Einwohnerzahl	Mitglieder der Fußballvereine	Prozentsatz der Einwohnerzahl	Aktive Spieler	Prozentsatz der Einwohnerzahl	Anzahl der Gesamt-Mannschaften	Jugend-Mannschaften	Prozentsatz der Mannschaften	Ausgetragene Spiele	Es entfallen Spiele auf eine Mannschaft
V. S. F. V.										
München	596 467	2 304	0,4	1 699	0,3	109	30	30	1 533	15
Frankfurt a. M.	414 576	3 724	0,9	1 830	0,45	111	11	11	1 855	16
Nürnberg	333 142	2 457	0,74	1 065	0,33	73	11	15	1 832	25
Stuttgart	286 218	3 457	1,2	1 574	0,5	129	15	10	2 130	17
Mannheim	193 902	2 156	1,1	1 025	0,5	59	10	10	1 186	20
Straßburg	178 891	599	0,3	436	0,24	29	6	20	339	12
Karlsruhe	134 303	2 124	1,6	1 144	0,9	62	7	12	1 140	18
Wiesbaden	109 002	403	0,37	264	0,23	15	2	13	163	11
Saarbrücken	105 089	709	0,7	558	0,5	37	3	10	527	15
Augsburg	102 487	428	0,4	210	0,2	17	—	—	210	13
Darmstadt	87 089	360	0,4	229	—	17	2	12	145	9
Würzburg	84 496	285	0,3	172	—	13	1	7	158	12
Freiburg	83 324	764	0,9	317	—	21	1	5	197	9
Ludwigshafen	83 301	1 078	1,3	567	—	40	4	10	858	21
Offenbach	75 583	1 272	1,7	723	—	41	5	12	835	20
Pforzheim	69 082	1 394	2	554	—	40	2	5	609	15
Fürth	66 553	1 963	3	1 755	—	42	9	22,5	513	11
Ulm	56 109	280	0,5	182	—	14	5	35	82	7
Kaiserslautern	54 659	523	1,0	292	—	29	5	15	282	10
Regensburg	52 624	131	0,25	86	—	8	—	—	67	8

Karl Lösch vom VfR Mannheim, Süddeutscher Meister im 400-m-Lauf, vor der Tribüne des VfR-Platzes an den Brauereien

Die zehn größten deutschen Fußballvereine waren:

1.	Spielvereinigung Fürth	1 411 Mitglieder
2.	*VfR Mannheim*	*1 080 Mitglieder*
3.	S.F.C. Fürth	1 050 Mitglieder
4.	Berliner S.C.	806 Mitglieder
5.	Phönix-Alemannia Karlsruhe	674 Mitglieder
6.	S.C. Charlottenburg	667 Mitglieder
7.	S.F.C. Pforzheim	630 Mitglieder
8.	F.S.V. Frankfurt a. M.	610 Mitglieder
9.	Viktoria Hamburg	605 Mitglieder
10.	VfB Borussia Neunkirchen	581 Mitglieder

Die ersten zehn Fußballvereine mit den meisten Mannschaften waren:

1.	Altonaer F.C. von 1893	25 Mannschaften
2.	Eimsbütteler Turnerbund	24 Mannschaften
3.	Viktoria Hamburg	21 Mannschaften
4.	Viktoria 96 Magdeburg (252 Mitglieder)	21 Mannschaften
5.	S.C.F.A. Bayern München (478 Mitglieder)	20 Mannschaften
6.	*VfR Mannheim*	*19 Mannschaften*
7.	VfB Borussia Neunkirchen	17 Mannschaften
8.	Union Hamburg (353 Mitglieder)	16 Mannschaften
9.	Hertha Berlin (353 Mitglieder)	16 Mannschaften
10.	Wacker Leipzig (316 Mitglieder)	15 Mannschaften

Zum Stichtag dieser Statistik, dem 1. Januar 1913, gehörten 24 Mannheimer Vereine dem Verband Süddeutscher Fußball-Vereine an.

Feiertags- und Firmen-Fußball

Zwischen den Jahren 1912 und 1913, als die Verbandsspiele in den einzelnen Klassen entweder schon abgeschlossen oder unterbrochen waren, ruhte der Betrieb auf den Fußballfeldern – wie all die Jahre vorher auch – natürlich nicht.

Beim VfR Mannheim spielte die Liga-Mannschaft am zweiten Weihnachtsfeiertag gegen den VfB Stuttgart und gewann gegen den Aufsteiger der Südkreis-Liga klar mit 5:0 Toren. Dagegen gab es gegen den Meister jener Liga, die Stuttgarter Kickers, am 29. Dezember 1912 eine 1:2 Niederlage. Die 1 A Mannschaft des VfR Mannheim begab sich am 22. Dezember 1912 auf beschwerliche Reise und verlor beim FC Basel 1893 in der Aufstellung

Haibel – Ferch, R. Nerz – Drescher, O. Nerz, Buttle – E. Schmidt, Balles, Fehn, A. Egetmeyer und Keßler

mit 8:0 Toren. Im „General-Anzeiger" hieß es dazu:

„Durch die lange Reise ermüdet, da sich von Karlsruhe bis Basel in keiner Bahnklasse Sitzgelegenheit fand, trat die 1 A Mannschaft gegen die spielstarken Gegner an, die als stärkster Konkurrent in der Schweiz gilt."

Am 5. Januar 1913 besiegte diese VfR-Elf den Fußball-Verein Beiertheim-Karlsruhe mit 4:0 Toren.

Der Mannheimer Fußball-Club Phönix 02 hatte am Neujahrstag die Fußballmannschaft des Infanterieregiments 169 Lahr zu Gast und gewann mit 5:2 Toren. Am 12. Januar 1913 verlor die „Phönix"-Elf beim 1. FC Nürnberg hoch mit 8:2 Toren.

Der Sportverein Waldhof bezwang am 5. Januar 1913 den Fußball-Verein Frankfurt (1 B Elf) mit 5:2 Toren.

Am 28. Januar 1913 brachte der „General-Anzeiger" folgende Meldung:

„Rasenspiele. Rheinische Creditbank contra Süddeutsche Disconto-Gesellschaft. An Kaisers Geburtstag (27. Januar) trugen Beamte der Rheinischen Creditbank und Süddeutschen Disconto-Gesellschaft, die gleichzeitig Mitglieder des VfR Mannheim sind, auf dem Platz bei den Brauereien ein Fußballspiel aus, wobei die Mannschaft der Rheinischen Creditbank mit 8:1 Toren überlegen siegte."

Es war dies das erste bekannte Fußballspiel zweier Firmenmannschaften in Mannheim.

Der VfR Mannheim veranstaltete am 12. Februar 1913 aus Anlaß der errungenen Westkreis-Meisterschaft ein großes Festbankett, zu dem auch in der Vereins-Zeitung eingeladen wurde.

Vereins-Zeitung

des

Verein für Rasenspiele E. V. MANNHEIM
Eigener Sportplatz bei den Brauereien

Schriftleitung: Geschäftsstelle des V. f. R.

Beiträge für die „Vereins-Zeitung" sind stets bis spätestens Dienstag morgen um 9 Uhr in der Geschäftsstelle Seckenheimerstrasse 11 a einzureichen. Teleph: 7009

Geschäftsstunden täglich abends v. 7 bis 8 Uhr, ausserdem Freitags u. Samstags abends von 6 bis 9 Uhr

Für den Verein für Rasenspiele e. V. Mannheim als Manuskript gedruckt

Selbstverlag des Vereins

Der Abdruck einzelner Artikel ist nur mit ausdrücklicher Erlaubnis der Schriftleitung gestattet

Die „Vereins-Zeitung" erscheint jeweils Freitags. — Reklamationen betreffend unpünktlicher Zustellung sind bei der Post direkt, dagegen Adressenveränderungen bei der Geschäftsstelle einzureichen

No. 6.   Mannheim, den 6. Februar 1913   2. Jahrgang

Sonntag, den 9. Februar 1913, nachmittags ½3 Uhr auf dem Brauereisportplatz

Ligawettspiel

Ludwigshafener Fußballgesellschaft 1903 — V.f.R.

V.f.R.-Aufstellung (weiß)

Roth, Banzhaf, Espenschied, Schäfer, Sohns, Sack, Kratzmann, Engel, Trautmann (Spielführer), Altfelix, Aulbach

Eintrittspreise: Gedeckte Tribüne (I. Platz) 80 Pfg., II. Platz 50 Pfg.

Wer an der Sportsplatzkasse vor den Wettspielen sich als Mitglied anmeldet, und das Eintrittsgeld mit Mark 1.— entrichtet, hat gleich ohne Lösung einer weiteren Eintrittskarte Zutritt zu den Wettspielen. Mitglieder haben freien Zutritt.

Mittwoch, den 12. Februar 1913, abends 9 Uhr (wegen Reiß=Fackelzug von Donnerstag auf Mittwoch verlegt) in sämtlichen Sälen unseres Vereinshauses „zu den Kaisersälen", Seckenheimerstr. 11 a

— nur für Mitglieder des V.f.R. nebst Angehörigen —

Festbankett

aus Anlaß der errungenen Westkreisligameisterschaft.

I. Festakt.

a) Begrüßung durch den I. Vorsitzenden; b) Festvortrag von Professor Emanuel Gscheidlen „Der Wert der Persönlichkeit"; c) Ehrung der Spieler durch den II. Vorsitzenden.

II. Unterhaltung.

Vorträge der Musikkapelle, des Vereinskomikers Fritz Weinreich sowie der Vereinsmusiker Hofmann, Müller, Heckmann und Anderes.

Donnerstag, 13. Februar 1913, abends präzis ¾8 Uhr

Sammlung der Mitglieder des V. f. R.

im Vereinshaus „zu den Kaisersälen", Seckenheimerstr. 11a zwecks Entgegennahme der Fackeln bezw. Lampions und gemeinsamen Abgangs zum Fackelzug und Bankett

zu Ehren des 70. Geburtstages unseres

Ehrenbürgers Karl Reiß.

Es ist Pflicht eines jeden Sportskameraden, sich an dieser Ehrung des, auch in der Sportsbewegung in hervorragender Weise hilfreich betätigten, berühmten Wohltäters und Menschenfreundes, zu beteiligen.

(Fackel bezw. Lampions, sowie Einlaßkarte zum Bankett im Rosengarten werden den Mitgliedern bei der Sammlung im Vereinshaus ausgehändigt.)

Süddeutsche Meisterschaft und „Hundebiß-Affaire"

Bei den Spielen um die Süddeutsche Meisterschaft trafen der VfR Mannheim (Westkreis-Meister), die Spielvereinigung Fürth (Ostkreis-Meister), der FC Kickers Stuttgart (Südkreis-Meister) und der Fußball-Verein Frankfurt (Nordkreis-Meister) aufeinander. Der Startschuß fiel am 23. Februar 1913 und endete für den VfR Mannheim mit einem 6:1 Debakel bei der SpVgg Fürth. Wiedergutmachung war angesagt eine Woche später beim Heimspiel gegen den Fußball-Verein Frankfurt. Den 4000 Zuschauern stellten sich folgende Mannschaften:

VfR: Roth – Banzhaf, Espenschied – Engel, Trautmann, Sack – Kratzmann, Schäfer, Stemmle, W. Altfelix, Aulbach

Frankfurt: Rippach – Pfeiffer, Claus – Becker, Jockel, Braun – Leising, Dornbusch, Dörr, Köllisch, Burkhardt.

Der VfR Mannheim schien einem sicheren Sieg entgegen zu steuern, denn nach zwanzig Minuten führte er durch Tore von Trautmann und Altfelix mit 2:0, ehe die Frankfurter noch vor der Pause durch Dornbusch, der zweimal erfolgreich war, den Ausgleich erzielen konnten. Erst in den Schlußminuten stellte Stemmle den knappen 3:2 Sieg der VfR-Elf sicher.

Großkampf dann wieder eine Woche später, am 9. März 1913, bei den Brauereien: der VfR Mannheim empfing die SpVgg Fürth und war auf Revanche aus für die empfindliche Vorspielniederlage. Die Fürther-Elf mit

Pachter – Mütze, Wellhöfer – Isenmann, Riebe Schmidt – Lang, Hutton, Seidel, Franz und Wunderlich

wurde in der Anfangsphase vom VfR Mannheim durch zwei Tore von Stemmle und Trautmann überrascht und kam nie zu ihrem Spiel. Lediglich in der zweiten Halbzeit gelang ihr eine Resultatsverbesserung zum 2:1 Endstand. Das Rückspiel in Frankfurt beim Fußball-Verein konnte der VfR Mannheim durch einen Treffer von Aulbach 1:1 unentschieden gestalten.

Dann kam der Ostermontag, 24. März 1913, mit der Begegnung FC Kickers Stuttgart gegen den VfR Mannheim; ein Spiel, das in die deutsche Fußballgeschichte eingehen sollte! Bei schlechten Platzverhältnissen führten die Platzherren bereits mit 3:0 Toren, als der VfR-Spieler Stemmle durch einen Hund, der plötzlich auf das Spielfeld lief, gebissen wurde und verletzt ausscheiden mußte. Mit nur zehn Mann verlor der VfR Mannheim schließlich dieses Spiel mit 5:0 Toren. Sofort nach Beendigung des Spiels legte der VfR Mannheim gegen die Wertung Protest ein und verlangte eine Spielwiederholung mit der Begründung, „da der Spieler Stemmle nicht durch das Spiel selbst, sondern durch eine nicht zum Spiel gehörende Einwirkung, eben die des Hundes, verletzt und dadurch der VfR Mannheim benachteiligt wurde."

Diesen Protest lehnte der Spielausschuß des Verbandes Süddeutscher Fußball-Vereine mit folgender Begründung ab:

„Die Verletzung des Spielers durch den ins Spielfeld eingedrungenen Hund ist, da eine Absicht oder auch nur eine Fahrlässigkeit von Kickers dem ganzen Hergange nach nicht vorliegt, ein unglücklicher Zufall und muß auch als solcher bewertet werden. Wird nun das Ausscheiden eines Spielers durch eine Verletzung veranlaßt, so gründet sich darauf kein Anspruch auf Spielwiederholung. Bei diesem Standpunkt braucht die Frage, ob die erlittene Verletzung eine solche war, daß sie die Möglichkeit weiterzuspielen, tatsächlich ausschloß, nicht nähergetreten zu werden."

So weit die Stellungnahme des Verbandes Süddeutscher Fußball-Vereine, die der VfR Mannheim jedoch nicht akzeptierte. Zunächst aber wurde wieder Fußball gespielt. Es stand das Rückspiel gegen die Stuttgarter Kickers an, das am 30. März 1913 auf dem VfR-Platz ausgetragen wurde und 1:1 unentschieden endete. Die Kickers-Mannschaft in der Aufstellung mit

Schmidt – Rüdinger, Krezdorn – Krebs, Schäfer, Bürkle – Brutschin, Metzger, Löble, Häußler und Heilig

war damit Süddeutscher Meister geworden.

Vereins-Zeitung

des

Verein für Rasenspiele E. V. MANNHEIM
Eigener Sportplatz bei den Brauereien

Schriftleitung: E. Stutzke, Geschäftsführer des V. f. R.

Beiträge für die „Vereins-Zeitung" sind stets bis spätestens Dienstag morgen um 9 Uhr in der Geschäftsstelle Seckenheimerstrasse 11 a einzureichen. Teleph: 7009

Geschäftsstunden täglich abends von 6 bis 8 Uhr, Freitags und Samstags abends von 6 bis 9 Uhr

Für den Verein für Rasenspiele e. V. Mannheim als Manuskript gedruckt

Selbstverlag des Vereins

Der Abdruck einzelner Artikel ist nur mit ausdrücklicher Erlaubnis der Schriftleitung gestattet

Die „Vereins-Zeitung" erscheint jeweils Freitags. — Reklamationen betreffend unpünktlicher Zustellung sind bei der Post direkt, dagegen Adressenveränderungen bei der Geschäftsstelle einzureichen

No. 17.   Mannheim, den 24. April 1913   2. Jahrgang

Christi Himmelfahrt

Donnerstag, den 1. Mai 1913, auf dem Brauereisportplatz

nachm. 4 Uhr:
Freiburger Fußball-Club (Südkreisliga) gegen V. f. R.
(Westkreisligameister).
Roth, Banzhaf, Espenschied, Engel, Richter, Sach, Kratzmann, Trautmann, Stemmle, Altfelix, Aulbach.

nachm. ¼ 3 Uhr:
Phönix-Sandhofen (A-Meister) gegen V. f. R. Ib (Ersatzliga).
Haibel, R. Nerz, Kilthau, Drescher, O. Nerz, Ernst, Balles, Schmidt, A. Egetmeyer (Spielf.), Six, Popp.

Eintrittspreise: Reservierter Sitzplatz (gedeckte Tribüne) 1,20, 1. Platz (gedeckte Tribüne) Mk. 0,80, 2. Platz Mk. 0,50. Mitglieder haben freien Zutritt.

Wer an der Sportplatzkasse vor den Wettspielen sich als Mitglied anmeldet, und das Eintrittsgeld mit Mk. 1.— entrichtet, hat gleich ohne Lösung einer weiteren Eintrittskarte Zutritt zu den Wettspielen.

Hunde dürfen auf den Sportplatz nicht mitgebracht werden!

Aber das Gerangel am grünen Tisch ging weiter. Der VfR Mannheim legte am 6. April 1913 Berufung gegen das Urteil des Verbandes Süddeutscher Fußball-Vereine ein, die jedoch am 13. April 1913 aus den bereits bekannten Gründen verworfen wurde. Da sich der VfR Mannheim auch mit dieser Entscheidung nicht einverstanden erklärte, beantragte er aufgrund des § 42 der Satzungen die Einberufung eines außerordentlichen Verbandstages, auf dem als einziger Punkt die Berufung des VfR Mannheim gegen das Urteil des Verbandsvorsitzenden auf der Tagesordnung stand.

Der Antrag des VfR Mannheim lautete:

„Wir bitten,
1. die umgehende Spielwiederholung Stuttgarter Kickers gegen VfR Mannheim um die Süddeutsche Meisterschaft zu veranlassen unter den in unserem Protestantrag an den Spielausschuß erbetenen Bedingungen, und alsdann
2. weiter zu beschließen, daß für den Fall wir das zu wiederholende Spiel gegen Kickers gewinnen oder unentschieden spielen, wir nachträglich als Süddeutscher Meister 1912-13 erklärt werden und FC Kickers Stuttgart der ihm zuteil gewordenen Rechte verlustig geht."

Der außerordentliche Verbandstag wurde am 18. Mai 1913 in Freiburg abgehalten. Nach knapp vierstündiger Verhandlung wurde der Antrag des VfR Mannheim mit 230 gegen 102 Stimmen bei 20 Enthaltungen abgelehnt. Die „Hundebiß-Affaire" – als solche ging sie in die Geschichte des Verbandes Süddeutscher Fußball-Vereine ein –, war beendet und die Stuttgarter Kickers blieben Süddeutscher Meister der Saison 1912/1913. Der VfR Mannheim aber erließ ab sofort ein generelles Hundeverbot für seine Platzanlage, wie die Vereins-Zeitung vom 24. April 1913 zeigt.

Die offizielle Schlußtabelle hatte folgendes Aussehen:

Süddeutsche Meisterschaft Liga-Klasse
Saison 1912/1913

FC Kickers Stuttgart	6	3	1	2	8:4	7:5
Fußballverein Frankfurt	6	2	2	2	5:5	6:6
VfR Mannheim	6	2	2	2	8:16	6:6
SpVgg Fürth	6	2	1	3	9:5	5:7

Knapp vier Wochen vor diesem endgültigen Urteilsspruch, am 20. April 1913, waren die Stuttgarter Kickers in der Vorrunde um die Deutsche Fußballmeisterschaft durch eine 1:2 Niederlage gegen den Duisburger Spielverein in Frankfurt ausgeschieden.

Vaterländische Gedenkspiele

„Nachdem die Kreisspiele mit ihren Anstrengungen und ihren erbitterten, zuweilen schon allzu scharfen Kämpfen vorüber sind, kommen die Privatspiele zu ihrem Recht",

schrieb der „General-Anzeiger" Ende März 1913.

Ein Riesenprogramm sowohl bezüglich der Anzahl der Spiele, als auch in Bezug auf die Qualität der Gegner absolvierte der Mannheimer Fußball-Club Phönix 02. Es begann mit einer Serie von vier Niederlagen: 2:0 beim FC Hanau 1893 am 16. Februar 1913; dann ein 1:2 auf eigenem Platz gegen den Altmeister und Süddeutschen Meister des Jahres 1912, den Karlsruher Fußball-Verein, am 23. Februar 1913; dem folgte ein 1:0 beim FC Phönix Karlsruhe am 9. März 1913 und ebenfalls ein 1:0 beim SV Wiesbaden am Karfreitag, 21. März 1913. Den ersten Sieg schaffte die „Phönix"-Mannschaft am Ostermontag, 24. März 1913, gegen den FV Bonn mit 4:1 Toren. Wieder gab es zwei Niederlagen beim 1. FC Pforzheim mit 4:1 Toren am 30. März 1913 und beim FC Bayern München mit 3:1 Toren am 6. April 1913, denen sich ein 2:2 Unentschieden zuhause gegen den Fußballverein Frankfurt am 13. April 1913 anschloß.

„Vaterländische Gedenkspiele" wurden vom Deutschen Fußball-Bund (DFB) am 16. März 1913 für das ganze Deutsche Kaiserreich angeordnet „aus Anlaß der 100jährigen Wiederkehr des Tages, an dem der Aufruf „An mein Volk" die Befreiung von der Fremdherrschaft einleitete (17. März 1813)". Von den Einnahmen dieser Spiele flossen 20 % an den Deutschen Veteranenfond.

In Mannheim fanden diese Spiele am 20. April 1913 statt; es waren dies:

MFC Phönix 02 – 1. FC Pforzheim		2:1
VfR Mannheim – FC Phönix Karlsruhe		1:3
SV Waldhof – FC Frankenthal		1:1
FC Phönix Sandhofen – VfR Mannheim (Ersatzliga)		4:2
FV Neckarau – Infanterie Reg. 170 Offenburg		2:1

Die Militär-Elf, die hier ihre erste Niederlage erlitten hatte, trat in folgender Aufstellung an:

Gefreiter Herz
(SV Duisburg)

Musketier Goldschmidt (Nordstern Basel) — Musketier Schenkel (Phönix Sandhofen)

Musketier Engel (VfR Mannheim) — Musketier Bär (Kickers Mannheim) — Gefreiter Schmitt (Phönix Mannheim)

Musketier Haas (Phönix Mannheim) — Gefreiter Hennhöfer — Musketier Ludwig — Musketier Götz (alle FVg Neckarau) — Unteroff. Wirt (Karlsruher FV)

Ein großer Erfolg der fünf Mannheimer Vereine, zu deren Spiele zusammen etwa 8000 Zuschauer gekommen waren.

Die Reihe der Privatspiele des MFC Phönix 02 war damit noch nicht beendet. Eine Woche später siegte die „Phönix"-Elf beim linksrheinischen Namensvetter FC Phönix Ludwigshafen mit 2:0 Toren. Über die Pfingstfeiertage, 11./12. Mai 1913, weilte der MFC Phönix 02 in Mitteldeutschland, trennte sich vom FC Guts Muts Dresden 1:1 unentschieden und behielt beim FC Wacker Leipzig mit 2:1 Toren knapp die Oberhand. Das Saison-Schlußspiel fand am 25. Mai 1913, verbunden mit einer 2:1 Niederlage, beim Fußball-Verein Frankfurt statt.

Nach den Spielen um die Süddeutsche Meisterschaft beschränkte sich das Privatspielprogramm des VfR Mannheim auf einige wenige Begegnungen; die herausragendsten davon waren ein 4:3 Sieg über den 1. FC Pforzheim am 6. April 1913, ein 3:2 Erfolg beim FC Phönix Karlsruhe eine Woche danach, eine 2:1 Niederlage beim FC Sportfreunde Stuttgart am 27. April 1913 sowie ein 3:1 Heimsieg über den 1. FC Freiburg an Christi-Himmelfahrt, 1. Mai 1913.

Den Abschluß der Fußball-Saison 1912/1913 bildete das Auswahlspiel Neckargau gegen Pfalzgau am 25. Mai 1913 auf dem Platz des Sportverein Waldhof. Der Neckargau in der Aufstellung mit

Benzinger
(Feudenheim)

Schenkel (Sandhofen) — Ritter (Schwetzingen)

Thyri (Neckarau) — Hock (Feudenheim) — Wahl (Neckarau)

Zöllner (Schwetzingen) — Lenk (Heidelberg) — Ungelenk (Feudenheim) — Kräger — Woll (beide Waldhof)

siegte durch Treffer von Lenk, Kräger und Ungelenk, der zweimal erfolgreich war, mit 4:1 Toren.

Zahlreiche Neugründungen

Auch im Jahre 1913 tauchten im Mannheimer Fußballsport wieder neue Vereinsnamen auf; einigen Vereinen war allerdings – wie schon die Jahre zuvor –, eine nur kurze Lebensdauer beschieden. Am 15. Juni 1913 erreichte der *Mannheimer Fußball-Verein 1910* in seinem 18. Spiel den 15. Sieg, und zwar mit 12:0 Toren gegen den VfR Mannheim (I-A-Mannschaft); der Mannheimer Fußball-Verein 1910 spielte dabei in folgender Aufstellung:

K. Ilg – F. Frank, K. Schnepf – K. Oeminger, Z. Liltig, E. Siegler – A. Käppler, A. Wagner, G. Kern, H. Breitenbücher und W. Höfler.

Am 4. August 1913 konnte der *Fußballverein „Wacker" Mannheim* beim Sportfest des *VfB 1913 Waldhof* zwei Preise erringen, und zwar im 2000 Meterlauf und beim „Sechser-Turnier" der A-Klasse den 3. Preis.

Der „General-Anzeiger" vom 21. August 1913 berichtete von der *Mannheimer Fußball-Gesellschaft 1913*, die als Sechser-Mannschaft beim Turnier in Bürstadt erfolgreich abschnitt.

Während der Mannheimer Fußball-Verein 1910, der Fußballverein Wacker Mannheim und die Mannheimer Fußball-Gesellschaft 1913 danach nicht mehr in Erscheinung traten, gab es den VfB 1913 Waldhof noch bis Mitte der Zwanziger Jahre.

Am 28. August 1913 veranstaltete der *Mannheimer Fußball-Klub „Viktoria" 1912* auf seinem Platz oberhalb der neuen Neckarbrücke sein erstes Sportfest, auf dem der Mannheimer Fußballklub Union 1912 den ersten Preis

5. Dem Sportverein Waldhof zum Andenken.

Fußballspiel, du schönster Sport von allen,
Dem wir unsre Jugend weihn,
Dir soll ewig herrlich Lob erschallen
In unserem lieben Sportverein;
Er trägt die schönen Farben blau-schwarz-blau,
Für die wir kämpfen stets auf grüner Au,
:,: Drum Freunde stimmet in den Ruf mit ein,
Hoch lebe unser Sportverein! :,:

Wenn wir auf grünem Felde stehen
Wider einen starken Feind,
Dann wird es uns immer gut ergehen,
Weil wir Kraft und Mut vereint.
Und mutig weihn wir uns dem Vaterland,
Wenn kämpfen wir dereinst mit starker Hand,
:,: Dann stehen wir als tapfre Wehr
Auf dem schönen Feld der Ehr! :,:

Schwören woll'n wir, heute nochmals Treue
Unserm lieben Sportverein.
Für ihn, wir kämpfen stets aufs Neue
Mit ganzer Kraft in Lieb vereint
Wir wollen treu zusammenhalten
So lang der Jugend Kräfte walten,
:,: Dann ist in manchem schweren Streit
Der sichre Sieg auf unsrer Seit! :,:

Mag auch ein Freund uns dann verlassen,
Mußt an einen andern Ort,
So können wir uns sicher drauf verlassen,
An blau-schwarz-blau denkt er immerfort;
Der schönen Tage er gedenkt allda,
Er ruft ein kräftiges Hipp, hipp, hurra!
:,: Den Freunden zu in weiter Fern,
Bei denen er geweilt so gern. :,:

Der Landesfürst, er fördert unser Streben,
Ist Hoher Gönner uns und Freund;
Drum wollen wir zu ihm den Blick erheben,
Wenn wir zum Kampf und Spiel vereint.
Den wahren Sportsgeist woll'n wir pflegen
Zu seinem Ruhm und uns zum Segen,
:,: Drum sei des Liedes letzter Ton
Ein dreifach hoch dem Fürstentron! :,:

Mannheim, 22. Februar 1913.   gezeichnet L. Klein.

erringen konnte. Das erste bekannte Spiel des MFK Viktoria 1912 resultiert vom 3. Mai 1914, in dem der Westkreis-Meister der C-Klasse, der Sportverein Viernheim, mit 7:3 Toren bezwungen wurde.

Im Ortsteil Lindenhof bekam der dortige MFC 08 Lindenhof um die Jahreswende 1912/1913 Schwierigkeiten durch einen neuen Verein, den *Fußball-Club „Hertha" Mannheim*. Dieser wurde erstmals genannt, als er am 21. September 1913 gegen die 4. Mannschaft des MFC Phönix 02 mit 1:4 Toren verlor. In der Saison 1913/1914 spielte der MFC Hertha bereits in der C-Klasse und erhielt alsbald Zulauf von Spielern des MFC 08 Lindenhof.

Städtespiel und Verbandstag in Frankfurt

Die Spielzeit 1913/1914 eröffnete ein Auswahlspiel einer Mannheimer Stadt-Mannschaft der Liga- und A-Klasse-Vereine (in blau) gegen ein Kombination der A-Klasse-Vereine Viktoria Feudenheim, Phönix Sandhofen und SV Waldhof (in weiß). Beide Teams traten am 27. Juli 1913 auf dem Platz des VfR Mannheim in folgenden Aufstellungen an:

Blau:

Burger

Banzhaf — Espenschied

Engel — Trautmann — Richter

(alle VfR Mannheim)

Endemann — Kirsch — Stemmle — Böhe — Aulbach
(Waldhof) (Phön. Sandh.) (VfR) (Phön. Sandh.) (VfR)

Weiß:

Benzinger
(Feudenheim)

Giebfried — Schenkel
(Feudenheim) (Sandhofen)

Partsch — Hock — Kuntz
(Sandhofen) (Feudenheim) (Sandhofen)

Woll — Kräger — Ungelenk — Sponagel — Willmann
(beide Waldhof) (beide Feudenheim) (Waldhof)

Das Spiel endete erwartungsgemäß mit einem 5:2 Sieg der Mannschaft in Blau.

Schiedsrichter-Abteilung des VfR Mannheim um die Jahreswende 1913/1914

Mathes, L. Banzhaf, Eisemann, Schmidt, Mayer, Maibier, Keller, Derschum, Burkhardt, Brehm, Layer, Theilacker, Haupt, Späth, Rischert, Freiländer, Messerschmidt, Lipfert, Zipf

Vereins-Zeitung

des

Schriftleitung: E. Stutzke, Geschäftsführer des V. f. R.

Beiträge für die „Vereins-Zeitung" sind stets bis spätestens Dienstag morgen um 9 Uhr in der Geschäftsstelle Seckenheimerstrasse 11a einzureichen. Teleph: 7009

Geschäftsstunden täglich abends von 6 bis 8 Uhr, Freitags und Samstags abends von 6 bis 9 Uhr

Verein für Rasenspiele E. V. MANNHEIM — Eigener Sportplatz bei den Brauereien

Für den Verein für Rasenspiele e. V. Mannheim als Manuskript gedruckt

Selbstverlag des Vereins

Der Abdruck einzelner Artikel ist nur mit ausdrücklicher Erlaubnis der Schriftleitung gestattet

Die „Vereins-Zeitung" erscheint jeweils Freitags. — Reklamationen betreffend unpünktlicher Zustellung sind bei der Post direkt, dagegen Adressenveränderungen bei der Geschäftsstelle einzureichen

No. 31.   Mannheim, den 31. Juli 1913   2. Jahrgang

Auf zum Verbandstag nach Frankfurt am 9. u. 10. August

Verbandstag in Frankfurt.

Der Verbandstag des D. f. F. V. am 10. August in Frankfurt a. M. bietet ein reichhaltiges Programm an sportlichen Genüssen, wie die nachfolgende Uebersicht zeigt:

Samstag, den 9. August 1913.

von mittags 12 Uhr ab: Empfang der Gäste am Haupt- und Ostbahnhof (Wohnungsbüro daselbst). Besichtigung der Stadt.

von nachmittags 4 Uhr ab: Cricketwettspiel „Viktoria" Berlin gegen „Frankfurter Fußballverein".

abends 6 Uhr: Vorstandssitzung im blauen Saale des Kfm. Vereins.

abends 9 Uhr: Beginn der Verhandlungen im Großen Saale des Kaufm. Vereins. Am Eschenheimer Tor.

Sonntag, den 10. August l. Js.:

vormittags 9 Uhr: Fortsetzungen der Verhandlungen im Großen Saale des Kfm. Vereins.

mittags 2 Uhr: Gemeinschaftl. Mittagessen im Kfm. Verein.

nachmittags 4 Uhr: Hocken-Wettspiel.

nachmittags 5 Uhr: Städtewettspiel Mannheim gegen Frankfurt a. M.

nachmittags 5¾ Uhr: (während der Pause des Fußballspiels) Stafettenläufe für Frankfurter Vereins- und Militärmannschaften.

abends 6 Uhr: Preisverteilung der Stafettenwettkämpfe.

abends von 6 Uhr: Gemütliches Zusammensein im Clubhaus des F. F. V.

abends 8½ Uhr: Gr. Kommers mit Damen im Gr. Saale des Kfm. Vereins mit Preisverteilung der Wanderpreise und Diplome.

Montag, den 11. August l. Js.:

vormittags 10½ Uhr: Hafenrundfahrt (Ost- und Westhafen) mit Musik. Treffpunkt: Fahrtor (Römerberg).

Weiter sind an diesem Tage bei genügender Beteiligung geplant:

eine Rheintour nach Mainz, Rüdesheim, Nationaldenkmal, St. Goarshausen und Bingen und zurück.

eine Taunustour nach Cronberg, Schloß Friedrichshof, Feldberg, Saalburg, Homburg v. d. H. und zurück.

Wir hoffen, daß recht viele unserer Mitglieder die Veranstaltungen besuchen und dazu beitragen, daß das öffentliche Auftreten unseres Verbandes so imposant und würdig als möglich ausfällt und die verdienstvolle und aufopfernde Arbeit der Frankfurter Ortskommission durch zahlreichen Besuch belohnt wird. Die Verhandlungen des Verbandstages und die Berichte über die erfolgreiche Tätigkeit unseres Verbandsvorstandes werden für jeden Sportsmann wissenswert und reich an Anregungen sein. Also: „Auf nach Frankfurt a. M. zum Verbandstag!" In unserer Geschäftsstelle liegen Listen zur Einzeichnung für Teilnehmer auf. Wir bitten um zahlreiche und umgehende Anmeldungen.

Werbet Mitglieder!

Dieses Auswahlspiel diente der Bildung einer Mannheimer Stadtauswahl für den Städte-Vergleichskampf am 10. August 1913 anläßlich des Verbandstages des Verbandes Süddeutscher Fußball-Vereine, der vom 9. bis 11. August 1913 in Frankfurt a. Main stattfand. Mannheims Auswahl spielte in folgender Aufstellung:

Burger

Banzhaf   Espenschied

Engel   Richter   Schäfer

(alle VfR Mannheim)

Endemann   Kirsch   Stemmle   Kräger   Aulbach

(Waldhof)   (Sandhofen)   (VfR)   (Waldhof)   (VfR)

Das Spiel selbst verlief sehr ausgeglichen. Stemmle brachte Mannheim in Führung, die aber Huber (Germania Bockenheim) noch vor der Pause zum 1:1 ausglich. Nach dem Seitenwechsel erzielte Endemann die erneute Mannheimer Führung, aber Kuch (SpV Frankfurt) schoß den Ausgleich zum 2:2 Endstand.

Bereits eine Woche später traf man sich am 17. August 1913 zum Rückspiel auf dem Platz des VfR Mannheim, wobei die Mannheimer Auswahl in leicht geänderter Aufstellung in keiner Phase der Begegnung eine Chance hatte und klar mit 0:4 Toren verlor.

Erster Mannheimer Firmen-Fußball-Meister

Aufgrund seiner vielen guten Spieler und Mannschaften kam der VfR Mannheim, so paradox dies klingen mag, in gewisse Schwierigkeiten. Vor Beginn der Spielzeit 1913/1914 gab es neben der Liga-Mannschaft noch acht Mannschaften, die nach ihren jeweiligen Spielführern benannt wurden; es waren dies:

Egetmeyer-Mannschaft, Bohn-Mannschaft, Lorenz-Mannschaft, Häusermann-Mannschaft, Ufer-Mannschaft, Renner-Mannschaft, Langenbein-Mannschaft und Weinreich-Mannschaft.

Sonntag, den 17. August 1913, nachm. 5 Uhr, auf dem Sportplatz bei der Eichbaum-Brauerei

Fußballstädtewettkampf

Frankfurt   Mannheim

Schenk (F. Sp. V.), Dr. Klaus, Pfeiffer (F. F. V.), Heuß (F. Sp. V.), Jockel (F. F. V.), Münch (Germ. Fr.), Bafthunfen (F. Sp. V.), Huber (Germ. Bock), Schlüter (Germ. Fr.), Kuch (F. Sp. V.) Burkhardt (F. F. V.).

Burger, Banzhaf, Espenschied, Engel, Trautmann (Spielf.), Groß (V. f. R.), Endemann (Waldhof) Kirsch (Sandhofen), Stemmle (V. f. R.), Kräger (Waldhof), Aulbach (V. f. R.).

Preise der Plätze: Reservierter Sitzplatz (gedeckte Tribüne) M 2.—, I. Platz (gedeckte Tribüne) M 1.20, II. Platz Erhöhte Stufen) M 0.70. Mitglieder des V. f. R. und der drei Mannheimer A-Vereine haben gegen Vorzeigung der gültigen Mitgliedskarte freien Zutritt zur Tribüne.

Nach dem Spiel

Gemütliches Beisammensein mit Tanz.

Ueberreichung der Erinnerungszeichen im Vereinslokal Kaisersäle Seckenheimerstr. 11a.

Für das neue Verbandsjahr machte man den Versuch, zwei gleichstarke Mannschaften aufzustellen, und zwar die *Trautmann-Elf* (Westkreis-Meister 1912/1913) mit

> Burger – Banzhaf, Nerz – Engel, Trautmann, Groß – Kratzmann, Bohn, Leipersberger, Altfelix und Hook

und die *Espenschied-Elf* (Liga 1913/1914) mit

> Roth – Kilthau, Espenschied – Schäfer, Richter, Sack – Balles, Schmidt, Stemmle, Steinmüller und Aulbach.

Bereits die ersten Testspiele verliefen enttäuschend, obwohl man die beiden Mannschaften mehrfach umstellte; die Ergebnisse lauteten:

12. 8. 1913	FV Beiertheim – VfR Mannheim	6:2
17. 8. 1913	VfB Mühlburg – VfR Mannheim	5:2
24. 8. 1913	VfR Mannheim – VfB Stuttgart	4:1
28. 8. 1913	VfR Mannheim – FV Frankfurt	0:2
	FC Phönix Ludwigshafen – VfR Mannheim	4:0
14. 9. 1913	SpV Wiesbaden – VfR Mannheim	4:4

Speziell den Spieltag vom 28. August 1913 bezeichnete man als ein großes Fiasko.

Auch das Spiel um den „Feuerio-Goldpokal" anläßlich des großen Volksfestes der Karnevals-Gesellschaft Feuerio vom 6. bis 8. September 1913 – die Begegnung fand auf dem Platz des ehemaligen MFC Viktoria 1897 neben den Rennwiesen statt –, brachte trotz eines 2:1 Sieges des VfR Mannheim die Erkenntnis, daß das Experiment zweier gleichstarker Mannschaften gescheitert war. Man beschloß, in die beginnende Spielzeit nur mit einer spielstarken Liga-Mannschaft zu gehen und es bei dem bisherigen Unterbau der diversen Spielführer-Mannschaften zu belassen.

Sorgen dieser Art kannte man beim Mannheimer Fußball-Club Phönix 02 nicht. Eine teilweise neuformierte Mannschaft mit

> E. Schönig – Durler, Müller – Brühmüller, Lipp, Neidig – Bollack, Schmitt, O. Schönig, Arnold und Rohr

erzielte unterschiedliche Ergebnisse: (Für die beginnende Spielzeit 1913/1914 sind für einige Begegnungen die Eintrittspreise bekannt. Diese werden in Klammern angegeben).

10. 8. 1913	MFC Phönix – FC Freiburg	1:1
	(Tribüne 1 Mark, 1. Platz 80 Pfennig, 2. Platz 60 Pfennig)	
14. 8. 1913	MFC Phönix – Sportfreunde Stuttgart	3:1
17. 8. 1913	MFC Phönix – Kickers Stuttgart	0:1
24. 8. 1913	MFC Phönix – FC Phönix Ludwigshafen	2:1
31. 8. 1913	FC Pfalz Ludwigshafen – MFC Phönix	2:1

Dennoch ging man mit einigem Optimismus in die neue Spielzeit.

Angeregt durch das erste Firmen-Fußballspiel im Januar 1913 bildeten sich in einigen Mannheimer Firmen Fußballmannschaften, die in der Fußball-Sommerpause eine Meisterschaft austrugen. Beteiligt waren die Firmen BBC, Heinrich Lanz, Mohr & Federhaff, Rheinische Creditbank und die Mannheimer Versicherungs-Gesellschaft. Das Endspiel bestritten die Mannschaften der Firmen Heinrich Lanz gegen Mohr & Federhaff; die Lanz-Mannschaft siegte in der Aufstellung

> Remmlinger – Burkhardt, Weber – Sauter, Seitz, Albert – Weglehner, Maibier, Huber, Nagel und Kohlschmidt

mit 2:1 Toren und wurde Erster Mannheimer Firmen-Fußball-Meister.

Tägliche Sport-Zeitung

Vorhersagungen für in- und ausländische Pferderennen.
(Von unserm Spezial-Mitarbeiter.)
Mittwoch, 20. August.
Deauville.
Prix de Clairefontaine: Gygi — Souf.
Prix de Louvay: Le Gardeur — Rosimond.
Prix de Benzeval: Le Feu — Dolet.
Prix des Villas: Templier 8 — Maboul 2.
Prix du Renz: Reine de Noisy — Elvira 3.
Prix de la Coquenne: Nasoir — Minotaure.

*

Pferdesport.

* Von den 64 000 Mark des Magdeburger Kronprinzen-Preises sind durch die Einsätze und Einschreibegebühren 23 876 ℳ zusammengekommen. Der Totalisator-Umsatz am Sonntag betrug 343 500 ℳ gegen 406 000 ℳ im Jahre vorher und 822 000 ℳ im Jahre 1911. Infolge des schlechten Wetters beliefen sich die Eintrittsgelder nur auf zwei Drittel des Vorjahres. Jedenfalls erleidet der Verein trotz der schlechten Witterung keinen großen Ausfall, da die Gesamteinnahmen aus den Eintrittsgeldern, dem Totalisator-Umsatz und den Einsätzen bei Neugeldern die Auslagen des Tages ungefähr decken.

* Madame Fontsi, eine Stute des Leutnants von Rohner, mußte im Frankfurter Rosenberg-Jagd-Rennen mit gebrochener Fessel angehalten und infolgedessen getötet werden.

* Leutnant von Egan-Krieger hat von Leutnant von Haine die Pferde Glenmorgan, Hausfreund und Renö für alleinige Rechnung übernommen. Der letztgenannte 5. Kürassier beteiligt sich dagegen mit Regimentskameraden Leutnant Bannow je zur Hälfte an Festival, Five o'Clock, Hadwiga, Vorsteher und Damethen, von welchen fünf Pferden bisher Leutnant von Egan-Krieger je ein Drittel gehörte. Ferner sind Leutnant von Maltzahn und Leutnant Prinz W. zu Schaumburg-Lippe zu gleichen Teilen an Türkenbund interessiert.

* Ein „fliegender Reiter" in Frankreich. Das von Ltn. v. Egan-Krieger gegebene Beispiel hat jetzt in Frankreich Nachahmung gefunden. Am Sonntage fand in Provins im Departement der Aube, das zweite Pferderennen der Saison statt. Im Prix de la Société de Steeple Chase war der Leutnant Mortuieux vom Flieger-Zentrum in Reims als Reiter eingeschrieben. Er flog mit einem Eindecker von Reims nach Provins und es gelang ihm auch, den Sieg auf seiner Stute Ecossaise zu erringen. Dann bestieg er von neuem den Apparat und flog unter dem Applaus einer zahlreichen Zuschauermenge wieder nach Reims zurück, wo er glücklich landete.

Luftschiffahrt.

S. Der Luftschiffbau Zeppelin errichtet zur Zeit unweit der Werft einen Neubau für Funkentelegraphie, in welchem vier 40 Meter hohe Empfangsmasten aufgestellt werden. Um bei der Nacht heimkehrenden Luftschiffen die Orientierung zu erleichtern, ist in der Werft ein starker Scheinwerfer eingebaut worden, der in den letzten Tagen erprobt wurde und weit über den See hin leuchtet. Zu der kürzlich in Biberach ausgegangenen Meldung über die Errichtung von Luftschiff-Feuertürmen teilt die Telefunkengesellschaft in Berlin mit, sie habe auf Anregung der Militärbehörde bereits anfangs dieses Jahres auf der Funkenstation Nauen ein elektrisches Blinkfeuer für Zwecke der Luftschiffahrt eingerichtet. Die Anlage ist 2000 Kerzen stark und tritt jede Nacht bei Eintritt der Dunkelheit bis zum Morgen in Tätigkeit. Die Lichtstrahlen werden ununterbrochen im Rhythmus des Buchstabens „N" des Morse-Alphabetes ausgesendet, sodaß die Luftschiffer erkennen können, daß es sich um das Leuchtfeuer von Nauen handelt. Die Erprobung des Leuchtfeuers erfolgte von einem Freiballon aus, dem es gelang, das Leuchtfeuer auf ca. 40 Kilometer zu sichten.

Aviatik.

* Gothaer Aeroplanturnier. Den ersten Preis im Bombenwerfen erhielt Stöffler, ebenfalls einen ersten Preis Ingold. Die Preise betrugen je 1500 ℳ. Die Flughöhe dieser beiden Flieger erhielten je einen Ehrenpreis, nämlich Kapitänleutnant Berthold und Leutnant Heinrichshofen. Im Schnelligkeitswettbewerb erhielt den 1. Preis Ingold, den zweiten Stöffler. Trostpreise wurden an Loerzer und Hennig ausgesetzt. Weitere Ehrenpreise erhielten Stöffler, Ingold, Rohuert, Schwandt, Weck, Hennig, Heinrichshofen, Weidei, König und Rosenstein. Gestern vormittag fand der Wettbewerb im Photographieren vom Flugzeuge aus statt. Es ist Vorschrift, daß dabei aus einer Höhe von mindestens 800 Metern ein Ziel aufgenommen wird, das 10 bis 30 Kilometer entfernt ist. Es darf nur höchstens eine Stunde dazu gebraucht werden, ein Offizier muß als Fluggast mitgenommen werden, höchstens 6 Platten dürfen zur Verwendung finden. Es beteiligten sich die Flieger Stöffler, Ingold und Loerzer.

* Flug „Rund um England". Nach Berichten von Augenzeugen hat sich das Sopwithflugzeug in Yarmouth bei schwerem Seegang bewundernswert gehalten. Es hat die Fortsetzung des Rundfluges erst aufgegeben, als die See dicht über den Motor schlug; trotzdem blieben Schwimmer und Tragegestell völlig unversehrt. Die Londoner Sopwithfabrik erhielt einen telegraphischen Auftrag, wonach lediglich am Höhensteuer eine geringe Ausbesserung erforderlich ist. Da auch der Greenmotor von dem Shortflugzeuge jetzt wieder arbeitet, steht der Abflug beider Bewerber in den nächsten Tagen bevor.

w. Paris, 20. Aug. Der Aviatiker Pergoud führte gestern in der Nähe von Versailles die praktische Erprobung des von Bonnets erfundenen Fallschirmes vor. Pergoud verließ seinen Eindecker in der Höhe von 300 Metern und gelangte mittels des Fallschirmes unversehrt zur Erde. Das Flugzeug, welches sich selbst überlassen blieb, ging einige Minuten später in einem Walde in der Nähe von Versailles nieder.

Automobilsport.

* Das Verzeichnis der Inhaber von Kraftfahrzeugen in Baden, das im Verlag von J. J. Reiff-Karlsruhe erschienen ist, enthält für jeden Geschäftsmann zu Propagandazwecken sehr geeignetes Adressenmaterial. Preis 2.10 Mk. inkl. Porto.

Radsport.

* Die Radrennen in Straßburg wurden bei schönem Wetter und gutem Besuch zum Austrag gebracht. Der Franzose Guignard rehabilitierte sich von seiner am Freitag erlittenen Niederlage und gewann diesmal beide Dauerrennen. Er siegte im 15-Kilometer-Rennen nach 12 Min. 25,4 Sek. vor Büchlin, 1400 Meter und Schelling 1800 Meter zurück. Im Stundenrennen schuf der Franzose mit 72,075 Kilometer einen neuen Bahnrekord. Zweiter wurde Röschlin, 1650 Meter und Dritter Schelling, weit zurück. Im Hauptfahren siegte der Berliner Schrage vor Techmer und Gruber, während im Prämienfahren Techmer vor Schrage und Pastori erfolgreich war. Einen zweiten Sieg landete Techmer mit Gruber als Partner im Tandemrennen.

* Bei den Radrennen in Zürich gewann Arend das Fliegermatch, in dem er im ersten Lauf vor Rützenthaler, Hönes und Rheinweid und im zweiten Lauf vor Rheinwald, Hönes und Rützenthaler siegte. Im dritten Lauf wurde Arend Zweiter hinter Rheinwald. In den Dauerrennen siegte Pranzembel über 10 Kilometer in 7:18,2 vor Leon Vanderstuyft, 100 Meter, Kjeldsen, 300 Meter, und Humann, infolge Reifendefekts weit zurück, und über 30 Kilometer ebenfalls Pranzembel in 24:17 vor Kjeldsen, 20 Meter, Vanderstuyft, 800 Meter, und Humann, infolge Reifendefekts weit zurück. Das 20-Kilometer-Rennen gewann dagegen Humann in 16:02,3 vor Pranzembel, 150 Meter, Kjeldsen, 600 Meter, und Vanderstuyft, 800 Meter.

* Friol Fliegermeister von Frankreich. Auf der Pariser Prinzenparkbahn gelangte Sonntag die Fliegermeisterschaft von Frankreich zur Entscheidung. Im ersten Zwischenlauf unterlag Perchicot, der den Titel zu verteidigen hatte, auf eigentümliche Weise mit drei Längen gegen Poulain; Simeonie wurde Dritter. Den zweiten Zwischenlauf gewann Hourlier mit einer halben Länge gegen Gupre und Schilles, und im dritten Zwischenlauf siegte Friol gegen Ponchois und Devoissoux. Im Endlauf errang Friol mit einer Länge gegen Hourlier und Poulain einen sicheren Sieg. Das Malfahren holte sich Texter vor Fournous, 1 Lg., und Sergent, während der eben erst aus Amerika zurückgekehrte Berliner Packebusch den fünften Platz belegte.

Leichtathletik.

* Die „Mannheimer Fußballgesellschaft 1913" konnte bei dem am Sonntag in Bürstadt bei Lampertheim ausgetragenen Sechser-Turnieren mit einem Punkt hinter „Kickers" Worms den 2. Platz belegen.

* Anerkannte deutsche Rekorde. In der Ausschußsitzung der Deutschen Sportbehörde für Athletik wurden, wie uns ein Privattelegramm aus Breslau meldet, folgende neuen deutschen Rekorde offiziell anerkannt: 1000 Meter-Laufen: Midler-Charlottenburg 2:32,2 (alter Rekord 2:35,6), 2000 Meter: Midler 5:43,5 (5:58,2), 400 Meter-Hürdenlaufen: Welfling-Berlin 60,4 Sek. (62,8 Sek.), Weitsprung: Pasemann-Berlin 6,01 Meter (6,00 Meter), Stabhochsprung: Pasemann 3,60 Meter (3,612 Meter), Kugelstoßen 7¼ Kilo: Holt-München 13,16 Meter (12,63), Steinstoßen ¼ Zentner: Holt 11,26 Meter (10,87 Meter), Steinstoßen ⅓ Zentner: Holt 9,465 Meter

Ab 20. August 1913 bot der „General-Anzeiger" seinen Lesern eine „Tägliche Sport-Zeitung"

VfR Mannheim wieder Westkreis-Meister

Im Westkreis der Saison 1913/1914 spielten um die Meisterschaft: MFC Phönix 02, VfR Mannheim, FC Phönix Ludwigshafen, FC Pfalz Ludwigshafen, FG 03 Ludwigshafen, FV Kaiserslautern, VfB Borussia Neunkirchen und der Aufsteiger Sportvereinigung Metz. Am ersten Spieltag, 14. September 1913, gewann der VfR Mannheim beim FC Pfalz Ludwigshafen mit 1:0 Toren; Hook war Mannheims erster Torschütze. Eine Woche später griff auch der MFC Phönix 02 ins Spielgeschehen ein und landete einen 2:0 Heimsieg gegen Borussia Neunkirchen; der VfR Mannheim blieb klarer 3:1 Sieger über den FV Kaiserslautern.

Bereits der dritte Spieltag brachte das Mannheimer Lokalderby auf dem VfR-Platz. Vor der „riesigen Zuschauermenge von 5 000 Leuten" siegte der Gastgeber durch drei Treffer von Trautmann und zwei von Schmidt bei einem Gegentor von Bauer mit 5:1 Toren. Trotz dieses Einbruchs der „Phönix"-Elf zeichnete sich in den folgenden Spielen ab, daß es zu einem Zweikampf der beiden Mannheimer Clubs um die Westkreis-Meisterschaft kommen sollte. Zwei hohe Auswärtssiege mit 6:0 Toren bei der FG 03 Ludwigshafen am 5. Oktober 1913 und mit 4:2 Toren beim FV Kaiserslautern am 12. Oktober 1913 festigten den zweiten Tabellenplatz des MFC Phönix 02 hinter dem verlustpunktfreien Tabellenführer VfR Mannheim, ehe die „Phönix"-Elf am 26. Oktober 1913 durch eine 3:1 Niederlage beim FC Phönix Ludwigshafen entscheidenden Boden verlor, zumal der VfR Mannheim die erstmals in der Quadratestadt gastierende Sportvereinigung Metz klar mit 6:0 Toren bezwang.

Der Weg zur Titelverteidigung für den VfR Mannheim war frei nach dem 1:1 Unentschieden am 2. November 1913 beim MFC Phönix 02; der Drei-Punkte-Vorsprung kam nicht mehr in Gefahr. Klarer als ein Jahr zuvor distanzierten die beiden Mannheimer Vereine die restlichen Clubs des Westkreises, wie die ersten drei Plätze der Abschlußtabelle zeigten:

Liga-Klasse Westkreis, Saison 1913/1914

VfR Mannheim	14	12	2	0	39:5	26:2
FC Phönix Mannheim	14	11	1	2	30:13	23:5
FC Phönix Ludwigshafen	14	7	2	5	40:16	16:12

Erwähnenswert noch das letzte Verbandsspiel des MFC Phönix 02 am 25. Januar 1914 gegen die als Absteiger feststehende Sportvereinigung Metz, das die Gastgeber mit 2:1 Toren gewinnen konnten; vor diesem Treffen fand eine Ehrung für die Gebrüder Emil und Otto Schönig statt, die zum 250ten Male das „Phönix"-Trikot trugen.

Der große Erfolg des Sportverein Waldhof

Die A-Klasse, Bezirk I, im Neckargau des Westkreises wurde für die Spielzeit 1913/1914 auf sechs Vereine aufgestockt; aus der letztjährigen Saison gab es keinen Absteiger und neu hinzu kam die Fußball-Vereinigung Neckarau.

Emil und Otto Schönig
waren jahrelang die Garanten der Erfolge des MFC Phönix 02, für den das Brüderpaar weit über 1000 Spiele bestritt. In der „Pionierzeit des Fußballsports" zählten sie zu den berühmtesten Fußballspielern Mannheims

Ungeschlagener Bezirks-Meister wurde der Sportverein Waldhof wie die Schlußtabelle zeigt:

A-Klasse, Bezirk I, Neckargau in Westkreis
Saison 1913/1914

SV Waldhof	10	7	3	0	33:15	17:3
1. FC Viktoria Heidelberg	10	4	3	3	29:20	11:9
FC Phönix Sandhofen	10	4	3	3	19:18	11:9
FC Viktoria Feudenheim	10	4	3	3	15:18	11:9
FVg Neckarau	10	1	3	6	16:22	5:15
FVg 1898 Schwetzingen	10	1	3	6	13:32	5:15

Den höchsten Sieg gab es am 26. Oktober 1913, als die FVg Neckarau bei der FVg 1898 Schwetzingen mit 7:0 Toren gewann. Die beiden torreichsten Treffen lieferte der SV Waldhof: bei der FVg 1898 Schwetzingen 4:4 am 21. September 1913 und 6:2 über den FC Viktoria Feudenheim am 28. September 1913. An diesem 28. September 1913 kam es zum großen Schlagabtausch zwischen Waldhof und Feudenheim, denn auch die 2. und 3. Mannschaften spielten in Punkterunden; die Ergebnisse lauteten:

SV Waldhof II – FC Viktoria Feudenheim II	5:1
SV Waldhof III – FC Viktoria Feudenheim III	9:1

Der „General-Anzeiger" schrieb zu diesem Spieltag auf dem Waldhof-Platz:

> „Der Besuch war sehr gut, was dem aufstrebenden Verein zu gönnen ist; hat man doch keine Mühe und Arbeit gescheut, den Platz, der sehr günstig liegt (direkt an der Haltestelle der Straßenbahn Linie 5) zu einem der schönsten Sportplätze Mannheims zu schaffen. Eine gedeckte Tribüne mit Sitzgelegenheit besitzt der Verein seit Jahren."

Erstmals wurden im „General-Anzeiger" vom 22. September 1913 die Pläne des VfR Mannheim bezüglich eines Stadionbaus erwähnt.

Rasenspiele.

J. M. Der neue Sportplatz des V. f. R. Mannheim wird, wie aus dem soeben ausgeschriebenen Wettbewerb zur Erlangung geeigneter Projekte ersichtlich ist, voraussichtlich im Schleim, gegenüber Neuostheim, auf einer Grundfläche von 11 Hektar erbaut werden. Die ganze Anlage des Platzes (Stadion) soll möglichst drei Fußballfelder, wovon das eine, mit einer Laufbahn mit erhöhten Kurven umgeben, als Hauptspielplatz gedacht ist, einen Hockeyspielplatz und mindestens acht Tennisplätze enthalten. Ferner ist projektiert eine 50 Meter lange Tribüne mit mindestens 300 Sitzplätzen, darunter Ankleideräume, Geräte-, Dousch-, Ambulanz- und Empfangszimmer und eine Wohnung für den Platzverwalter. Die Bausumme der Platzanlage an und für sich ist auf 70 000 M. veranschlagt.

Die beiden punktgleichen Vereine FVg Neckarau und FVg 1898 Schwetzingen mußten zur Ermittlung des Absteigers ein Entscheidungsspiel austragen, das am 4. Januar 1914 in Heidelberg auf dem „Viktoria"-Sportplatz bei der Schweikkardt'schen Milchkuranstalt stattfand; Neckarau hatte dabei keine Mühe und gewann mit 7:2 Toren. Damit stand als Absteiger die FVg 1898 Schwetzingen fest.

Der Sportverein Waldhof als Meister der A-Klasse, Bezirk I, spielte mit dem Fußball-Klub Alemannia Worms (Meister im Bezirk II) und dem Fußball-Klub Pirmasens (Meister im Bezirk III) um die Westkreis-Meisterschaft der A-Klasse.

Nach einem 5:1 Sieg des SV Waldhof in Pirmasens am 1. März 1914 und einer 2:4 Niederlage gegen denselben Gegner eine Woche später trennten sich Worms und Waldhof am 15. März 1914 in Worms 0:0 unentschieden. Somit hatte der SV Waldhof im letzten Spiel der Runde auf eigenem Platz alle Trümpfe in der Hand. Infolge schlechten Wetters, fast alle Plätze lagen unter einer hohen Schneedecke, wurde dieses letzte, entscheidende Treffen immer wieder verlegt. Der SV Waldhof versuchte, seine Mannschaft durch Privatspiele in Form zu halten; so spielte man am

22. 3. 1914 FK Lampertheim – SV Waldhof 1:3
29. 3. 1914 FC Viktoria Feudenheim – SV Waldhof 8:0
 5. 4. 1914 Frankf. FV Amicitia 1902 – SV Waldhof 2:4

Am 19. April 1914 konnte endlich das entscheidende Treffen auf dem Waldhof-Platz stattfinden. Der Sportverein Waldhof in der Aufstellung

Walter – Scheurer, Müller – Wollmann, Strauch, Lidy – Willmann, Endemann, Schwärzel, Kräger und Woll

konnte vor 3 000 Zuschaurn zwar schon in der 12. Minute durch Schwärzel mit 1:0 in Führung gehen, danach erzwang aber Worms ein ausgeglichenes Spiel. In der zweiten Halbzeit überrannte Waldhof die Gäste-Elf regelrecht; zwischen der 52. und 64. Spielminute erzielten Endemann, Willmann und Schwärzel mit einem Hattrick fünf Tore zum überlegenen 6:0 Endstand. Der Sportverein Waldhof hatte damit die Westkreis-Meisterschaft der A-Klasse errungen und stieg in die Liga-Klasse auf.

Westkreis-Meisterschaft der A-Klasse
Spielzeit 1913/1914

Sportverein Waldhof	4	2	1	1	13:5	5:3
FK Alemannia Worms	4	1	2	1	3:8	4:4
FK Pirmasens	4	1	1	2	7:10	3:5

Für die Spiele um die Süddeutsche Meisterschaft der A-Klassen hatten sich qualifiziert:

SV Waldhof (Westkreis-Meister)
SV Straßburg (Südkreis-Meister)
MTV 1860 München (Ostkreis-Meister)
FVg Germania Bockenheim/Frankfurt (Nordkreis-Meister)

Der „Fan-Club" des Sportverein Waldhof im Jahre 1913, der sich „Die Ruser" nannte

4:4 unentschieden; ein drittes Spiel mußte somit die Entscheidung bringen. Dieses gewann der Sportverein Waldhof am 28. Juni 1914 auf eigenem Platz mit 1:0 Toren und errang damit die Süddeutsche Meisterschaft der A-Klasse und den Wanderpokal des Verbandes Süddeutscher Fußball-Vereine.

Der Erfolg des Sportverein Waldhof wurde durch seine 2. Mannschaft komplettiert, die in der Spielzeit 1913/14 zum dritten Male hintereinander im Bezirk I im Neckargau des Westkreises der A II-Klasse Meister wurde.

Dieser 28. Juni 1914 stand weltpolitisch unter einem Ereignis, das schon bald Auswirkungen auf alle Lebensbereiche und auch des Fußballsports zeitigen sollte: von Großserbischen Nationalisten wurde in Sarajewo das Österreichische Thronfolgerpaar Franz Ferdinand und seine Gemahlin Herzogin von Hohenberg ermordet. Der Ausbruch des Ersten Weltkrieges warf seine Schatten voraus.

FC Kickers Mannheim letzter B-Klasse-Meister

In der B-Klasse der Spielzeit 1913/1914 tauchte mit dem FV 1910 Schwetzingen ein neuer Verein bei Verbandsspielen auf. Daneben gehörten der B-Klasse an: MFC 08 Lindenhof, FG Kickers Mannheim, SV Helvetia 07 Mannheim, FC Germania Friedrichsfeld, FG 1898 Seckenheim, FC Alemannia Ilesheim, FC Viktoria 08 Neckarhausen und FV Weinheim.

Erster Spieltag war der 21. September 1913, der dem Neuling FV 1910 Schwetzingen durch ein 2:2 Unentschieden beim FV Weinheim bereits den ersten Punktgewinn brachte. Einen Favoritensieg gab es, wenn auch wesentlich knapper als erwartet, mit dem 1:0 der FG Kickers Mannheim über den MFC 08 Lindenhof. Die FG Kickers Mannheim hatte eine Woche zuvor, am 14. September 1913, mit einem vielbeachteten 8:2 Sieg über die Ersatzliga-Mannschaft des FC Pfalz Ludwigshafen ihren neuen Sportplatz am Herzogenried eingeweiht.

Dennoch gab es bis zum Rundenschluß ein Kopf-an-Kopf-Rennen zwischen dem FC Viktoria 08 Neckarhausen, dem

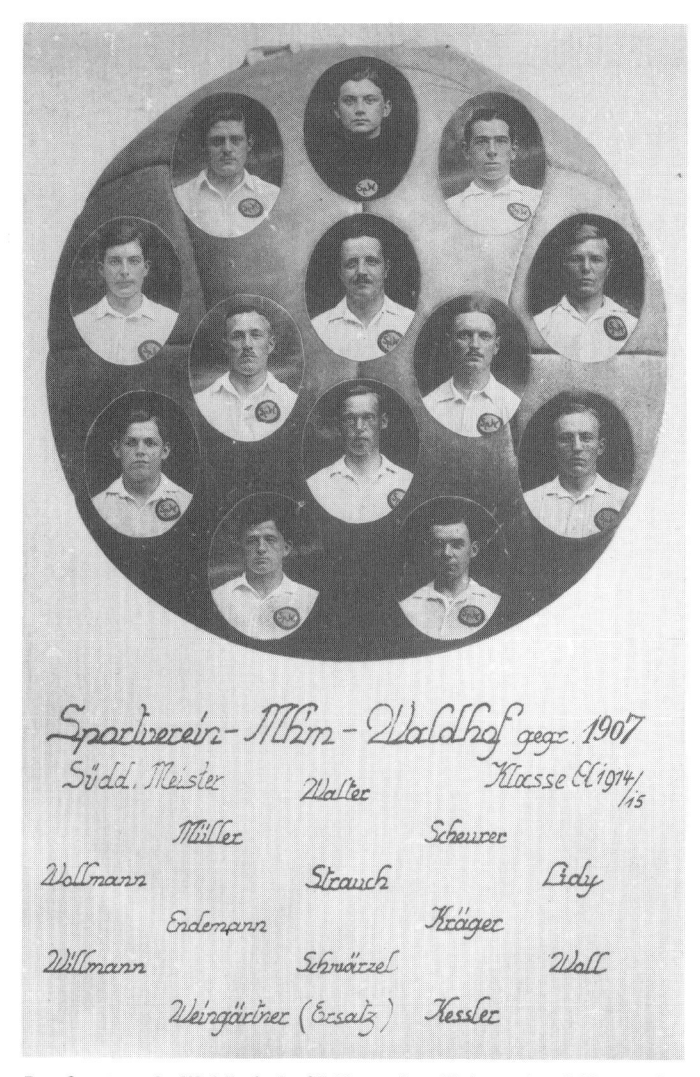

Der Sportverein Waldhof als Süddeutscher Meister der A-Klasse der letzten Friedenssaison 1913/1914, und nicht, wie versehentlich auf dem Bild angegeben, der Saison 1914/1915

Nach dem 4:1 Heimsieg des SV Waldhof über die Fußball-Vereinigung Germania Bockenheim am 3. Mai 1914 zogen die Südkreis- und Ostkreis-Meister ihre Mannschaften zurück. Am 21. Juni 1914 spielte Waldhof in Bockenheim

Westkreis-Meister der C-Klasse des Jahres 1912, und der FG Kickers Mannheim. Nach dem 5:1 Sieg des FC Viktoria 08 Neckarhausen über den Tabellenführer FG Kickers Mannheim am 30. November 1913 sah es sogar nach einer Sensation in der B-Klasse aus; die Presse berichtete vom besten Spiel der Neckarhausener Mannschaft seit Jahren, die in folgender Aufstellung spielte:

Jakobi – Fischer, Boos – H. Fillbrunn, Laumann, Krabenauer – V. Fillbrunn, Köhler, Dossinger, Fuchs und Hund.

Meldung des „General-Anzeiger" vom 28. Oktober 1913 (Abendblatt)

* Neckarhausen gewinnt gegen F.-C. Lindenhof 1908 2:0. Gestern standen sich auf dem Fußballplatz der F.-G. Viktoria Neckarhausen die beiden ersten Mannschaften der obengenannten Vereine zu einem Verbands-Wettspiele gegenüber. Punkt 3 Uhr gab der Schiedsrichter, Herr Richard aus Mannheim, das Zeichen zum Anstoß, obwohl er nach Vorschrift des Verbandes schon um 2½ Uhr hätte anfangen müssen. Lindenhof brachte in den ersten Minuten das gegnerische Tor öfters in gefährliche Lagen, welche die generische Verteidigung mit befreienden Stößen immer zurückwies. Neckarhausen kam immer besser auf und das Spiel hatte nunmehr Neckarhausen in Händen. Lindenhof hatte sich ganz zurückgezogen. Dies ist jedoch nur auf den Schiedsrichter zurückzuführen, der einen starken Druck auf die Mannheimer ausübte. Viele Zuschauer bestätigten diese Ansicht. Um 3.35 Uhr umspielte das Innentrio die Verteidigung Lindenhof's und der halblinke Stürmer setzte einen gutplazierten Schuß in die Ecke. So ging es in die Pause. Nach Seitenwechsel gestaltete sich das Spiel für Neckarhausen noch viel günstiger, denn der Schiedsrichter hatte binnen 10 Minuten die drei besten Leute von Lindenhof wegen angeblich rohen Spiels hinausgestellt. In dieser Richtung hätte er gerade umgekehrt handeln müssen. Die 8 Spieler, die Lindenhof noch hatte, wurden vollständig eingeschlossen, was auch vorauszusehen war. Ich habe einige Spieler von Lindenhof persönlich gesprochen, welche mir erklärten, daß sie unter solchen Umständen überhaupt keine Lust mehr am Spiele hätten. Lindenhof mußte mit einer Schlappe heimkehren. -nn.

Erst am letzten Spieltag konnte sich die FG Kickers Mannheim die Meisterschaft vor dem FC Viktoria 08 Neckarhausen sichern und spielte gegen den 1. FC Kreuznach 1902 und den FC Arminia Rheingönheim um die Westkreis-Meisterschaft der B-Klasse. Schon im ersten Spiel dieser Meisterschaftsrunde blieb die FG Kickers Mannheim am 15. Februar 1914 über den erklärten Favoriten, den 1. FC Kreuznach 1902, klar mit 4:1 Toren siegreich, wobei die Mannheimer eine überraschend starke Leistung zeigten. Das Rückspiel in Kreuznach verlor die FG Kickers Mannheim am 1. März 1914 nur knapp mit 4:3 Toren. Nach dem 1:1 Unentschieden gegen den FC Arminia Rheingönheim eine Woche später auf dem Kickers-Platz am Herzogenried rechnete man sich auf Mannheimer Seite noch Meisterschafts-Chancen aus, aber im Rückspiel am 22. März 1914 konnte die FG Kickers Mannheim nur mit vier Ersatzleuten antreten – der Militärdienst forderte seinen Tribut –, verlor beim FC Arminia Rheingönheim mit 3:1 Toren und mußte damit alle Meisterschaftshoffnungen begraben.

Eine neue C-Klasse

Auch die C-Klasse des Neckargaues wartete in der Spielzeit 1913/1914 mit einigen neuen Vereinen auf; es spielten: SC 1910 Käfertal, SpVgg Fortuna 1910 Edingen, FC Badenia Mannheim, SV Neckarau, SG Olympia 1906 Mannheim, FC Sport 1906 Ketsch, FC 1902 Heidelberg/Neuenheim, FC Hertha Mannheim, TV 1846 Mannheim, Mannheimer Fußball-Gesellschaft 1913 und FG 1906 Plankstadt.

Die *Sportvereinigung „Fortuna" 1910 Edingen* war 1913 durch den Zusammenschluß des Fußball-Club Fortuna 1910 Edingen und des Schwerathletenclubs „Germania" 1902 Edingen entstanden und konnte nach ihrem Beitritt zum Verband Süddeutscher Fußball-Vereine an der Verbandsrunde teilnehmen.

Gleich am ersten Spieltag gab es am 28. September 1913 durch den SC 1910 Käfertal einen Kantersieg, denn er schlug den FC Sport 1906 Ketsch auf seinem neuen Platz bei der Firma BBC mit 9:0 Toren. Bereits eine Woche später schoß der SC Käfertal wieder neun Tore, als er den FC Hertha Mannheim mit 9:1 Toren besiegte. Neben der beachtlichen Leistung dieses SC Käfertal, der nach vier

Spieltagen die Tabellenspitze inne hatte, überaschte auch die Fußballmannschaft des Turnverein 1846 Mannheim. Nach dem 5:2 Sieg über den SV Neckarau am 9. November 1913 schrieb der „General-Anzeiger":

„Die Turnverein-Mannschaft zeigt zur Zeit ein für die C-Klasse hochentwickeltes Können und besteht aus durchweg ausdauernden, kräftigen Spielern. Hervorzuheben wären die Gebrüder Stahl, Schneckenberger und der als Turner und Leichtathlet bestbekannte Julius Frey."

Eine Kuriosität gab es beim Spiel zwischen der SG Olympia 1906 Mannheim und der Mannheimer Fußball-Gesellschaft 1913 am 7. Dezember 1913; der „General-Anzeiger" vom 10. Dezember 1913 berichtete:

„Das Spiel ‚Olympia' und ‚M.F.G. 1913' mußte nach kaum ½ stündiger Spielzeit abgebrochen werden. Der Platz lag zu weit im Flugkreise des Fliegers Klein, so daß dieser dadurch behindert wurde. Kurz nach Beginn wurde ‚M.F.G. 1913' ein Elfmeter zugesprochen. Nun wogte das Spiel hin und her und beide Parteien gaben sich die größte Mühe, in die Führung zu gelangen. Bei Abbruch war das Resultat 0:0."

Was nach den Vorrundenspielen niemand mehr für möglich gehalten hatte, trat am letzten Spieltag ein: der SC Käfertal und die FG 1906 Plankstadt belegten punktgleich die Tabellenspitze. Ein Entscheidungsspiel am 18. Januar 1914 auf dem Platz des MFC Phönix 02 an der Fohlenweide entschied die Plankstadter-Mannschaft mit 2:1 Toren für sich.

Im Kampf um die Süddeutsche Meisterschaft der C-Klasse schied die FG 1906 Plankstadt schon im ersten Spiel gegen den Sportverein 09 Viernheim, Meister der C-Klasse Bergstraße-Riedgau, durch eine 6:4 Niederlage am 29. März 1914 aus. Der Sportverein 09 Viernheim wurde – wie bereits an anderer Stelle berichtet –, nach einem 1:0 Sieg über den Fußballclub Konkordia Friesenheim am 19. April 1914 auf dem Platz der FG 03 Ludwigshafen Westkreis-Meister der C-Klasse.

Sport-Club Käfertal
Vize-Meister der C-Klasse des Neckargaues der Saison 1913/1914 mit dem Stamm der „Eisernen Mannschaft" der Nachkriegsjahre
v. l. Müller (1. Vors.), Zollikofer, Bekkenbach, Götz, Gleißner, Dielmann, Schiedsrichter; kniend: Hoffmann, Weidner, Reiß; untere Reihe: Geiger, Herrwerth, L. Hoffmann

Die Mannheimer Vereine der C-Klasse zeigten ihre Stärke mehr in recht achtbaren Ergebnissen von Freundschaftsspielen als in der abgelaufenen Verbandsrunde. Die Fußballmannschaft des Turnverein 1846 Mannheim profitierte dabei von ihrer Platzanlage in Seckenheim bei der Eisenbahnstation, über die der „General-Anzeiger" im März 1914 schrieb:

„Ein Besuch des schönsten Sportplatzes in Seckenheim ist nur zu empfehlen. Der Eintritt zum Sportplatz ist unentgeltlich. Den Besuchern steht außerdem eine großartige, sechs Meter hohe Naturtribüne zur Verfügung."

Am 8. Februar 1914 besiegte der TV 1846 Mannheim die 2. Mannschaft des MFC Phönix 02 mit 1:0 Toren und am 1. März 1914 den VfR Mannheim (Lorenz-Mannschaft) mit 6:1 Toren. Aber auch auswärts bewies die Turner-Elf ihre Stärke: am 8. März 1914 siegte sie bei der FG 03 Ludwigshafen mit 5:4 Toren und am 19. April 1914 beim Turnverein Speyer mit 2:0 Toren.

Auch der Mannheimer Fußball-Club Badenia 1907 spielte teilweise stark auf: am 8. Februar 1914 bezwang er die 3. Mannschaft des SV Waldhof mit 6:3 Toren und eine Woche später die 2. Mannschaft des FC Phönix Sandhofen mit 2:1 Toren.

Schließlich siegte der Fußball-Club Hertha Mannheim am 12. April 1914 beim FK Viktoria 1909 Frankfurt mit 5:1 Toren und eine Woche später überfuhr die „Hertha"-Mannschaft in der Aufstellung mit

Wagner – Keller, Ludäscher – Rückert, Steinmetz, Wagner – Neubert, Eckert, Hutter, Sohns und Heger

die Ersatzliga-Mannschaft des FC Pfalz Ludwigshafen auf dem „Hertha"-Platz hinter dem Straßenbahndepot hoch mit 10:0 Toren.

Deutscher Flotten-Meister beim VfR Mannheim

Am 12. Oktober 1913 erlebte Mannheim auf dem Platz des VfR Mannheim an den Brauereien wieder ein Kronprinzen-Pokalspiel. Die Mannschaft des Verbandes Süddeutscher Fußball-Vereine, diesmal ohne Beteiligung Mannheimer Spieler, empfing in der Vorrunde den Pokalverteidiger aus Westdeutschland. Der „General-Anzeiger" schrieb dazu:

„Am kommenden Sonntag trifft nun in der Vorrunde der Verteidiger des Pokals, Westdeutschland, in Mannheim auf die Mannschaft des süddeutschen Verbandes und es wird nach den hervorragenden Kräften in den beiden Mannschaften einen Kampf geben mit Leistungen, wie sie Fußballspieler nur selten, viele wohl nie zu sehen bekommen. Mögen daher alle die günstige Gelgenheit benutzen!"

Die Süddeutsche Mannschaft in der Aufstellung

Kreisel
(Bayern München)

Schneider   Rauch
(Bayern München)   (SV Wiesbaden)

Kipp   Breunig   Schmidt
(Kickers Stuttg.) (1. FC Pforzheim) (SpVgg Fürth)

Wegele   Förderer   Fuchs   Hirsch   Forell
(Phönix Karls.) (beide Karlsruher FV) (SpVgg Fürth) (1. FC Pforzh.)

lag zur Pause mit 0:2 Toren im Rückstand, kam aber durch ihren Mittelstürmer Fuchs, dem in der zweiten Halbzeit ein Hattrick gelang, noch zu einem 3:2 Sieg. In der Zwischenrunde scheiterte dann Süddeutschland am 9. November 1913 in Nürnberg durch eine 1:2 Niederlage nach Verlängerung an der Mitteldeutschen Auswahl.

Nach der Gründung des Fußball-Klub Katholischer Jünglingsverein Neckarau im Jahre 1909 trat vier Jahre später in Mannheim auch ein solcher der Evangelischen Kirche auf. Der „General-Anzeiger" berichtete am 7. Oktober 1913:

„Am Sonntag, 5. Oktober, weilte die 1. Mannschaft der Sportabteilung des Evangelischen Jünglingsvereins der Friedenskirche Mannheim in Seckenheim, um gegen einige ehemalige Mitglieder der FG Seckenheim 1898 auf dem Sportplatz dieser Gesellschaft ein Wettspiel auszutragen. Der Jünglingsverein gewann nach überlegenem Spiel mit 7:5 Toren (Ecken 6:1)."

Zwei Wochen später kam es auf dem Sportplatz bei der Mollschule zum Rückspiel, das der Jünglingsverein mit 5:4 Toren gewann. Am 26. Oktober 1913 veranstaltete der Evangelische Jünglingsverein auf demselben Platz sein „Erstes Sechser-Turnier" in einer Klasse; der Melde-Einsatz betrug 5 Mark pro Mannschaft.

Die Weihnachtsfeiertage verbrachten die beiden Mannheimer Liga-Vereine in West- bzw. Norddeutschland. Der

MFC Phönix 02 verlor beim FV Bonn mit 7:0 Toren (25. Dezember 1913) und beim FV Düren mit 2:0 Toren (26. Dezember 1913). Erfolgreicher gestaltete der VfR Mannheim seine Reise; beim FC Altona 1893 verlor er mit 5:1 Toren, gewann aber beim FV Werder Bremen mit 7:0 Toren.

Dennoch gab es an Weihnachten Fußballsport auch in Mannheim. Der Sportverein Waldhof besiegte den Ball-Spiel-Club Pforzheim, Südkreis-Meister der Klasse A, mit 3:2 Toren (25. Dezember 1913) und trennte sich einen Tag später vom Sport-Club Höchst a. M. 1:1 unentschieden. Die Fußball-Vereinigung Neckarau deklassierte am zweiten Feiertag den Fußball-Club Idar mit 10:1 Toren.

Eine interessante Begegnung gab es auf dem VfR-Platz, wo der Deutsche Flottenmeister zu Besuch weilte. Der „General-Anzeiger" vom 23. Dezember 1913 schrieb dazu:

„Der deutsche Flottenmeister in Mannheim!
Ein interessantes Fußballspiel wird am 2. Weihnachtsfeiertag auf dem Platz des V.f.R. bei der Eichbaumbrauerei ausgetragen. Während die Liga nach Norddeutschland fährt, die Ersatzmannschaft nach Heilbronn und die Bohn-Mannschaft nach Mühlheim und Frankfurt, empfängt die andere erstklassige Mannschaft des V.f.R. in Mannheim am 2. Weihnachtstag die Fußballmannschaft des Linienschiffes ‚Posen', den deutschen Flottenmeister. Daß unsere Blaujacken dem Fußballsport eifrig huldigen und es schon zu erstaunlichen Leistungen darin gebracht haben, ist ja allgemein bekannt. Seit einer Reihe von Jahren besteht sogar schon eine Fußballmeisterschaft der deutschen Flotte, wobei um den von dem eifrigen Förderer des Sports, dem Prinzen Heinrich, gestifteten sogenannten ‚Deutschland-Schild' gespielt wird. Die Kämpfe finden nach dem Pokalsystem statt, d. h. jeder Verlierende scheidet aus. Zwei Schiffe im Geschwaderverband bilden ein Treffen, zwei Treffen eine Division und 2 Divisionen bilden ein Geschwader. Die Meister der Treffen spielen um die Divisionsmeisterschaft, die Divisionsmeister um die Geschwadermeisterschaft. Der Verband der Aufklärungsschiffe, die Kreuzer, stellen ihren Meister ebenfalls fest und dieser tritt dann mit den Geschwadermeistern in die Entscheidungskämpfe um die Flottenmeisterschaft ein. In den letzten Jahren gelang es stets der Mannschaft des Linienschiffes ‚Posen', die vielumstrittene Flottenmeisterschaft zu erringen und sie hat sich auch in diesem Jahre behauptet. ‚Posen' ist ein großes Linienschiff vom sogenannten Dreadnought-Typ mit fast 1000 Mann Besatzung. Es ist klar, daß sich aus dieser Menge junger, kräftiger und gewandter Leute ein gutes Material für eine Fußballmannschaft herauslesen läßt. So hat denn auch der ‚Flottenmeister' in seinen zahlreichen Treffen mit Zivilvereinen selbst gegen anerkannt erstklassige Mannschaften gute Resultate erzielt und konnte im Vorjahre sogar gegen die Berliner Ligaklasse siegreich bleiben. Es steht also ein schönes, flottes Spiel zu erwarten und der Mannheimer Fußballgemeinde sollte diese Abwechslung in den Fußballspielen hoch willkommen sein. Das Spiel beginnt um ½ 3 Uhr."

Die Begegnung endete mit einem klaren 3:0 Sieg der VfR-Mannschaft.

Die Hockey-Abteilung des VfR Mannheim hatte für den 26. Dezember 1913 einen Hockey-Städtekampf Paris gegen Mannheim in Paris vereinbart. Warum daraus jedoch ein Fußball-Städtespiel wurde, berichtete der „General-Anzeiger" in seiner Ausgabe vom 2. Januar 1914:

„Der Regen, der am Freitag abend begonnen hatte, ging in der Nacht zum Sonntag in einen heftigen Schneefall über, so daß am Sonntag früh die Straßen in Paris mit einer dichten Schneedecke überzogen waren. Wir fuhren trotzdem nach St. Cloud hinaus, wo sich die Platzanlage des Stade Francais befindet, um wenigstens den Versuch zu machen, ein Wettspiel, wenn irgend möglich, auszutragen. Da die Schneedecke auf den Plätzen jedoch eine Dicke von 20 Zentimeter erreicht hatte, war die Hoffnung sehr gering, den Platz noch rechtzeitig herzurichten. Während die Mannschaften des Vereins für Rasenspiele Mannheim und des Stade Francais ein ausgezeichnetes Frühstück einnahmen, das uns vom S.F. dargeboten wurde, machte man auf dem Platz den Versuch, den Schnee festzuwalzen und dann in großen Platten abzuheben. Aber auch dieser Versuch mißlang, und als das Spiel beginnen sollte, war es unmöglich, das Feld als Hockeyspielplatz zu gebrauchen. Um jedoch sportlich etwas zu

leisten, einigten sich die beiden Captains, ein Fußballwettspiel zwischen den beiden Hockeymannschaften auszutragen, das von Mannheim überlegen 4:0 gewonnen wurde. Nach dem Wettspiel vereinigte ein Tee die beiden Mannschaften und man trennte sich mit dem Versprechen, den Hockeywettkampf Mannheim gegen Paris 1914 in Mannheim wieder zum Austrag zu bringen."

Eine seit Jahren bestehende Rivalität zwischen dem Westkreis und dem Südkreis heizte die Begegnung zwischen dem Mannheimer Fußball-Club Phönix 02 und dem Fußball-Club Union Stuttgart mächtig an. Dieses Spiel am 8. Februar 1914 gegen eine der spielstärksten Mannschaften des Südkreises sollte den Beweis erbringen, daß das West-Süd-Gefälle der Spielstärke nicht so groß war, wie es gerne vom Südkreis dargestellt wurde. Beide Teams traten in stärkster Aufstellung an:

„Phönix": Remmlinger – Schmitt, Müller – Brühmüller, Durler, Neidig – Bollack, O. Schönig, Rost, Kraus, Meinhardt

„Union": Rothweiler – Speer, Buck – Wörner, Fiesel, Sperrle – Binder, Wahl, Grußendorf, Neuweiler, Gröner

Die Frage nach dem Unterschied der Spielstärke war bereits zur Pause beantwortet, denn da führten die Schwaben mit 0:4 Toren; auch das Endergebnis von 3:6 Toren ließ keine diesbezüglichen Zweifel aufkommen.

Dessen ungeachtet demonstrierte der MFC Phönix 02 am 8. März 1914 aus Anlaß der Einweihung seines Clubhauses (Platz für circa 120 Personen neben einer gedeckten Tribüne und Umkleideräumen) Mannheims Fußballfreunden wieder einmal die Stärke seiner Mannschaften, denn in sieben Spielen blieben die verschiedenen „Phönix"-Mannschaften Sieger; es spielten:

MFC Phönix 02 – FV Frankfurt	3:2
MFC Phönix 02 II – FC Phönix Sandhofen I	4:1
MFC Phönix 02 III – FC Phönix Sandhofen II	5:0
MFC Phönix 02 IV – MFC 08 Lindenhof III	8:1
MFC Phönix 02 V – MFC 08 Lindenhof IV	7:0
MFC Phönix 02 Schüler I – Mannschaft der K 5-Schule	5:0
MFC Phönix 02 Schüler II – 1. Mannsch. der U 2-Schule	2:0

Eine alles in allem beeindruckende Fußball-Schau des rührigen Vereins.

Ein enttäuschender VfR Mannheim

Recht verheißungsvoll gestaltete der VfR Mannheim den Start um die Süddeutsche Fußball-Meisterschaft, denn er errang am 22. Februar 1914, Fastnachts-Sonntag, beim FC Kickers Stuttgart mit einem 2:2 Unentschieden einen wichtigen Auswärtspunkt. Der Terminplan meinte es nicht besonders gut mit dem VfR Mannheim, denn auch zum zweiten Meisterschaftsspiel mußten die Mannheimer am 1. März 1914 auswärts antreten, und zwar beim Fußball-Verein Frankfurt. Trotz eines 3:2 Sieges der VfR-Elf ging die Presse hart mit dem VfR Mannheim ins Gericht, denn der „General-Anzeiger" schrieb zu dieser Begegnung:

„Der VfR gibt ständig Rätsel auf; noch nie ist die Mannschaft so unvorbereitet in Meisterschaftsspiele gegangen. Man spielte ohne Trautmann, Stemmle, Espenschied und Nerz; die Mannschaft ist erst seit einer Woche fertig zusammengestellt."

Die Aufstellung des VfR Mannheim lautete:

Burger – R. Nerz, Banzhaf – Sack, Sohns, Richter – Kratzmann, Schmidt, Engel, Philipp und Aulbach.

Schon gleich nach Spielende legte Frankfurt Protest gegen die Wertung des Spieles ein mit der Begründung, daß der Schiedsrichter völlig unfähig gewesen sei!

Das erste Heimspiel am 8. März 1914 brachte gegen den FC Kickers Stuttgart mit 1:2 Toren die erste Niederlage; trotz einer 1:0 Führung durch Schmidt schafften die Stuttgarter in der zweiten Halbzeit durch Tore von Ahorn und Kipp noch den Sieg. Einen erbitterten Kampf lieferten sich eine Woche später der VfR Mannheim und der Fußball-Verein Frankfurt. Nach einer erneuten Heimniederlage des VfR Mannheim mit 0:1 Toren und der anschließenden Bekanntgabe, daß die erste Begegnung in Frankfurt wiederholt werden müsse, sanken die Mannheimer Chancen ganz beträchtlich.

Von vorentscheidender Bedeutung war deshalb die Begegnung am 22. März 1914 gegen den Tabellenführer, die Spielvereinigung Fürth. Trotz des bisher schwachen Abschneidens der Mannschaft sah man beim VfR Mannheim keine Veranlassung, die Elf umzubauen; lediglich Otto Nerz übernahm anstelle von Richter die linke Läuferposition. Aber dies reichte nicht aus, denn mit 1:2 Toren gab es die dritte Heimniederlage in Folge. Dadurch war der

VfR Mannheim als Titelanwärter bereits ausgeschieden, während die Spielvereinigung Fürth jetzt alle Trümpfe in Händen hielt. Das Rückspiel in Fürth eine Woche später brachte dann auch die Entscheidung: mit einem klaren 4:1 Sieg wurde Fürth Süddeutscher Meister.

Das Wiederholungsspiel am 19. April 1914 war bedeutungslos geworden; es endete mit einem 3:1 Sieg der Frankfurter über den VfR Mannheim. Somit blieb der Punktgewinn des VfR Mannheim am ersten Spieltag in Stuttgart (2:2) auch der einzige; ein enttäuschendes Abschneiden aus Mannheimer Sicht.

Süddeutsche Meisterschaft 1913/1914

SpVgg Fürth	6	5	0	1	18:8	10:2
FV Frankfurt	6	3	1	2	7:8	7:5
FC Kickers Stuttgart	6	3	0	3	8:9	6:6
VfR Mannheim	6	0	1	5	6:14	1:11

Der im September 1913 erstmals genannte Plan zum Bau eines Stadions durch den VfR Mannheim nahm im Frühjahr 1914 konkretere Formen an. Der „General-Anzeiger" berichtete am 11. März 1914 u. a.:

„In großherziger Weise, in Anerkennung der Bedeutung des Sportes, hat die Stadtverwaltung dem Verein für Rasenspiele, der sich aus verschiedenen einzelnen Vereinen vernunftmäßig zu gemeinschaftlicher Arbeit zusammenfand, einen prachtvollen, etwa 11 Hektar umfassenden Platz zur Anlage einer neuen Sportplatzanlage, eines Stadions, unter sehr günstigen Bedingungen überlassen. Der Verein hat nun unter den Mitgliedern der Mannheimer Architekten-Vereine einen Wettbewerb zur Erlangung von Plänen für dieses Stadion ausgeschrieben, dessen Resultat vorliegt. Das Urteil wurde seinerzeit veröffentlicht; die eingereichten Entwürfe sind im Vereinshause, Kaiserhütte, Seckenheimer Straße, zur allgemeinen Besichtigung ausgestellt.

Es waren 10 Entwürfe eingelaufen, eine geringe Zahl; man muß es fast bedauern, daß der Wettbewerb unter den Architekten Mannheims so wenig Interesse gefunden hat. Aber wer die eingelaufenen Arbeiten gerade auf sportliche Gesichtspunkte hin näher prüft, wird staunen, wie wenige der Bearbeiter mit den rein sportlichen Bedingungen solcher Anlagen vertraut sind. Hierin, glaube ich, liegt der Hauptgrund für die geringe Beteiligung. Es ist nämlich auffällig, daß die meisten Bearbeiter der Aufgabe sich gar nicht darüber klar waren über die inneren Beziehungen der Sportplätze und der für das Stadion verlangten Tribüne, von welcher aus in erster Linie der große Festspielplatz und die 500 Meter lange Laufbahn, die bei olympischen Spielen für Streckenläufe verwendet werden soll, übersehen werden kann. Die auf diesen Plätzen stattfindenden Wettspiele werden im allgemeinen meistens in den Nachmittagsstunden abgehalten. Es ist daher in erster Linie bei der Wahl des Platzes für die Tribüne auf die Stellung der Sonne zur Tribüne Rücksicht zu nehmen. Die Tribüne darf keinesfalls so situiert sein, daß der Beschauer in die Sonne sieht; es kann deshalb nur die Lage nach Nordost in Frage kommen. Tatsächlich haben auch nur die zwei preisgekrönten Arbeiten des Herrn Stadtbauinspektor H. Schaab und des Architekten J. F. Morkel diese Lage gewählt.

Das Projekt des Herrn Stadtbauinspektors Schaab, mit dem ersten Preis gekrönt, ist eine durchaus reife, künstlerisch hervorragende Arbeit. Der an der Seckenheimer Landstraße gegenüber Neuostheim gelegene, ungefähr dreieckige Platz wird durch einen monumentalen, an der Nordostecke liegenden, kreisförmig gebildeten Eingang betreten. Eine hohe Siegessäule vor dem Eingang verkündet schon weither sichtbar die Bedeutung des Platzes und gibt der gesamten Anlage von vornherein ein charakteristisches Gepräge. Die Anordnung des Eingangs ermöglicht eine rasche Abwicklung der Besucher an den Kassenhäuschen, gibt auch Raum für Wagen und Automobile und berücksichtigt sogar die Anlegestelle am Neckar. Das Gelände selbst ist symetrisch auf eine Mittelachse, die in der winkelhalbierenden des Eingangs liegt, eingeteilt. Im Mittelpunkt liegt die Tribüne, welche nach dem Programm etwa 50 Meter lang und später erweiterungsfähig sein soll. Es war verlangt, daß sie etwa 300 Sitzplätze und 900 Stehplätze, ferner die notwendigen Räume für Restaurationsbetrieb, für die Spieler, für Sitzungszimmer und endlich eine Wohnung für den Aufseher aufnehme. Vor der Tribüne breitet sich der oval geformte Festspielplatz aus, den dieser Entwurf, der Tribüne gegenüber, in interessanter Weise durch eine architektonische Wand abschließt. Hinter dieser Wand befinden sich die übrigen Fußball-, Tennis- und Hockey-Plätze. Zwischen den einzelnen Plätzen, die durchweg etwas vertieft in das Gelände eingebettet sind, führen breite, mit Kies bestreute Wege, die den Verkehr zwischen den einzelnen Plätzen und zwischen der Tribüne vermitteln. Eine große Anzahl weiterer Rasenplätze für Wurfspiele – sie dienen auch zur Belebung des Landschaftsbildes –, sind vorgesehen.

Alles in allem: eine wohldurchdachte monumentale Arbeit, die allerdings selbst bei etappenweisem Ausbau auch beträchtliche Mittel zur Durchführung erfordert.

Nach dieser Richtung und vor allem auch nach der praktischen Ausnützung des Platzes dürfte wohl das Projekt des Architekten Morkel den Vorzug verdienen. Der Eingang ist nach der Seckenheimer Landstraße, in der Nähe der elektrischen Haltestelle, verlegt. Für Wagen und Automobile ist ein besonderer Eingang vorgesehen, was unbedingt zu empfehlen ist.

Die Platzanlage selbst ist gleichfalls symmetrisch durchgebildet, die Lage der Tribüne aber ganz vorzüglich in die Mitte der Spielplätze gelegt, so daß die Verbindung zwischen den Plätzen und der Tribüne für alle Spielende sehr rasch zu erreichen ist, ein Moment, der bei der großen Ausdehnung des gesamten Geländes wesentlich mitspricht. Auch die innere Anlage der Tribüne ist durchweg praktisch, übersichtlich und klar, vor allem scheint mir die Unterbringung der Aufseherwohnung in diesem Projekt am besten gelöst zu sein. Es wären vielleicht aus dem Projekt Schaab einzelne architektonische Motive herüberzunehmen, wobei ich aber keineswegs auch bei dem Projekt Morkel die architektonische Leistung bemängeln will; die Formen sind einfach, zweckentsprechend und organisch. Hoffen wir nun, daß sich das Stadion bald in greifbarer Form vor uns aufbaut. Mannheim wird hierdurch neue Anziehungspunkte für Fremde sich verschaffen, sich selbst aber eine neue Stätte gesundheitlichen Wirkens, kraftstählenden Spielens, jugendfroher Lust gründen."

Erstmals VfR Mannheim gegen SV Waldhof

Rund 2 ½ Jahre nach Gründung des VfR Mannheim kam es am 17. Mai 1914 zur ersten Begegnung der Ligamannschaft mit derjenigen des SV Waldhof.

Spiele der unteren Mannschaften beider Vereine gab es zuvor bereits einige; das erste am 14. Januar 1912, und zwar:

VfR Mannheim III – SV Waldhof IV   3:0

Zwei Wochen später empfing die erste Mannschaft des SV Waldhof, die gerade Meister der B-Klasse geworden war, die I C-Mannschaft (Reserve) des VfR Mannheim und gewann mit 2:1 Toren. Das erste Verbandsspiel zwischen beiden Vereinen bestritten die dritten Mannschaften am 13. Oktober 1912, wobei der SV Waldhof mit 2:1 Toren siegreich blieb.

Einen ersten, in etwa aussagefähigen Vergleich fand am 20. Oktober 1912 statt, als der in der A-Klasse spielende SV Waldhof der I A-Mannschaft des VfR Mannheim, der sogenannten „Egetmeyer-Mannschaft" (benannt nach dem Mannschafts-Captain A. Egetmeyer), der damals zweitstärksten Elf des VfR Mannheim, mit 3:4 Toren unterlag. Die Aufstellungen lauteten:

SVW: Walter – Scheurer, Müller – Reinhard, Endemann, Strauch – Schmitz, Rössling, Kräger, Woll, Kessler

VfR: Lemmel – Ferch, R. Nerz – Drescher, Sohns, Kilthau – E. Schmidt, Fehn, Egetmeyer, Schill, W. Altfelix.

Sehr unterschiedlich die Ergebnisse der jeweils zweiten Mannschaften in den Verbandsspielen der Saison 1912/1913: 2:1 Sieg des SV Waldhof am 17. November 1912 und ein 7:1 Sieg des VfR Mannheim am 12. Januar 1913. Am 7. Dezember 1913 unterlag die I B-Mannschaft des VfR Mannheim (Liga-Ersatzmannschaft) dem SV Waldhof mit 1:3 Toren.

Zu dem nun am 17. Mai 1914 bevorstehenden Vergleich der beiden Ligamannschaften schrieb der „General-Anzeiger" am Vortag:

No. 20. Mannheim, den 14. Mai 1914 3. Jahrgang

Sonntag, den 17. Mai 1914, nachm. 4 Uhr auf dem V. f. R.-Sportplatz bei der Eichbaumbrauerei:

V. f. R.-Liga — S. V.-Waldhof
(Westkreisligameister)   (Westkreis-Liganeuling)

V. f. R. (blaues Trikot): Burger, H. Bunzhaf, R. Nerz (Spielf.), O. Nerz, Sohns, Sack, Kratzmann, Schmidt, Fehn, Engel, Aulbach.

Waldhof (weiße Bluse): Walther, Müller, Scheurer, Wollmann, Strauch, Lidy, Willmann, Endemann, Schwärzel, Kräger, Woll.

Preise der Plätze: Reservierter Sitzplatz (gedeckte Tribüne) 0,80 M.; 1. Platz (gedeckte Tribüne) 0,50 M.; 2. Platz (erhöhte Stufen) 0,30 M.

Mitglieder haben freien Zutritt zur Tribüne.

Wer an der Sportplatzkasse sich als Mitglied anmeldet und das Eintrittsgeld mit 1 Mk. bezahlt, hat gleich ohne Lösung einer Karte Zutritt zur Tribüne.

„V.f.R. – Sportplatz bei der Eichbaumbrauerei.

Mit nicht geringem Interesse wird man wohl dem erstmaligen Zusammentreffen des V.f.R. und des Sp. Waldhof am kommenden Sonntag, den 17. Mai auf dem V.f.R.-Platz entgegensehen. Der Westkreismeister und der Liganeuling werden ihre Kräfte miteinander messen. Waldhof, das in der Aufstellung: Walther (Tor); Handen (r. Vert.), Scheurer, Wollmann (r. Läufer), Strauch, Lidy, Willmann (rechts), Endemann, Schwärzel, Kräger, Woll, mit seiner besten Elf antreten wird, hat die Meisterschaft der A-Klasse seines Bezirks mit großem Vorsprung und in überlegenem Stil errungen. Seinen Abstand von der A-Klasse des Westkreises zeigte der Bezirksmeister dann im

Der Platz des VfR Mannheim mit der Eichbaum-Brauerei im Hintergrund

entscheidenden Spiel um die Kreismeisterschaft gegen den Bezirksmeister Alemania Worms, der mit dem hohen Resultat von 0:6 unterlag. Damit errang Waldhof die Kreismeisterschaft der A-Klasse und die Berechtigung, an den Spielen der Kreismeisterschaft um die süddeutsche Meisterschaft der A-Klasse teilzunehmen. Bei diesen noch nicht beendeten Spielen bewies der Westkreis A-Meister erneut sein gutes Können durch einen glatten 4:1 Sieg über den Nordkreismeister, den früheren langjährigen Ligaverein Germania Bockenheim. Der Sieg erregte umsomehr Aufsehen, als Bockenheim in letzter Zeit gegen Ligamannschaften des Nord- und Südkreises glatte Siege erzielt hatte. Das spricht alles für die Spielstärke Waldhofs, bei dem besonders das Innentrio im Sturm zu nennen ist. Die beiden Verbindungsstürmer wirkten auch seinerzeit in den Städtespielen Mannheim-Frankfurt mit. Der Westkreismeister in der voraussichtlichen Aufstellung Burger, R. Nerz, Banzhaf, O. Nerz, Sohns, Sack, Kratzmann, Schmidt, Engel, Fehn, Aulbach, wird den Kampf sehr ernst zu nehmen haben. Das Spiel wird auch dadurch besonderes Interesse erwecken, als man aus ihm auf das Abschneiden Waldhofs in der Liga schon einige Schlüsse wird ziehen können. Die Eintrittspreise sind äußerst niedrig gehalten. Das Spiel beginnt um 4 Uhr."

Die Ligamannschaft des VfR Mannheim erwies sich doch als recht stark, denn sie bezwang die des SV Waldhof klar mit 4:0 Toren.

Beachtliche Stärke der jüngsten Vereine

Im Stadtteil Schwetzingerstadt erhielt der bisherige Sport-Verein Helvetia 1907 Mannheim im Frühjahr 1914 Konkurrenz: der *Sport-Verein „Teutonia" Mannheim* wurde im Restaurant zum „Alten Gaswerk" in der Emil-Heckel-Straße gegründet; erster Vorsitzender war Otto Weckesser. Als Spielplatz benutzte man zunächst das Gelände hinter der Schillerschule in der Neckarauer Straße, aber schon bald wechselte man auf das Gelände hinter der Dörflinger- 'schen Achsen- und Federnfabrik bei der Schillerschule.

Im Vorort Feudenheim verzeichnete der Fußball-Club Viktoria Feudenheim zu Beginn des Jahres 1914 willkommenen Zuwachs; die Fußball-Gesellschaft Britannia Feudenheim, die sich – wie berichtet –, 1904 vom Fußball-Club Viktoria Feudenheim abgespalten hatte, kehrte wieder in den Schoß der „Viktoria" zurück und verstärkte diese nicht unwesentlich.

Der Fußball-Club Hertha Mannheim als jüngster Verein der Quadratestadt sorgte auch zum Ende der Spielzeit 1913/ 1914 für Aufsehen: am 26. April 1914 schlug die Mannschaft den SV Helvetia 07 Mannheim klar mit 3:0 Toren und am 3. Mai 1914 gab es gegen die 2. Mannschaft des FC Viktoria Feudenheim einen 5:2 Erfolg. Einen 9:2 Kantersieg erzielte „Hertha" am 10. Mai 1914 gegen die neugebildete *Fußballabteilung des Turnerbundes Jahn Neckarau* und am Ostersonntag, 31. Mai 1914, kehrte der FC Hertha Mannheim mit einem 5:1 Sieg vom C-Klassen-Meister des Südkreises, dem FC Concordia Karlsruhe, zurück. Auch der Monat Juni 1914 verlief recht erfolgreich für die „Hertha"-Mannschaft: 3:2 Sieg über den FK Viktoria 1912 Mannheim (7. Juni 1914), 3:3 Unentschieden beim Fußball-Verein Sandhofen (21. Juni 1914) und schließlich ein 8:0 Sieg über den FC Fortuna Edingen (28. Juni 1914), wobei der „Hertha"-Mittelstürmer Willi Hutter allein sieben Treffer erzielte.

Der Fußball-Klub Viktoria 1912 Mannheim präsentierte am 14. Juni 1914 seine drei Mannschaften. Die 1. Mannschaft in der Aufstellung mit

K. Kohlschmitt – Foshag, L. Kohlschmitt – W. Neder, Wolf, K. Neder – Kern, Huber, Mergenthaler, Meißel und Steger

besiegte den FC Phönix Sandhofen mit 3:1 Toren; auch die 2. „Viktoria"-Elf gewann gegen die 2. Sandhofener Mannschaft mit 2:1 Toren, während die 3. Mannschaft gegen den FC Hertha Mannheim mit 0:2 Toren verlor. Eine eindrucksvolle Demonstration des erst knapp zwei Jahre alten FK Viktoria 1912 Mannheim.

Sport-Verein Teutonia Mannheim
Die Mannschaft des Jahres 1914 v. l. stehend: Bauder, Haag, Wohlfahrt, Jakob Heck, Seither, Spohni, Müller; kniend: Heinrich Heck, Reichenbach, Bundstätter; sitzend: Wagner, Trautmann, Otto Weckesser

Bradford City bei „Phönix" Mannheim

Krönender Abschluß der Spielzeit 1913/1914, der letzten in Friedenszeiten, bildete der Auftritt der englischen Berufsspieler-Mannschaft des FC Bradford City beim Mannheimer Fußball-Club Phönix 02. Bevor es aber soweit war, hatte die „Phönix"-Elf schon ein bemerkenswertes Freundschaftsspiel-Programm absolviert. Am 29. März 1914 wurde der Karlsruher Fußball-Verein mit 2:1 Toren besiegt (Eintrittspreise: 2. Platz 50 Pfennig, Tribüne 70 Pfennig, Tribünensitzplatz 1 Mark). Beim einzigen Osterspiel, 12. April 1914, in Mannheim – übrigens erstmalig in Mannheim, denn all die Jahre zuvor verwöhnten Mannheims Vereine das Publikum regelrecht mit einem Riesenangebot an interessanten Begegnungen –, trennte sich der MFC Phönix 02 vom FC Phönix Ludwigshafen 1:1 unentschieden. Das Rückspiel in Karlsruhe beim Fußball-Verein verlor der MFC Phönix 02 am 19. April 1914 glatt mit 4:0 Toren, während eine Woche später der 1. FC Pforzheim überraschend hoch mit 6:1 Toren geschlagen wurde (Einheitseintrittspreis 50 Pfennig).

Dann aber kam der 5. Mai 1914, Maimarkt-Dienstag, mit dem Höhepunkt der Fußball-Saison, dem Gastspiel des FC Bradford City aus der 1. englischen Liga. Der 1903 gegründete Verein spielte seit 1909 in der höchsten englischen Klasse, gewann 1911 den englischen Goldpokal („English Cup") durch einen 1:0 Sieg über Newcastle United und präsentierte die beste englische Hintermannschaft. Das Spiel auf dem „Phönix"-Platz begann um ½ 7 Uhr nach dem Maimarkt-Pferderennen. Die Aufstellung beider Mannschaften lauteten:

„Phönix": Remmlinger – E. Schönig, Müller – Durler, Schmitt, Rudel – Brühmüller, O. Schönig, Unglenk, Kraus, Meinhardt

Bradford: Ewart – Bowcock, Potts – Chaplin, Brown, Robinson – Carrie, Mc. Ilvenny, Walden, Miller, Logan.

Die „Phönix"-Mannschaft war nicht wieder zu erkennen, spielte völlig verängstigt und hatte nie eine Siegchance. Bereits nach zwanzig Minuten führten die Gäste mit 0:3

Toren. Als Meinhardt und Unglenk zu Beginn der zweiten Halbzeit auf 2:3 verkürzen konnten, schöpften die etwa 4 000 Zuschauer nochmals Hoffnung, aber vier weitere Tore der Engländer stellten das Endergebnis von 2:7 her. „Die Profis beeindruckten durch ihr ruhiges, flüssiges Zusammenspiel und demonstrierten mit zahlreichen Finessen und Tricks ein wahrhaft rationelles Spiel," kommentierte der „General-Anzeiger".

Pfingstreise des VfR Mannheim nach Wien

Bedingt durch die Teilnahme an den Spielen um die Süddeutsche Meisterschaft fiel das Spielprogramm des VfR Mannheim zum Saisonabschluß bescheiden aus. Beim Sportverein Straßburg kam der VfR Mannheim am 5. April 1914 mit 8:2 Toren böse unter die Räder. Dagegen überraschte der klare 5:0 Sieg über den 1. FC Nürnberg am 26. April 1914, für den Kratzmann, Mittelstürmer Fehn, Schmidt mit zwei Toren und Engel verantwortlich zeichneten.

Das Saison-Abschlußspiel absolvierte der VfR Mannheim am 24. Mai 1914 gegen den Karlsruher Fußball-Verein. Ein Gegner, der noch vor einigen Jahren die Massen mobilisierte: Deutscher Meister des Jahres 1910, Deutscher Vize-Meister der Jahre 1905 und 1912, achtmaliger Südkreis- und Süddeutscher Meister! Diesmal stellte sich der Verein als Absteiger aus dem Südkreis vor. Der „Elf der namenlosen Karlsruher" mit

Ficht – Reutter, Schneider – Sutter, Groke, Bosch – Kächele, Schwarze, Keller, Greiler und Ziegler

blieb letztendlich nur deshalb der Abstieg erspart, weil auf dem 18. Verbandstag des Verbandes Süddeutscher Fußball-Vereine am 18. und 19. Juli 1914 in Nürnberg mit „großer Majorität die Erhöhung der Südkreisliga von acht auf neun Vereine beschlossen wurde." Auf diesem Verbandstag wurde auch die Umbenennung in „*Süddeutscher Fußball-Verband e. V.*" beschlossen.

Der VfR Mannheim hatte an jenem 24. Mai 1914 mit seiner neuformierten Mannschaft

Burger – Banzhaf, Espenschied – R. Nerz, O. Nerz, Sack – Kratzmann, Schmidt, Schäfer, Engel und Aulbach

keine Mühe und gewann gegen diesen Karlsruher Fußball-Verein mit 3:0 Toren.

Über die Pfingstfeiertage, 31. Mai und 1. Juni 1914, nahm der VfR Mannheim an einem Turnier in Wien teil; neben dem VfR Mannheim spielten Wacker Wien, Wiener Sportklub und eine Wiener Amateurauswahl. Nach einem 2:0 Auftaktsieg gegen den Wiener Sportklub folgte eine enttäuschende 0:3 Niederlage ausgerechnet gegen die Wiener Amateure, die das vorzeitige Aus für den VfR Mannheim bedeutete.

Erste Pokalspiele und Mannheimer Firmen-Meisterschaft 1914

Im März 1914 wurden erstmals „Offizielle Pokalspiele für die A-Klasse im Westkreis" eingeführt. Den Vereinen war die Teilnahme freigestellt. Erster Pokal-Spieltag war der 29. März 1914; der FV Frankenthal schlug den FC Phönix Sandhofen durch einen Elfmeter mit 1:0 Toren. Beim nächsten Heimspiel am 5. Mai 1914 konnte jedoch der FV Frankenthal drei Elfmeter nicht verwandeln, so daß es beim 0:0 gegen die FVg Neckarau blieb.

Am 19. April 1914 kam es in Neckarau zum ersten Pokal-Duell zweier Mannheimer Vereine; die Fußball-Vereinigung Neckarau schlug die FG Kickers Mannheim mit 4:0 Toren. Eine Woche später trennten sich die Neckarauer vom SpC Germania Ludwigshafen 1:1 unentschieden. Zur selben Zeit erlitt der FC Phönix Sandhofen mit einem hohen 0:6 gegen den FV Frankenthal seine zweite Pokalniederlage. Die FVg Neckarau aber eilte von Sieg zu Sieg: am 10. Mai 1914 gewann sie beim FC Phönix Sandhofen mit 2:0 Toren und eine Woche danach beim SpC Germania Ludwigshafen mit 2:1 Toren.

Dieser 17. Mai 1914 bildete den letzten Spieltag der Pokalrunde; die FG Kickers Mannheim verlor beim FV Frankenthal mit 4:0 Toren. Danach wurde die Runde bei folgendem Tabellenstand abgebrochen:

Erste Pokalrunde der A-Klasse im Westkreis
Bezirk I und II

FV Frankenthal	5	4	1	0	13:0	9:1
FVg Neckarau	5	3	2	0	9:2	8:2
SpC Germania Ludwigshafen	3	0	1	2	2:5	1:5
FC Phönix Sandhofen	3	0	0	3	0:9	0:6
FG Kickers Mannheim	2	0	0	2	0:8	0:4

Wie schon im Vorjahr erlebten Mannheim's Fußballanhänger auch 1914 wieder ein ruhiges Osterfest. In Mannheim trennten sich am Ostersonntag, 12. April 1914, der MFC Phönix 02 und der FC Phönix Ludwigshafen 1:1 unentschieden. Der MFC Badenia 1907 war der aktivste Verein; er gewann am Karfreitag, 10. April 1914, beim FC Olympia Rheingönheim mit 4:1 Toren, spielte am Ostersonntag beim FC Wormatia Worms 2:2 unentschieden und kehrte tagsdarauf vom FC Pfeil Heilbronn mit einem 4:2 Sieg zurück. Der MFC Hertha 1912 siegte am Ostersonntag beim FK Viktoria 1909 Frankfurt mit 5:1 Toren. Alle übrigen Fußballclubs gönnten ihren Spielern und Anhängern das „vorzügliche Reisewetter", wie die Presse berichtete.

Der Firmen-Fußballsport fand 1914 weitere Liebhaber, wie einer Mitteilung des „General-Anzeiger" vom 17. April 1914 zu entnehmen ist:

„Benz und Co. gegen Mohr und Federhaff.
Ein beredtes Zeichen für das Aufblühen des schönen Fußballsports ist die Gründung von Fußballmannschaften unter der Beamtenschaft hiesiger großindustrieller Werke. So wird morgen, Samstag nachmittag, die Fußballmannschaft der Firma Benz und Co. derjenigen von Mohr und Federhaff in friedlichem Wettkampf gegenübertreten. Das Wettspiel verspricht höchstinteressant zu werden, da sämtliche Teilnehmer nicht nur Mitglieder des Süddeutschen Verbandes, sondern auch aktive Spieler hiesiger Vereine sind. Als Spielplatz ist derjenige des V.f.R. bei der Eichbaumbrauerei (Haltestelle der Straßenbahn, Linie 4 und 9) bestimmt. Beginn des Spiels bei freiem Eintritt ½ 5 Uhr."

Die Mannschaft der Firma Benz und Co. blieb mit 3:2 Toren siegreich. Am 2. Mai 1914 kam es ebenfalls auf dem Platz des VfR Mannheim zu der Begegnung Fa. Schuckert gegen Fa. BBC (6:1) und am 27. Juni 1914 gab auf dem Platz des MFC Phönix 02 erstmals eine Mannschaft der Stadtverwaltung Mannheim ihr Debüt und bezwang die Fa. Lanz mit 4:1 Toren.

Am Samstag, 11. Juli 1914, starteten sieben Mannschaften Mannheimer Firmen zur „Zweiten Mannheimer Firmenmeisterschaft 1914"; es waren dies: Mohr & Federhaff, Benz & Co., Heinrich Lanz (Vorjahrssieger), Mannheimer Versicherungs-Gesellschaft, Brown Boverie & Co., Süddeutsche Kabelwerke und Stadtgemeinde Mannheim (Beamten-Mannschaft der Stadt Mannheim). Laut Mitteilung des „General-Anzeiger" fand die Firmenmeisterschaft 1914 noch größeres Interesse als im Vorjahr, da die Firma Mohr & Federhaff in hochherziger Weise für den Sieger einen großartigen Preis gestiftet hatte, der aus 11 silbernen Bechern mit Gravour bestand.

Am ersten Spieltag, 11. Juli 1914, gab es folgende Ergebnisse:

VfR-Platz: Mohr & Federhaff – Mannheimer Versicherungs-Gesellschaft 5:0
Phönix-Platz: Benz & Co. – Stadtgemeinde Mannheim 0:3

Die 2. Runde eine Woche später brachte dann die Begegnungen:

VfR-Platz: Benz & Co. – BBC 5:1
Phönix-Platz: Mohr & Federhaff – Heinrich Lanz 0:0
Platz des
SC Käfertal: Mannheimer Versicherungs-Gesellschaft – Süddeutsche Kabelwerke 0:2

Nach dieser 2. Runde kam es zu Unstimmigkeiten unter den Beteiligten, denn der „General-Anzeiger" berichtete am 25. Juli 1914:

„Die einzelnen Vertreter der Firmen haben sich entschlossen, die Stadtgemeinde-Mannschaft außer Konkurrenz mitwirken zu lassen, obwohl sie ja keine Firmen-Mannschaft ist; es wird derselben bei gutem Abschneiden von den Firmen ein Trostpreis überreicht werden."

Erschüttern konnte dieser Beschluß die Mannschaft der Stadtgemeinde Mannheim nicht, denn auch nach der 3.

Runde am 25. Juli 1914 lag sie weiterhin auf Erfolgskurs; es spielten:

Waldhof-Platz:	Benz & Co. – Südd. Kabelwerke	7:1
Phönix-Platz:	Mohr & Federhaff – BBC	4:2
VfR-Platz:	Heinrich Lanz – Stadt Mannheim	2:3

Die 4. Runde der Mannheimer Firmenmeisterschaft 1914 war für den 1. August 1914 vorgesehen. Vorher, am Samstag, 26. Juli 1914, spielte der MFC Phönix 02 gegen FC Mühlburg 1:1 unentschieden; der „General-Anzeiger" vom 27. Juli 1914 schrieb dazu:

„Mannheimer Fußball-Club Phönix gegen Fußball-Club Mühlburg. Noch stehen wir mitten in der Leichtathletik-Saison, keine 6 Wochen hat man ihm Ruhe gegönnt, da muß der Fußball schon wieder allerwärts auf dem grünen Rasen erscheinen und sich in den Dienst des Sports stellen. Wahrlich zu einer Zeit, in der gewöhnlich die liebe Sonne ihre heißesten Strahlen herniedersendet, veranstalten viele Vereine bereits Wettspiele und fordern ihre Aktiven zum Kampfe auf, um sie damit für das neue Jahr zu verpflichten: ein Tun, das in dieser Hinsicht wohl verständlich ist, wegen seiner Anforderungen an die Gesundheit der Spieler aber strengstens verworfen werden muß. Dem Mannheimer F.-Cl. Phönix bescherte zwar gestern Petrus eine zum Fußballspiele geeignete Temperatur, doch nehmen wir an, daß er dies nur ausnahmsweise mit Rücksicht auf die Teilnehmer tat. Auch wir Sportsleute lieben im Juli und August wärmeres Wetter. Daß in der jetzigen Zeit noch wenig Interesse für Fußball besteht, bewies die geringe Zuschauermenge. Das Spiel verlief immerhin interessant. Mühlburg war anfangs überlegen, dann blieben die Chancen gleichmäßig verteilt und ein abwechslungsreicher Kampf war die Folge. Die 1. Halbzeit verlief torlos, während nach der Pause zuerst Phönix und hierauf die Gäste einen Erfolg buchen konnten, sodaß das Endergebnis 1:1 lautete. Über die Mannschaften kann man naturgemäß heute noch kein Urteil abgeben."

Nun, man konnte dies auch später nicht mehr. Es sollte nämlich das letzte Fußballspiel in Friedenszeiten in Mannheim gewesen sein, denn vier Tage später meldete die Presse: (siehe rechte Seite)

Kriegshilfe-Fußballrunde Mannheim/Ludwigshafen

Mit dem Ausbruch des Ersten Weltkrieges endete urplötzlich die konstante Aufwärtsentwicklung des Fußballsports, nicht nur in Mannheim, sondern im gesamten Deutschen Reich. Wenn auch die Mannschaften in den Monaten davor unter Einberufungen zum Militärdienst schon sehr zu leiden hatten, so kam es jetzt zu einem radikalen Bruch, der viele Vereine in ihrer Existenz traf. Manch komplette Mannschaft tauschte den Fußballdreß gegen das Grau der Uniformen; der Exerzierplatz, für viele Mannheimer Vereine immer noch das Zuhause, wurde von den Militärbehörden für Zivilisten gesperrt.

Und dennoch kam es nicht zu der erwarteten und auch heute noch oft zitierten totalen Einstellung des Spielbetriebes in Mannheim. Allerdings müssen für eine Bewertung des Fußballsports in den Kriegsjahren neue Maßstäbe zugrunde gelegt werden. Die Vereine und ihre Mannschaften dürfen nicht mehr an dem Vorkriegsniveau gemessen werden. Neue Mannschaften mußten aufgestellt werden, wobei sehr oft Senioren, die mittlerweile schon in AH (Alte Herren)-Mannschaften gespielt hatten, für die Ligamannschaften wieder reaktiviert wurden; Jugendspieler füllten die Mannschaftslücken auf. Auf Heimaturlaub weilende Spieler oder Leichtverwundete konnten oftmals für einige Begegnungen eingesetzt werden. Darüberhinaus durften sogenannte „Gastspieler" bei einem Verein ihrer Garnison mitwirken; auch dies war sehr oft für nur einige wenige Spiele der Fall, weil dann die Einheit wieder verlegt wurde. Alles Faktoren, die zwar die Mannschaft eines Vereins zahlenmäßig mit Spielern auffüllten, jedoch nicht unbedingt zu deren Stärke beitrug.

Die erste Initiative für eine Fortsetzung des Spielbetriebes ging im September 1914 von den Mannheimer und Ludwigshafener Liga-Vereinen aus. Die Vereine FC Phönix Mannheim, SV Waldhof, VfR Mannheim sowie FC Pfalz Ludwigshafen, FC Phönix Ludwigshafen und FG 03 Ludwigshafen beschlossen, zu Gunsten der Kriegshilfe beider Städte eine Fußballrunde unter den Bedingungen der bisherigen Verbandsspiele auszutragen. Die Erlöse sollten zu gleichen Teilen an die Verwaltungen beider Städte abgeführt wer-

General-Anzeiger
der Stadt Mannheim und Umgebung
Badische Neueste Nachrichten

Täglich 2 Ausgaben (außer Sonntag) Gelesenste und verbreitetste Zeitung in Mannheim und Umgebung Eigenes Redaktionsbureau in Berlin
Schluß der Inseraten-Annahme für das Mittagblatt morgens ½9 Uhr, für das Abendblatt nachmittags 3 Uhr

Beilagen: Amtliches Verkündigungsblatt für den Amtsbezirk Mannheim; Beilage für Literatur und Wissenschaft; Unterhaltungsblatt; Beilage für Land- und Hauswirtschaft; Technische Rundschau; Mannheimer Schachzeitung; Sport-Revue; Wandern und Reisen und Wintersport; Mode-Beilage; Frauen-Blatt.

Nr. 350.   Mannheim, Freitag, 31. Juli 1914.   (Abendblatt.)

Erklärung des Kriegszustandes über Deutschland.

Berlin, 31. Juli (1.40 Uhr nachmittags.) Aus Petersburg traf heute die Nachricht des Deutschen Botschafters ein, daß die allgemeine Mobilisierung des Heeres und der Flotte befohlen sei.

Darauf hat Seine Majestät der Kaiser den Zustand drohender Kriegsgefahr befohlen. Der Kaiser übersiedelt heute nach Berlin.

w. Berlin, 31. Juli. Seine Majestät der Kaiser hat auf Grund des Art. 68 der Reichsverfassung das Reichsgebiet mit Ausnahme von Bayern in Kriegszustand erklärt. Für Bayern gilt die gleiche Anordnung.

ung, der Einschnürung der mitteleuropäischen Staaten.

Mit Begeisterung, mit Opferwilligkeit sondergleichen, mit der Tapferkeit und dem Mut, den wir von den Vorfahren ererbt haben, werden Deutschlands Männer in den Krieg ziehen und kämpfen um des Vaterlandes Macht und Unabhängigkeit bis zum letzten Blutstropfen.

Ganz Deutschland ist heute einig, die Unterschiede der Parteien fallen, es ist eine große Stunde, die größte vielleicht, die die deutschen Männer und Frauen erlebt haben.

Wir werden freudig in den Kampf ziehen, alle Mann für Mann und voran ziehen wird uns das Wort, das Bismarck einst in schwerer Stunde sprach, als gleichfalls Rußland

Futtermittel, Tieren und tierischen Erzeugnissen und von Kraftfahrzeugen, d. h. Motorwagen, Motorfahrräder und Teile davon, sowie von Mineralölen, Steinkohlen, Teer und daraus hergestellten Oelen.

Zu den beiden erstgenannten Verordnungen erläßt der Stellvertreter des Reichskanzlers eine heute im Reichsanzeiger erscheinende Bekanntmachung, wonach unter das Verbot der Ausfuhr von Verpflegungs-, Streu- und Futtermittel fallen: Roggen, Weizen, Spelze, Gerste, Hafer und Buchweizen, Mais, Malz, Reis und Hülsenfrüchte, Müllereierzeugnisse, Kartoffel, frisches Gemüse, Zwiebel, Sellerie, Gemüsekonserven, Pflanzenfette, Heu, Stroh und sonstige Futtermittel aller Art, ferner Spreu. Unter das Verbot der Ausfuhr von Tieren und tierischen Erzeugnissen, vor allem lebende Tiere und zwar Pferde, Maultiere, Esel, Rindvieh, Schafe, Ziegen, Schweine, Kaninchen, Federvieh, Fleisch.

den; als Einheitspreise wurden festgelegt: 1. Platz 50 Pfennig, 2. Platz 30 Pfennig, für Mitglieder des jeweiligen Platzvereins 20 Pfennig.

Am ersten Spieltag, dem 13. September 1914, schlug der VfR Mannheim den SV Waldhof hoch mit 7:0 Toren und der FC Phönix Ludwigshafen unterlag dem FC Pfalz Ludwigshafen mit 0:3 Toren. Zu dem Mannheimer Lokalderby berichtete der „General-Anzeiger" vom 14. September 1914 wie folgt:

„Verein für Rasenspiele Mannheim
gegen Sport-Verein Waldhof

Diesem Spiele, dessen Erlös der Zentrale für Kriegsfürsorge zufließt, war erfreulicherweise ein guter Besuch beschieden. Die Zuschauer kamen auch auf ihre Rechnung – was man in diesen Zeiten ja nicht verlangen kann –, denn die beiden Mannschaften gaben ihr Bestes, so daß sich ein flotter, abwechslungsreicher Kampf entwickeln konnte. Waldhofs junge Kräfte, die das Spiel von Anfang bis Ende offen hielten, waren stets forsch im Angriff, mußten sich aber schließlich vor den erfahreneren Spielern des VfR beugen. Das Ergebnis, dem heuer keine Bedeutung zukommt, lautet 7:0 zugunsten des VfR Mannheim (Pause 1:0). Das wichtigste bei diesem Treffen war eben die Tatsache, daß unsere Jugend ihren Körper stählt, daß sie nicht vergißt, sich auf den Tag vorzubereiten, an dem der Ruf des Kaisers an sie ergeht. Wir blicken froh auf die Jugend, die mit den angekündigten Spielen zugunsten der Kriegsfürsorge ihre eigene Stärke zu heben sucht, finden aber den Gedanken der Veranstalter, die Ergebnisse nach Punkten zu bewerten, nicht am Platze."

Eine Woche später griffen der FC Phönix Mannheim (2:0 Sieg beim SV Waldhof) und die Fußball-Gesellschaft 03 Ludwigshafen (1:8 Niederlage beim FC Phönix Ludwigshafen) ins Geschehen ein.

Am 29. September 1914 meldete der „General-Anzeiger":

„Der Verband Süddeutscher Fußballvereine stiftete für die Zwecke des Roten Kreuzes 5000 Mark. Dadurch erhöht sich die vom Deutschen Fußball-Bund (DFB)

Die 1. Jugendmannschaft des MFC Phönix 02 im Jahre 1915

und seinen Unterverbänden gestiftete Summe auf 12 000 Mark. In vielen Orten Deutschlands veranstalten die Fußballvereine Wettspiele, deren Einnahme dem Roten Kreuz oder anderen Einrichtungen der Kriegsfürsorge überwiesen werden."

Anfang Oktober 1914 war der erste kriegsbedingte Zusammenschluß zweier Mannheimer Vereine (MFK Viktoria 1912 und MFC Hertha) geplant, kam aber aus vereinsinternen Gründen noch nicht zustande. Am 4. Oktober 1914 trennte sich der VfR Mannheim (Köhler-Elf) in der Aufstellung

Köhler (Capt.) – Häusermann, Weber – R. Mayer, A. Ludwig, Hch. Müller – E. Lorenz, Brenner, Breitenbacher, Leipersberger und Balles

vom MFK Viktoria 1912 in einem Privatspiel 2:2 unentschieden; eine Woche später besiegte dieselbe VfR-Mannschaft den FC Viktoria Feudenheim mit 2:1 Toren und die Kreß-Mannschaft des VfR Mannheim den MFC 08 Lindenhof mit 3:1 Toren.

Die Spiele der Kriegshilfe-Runde zogen sich bis zum Januar 1915 hin; Spielabsagen waren an der Tagesordnung. Immer wieder wurde in der Presse darauf hingewiesen, daß die laufenden Spiele keinen echten Maßstab bieten, was die Spielstärke der einzelnen Vereine betrifft. Anfang Dezember 1914 beschloß der gemeinsame Spielausschuß der beteiligten Vereine die Disqualifikation der Mannschaft des FC Phönix Ludwigshafen wegen unsportlichen Verhaltens einiger Spieler; die mit dem FC Phönix Ludwigshafen ausgetragenen Spiele waren ungültig, was am 17. Januar 1915 folgenden Endstand ergab:

Kriegshilfe-Fußballrunde Mannheim/Ludwigshafen
Saison 1914/1915

VfR Mannheim	8	5	3	0	23:6	13:3
FC Phönix Mannheim	8	6	1	1	17:5	13:3
FG 03 Ludwigshafen	8	3	1	4	9:9	7:9
FC Pfalz Ludwigshafen	8	3	1	4	9:15	7:9
SV Waldhof	8	0	0	8	8:31	0:16

Fußball-Club „Viktoria" Feudenheim
Die Kriegs-Mannschaft im Spätjahr 1914 mit
v. l. F. Bauer, P. Sponagel, F. Ernst, H. Hock, J. Geis, E. Hoffmann, L. Stay, H. Ueberrhein, W. Gumbel, J. Spatz, B. Bühler, F. Schreck, Wühler

Erste Kriegsmannschaft des SV Waldhof zur Jahreswende 1914/15

Das notwendige Entscheidungsspiel zwischen den beiden Erstplazierten entschied der VfR Mannheim am 24. Januar 1915 vor knapp 4000 Zuschauern durch einen 2:0 Sieg für sich und wurde Meister dieser Kriegshilfe-Runde.

Insgesamt erbrachte die Spielrunde einen Betrag von 1500 Mark, davon entfielen auf die Stadt Mannheim 1100 Mark und auf die Stadt Ludwigshafen 400 Mark für die Kriegshilfe.

Neugründungen und Städtespiel

Was eigentlich in diesen Zeiten nicht zu erwarten war, trat in Seckenheim ein: dort wurde am 15. Oktober 1914 ein zweiter Fußballverein gegründet, und zwar der *Fußballklub „Badenia" 1914 Seckenheim*. „Am Wörtel", dem ehemaligen Spielgelände der FG 1898 Seckenheim wurde ein Spielplatz hergerichtet, als Vereinslokal diente der „Prinz Max". Das erste bekannte Ergebnis des neuen Vereins datiert vom 24. September 1916; im Rahmen der Herbst-Verbandsspiele 1916/1917 der Klasse 2, Bezirk I im Neckargau, unterlag der FK Badenia Seckenheim dem MFC 08 Lindenhof mit 1:4 Toren.

Auch in Wallstadt versuchte ein zweiter Club, dem FC Viktoria 1910 Wallstadt Konkurrenz zu machen. Im Lokal „Goldener Hirsch" wurde der *Sportverein 1914 Wallstadt* gegründet.

Im Verlauf der Kriegshilfe-Runde Mannheim/Ludwigshafen kam es am 31. Januar 1915 auf dem Platz des FC Pfalz Ludwigshafen zu einem Städtespiel zwischen Ludwigshafen und Mannheim; die Aufstellungen beider Mannschaften lauteten:

Ludwigshafen: Karch
Zeuch   Beutel
(alle FG 03)
Rillig II   Schäfer   Dursy
(beide FC Pfalz)   (FC Phönix)
Ullrich   Walter   Stein   Regele   Ebert
(FC Pfalz)   (alle FC Phönix)

Mannheim:

```
                    Schröck
                    (Phönix)
  Espenschied                    Besenich
    (VfR)                        (Waldhof)
  Sack           Durler           Schäfer
               (alle VfR)
Schill  O. Schönig  Schwarze  E. Schönig  Kratzmann
(beide Phönix)       (VfR)    (Phönix)      (VfR)
```

In der ersten Halbzeit überfuhr die Platz-Mannschaft die Mannheimer Auswahl regelrecht und kam durch ihren überragenden Halblinken Regele, dem ein Hattrick gelang, zu einer 3:0 Pausenführung. Nach Wiederbeginn verkürzten Emil Schönig mit Handelfmeter (39. Minute) und Schwarze mit Fouleflmeter (41. Minute) auf 3:2; zu mehr reichte es allerdings nicht mehr.

Schon eine Woche später fand auf dem Platz des VfR Mannheim das Rückspiel statt. Während die Stadtauswahl von Ludwigshafen in unveränderter Aufstellung antrat, gab es bei Mannheim einige Änderungen; es spielten:

```
                  Remmlinger
                   (Phönix)
  Espenschied                  E. Schönig
    (VfR)                      (Phönix)
  Sack          Durler          Schäfer
              (alle VfR)
Scherer  O. Schönig  Schwarze  Willmann  Kratzmann
(beide Phönix)        (VfR)   (Waldhof)   (VfR)
```

Aber auch diese Umstellungen nutzten nichts; im Gegenteil: Ludwigshafen siegte diesmal sogar mit 4:0 Toren; Torschützen waren Regele und Stein in der ersten Halbzeit sowie Ullrich und nochmals Stein im zweiten Durchgang. Das Vorspiel bestritten die B-Mannschaften beider Städte, wobei Mannheim zu einem 3:1 Sieg kam.

Vor einer „ziemlich kleinen Zuschauermenge" – so der „General-Anzeiger" – trennten sich am 28. Februar 1915 der VfR Mannheim und eine Auswahlmannschaft der Mannheimer B-Vereine 1:1 unentschieden; hier lauteten die Aufstellungen:

VfR:

```
              Lemmel
     Ernst           Durler
  Müller   Schäfer     Mayer
Vesper  Brenner  Hutter  Breitenbacher  Kratzmann
```

B-Auswahl:

```
                   P. Wieland
                    (Hertha)
        Guth                    Hör
              (beide SV Helvetia 07)
  Engelhardt I    Dannersberger    Bachmann
    (Kickers)    (SV Helvetia 07)   (Hertha)
Baumeister  Klose   Engelhardt II  Lacombe   Gg. Wieland
 (Hertha) (SV Hel. 07) (Kickers) (SV Hel. 07)  (Hertha)
```

Das Rückspiel am 11. April 1915 konnte der VfR Mannheim mit 5:3 Toren für sich entscheiden.

Das immer noch große Spielerreservoir des VfR Mannheim gestattete dem Verein nach wie vor die Austragung regelmäßiger Freundschaftsspiele:

am 14. 3. 1915	VfR – FC Pfalz Ludwigshafen	4:0
am 21. 3. 1915	VfR – FC Phönix Karlsruhe	2:1
am 2. 4. 1915	FC Pfalz Ludwigshafen – VfR	1:0
am 25. 4. 1915	MFC Phönix 02 – VfR	3:0

Zur letzten Begegnung vermerkte der „General-Anzeiger" u. a. „daß es sich um das erste Freundschaftsspiel beider Vereine seit Jahren handelte, was als sehr erfreulich gewertet werden muß."

Aber auch die anderen Mannheimer Vereine konnten den Spielbetrieb aufrecht erhalten. Am 29. März 1915 besiegte der MFC Phönix 02, verstärkt durch den „Gastspieler" vom 1. FC Pforzheim Rudolf als Mittelläufer, die Auswahl der Mannheimer B-Vereine mit 3:1 Toren. Derselbe MFC Phönix 02 kam am 4. April 1915 zu einem 9:0 Sieg über den SV Waldhof, wobei Otto Schönig allein sieben Treffer erzielen konnte; es war dies die höchste Niederlage des Sportverein Waldhof seit seiner Gründung im Jahre 1907.

Die Mannheimer Fußball-Gesellschaft Kickers konnte im Frühjahr 1915 erstmals wieder eine komplette Mannschaft stellen und bezwang am 21. März 1915 auf dem für Fußballspiele wieder freigegebenen Exerzierplatz die Mannheimer Fußball-Gesellschaft 1913 mit 3:1 Toren. Der Mannheimer Fußball-Club Hertha 1912 trennte sich am 29. März 1915 vom Mannheimer Fußball-Klub Viktoria 1912 mit einem 0:0 Unentschieden. Eine Doppelveranstaltung fand am 18. April 1915 in Feudenheim statt. Die *Fußballmannschaft des Turnverein Feudenheim* besiegte auf dem Turnverein-Platz am Neckardamm den Sportclub Käfertal mit 2:0 Toren und der FC Viktoria Feudenheim unterlag dem *Sportverein Olympia Mannheim 1913*, der mit dieser Begegnung zum ersten Male in der Öffentlichkeit auftrat, mit 0:1 Toren.

Die Kriegsmannschaft des FC Germania 03 Friedrichsfeld im Jahre 1915
v. l. stehend: J. Hafenrichter, Jung, R. Ehret, Probst, F. Geiger, H. Weinkötz, K. Schnabel, J. Kneier, Habenberger; liegend: J. Röckel, Apfel, A. Schrökkenschlager

Frühjahrsrunde 1915 Mannheim/ Ludwigshafen

Auch im zweiten Kriegsjahr entfielen zunächst offizielle Verbandsspiele, so daß in Mannheim und Ludwigshafen wieder eine „Kriegshilfe-Fußballrunde", auch „Frühjahrs-Liga-Fußballrunde 1915 Mannheim/Ludwigshafen" genannt, durchgeführt wurde. Teilnehmer waren wieder die drei Mannheimer Vereine (Phönix, Waldhof und VfR) und die Ludwigshafener Clubs (Pfalz, Phönix und FG 03). Die Spiele begannen am 9. Mai 1915 und brachten die in etwa erwarteten Ergebnisse:

SV Waldhof gegen VfR Mannheim	2:5
MFC Phönix 02 gegen FC Phönix Ludwigshafen	2:2
FG 03 Ludwigshafen gegen FC Pfalz Ludwigshafen	1:1

Nach zwei klaren 6:3 beziehungsweise 3:0 Siegen des MFC Phönix 02 über den Sportverein Waldhof kristallisierte sich der MFC Phönix 02 als Favorit heraus, ehe die 1:2 Heimniederlage gegen den FC Pfalz Ludwigshafen am 24. Mai 1915 aufhorchen ließ. Die Zweifler aber wurden eines Besseren belehrt; es sollten die letzten Punktverluste der „Phönix"-Mannschaft bleiben. Mit sechs Siegen in Folge, darunter dem höchsten Ergebnis dieser Runde (ein 10:1 Sieg über den VfR Mannheim am 4. Juli 1915) gewann der MFC Phönix 02 diese Frühjahrsrunde.

Frühjahrsrunde 1915 Mannheim/Ludwigshafen

FC Phönix Mannheim	10	8	1	1	42:11	17:3
FC Pfalz Ludwigshafen	10	5	3	2	21:17	13:7
SV Waldhof	10	5	1	4	24:24	11:9
FC Phönix Ludwigshafen	10	2	4	4	19:26	8:12
FG 1903 Ludwigshafen	10	1	4	5	9:22	6:14
VfR Mannheim	10	1	3	6	14:29	5:15

Im Verlauf dieser Runde konnte der Sportverein Waldhof am 20. Juni 1915 erstmals den VfR Mannheim besiegen, und zwar auf dessen Platz mit 2:1 Toren. Die Aufstellungen beider Mannschaften lauteten:

VfR: Wagner – Nerz, Weinmann – Mayer, v. d. Mühll, Müller – Altmann, Schenkel, Hutter, Fleischmann II, Karl

SVW: Walter – Müller, Engelhardt – Wollmann, Strauch, Lidy – Willmann, Endemann, Schwärzel, Herberger, Skudlarek.

Der Mannheimer Fußball-Club Phönix 02 wurde souveräner Meister der Frühjahrsrunde 1915 Mannheim/Ludwigshafen

Im Anschluß an das Spiel MFC Phönix 02 gegen VfR Mannheim am 4. Juli 1915 (10:1) wurde im Lokal „Zähringer Hof", dem damaligen Club-Lokal des MFC Phönix 02, in Q 2, 9 eine Gedenkfeier für die gefallenen Sportler Mannheims abgehalten.

Eine Pfingstreise führte den VfR Mannheim am 25. Mai 1915 nach Fürth, wo die dortige Spielvereinigung mit 4:1 Toren siegreich blieb. Der Sportverein Teutonia Mannheim bezwang am 6. Juni 1915 die *Freie Turnerschaft 1887 Feudenheim* mit 1:0 Toren; bei den zweiten Mannschaften stellten die Turner mit 4:2 Toren den Sieger. Am 18. Juli 1915 veranstaltete der Turnverein Feudenheim auf seinem Platz am Neckardamm „Elfer-Turniere in zwei Klassen"; vormittags die Klasse für Turnvereine und nachmittags für Fußballvereine. In der letzteren Klasse ging der FC Hertha Mannheim als Sieger hervor. Das Saison-Schlußspiel in Mannheim fand am 25. Juli 1915 beim MFC Phönix 02 statt, der den SV Waldhof mit 4:2 Toren besiegte.

Gau-Kriegsspiele um die Westkreis-Meisterschaft

Das Eröffnungsspiel der Saison 1915/1916 bestritt der SV Waldhof am 15. August 1915 gegen den Sportklub Hertha 1912 Mannheim, der mit 2:3 Toren siegreich blieb; zwischenzeitlich nannte sich der FC Hertha 1912 Mannheim auch mal *Sportklub Hertha 1912 Mannheim*. Eine Woche später schlug diese „Hertha"-Mannschaft auf ihrem Platz hinter dem Straßenbahndepot die FG Revidia Ludwigshafen überlegen mit 9:1 Toren. Bereits beim „Elfer-Turnier" des MFC Phönix 02 am 8. August 1915 hatte der Sportklub Hertha 1912 Mannheim seine Stärke demonstriert, als er in der A- und B-Klasse die ersten Preise erringen konnte. Am 29. August 1915 trennte sich „Hertha" von der FG Kickers Mannheim 1:1 unentschieden und der VfR Mannheim verlor gegen den FC Pfalz Ludwigshafen etwas überraschend mit 1:3 Toren.

Im August 1915 wurde vom Süddeutschen Fußball-Verband die Durchführung von Gau-Kriegsspielen für das gesamte Verbandsgebiet angeordnet, insgesamt in 14 Gauen. Im Neckargau spielten folgende Vereine in einer Klasse:

FC Phönix Mannheim, SV Waldhof, VfR Mannheim, FVg Neckarau, SV Helvetia Mannheim, FC Viktoria Feudenheim, SK Hertha 1912 Mannheim, FG Kikkers Mannheim, FC Phönix Sandhofen, FV Sandhofen, TB Jahn Neckarau, SC Käfertal, FC Alemannia Ilvesheim, FK Viktoria 1912 Mannheim und TV Heidelberg.

Obwohl es im Juni 1914 in Heidelberg eine Fusion zwischen dem Fußball-Club 1902 Heidelberg-Neuenheim und dem 1. FC Viktoria 1905 Heidelberg zum *Sport-Klub „Viktoria" Heidelberg* gegeben hatte, nahm an dieser Mammutrunde nur der Turn-Verein Heidelberg teil.

Die Teilnahme von Turnvereinen an diesen Fußballmeisterschaften regelte eine Vereinbarung zwischen den betroffenen Verbänden, von welcher der „General-Anzeiger" am 11. März 1916 berichtete:

„Deutsche Turnerschaft und deutscher Fußball-Bund. Seit etwa einem halben Jahr sind von der D. T. und dem D. F. B. Verhandlungen eingeleitet, die eine Einigung zwischen diesen beiden Körperschaften hinsichtlich des künftigen Spielbetriebs im Fußball erstreben. Diese vertraulich geführten Verhandlungen sind jetzt soweit abgeschlossen, daß nunmehr der Entwurf eines Abkommens den beiden Körperschaften von ihren Vorständen zur Erörterung vorgelegt ist. Das beabsichtigte Abkommen umfaßt Gesellschafts- und Meisterschaftsspiele im Fußball und sonstige bei der Deutschen Turnerschaft gepflegten Ball- und Laufspiele, wie Schlagball, Schleuderball und Korbball. Es sollen Gesellschaftsspiele zwischen Mannschaften beider Verbände freigegeben werden. Meisterschaftsspiele aber in folgender Weise stattfinden: Die Fußball-Mannschaften der D. T. bilden Verbände nach ihren Gauen und Kreisen. Die Kreisverbände bilden Anschluß-Verbände des D. F. B. Bedingen örtliche Verhältnisse eine Ausnahme, so bedarf es der Verständigung zwischen den in Betracht kommenden Landesverbänden und den Kreisleitungen."

Spielbeginn war am 12. September 1915, aber bereits Ende September / Anfang Oktober 1915 schieden der Fußball-Verein Sandhofen und der Fußball-Klub Viktoria 1912 Mannheim aus dem Wettbewerb aus, da sie keine Mannschaften mehr stellen konnten.

Sport-Club Käfertal
Die Kriegsmannschaft der Saison 1915/1916
v. l. Schmitt, Kempf, Wasser, Pfanz, Gleißner, Götz, Vogelsgesang, Reiss, Bunkert, Folz und Herrmann (sitzend)

Schon der erste Spieltag, 12. September 1915, wartete mit einer Reihe von überaus hohen Ergebnissen auf:

SV Waldhof – MFC Phönix 02	6:0
VfR Mannheim – FC Alemannia Ilvesheim	10:0
FC Viktoria Feudenheim – FV Sandhofen	10:0
TB Jahn Neckarau – FG Kickers Mannheim	0:5
FC Phönix Sandhofen – SK Hertha Mannheim	0:1

Die Spiele schleppten sich recht und schlecht über die Runden; selten konnte an den Spieltagen das volle Programm durchgezogen werden. Neben dem Rückzug der bereits genannten Vereine aus dem Wettbewerb mußte mancher Verein, wenn auch nur kurzfristig, den Spielbetrieb unterbrechen, da es an Spielern mangelte. Häufig trat auch eine Mannschaft nur mit zehn oder gar neun Spielern an; aus diesen Konstellationen resultierten dann die hohen, oft zweistelligen Ergebnisse.

Am 26. Februar 1916 meldete der „General-Anzeiger":

„Nach der Bekanntgabe des Verbandes Süddeutscher Fußballvereine sollen mit dem 12. März die Gauspiele um den Eisernen Fußball beginnen. Es würden somit die jetzigen Rundenspiele zu Grabe getragen werden. Sie waren ein Notbehelf, dazu bestimmt, den Sportsgedanken wach zu halten und den Vereinen ihre Existenz zu erleichtern."

Als die Gau-Kriegsspiele Anfang März 1916 abgebrochen wurden, hatte die Schlußtabelle folgendes Aussehen:

Gau-Kriegsspiele um die Westkreis-Meisterschaft 1915/1916

VfR Mannheim	21	16	1	4	82:22	33:9
FC Phönix Mannheim	19	16	0	3	75:21	32:6
FC Viktoria Feudenheim	18	12	2	4	53:33	26:10
SV Waldhof	20	12	1	7	58:33	25:15
SK Hertha Mannheim	16	8	3	5	23:25	19:13
SC Käfertal	18	9	0	9	35:35	18:18
SV Helvetia Mannheim	18	7	4	7	44:38	18:18
FG Kickers Mannheim	21	7	4	10	47:50	18:24
FVg Neckarau	21	7	4	10	42:52	18:24
FC Phönix Sandhofen	19	5	5	9	20:30	15:23
TB Jahn Neckarau	18	4	1	13	27:63	9:27
TV Heidelberg	18	3	3	12	29:64	9:27
FC Alemannia Ilvesheim	17	2	0	15	19:88	4:30

Sportliche Rundschau.

* **Weihnachtsfeier.** Vergangenen Sonntag hielt die Mannheimer Fußballgesellschaft 1913 im Restaurant „Startenburg" ihre diesjährige Weihnachtsfeier ab. Nach einigen Musikstücken folgte eine Ansprache des 1. Vorstandes Herrn Willy Rabold, der in seiner Rede besonders hervorhob, daß die M. F. G. 1913 bei Beginn des Krieges ihren Spielbetrieb lahmlegte, und erst durch den zur Zeit im Felde stehenden 1. Vorstand, Herrn Ludwig Frank und den 1. Schriftführer Herrn Otto Kühn mit Beginn des Jahres 1915 wieder in seinen alten Standpunkt versetzt wurde. Mit warmen Worten gedachte er den Mitgliedern Muth und Wittich die im Kampfe fürs Vaterland den Heldentod erlitten. Er führte ferner aus, daß das Mitglied Joseph Schweizer mit dem Eisernen Kreuz und der Badischen Verdienstmedaille ausgezeichnet wurde. Ferner gedachte er mit einigen Worten dem 1. Spielführer Herrn Jakob Klein, der in der Lage war, eine 1. Mannschaft aufzustellen, die gegen jeden Gegner glänzend abschnitt. Hierauf folgte ein Weihnachtsgedicht, vorgetragen von einem 5jährigen Mädchen. Herr Erich Paul erzielte mit dem Kuplet „Laß sie saußen" allgemeinen Beifall. Nach einem Weihnachtsgedicht von Frl. Elise Wolff folgte eine Pause. Aldann folgten wohlgelungene Kuplets von den Mitgliedern Jakob Bierreth, Aug. Harst, Fritz Schmitt, Gustav Hügin, Ad. Mechler, die wiederum kolossalen Lacherfolg erzielten. Besonders hervorzuheben wäre noch das laktige Theaterstück „Der Schusterjunge", in dem Herr Erich Paul in der Titelrolle und Frl. Wolff stürmischen Beifall verzeichnen konnten. Denselben Erfolg hatten Harst und Schmitt, welche ein Stückchen aus dem Militärleben, benannt „48 Stunden Stubenarrest" zum Besten gaben. Der Abend wurde noch verschönert durch den Komponist Herr Bonitz, welcher mit den selbst gedichteten Liedern wie z. B. „Der Rhein bleibt deutsch" und „Der deutsche Mobilmachungsmarsch" usw. ebenfalls wie alle vorher genannten Mitwirkende alle Anwesende auf das beste erfreute. Um 11 Uhr wurde die Feier beendet.   E. P.

Der „General-Anzeiger" vom 7. Januar 1916 berichtete in sehr ausführlicher Form über die Weihnachtsfeier der Mannheimer Fußballgesellschaft 1913

Zwei Mannheimer Vereine, die an der zu Ende gegangenen Runde nicht teilgenommen hatten, traten durch ein interessantes Freundschaftsspiel-Programm in Erscheinung. Es waren dies die noch relativ jungen Vereine SV Teutonia Mannheim und die Mannheimer Fußball-Gesellschaft 1913.

Die Mannheimer Fußball-Gesellschaft 1913 unter Leitung von Willi Rabold erzielte mit ihrer Mannschaft

Casper – Klein, P. Sattler – Ph. Schäfer, Ad. Mechler, Soyez – Bierreth, Keppler, Breitenbücher, Humpfer und Otto Schäfer

folgende Ergebnisse:

16. 10. 1915 FK Kickers Lampertheim gegen MFG 1913 1:2
28. 11. 1915 MFG 1913 gegen SV Waldhof II 1:1
25. 12. 1915 VfB Mundenheim gegen MFG 1913 2:4
1. 1. 1916 VfR Mannheim II gegen MFG 1913 6:1
9. 1. 1916 MFG 1913 gegen FV 09 Weinheim 0:0
12. 3. 1916 FG 03 Ludwigshafen gegen MFG 1913 1:1

Die Mannheimer Fußball-Gesellschaft 1913 trat am 1. März 1916 dem Süddeutschen Fußball-Verband bei.

Der Sportverein Teutonia Mannheim, seit dem 1. Dezember 1915 Mitglied im Süddeutschen Fußball-Verband, absolvierte mit seiner Mannschaft

Hennrich – Höfler, Schüffler – Mayer, Renz, Graf – Spruck, Sammet (Capt.), Albrecht, Deidesheimer und Kottwitz

in dieser Zeit folgende Spiele:

12. 12. 1915 SV Teutonia – FC Phönix Ludwigsh. II 1:1
19. 12. 1915 FV 09 Weinheim – SV Teutonia 1:2
30. 1. 1916 SV Teutonia – FC Revidia Ludwigsh. 1:1

Zu diesem Zeitpunkt verfügte der SV Teutonia Mannheim über drei Mannschaften.

Obwohl gerade in Kriegszeiten auf die Austragung der Kronprinzen-Pokalspiele besonderen Wert gelegt wurde, litten auch diese Begegnungen unter den allgemeinen Schwierigkeiten. Die süddeutsche Auswahl-Mannschaft trennte sich am 22. Oktober 1915 in Berlin von der Mannschaft des Gastgebers mit einem leistungsgerechten 2:2 Unentschieden; Süddeutschland spielte in folgender Aufstellung:

Burger
(VfR Mannheim)

Burger   Bruglachner
(SpVgg Fürth)   (VfR Mannheim)

Sperrle   Schäfer   Storch
(Union Stuttgart) (Pfalz Ludwigshafen) (Bayern München)

Neuweiler   Fritz Reiser   Vögele   Otto Reiser   Heilig
(Union Stuttgart)   (alle FC Phön. Karlsruhe)   (Kick. Stuttgart)

Zu einer weiteren Begegnung der süddeutschen Elf kam es in der Spielzeit 1915/1916 nicht mehr.

Die Kriegsmannschaft des FV 09 Weinheim im Jahre 1916

Valt. Rothermel, Hch. Haas, Gg. Wetzel, Alb. Fitzer, Wilh. Menges, Gg. Müller, Fritz Veith, Wilh. Pflästerer, Gg. Blessing, Alb. Rüedi, Ph. Pflästerer und Gg. Gärtner

Verbandsspiele um den Eisernen Fußball 1916

Wie geplant, begannen die „Verbandsspiele um den Eisernen Fußball" am 12. März 1916. Gespielt wurde in vier Bezirken:

Bezirk I: VfR Mannheim, SK Hertha 1912 Mannheim, FC Viktoria Neckarhausen 08, TV Heidelberg

Bezirk II: FC Phönix Mannheim, SV Helvetia Mannheim, SV Teutonia Mannheim, FC Alemannia Ilvesheim

Bezirk III: SV Waldhof, FVg 1898 Schwetzingen, TB Jahn Neckarau, FG Kickers Mannheim

Bezirk IV:1 SC Käfertal, FC Viktoria Feudenheim, FVg Neckarau, FG 1913 Mannheim

Zügiger als erwartet konnten diese Rundenspiele ausgetragen werden und am letzten Spieltag, dem 9. April 1916, standen mit

FC Phönix Mannheim (Bezirk II)
FG Kickers Mannheim (Bezirk III) und
FC Viktoria Feudenheim (Bezirk IV)

die Bezirks-Meister fest. Lediglich im Bezirk I mußte ein Entscheidungsspiel zwischen den beiden punktgleichen Vereinen VfR Mannheim und SK Hertha 1912 Mannheim ausgetragen werden. Dieses fand am 24. April 1916 auf dem VfR-Platz statt. Die Aufstellungen beider Mannschaften lauteten:

VfR: Kolb – Ferch, Schäfer – Nies, Goldschmidt, Zimmermann – Ritzi, Bruglachner, v. d. Mühll (Capt.), Au, Scholl

„Hertha": Ph. Wieland – Oberle, Münz – Bachmann, Kraus, Freiländer – G. Wieland, Link I, Ludäscher, Link II, Hutter (Capt.)

Was die wenigsten der etwa 2 000 Zuschauer an diesem Ostermontag erwartet hatten, trat ein: die „Hertha"-Elf spielte groß auf, führte zur Pause durch Tore von Hutter und Link II mit 0:2 und setzte in der zweiten Halbzeit durch Treffer von Hutter, der noch zweimal erfolgreich war, sowie Link II den Torreigen fort; 0:5 lautete somit das Schlußergebnis für den neuen Bezirksmeister SK Hertha 1912 Mannheim.

Am 30. April 1916 traten die vier Bezirksmeister gegeneinander an, wobei es folgende Ergebnisse gab:

MFC Phönix 02 – FG Kickers Mannheim 6:1
SK Hertha 1912 Mannheim – FC Vikt. Feudenheim 3:0

Mit dieser Kriegsmannschaft nahm der FC Viktoria Neckarhausen 08 an den Verbandsspielen um den Eisernen Fußball im Jahre 1916 im Bezirk I teil

Das sich daraus ergebende Endspiel um die Neckargau-Meisterschaft zwischen dem MFC Phönix 02 und dem SK Hertha 1912 Mannheim entschied die „Phönix"-Mannschaft am 21. Mai 1916 auf dem Platz des VfR Mannheim mit 3:2 Toren für sich.

Um die Westkreis-Meisterschaft spielten

FC Pfalz Ludwighafen als Pfalzgau-Meister,
FC Alemannia Worms als Mittelrheingau-Meister und
FC Phönix Mannheim 02 als Neckargau-Meister;

die Meister aus dem Nahegau und Saargau verzichteten auf die Teilnahme wegen der zu großen Entfernungen. Gespielt wurde im Pokalsystem, der Verlierer schied also aus. Am 11. Juni 1916 schlug der FC Pfalz Ludwigshafen auf dem Platz der FG 03 Ludwigshafen den FC Alemannia Worms mit 3:1 Toren. Danach verlor der Neckargau-Meister MFC Phönix 02 in der Aufstellung mit

Remmlinger – E. Schönig, Gleiter – Will, Schwarz, Bramm – Berberich, O. Schönig, Rohr, Voit und Zöller

am 18. Juni 1916 auf dem Platz des VfR Mannheim das Endspiel um die Westkreis-Meisterschaft des Eisernen Fußball 1916 gegen den FC Pfalz Ludwigshafen knapp mit 1:2 Toren.

Der FC Pfalz Ludwigshafen als Westkreis-Meister kämpfte mit dem FC Freiburg (Südkreis-Meister), dem 1. FC Nürnberg (Ostkreis-Meister) und dem FC Hanau 93 (Nordkreis-Meister) um die Süddeutsche Meisterschaft, drang nach einem 2:2 Unentschieden und einem 7:1 Sieg über den FC Freiburg ins Endspiel vor und verlor dieses am 23. Juli 1916 auf dem Platz der Stuttgarter Kickers gegen den 1. FC Nürnberg mit 1:4 Toren. Die Mannschafts-Aufstellung des Süddeutschen Vize-Meisters FC Pfalz Ludwigshafen lautete:

Schmidt – Rupp, Ratelbach – Mühlig, Schäfer, Ehinger – Zeug, Herr, Doland, Schwab und Heu.

Die Schiedsrichter-Vereinigung Mannheim

Über die allgemeine Schiedsrichtermisere und die Versuche seitens des VfR Mannheim, diese durch eine erste diesbezügliche Organisation zumindest etwas in den Griff zu bekommen, ist an anderer Stelle schon berichtet worden. Dennoch dauerte es von diesem Bestreben des VfR Mannheim im Jahre 1912 immerhin noch vier Jahre, bis in Mannheim die erste Schiedsrichter-Vereinigung auf lokaler Ebene ins Leben gerufen wurde. Im Juni 1916 trafen sich in der Wirtschaft „Zum Friedrichsring" in R 7, 34 die fünf Schiedsrichter

Seppl Hof vom Sportverein Waldhof, Gottfried Albrecht vom SV Helvetia 07 Mannheim, Eduard Reinhardt und Christian Schumacher vom FC Phönix Mannheim 02 sowie Georg Hauck von der FG 1898 Seckenheim,

um die Schiedsrichter-Vereinigung Mannheim zu gründen. Zum ersten Vorsitzenden wurde Christian Schumacher gewählt. Die Schiedsrichter-Organisation des VfR Mannheim schloß sich kurz danach der Mannheimer Vereinigung an.

Fußball an der Front

Der „General-Anzeiger" vom 14. Juni 1916 berichtete von einem Fußballspiel im Felde, das speziell von Mannheimer Sicht aus von Interesse ist:

„Sport im Felde. Bei einem Fußball-Wettspiel in den Ruhetagen standen sich, so wird uns aus dem Felde geschrieben, die beiden ersten Mannschaften des 2. Bataillons Inf.-Regts. Nr. 142 und des 1. Bataillons Inf.-Regts. Nr. 112 zum Rückspiel gegenüber. Resultat: 3:1 für die 142er. Beide Mannschaften verfügten über gute Kräfte aus Mannheim, Heidelberg, Karlsruhe, Pforzheim, Waldhof und Neckarau. Schiedsrichter war Gefr. Eierrich vom V.f.R. Mannheim, welcher im Regt. 112 steht. Das Spiel, etwas beeinträchtigt durch ungünstiges Wetter, ging flott vonstatten. Zuerst waren es die 112er, welche mächtig angrif-

fen. Sie erzielten auch nach einem schönen Durchbruch in der 15. Minute ein ehrenvolles Tor. 0:1 für 112. Beim Anspiel gewinnen die 142er sofort die Oberhand. In der 25. Minute kommt der Ausgleich, welcher bis Halbzeit bleibt. Nach Halbzeit führten die 142er weiter und senden kurz vor Schluß noch zweimal ein. Beim Schlußpfiff war das Resultat 3:1 für die 142er. Das Spiel war von den Sportfreunden beider Bataillone gut besucht. Die Regimentsmusik der 112er ließ während des Spieles schöne Weisen erklingen. Die Mannschaft der 142er war folgendermaßen zusammengestellt: Im Tor: Schandin (T.B. Jahn Neckarau); Verteidiger: Rinderspacher (V.f.R. Mannheim) und Kingele (F.-Cl. Pforzheim); Läufer: Krüg (F.-Cl. Pforzheim), Strauch (Sportverein Waldhof) und Langenbein (F.-Cl. Pforzheim); Stürmer: Mayer (F.-Cl. Pforzheim), Lenk (F.-Cl. Viktoria Heidelberg), Ottopohl (Vereinigung Neckarau), Ludwig Fr. (Vereinigung Neckarau) und Bunkert (Sportverein Käfertal)."

Die Mannheimer Vereine beendeten die Saison 1915/1916 mit einer Reihe von Freundschaftsspielen:

28. 5. 1916
FG 1913 Mannheim – SV Teutonia Mannheim 0:1
25. 6. 1916
FG 1913 Mannheim – SV Helvetia Mannheim 1:0
SV Teutonia Mannheim – FG Kickers Mannheim 6:0
9. 7. 1916
SV Waldhof – SV Helvetia Mannheim 0:2
VfR Mannheim – FC Pfalz Ludwigshafen 0:3
23. 7. 1916
Phönix/Alemannia Karlsruhe – MFC Phönix 02 2:11

So endete die zweite Fußball-Saison in Kriegszeiten mit einem relativ umfangreichen Verbands- und Freundschaftsspiel-Programm, das damit wiederum dokumentierte, welchen Stellenwert der Fußballsport zwischenzeitlich eingenommen hatte.

Wiedergeburt des MFC 08 Lindenhof

Wie erinnerlich hatte der Fußball-Club Hertha Mannheim im Laufe des Jahres 1914 einen gewissen Zulauf von Spielern des Mannheimer Fußball-Club 08 Lindenhof zu verzeichnen gehabt. Kriegsbedingt mußte deshalb letzterer Verein den Spielbetrieb einstellen. Im Jahre 1915 entstanden im Ortsteil Lindenhof zwei neue Fußballvereine: der *Sportverein Lindenhof* und die *Spielvereinigung Lindenhof*. Ohne eigenen Spielplatz – der Platz des MFC 08 Lindenhof diente vorübergehend als Exerzierplatz der auszubildenden Rekruten –, war diesen beiden Vereinen jedoch keine lange Lebensdauer beschieden. Auf Initiative von Heinrich Edelmut schlossen sich deshalb beide Vereine dem MFC 08 Lindenhof an, und als danach die ehemaligen 08-Spieler vom FC Hertha Mannheim zurückgekehrt waren, konnte der Spielbetrieb Mitte des Jahres 1916 beim MFC 08 Lindenhof unter Führung von Heinrich Edelblut wieder aufgenommen werden.

Der MFC 08 Lindenhof war es dann auch, der in Mannheim am 20. August 1916 die Spielzeit 1916/1917 mit seinen drei Mannschaften gegen die des VfR Oggersheim eröffnete; dabei gab es mit 10:0 (1. Mannschaft), 4:2 (2. Mannschaft) und 5:1 (3. Mannschaft) drei Siege der Gastgeber. Eine Woche später mußten jedoch die Lindenhöfer bei einer 1:2 Niederlage die Stärke des SV Teutonia Mannheim anerkennen, dessen Mannschaft mit

> Mosemann – Held, Brandel – Wachter, Guth, Gommenginger – Brehm, Senft, Schandel, Kientz und Kühn

ein gefälliges Spiel zeigte.

Auffallend in dieser Zeit war, wieviele Mannschaften gerade die kleineren Vereine stellen konnten. Am 3. September 1916 standen sich auf dem Platz hinter der Reformschule, der Vorläuferin der späteren Lessingschule in der Gutenbergstraße 2, der FC Hertha Mannheim und die FG 1913 Mannheim mit einer ersten Mannschaft (0:5) und einer zweiten Mannschaft (0:0) gegenüber. Zu gleicher Zeit empfing der MFC 08 Lindenhof wiederum mit drei Mannschaften die *Fußball-Gesellschaft Germania 1913 Friedrichsfeld*, ein neuer Club, der erstmals in Mannheim antrat.

Wieder gab es für die Platzherren drei Siege mit 4:0 (1. Mannschaft), 6:0 (2. Mannschaft) und 5:3 (3. Mannschaft).
Am 17. September 1916 stellte der MFC 08 Lindenhof sogar vier Mannschaften, wobei es folgende Ergebnisse gab:

MFC 08 I – MFG Kickers I	1:0
MFC 08 II – MFG Kickers II	2:0
SV Waldhof III – MFC 08 III	1:1
VfR Mannheim (2. Jugend) – MFC 08 IV	4:3

Wider Erwarten hatte sich der Fußballsport im Stadtteil Lindenhof mitten im Kriege nicht nur erholt, der MFC 08 Lindenhof nahm sogar an den bevorstehenden Herbst-Verbandsspielen teil.

Herbst-Verbandsspiele 1916/1917

Im Neckargau wurden die „Herbst-Verbandsspiele 1916/1917" in zwei Klassen mit je zwei Bezirken ausgetragen; es spielten:

1. Klasse
Bezirk I: SV Waldhof, FC Phönix Mannheim, VfR Mannheim, FC Hertha Mannheim, FG Kickers Mannheim
Bezirk II: FVg Neckarau, SC 1910 Käfertal, FC Viktoria Feudenheim, FV Weinheim, Sport-Abt. des TV Heidelberg

2. Klasse
Bezirk I: MFC 08 Lindenhof, SV Helvetia Mannheim, FG 1913 Mannheim, SV Teutonia Mannheim, FC Badenia Seckenheim, Sportklub Ketsch
Bezirk II: FG Alemannia Ilvesheim, FC Germania Friedrichsfeld, FV 1910 Schwetzingen, FG Plankstadt, FC Viktoria Neckarhausen 08

Ohne größere Probleme konnten die Spiele durchgeführt werden, wenn auch einige Begegnungen ausfallen mußten. Auf die Ermittlung der Bezirks-Meister hatten diese Spielausfälle jedoch keine Auswirkung.

In der *1. Klasse, Bezirk I*, gab es ein Kopf-an-Kopf-Rennen zwischen dem MFC Phönix 02 und dem VfR Mannheim, das erst am vorletzten Spieltag, 19. November 1916, entschieden wurde, als beide Mannschaften auf dem „Phönix"-Platz aufeinander trafen. Die „Phönix"-Elf, die das Vorspiel beim VfR Mannheim am 8. Oktober 1916 schon mit 2:0 Toren gewonnen hatte, war auch diesmal klar überlegen und siegte mit 3:1 Toren; die Mannschafts-Aufstellungen lauteten bei diesem Treffen:

Die Mannschaft des FC Germania Friedrichsfeld im Jahre 1917
v. l. stehend: R. Ehret, Emmerich, Kneier, J. Gropp, M. Banschenbach, Bien, O. Sester; liegend: J. Hafenrichter, A. Schröckenschlager, G. Dehoust

„Phönix": Schemel – Gleiter, E. Schönig – Will, Schwarz, Brand – Birk, Forell, Rohr, Müller, Zöller

VfR: Dürr – Ferch, Bruglachner – Wißner, Karl, Deimann – Hoffmann, Nerz, Krauß, Ritzi, Scholl.

Die Schlußtabelle hatte folgendes Aussehen:

Herbst-Verbandsspiele 1916/1917
1. Klasse, Bezirk I

FC Phönix Mannheim	7	6	1	0	29:4	13:1
VfR Mannheim	8	6	0	2	20:9	12:4
FG Kickers Mannheim	5	1	1	3	5:10	3:7
SV Waldhof	6	1	1	4	11:21	3:9
FC Hertha Mannheim	6	0	1	5	7:28	1:11

Auch diese Runde blieb von Protestspielen nicht verschont. Am 1. Oktober 1916 schlug die FG Kickers Mannheim den VfR Mannheim mit 1:0 Toren. Der VfR Mannheim legte Protest ein, „da der ‚Kickers'-Platz am Herzogenrieth mit derart vielen Sandlöchern versehen sei, die ein ordentliches

Die Fußball-Gesellschaft 1906 Plankstadt bildete nach dem Fußballklub Viktoria 05 den zweiten Klub in Plankstadt. Im April 1906 gegründet, verlor die Fußball-Gesellschaft 06 ihr erstes Spiel am 4. September 1906 gegen den Fußball-Klub Sport 05 Schwetzingen mit 0:6 Toren. Das Bild zeigt eine „Sechser-Mannschaft" für die damals beliebten „Sechser-Spiele", zumal in den Kriegsjahren oft keine elf Spieler zur Verfügung standen.

*Sportverein Waldhof
Die Liga-Mannschaft im Kriegsjahr
1916
Sitzend: Peter Strauch (Capt.)*

Spiel nicht gewährleistet hätten". Die Verbandsbehörde gab diesem Protest statt und wertete das Spiel mit 0:1 für den VfR Mannheim. Beim 1:1 Unentschieden des VfR Mannheim beim SV Waldhof am 22. Oktober 1916 richtete sich der Protest des VfR Mannheim gegen die Abstellung seines Verteidigers Bruglachner zum Kronprinzen-Pokalspiel Süddeutschlands in Berlin (2:2); auch dieser Protest hatte Erfolg. Das Wiederholungsspiel am 3. Dezember 1916, das allerdings bedeutungslos für den Ausgang der Meisterschaft geworden war, endete mit einem 6:1 Sieg des VfR Mannheim. Den höchsten Sieg dieser Runde errang der Meister MFC Phönix 02 am 5. November 1916 mit einem 10:0 beim FC Hertha Mannheim.

In der *1. Klasse, Bezirk II,* zeichnete sich schon frühzeitig die Meisterschaft der Fußball-Vereinigung Neckarau ab, die am 8. Oktober 1916 ihre einzige Niederlage mit 0:3 Toren beim FC Viktoria Feudenheim hinnehmen mußte. Mit ihrem höchsten Sieg von 7:0 Toren am letzten Spieltag, 19. November 1916, gegen den FV Weinheim beendeten die Neckarauer als Bezirks-Meister diese Runde.

Die Meister des Bezirks I, MFC Phönix 02, und des Bezirks II, FVg Neckarau, ermittelten in zwei Spielen die Neckargau-Meisterschaft der 1. Klasse. In der ersten Begegnung am 17. Dezember 1916 trennten sich beide Mannschaften auf dem „Phönix"-Platz 3:3 unentschieden, nachdem Neckarau nach der ersten Halbzeit – es wurde übrigens ohne Pause durchgespielt –, noch mit 1:2 Toren geführt hatte. Eine Woche später, am Weihnachtstag, gewann der MFC Phönix 02 in Neckarau mit 3:2 Toren und sicherte sich die Neckargau-Meisterschaft.

Die 2. Klasse, Bezirk I, auch B-Klasse genannt, erlebte vom ersten Spieltag an einen Favoriten, den MFC 08 Lindenhof, gefolgt vom SV Helvetia 07 Mannheim. Die Spitzenstellung des MFC 08 Lindenhof erklärte sich daraus, daß der Verein in der für Kriegsverhältnisse seltenen glücklichen Lage war, vier komplette Mannschaften stellen zu können und somit ausreichend Spielermaterial zu Verfügung hatte. Andere Vereine dagegen mußten Spiele ausfallen lassen, weil sie nicht eine komplette Mannschaft auf die Beine brachten.

Am 1. Oktober 1916 spielten beispielsweise:

Sportklub Ketsch I – MFC 08 I	1:2
FC Germania Friedrichsfeld II – MFC 08 II	2:1
FC Badenia Seckenheim II – MFC 08 III	4:3
FC Badenia Seckenheim III – MFC 08 IV	3:6

Ungeschlagen holte sich der MFC 08 Lindenhof bei 10 Siegen, 2 Unentschieden und einem Torverhältnis von 45:13 die Bezirks-Meisterschaft. Der „General-Anzeiger" vertrat dazu die Meinung:

„Der Erfolg dieses Vereins ist umso höher anzurechnen, als „1908" nach 2-jähriger Ruhepause erst diesen Herbst wieder seinen Spielbetrieb aufnahm und auch jetzt wieder seine sieggewohnten Farben aufs neue auf den Sportplätzen würdig vertreten sind."

Meister des *Bezirks II dieser 2. Klasse* wurde der FC Viktoria Neckarhausen 08.

Um die Neckargau-Meisterschaft der 2. Klasse spielten somit MFC 08 Lindenhof und FC Viktoria Neckarhausen 08. Auch hier ließen sich die Lindenhöfer nicht aufhalten. Nach einem 1:0 Sieg in Neckarhausen am 17. Dezember 1916 schafften sie durch einen 3:1 Heimsieg eine Woche später die Neckargau-Meisterschaft dieser 2. Klasse.

Schwarze Serie des VfR Mannheim

Nach dem Ausscheiden des VfR Mannheim bei den Herbst-Verbandsspielen 1916/1917 verblieb der Mannschaft nur ein mehr oder weniger umfangreiches Freundschaftsspielprogramm, um den Spielbetrieb aufrecht zu erhalten. Dabei hatte der Verein in bisher nicht gekannter Weise Schwierigkeiten, eine spielstarke Mannschaft aufzubieten. Diese Tatsache spiegelt sich verständlicherweise auch in den Ergebnissen wider, die für den Verein eine ungewohnte Negativserie zeigt.

Am zweiten Weihnachtsfeiertag 1916 unterlag der VfR Mannheim dem FC Phönix Ludwigshafen auf eigenem Platz mit 0:3 Toren und am Silvestertag trennte man sich vom FC Pfalz Ludwigshafen 0:0 unentschieden. Allerdings stellten beide Ludwigshafener Vereine gerade zu dieser Zeit zwei überaus starke Mannschaften, die punktgleich die Tabelle in ihrem Bezirk anführten, und am 14. Januar 1917 mußte ein Entscheidungsspiel zwischen beiden Clubs auf dem neutralen „Germania"-Platz über die Pfalzgau-Meisterschaft im Bezirk I ausgetragen werden (1:0 für den FC Pfalz Ludwigshafen).

Nach der 7:0 Niederlage des VfR Mannheim am 7. Januar 1917 beim FC Phönix Ludwigshafen hieß es in der Vereins-Zeitung des VfR Mannheim vom 19. Januar 1917:

„Über das Spiel kann nur soviel gesagt werden, daß es, wenn die Verteidigung ihren Platz behalten hätte, lange nicht so hoch verloren worden wäre. Der eine Verteidiger hat wieder Läufer und Stürmer in einer Person gespielt, was zur Folge hatte, daß einmal die Läufer und Stürmer nicht wußten, was sie tun sollten und zum anderen hinten der Zugang zum Tor frei war."

Dieser Begegnung folgten noch fünf Niederlagen in Folge, und zwar zuhause gegen FC Alemannia Worms 0:2 (14. 1. 1917), gegen FC Germania Ludwigshafen 1:4 (18. 1. 1917) und gegen FC Hertha Mannheim 2:7 (28. 1. 1917) sowie auswärts beim FC Alemannia Worms 3:2 (11. 2. 1917) und bei Wormatia Worms 4:2 (25.2. 1917).

Westkreis-Meisterschaft 1916/1917

Im Kampf um die Westkreis-Meisterschaft 1916/1917 der 1. Klasse nahmen folgende Vereine teil:

FC Phönix Mannheim (Neckargau-Meister)
FC Alemannia Worms (Mittelrheingau-Meister)
FC Pfalz Ludwigshafen (Pfalzgau-Meister)

Der Nahegau-Meister FK Pirmasens verzichtete auf eine Teilnahme. Vom FC Phönix Mannheim sind folgende Ergebnisse bekannt:

21. 1. 1917 FC Alemannia Worms – MFC Phönix		2:2
28. 1. 1917 MFC Phönix – FC Alemannia Worms		1:0
11. 2. 1917 MFC Phönix – FC Pfalz Ludwigshafen		0:2

Am Ende der Runde ergab sich die seltene Situation, daß alle drei Vereine punktgleich waren. In einem ersten Entscheidungsspiel am 4. März 1917 bezwang der FC Phönix Mannheim den FC Alemannia Worms auf dem neutralen Platz des VfR Mannheim mit 4:2 Toren. Das sogenannte „Endspiel" eine Woche später an gleicher Stelle erlebte sodann das Mannheim/Ludwigshafener Derby „Phönix" gegen „Pfalz". Beide Mannschaften in den Aufstellungen

„Phönix": Schemel – Gleiter, E. Schönig – Karlan, Schwarz, Bramm – Gutfleisch, Birk, Rost, Müller, Zöller

„Pfalz": Schmidt – Rettelbach, Henninger – Ehinger, Schäfer, Libler – Winkler, Rillig, Karch, Habermehl, Rehberger

lieferten sich einen erbitterten Kampf, in dem die knapp 2 000 Zuschauer voll auf ihre Kosten kamen. „Phönix" ging durch Müller mit 1:0 in Führung, aber noch vor dem Pausenpfiff konnte „Pfalz" durch Karch ausgleichen; Habermehl gelang Mitte der zweiten Halbzeit der 2:1-Sieg für den FC Pfalz Ludwigshafen, mit dem die Mannschaft Westkreis-Meister wurde.

Der FC Pfalz Ludwigshafen spielte danach zusammen mit Kickers Stuttgart (Südkreis-Meister), Spiel-Vereinigung Fürth (Ostkreis-Meister) und Sportverein Frankfurt (Nordkreis-Meister) um die Süddeutsche Meisterschaft, kam aber abgeschlagen mit 1:11 Punkten und 2:19 Toren nur auf den letzten Tabellenplatz; der einzige Punktgewinn resultierte aus dem Heimspiel gegen Kickers Stuttgart am 18. März 1917 (1:1). Süddeutscher Meister wurden die Stuttgarter Kickers.

Südd. Fussball-Meisterschaft.
Sonntag, den 18. März, nachmitt. 3 Uhr
Schlussspiel zwischen
Pfalz-Ludwigshafen und **Kickers**-Stuttgart
(Westkreismeister) (Südkreismeister)
Platz: Pfalz-Ludwigshafen, Strassenbahn: Linien 3, 4, 8, 9, 11.

Die Kronprinzen-Pokalspiele 1916/1917

In der Saison 1916/1917 hatte die süddeutsche Mannschaft für die Vorrunde der Kronprinzen-Pokalspiele Freilos gezogen. Am 12. November 1916 traf Süddeutschland in der Zwischenrunde auf die Mannschaft von Mitteldeutschland. Vor 3 000 Zuschauern trennten sich beide Vertretungen in Leipzig trotz Verlängerung 0:0 unentschieden; die Aufstellung der süddeutschen Elf lautete:

Bauer
(MTV München)

Philipp   Bruglachner
(1. FC Nürnberg)   (VfR Mannheim)

Sperrle   Schäfer   Otto Schönig
(Union Stuttg.) (Pfalz Ludwigshafen) (Phönix Mannheim)

F. Reiser   Förderer   Burger   Träg   Forell
(Phönix Karlsr.) (Karlsruher FV) (SpVgg Fürth) (1. FC Nürnberg) (Phönix Mannh.)

Die bereits erwähnte Möglichkeit des Einsatzes von „Gastspielern" brachte es mit sich, daß beispielsweise die Spieler Bruglachner (Stammverein MTV 1860 München, Gastverein VfR Mannheim) oder Forell (Stammverein 1. FC Pforzheim, Gastverein FC Phönix Mannheim) mit wechselnden Vereinszugehörigkeiten auftraten.

Das Wiederholungsspiel gegen Mitteldeutschland fand am 10. Dezember 1916 in Fürth statt; diesmal siegte die süddeutsche Mannschaft in der Aufstellung

Bauer
(MTV München)

Philipp   Bruglachner
(1. FC Nürnberg)   (VfR Mannheim)

Burger   Schäfer   Rottenberger
(SpVgg Fürth)   (Pfalz Ludwigshafen) (SpVgg Fürth)

Huber   A. Franz   Häußler   Otto Schönig   Forell
(MTV München) (SpVgg Fürth) (Kickers Stuttgart) (beide Phönix Mannheim)

klar mit 4:0 Toren.

Im Endspiel traf Süddeutschland am 8. April 1917 in Berlin auf Norddeutschland und verlor knapp mit 1:2 Toren; die süddeutsche Auswahl spielte mit:

Bauer
(MTV München)

Philipp   Bruglachner
(1. FC Nürnberg)   (VfR Mannheim)

Rottenberger   Schäfer   Schäfer
(SpVgg Fürth)   (Pfalz Ludwigshafen) (Kickers Stuttgart)

Huber   Berz   Häußler   Seiderer   Richter
(MTV München) (München) (Kick. Stuttt.) (1. FC Nürnberg) (SpVgg Fürth)

Die Frühjahrs-Verbandsrunde 1917

Die Frühjahrs-Verbandsrunde 1917 um die Neckargau-Meisterschaft wurde in einer Klasse mit zwei Bezirken ausgetragen; es spielten:

Bezirk I: FC Phönix Mannheim, SV Waldhof, VfR Mannheim, FG Kickers Mannheim, FC Hertha Mannheim, FG 1913 Mannheim

Bezirk II: MFC 08 Lindenhof, FVg Neckarau, FC Viktoria Feudenheim, SC 1910 Käfertal, TB Jahn Neckarau, FV Weinheim

Die restlichen Vereine, die an den Herbst-Verbandsspielen 1916/1917 teilgenommen hatten, spielten – sofern sie eine Mannschaft stellen konnten –, mit den 2. Mannschaften der oben genannten Vereine.

> Am Sonntag, den 1. April 1917, nachm. 3 Uhr findet auf dem Sportplatze bei der Fohlenweide das
> **Verbandswettspiel**
> zwischen der ersten Mannschaft vom M. F.-C Phönix gegen die erste Mannschaft von B. f. R. statt. 9288

Im *Bezirk I* gab es einen Zweikampf zwischen FC Phönix Mannheim und VfR Mannheim. Ein notwendig gewordenes Entscheidungsspiel am 29. April 1917 wurde beim Stand von 2:2 abgebrochen, nachdem der Schiedsrichter einem Protest des VfR Mannheim nicht nachgekommen war. Ein zweites Entscheidungsspiel am 24. Juni 1917 entschied der VfR Mannheim mit 2:1 Toren für sich und errang damit die Meisterschaft im Bezirk I. Am ersten Spieltag dieser Verbandsrunde, 11. März 1917, feierte der Sportverein Waldhof seinen ersten Sieg über den VfR Mannheim in einem offiziellen Verbandsspiel mit 1:0 Toren.

Die Waldhöfer in der Gartenwirtschaft des „Europäischen Hofes" im Jahre 1917
In der mittleren Reihe links Seppl Herberger

Als klarer Meister im *Bezirk II* beendete die Fußball-Vereinigung Neckarau die Verbandsrunde. Bei nur einer Niederlage mit 1:2 Toren beim FC Viktoria Feudenheim belegte man mit 18:2 Punkten und einem Torverhältnis von 37:4 (!) den ersten Tabellenplatz.

Nun kam es zum Duell VfR Mannheim und FVg Neckarau um die Neckargau-Meisterschaft. Das erste Treffen am 1. Juli 1917 auf dem Sportplatz „Sporwörth" in Neckarau endete mit einem verdienten 2:1 Sieg der Platzherren; Kraus und Gärtner waren die Torschützen der Neckarauer. Zum Rückspiel eine Woche später auf dem VfR-Platz traten beide Vereine in folgender Aufstellung an:

VfR: Kolb – Westermann, Bruglachner – Banzhaf, Sohns, Freiländer – Henn, Brunner, Volk, Ritzi, Scholl

Neckarau: Brucker – Wahl, Koch – W. Wahl, Thyri, Klamm – Gärtner, Zeilfelder, Gast, Lacombe, Brose

Ein Unentschieden würde genügen für die Neckarauer; und in der Pause stand es auch 0:0. Nach einem von Brose verschossenen Handelfmeter ging der VfR Mannheim durch Sohns mit 1:0 in Führung, aber zehn Minuten vor Spielende schaffte Gärtner den 1:1 Gleichstand, bei dem es auch blieb. Die Fußball-Vereinigung Neckarau hatte sich die Neckargau-Meisterschaft gesichert! Pech für die Neckarauer, daß die Ausspielung der Kreismeisterschaft wegen der Kriegswirren entfallen mußte.

Fußball zugunsten der „U-Boot-Spende"

Auch im zweiten Kriegssommer des Jahres 1917 erlebten Mannheims Fußballfreunde fast wöchentlich Spiele. „Bei mäßigem Besuch und glühender Sonnenhitze" – so die Presse –, besiegte der MFC Phönix 02 am 13. Mai 1917 den FC Hertha Mannheim mit 6:3 Toren. An Christi-Himmelfahrt, 17. Mai 1917, lud der VfR Mannheim zu einem

Freundschaftstreffen gegen den MFC 08 Lindenhof ein. Die VfR-Elf ganz in Weiß spielte mit

> Kolb – Bruglachner, Schmidt – Jünger, Karl, Westermann – Hoffmann, Brunner, Sohns, Ritzi und Scholl;

die Lindenhöfer in Blau mit rotem Streifen schickten

> Edelblut – Wieland, Bachmann – Heidrich, Förster, Wolf – Graf, Wacker, Quetz, Reinecke und Lampert

auf das Spielfeld. Nach den teilweise überraschenden Erfolgen des MFC 08 Lindenhof hatte man ein spannendes Treffen erwartet, aber wieder einmal kam alles anders: die VfR-Elf machte kurzen Prozeß mit den Lindenhöfern und schickte sie mit einer hohen 5:0 Niederlage nach Hause.

Am 10. Juni 1917 kam der VfR Mannheim zu einem hohen 11:0 Sieg über den FC Badenia Seckenheim und der MFC Phönix 02 schlug den FC Kickers Offenbach mit 7:3 Toren. Seinen dritten hohen Sieg in Folge feierte der VfR Mannheim am 17. Juni 1917. In einem Treffen zugunsten der „U-Boot-Spende" hatte der VfB Borussia Neunkirchen auf dem Platz an den Brauereien keine Chance und verlor mit 5:0 Toren.

Wenn auch in den Sommermonaten die Leichtathletik etwas im Vordergrund stand – Mannheims Fußballspieler trafen sich beispielsweise am 22. Juli 1917 in Worms bei den „Nibelungenspielen" um den von der Stadt gestifteten Goldpokal –, so kam der Fußballsport nicht ganz zu kurz. Der MFC Phönix 02 empfing am 29. Juli 1917 mit zwei Mannschaften den Turner-Bund Jahn Neckarau und kam zu zwei Siegen: 10:1 (1. Mannschaft) und 2:1 (2. Mannschaft). Im August 1917 wurden „Elfer-Spiele" als Ersatz für die zwischenzeitlich verbotenen „Sechser-Spiele" ausgetragen. Im Gegensatz zu den verbotenen „Sechser-Turnieren" wurden die „Elfer-Spiele" mit elf Spielern bestritten auf normalem Spielfeld – also nicht auf verkleinertem Spielfeld wie bei den „Sechser-Turnieren" – wohl aber unter Beibehaltung der verkürzten Spielzeit von 2 x 7 Minuten zuzüglich 5 Minuten Verlängerung. Die Sommerzeit mit ihren Freundschaftsspielen beendeten am 19. August 1917 die Mannheimer Fußball-Gesellschaft 1913 und der SV Helvetia 1907 Mannheim, die sich 2:2 unentschieden trennten.

Herbst-Verbandsspiele 1917 und Spiele um den Kriegs-Pokal

Dieser Wettbewerb führte sechs Mannheimer Vereine zusammen: FC Phönix Mannheim, VfR Mannheim, SV Waldhof, FVg Neckarau, MFC 08 Lindenhof und den Turner-Bund Jahn Neckarau. Es sollte die erste Kriegs-Verbandsrunde werden, die komplett ausgespielt werden konnte. Die spielstarke Fußball-Vereinigung Neckarau knüpfte an ihre Erfolge aus der Frühjahrs-Verbandsrunde 1917 an und lieferte dem MFC Phönix 02 einen Zweikampf, der erst gegen Rundenende für die „Phönix"-Mannschaft entschieden wurde.

Die Schlußtabelle hatte folgendes Aussehen:

Herbst-Verbandsspiele 1917

FC Phönix Mannheim	10	8	2	0	34:10	18:2
FVg Neckarau	10	5	4	1	31:18	14:6
MFC 08 Lindenhof	10	5	3	2	13:8	13:7
SV Waldhof	10	3	2	5	22:18	8:12
VfR Mannheim	10	3	0	7	17:23	6:14
TB Jahn Neckarau	10	0	1	9	5:45	1:19

Eines der schönsten und auch gleichzeitig torreichsten Spiele war die Begegnung am 16. September 1917 in Neckarau zwischen der Fußball-Vereinigung und dem späteren Meister MFC Phönix 02, die 4:4 unentschieden endete. Enttäuschend die Leistung des Ex-Bezirks-Meisters VfR Mannheim, der mit seiner Mannschaft

> Dückert – Doiny, Sieber – Henn, Schmidt, Nies – Schwabe, Link, Sohns, Humpfer und Förschner

nur zu einem Doppelsieg gegen den TB Jahn Neckarau (3:0 am 23. September 1917 und 3:2 am 11. November 1917) kam.

Mit der Erringung der Neckargau-Meisterschaft 1917 war auch die Qualifikation für die Kriegs-Pokal-Runde verbunden; somit vertrat der FC Phönix Mannheim den Neckargau auch bei den anstehenden Pokalspielen.

MFC Phönix 02 wird Westkreis-Meister

Der Neckargau-Meister aus den Herbst-Verbandsspielen 1917, der Mannheimer Fußball-Club Phönix 02, spielte gegen die Fußball-Gesellschaft 03 Ludwigshafen als Pfalzgau-Meister und Fußball-Club Alemannia Worms als Mittelrheingau-Meister um die Westkreis-Meisterschaft. Nach einem knappen 2:1 Sieg in Worms am 19. November 1917 wurde das Rückspiel am 3. Februar 1918 auf dem „Phönix"-Platz zu einem großartigen Ereignis. Vor dieser Begegnung wurde *Emil Schönig* für sein 400. Spiel im „Phönix"-Dreß ausgezeichnet. Im Gegensatz zu seinem älteren Bruder Otto, der als Vollblutstürmer seinen Verein zu mancher Meisterschaft schoß, war Emil Schönig im hinteren Mannschaftsbereich vielseitig verwendbar: Läufer, Verteidiger und vor allem Torhüter bildeten seine Stationen. Sein schönstes Jubiläumsgeschenk machte er sich selbst durch eine fehlerfreie Torwartleistung an diesem Tage, denn mit 3:0 Toren wurden die Wormser Alemannen nach Hause geschickt.

Eine Woche später trat der MFC Phönix 02 auf dem Platz an der alten Radrennbahn in Ludwigshafen gegen die einheimische Fußball-Gesellschaft 03 an; beide Mannschaften in folgender Aufstellung:

FG 03: Schalk – Kullmann, Stahl – Herd, Schwarz, Jakob – Zahn, Reichert, Henninger, Klee, Baumann

„Phönix": Perres – E. Schönig, Ludäscher – Wolf, Schwarz, Jünger – Nagel, Gutfleisch, Hennrich, Müller, Rohr.

Vor 1 500 Zuschauern stand es zur Pause 0:0 unentschieden, aber in der zweiten Halbzeit sorgten Tore von Müller und Rohr für einen wichtigen 2:0 Sieg der Mannheimer. Das 3:0 auf eigenem Platz fast einen Monat später, am 10. März 1918, war nur noch eine Formsache und sicherte dem MFC Phönix 02 den Titel eines Westkreis-Meisters der Spielzeit 1917/1918.

Bereits am 17. März 1918 empfing der Westkreis-Meister MFC Phönix 02 im Kampf um die Süddeutsche Meister-

Der Westkreis-Meister der Saison 1917/1918 Mannheimer Fußball-Club Phönix 02

schaft die Elf von Union Stuttgart, eine spiel- und kampfstarke Mannschaft, die in der Aufstellung mit

> Dietrich – Holder, List – Ritsch, Fiesel, Niederbacher – Kohlhammel, Grußendorf, Gröner, Kurz und Strobel

den Mannheimern alles abverlangte und mit einem 2:2 Unentschieden einen wichtigen Punkt mit nach Stuttgart nahm. Im Rückspiel am 24. März 1918 sorgten die Stuttgarter mit einem 3:0-Sieg für klare Verhältnisse und warfen den MFC Phönix 02 aus dem weiteren Wettbewerb um die Süddeutsche Meisterschaft.

Süddeutscher Meister wurde der 1. FC Nürnberg, der Union Stuttgart mit 3:2 und 6:2 Toren zweimal bezwingen konnte.

Der MFC Phönix 02 auch im Pokal-Geschäft

Aus Termingründen wurde das Spiel um die Westkreis-Meisterschaft zwischen dem MFC Phönix 02 und dem FC Alemannia Worms (2:1) am 19. November 1917 gleichzeitig als Pokalausscheidungstreffen gewertet. Nach diesem Sieg traf der MFC Phönix 02 am 17. Februar 1918 auf den FC Phönix Ludwigshafen und errang auf dessen Platz durch einen 2:1 Sieg auch die Pokal-Westkreis-Meisterschaft. Während der MFC Phönix 02 in derselben Aufstellung antrat wie eine Woche zuvor im Spiel um die Westkreis-Meisterschaft bei der FG 03 Ludwigshafen, lautete die Aufstellung der „Phönix"-Elf aus Ludwigshafen:

> Breuning – Bechtel, Samstag – Kirschner, Otten, Strand – Senk, Geiger, Hirsch, Huy und Weber.

Für die Entscheidung um den Verbands-Pokal im Süddeutschen Fußball-Verband hatten sich qualifiziert:

Spiel-Vereinigung Fürth als Ostkreis-Meister
Fußball-Verein Frankfurt als Nordkreis-Meister
FC Phönix Mannheim als Westkreis-Meister
SV Kickers Stuttgart als Südkreis-Meister.

Für die Zwischenrunde am 1. April 1918, Ostermontag, wurden folgende Paarungen ausgelost:

SV Kickers Stuttgart – FC Phönix Mannheim	5:1
SpVgg Fürth – Fußball-Verein Frankfurt	3:0

Keine Chance hatte die „Phönix"-Mannschaft in Stuttgart und verlor klar mit 5:1 Toren. Im Süddeutschen Pokal-Endspiel am 21. April 1918 holte sich die Spiel-Vereinigung Fürth durch einen 2:1 Sieg über die Stuttgarter Kickers den Titel.

Freundschaftsspiele im Rhein-/Neckar-Raum

Zwischen den Herbst-Verbandsspielen 1917 und den Pokalspielen absolvierten Mannheims Vereine noch ein ansprechendes Freundschaftsspiel-Programm. Den Auftakt machte der MFC 08 Lindenhof am 26. August 1917 mit einem 4:0 Sieg beim Turn-Verein 1861 Speyer. Danach traten die Lindenhöfer zweimal gegen den VfR Mannheim an: am 27. Januar 1918 trennte man sich 0:0 unentschieden und am 17. Februar 1918 unterlag der VfR Mannheim auf eigenem Platz dem MFC 08 mit 0:2 Toren.

Groß war das Programm des VfR Mannheim. Beim FC Alemannia Worms unterlagen die Mannheimer am 25. November 1917 hoch mit 6:0 Toren. Zum Jahresende gab es am zweiten Weihnachtsfeiertag eine 0:2 Heimniederlage gegen den FC Phönix Ludwigshafen und vier Tage später, 30. Dezember 1917, gar eine 0:9 Abfuhr gegen den FC Phönix Mannheim. Auch in das Jahr 1918 startete der VfR Mannheim mit einer Niederlage: 1:5 verlor man gegen FC Pfalz Ludwigshafen. Den ersten Sieg gab es für die VfR-Elf am 3. Februar 1918 mit 3:1 Toren beim FC Badenia Seckenheim. Zwischen den zwei bereits genannten Spielen gegen den MFC 08 Lindenhof gestalteten zwei Siege über den SV Waldhof (3:1 am 10. Februar 1918 und 0:1 am 24. Februar 1918) das VfR-Programm etwas freundlicher.

Der SV Waldhof trennte sich am 16. Dezember 1917 vom FC Alemannia Worms 2:2 unentschieden, ehe die zwei Niederlagen gegen den VfR Mannheim folgten. Der FC Phönix Mannheim schlug am 23. Dezember 1917 die FG Kickers Mannheim mit 5:3 Toren und bezwang am 20. Januar 1918 den FC Pfalz Ludwigshafen hoch mit 7:2 Toren.

Die Frühjahrs-Verbandsrunde 1918

An der Frühjahrs-Verbandsrunde 1918 beteiligte sich in Mannheim neben den Vereinen MFC Phönix 02, SV Waldhof, VfR Mannheim, FVg Neckarau und MFC 08 Lindenhof erstmals eine sogenannte „Kriegsmannschaft Käfertal/Feudenheim"; es war dies eine Mannschaft, die aus dem Zusammenschluß der beiden Vereine Sport-Club 1910 Käfertal und FC Viktoria Feudenheim entstanden war, da die Vereine keine eigene Mannschaft mehr stellen konnten.

Die Runde begann am 1. April 1918, Ostermontag, mit einem 3:0 Sieg des SV Waldhof über den VfR Mannheim. Eine Woche später verlor der VfR Mannheim auch sein erstes Heimspiel gegen den MFC Phönix 02 mit 0:2 Toren in der Aufstellung

Kolb – Heuberger, Weinert – Erny, Walz, Schmitt – Sievert, Brunner, Au, Schneider und Humpfer.

Ein volles Spielprogramm gab es nur am 28. April 1918 mit den Begegnungen:

FVg Neckarau gegen VfR Mannheim 1:2
SV Waldhof gegen MFC 08 Lindenhof 3:0
MFC Phönix 02 gegen Kriegsmannschaft Käf./Feud. 3:1

An allen anderen Spieltagen dagegen waren Absagen wegen Spielermangels einzelner Vereine vorherrschend.

Am 12. Mai 1918 schied der MFC 08 Lindenhof aus dem Wettbewerb aus, da er keine elf Spieler mehr zur Verfügung hatte. Erinnert man sich der Tatsache, daß der MFC 08 Lindenhof noch im Spätjahr 1916 vier komplette Mannschaften stellen konnte, dann verdeutlicht der jetzige Rückzug der Lindenhöfer die dramatische Ausnahmesituation jener Zeit, mit der die Vereine zu kämpfen hatten.

Schließlich brachte der 2. Juni 1918 mit dem 2:0 Sieg des MFC Phönix 02 über den VfR Mannheim den vorzeitigen Abschluß der Verbandsrunde. Der FC Phönix Mannheim wurde nach dem Tabellenstand zum Frühjahrs-Meister 1918 erklärt; die Tabelle hatte zu diesem Zeitpunkt folgendes Aussehen:

Frühjahrs-Verbandsrunde 1918

FC Phönix Mannheim 02	6	5	1	0	16:6	11:1
SV Waldhof	6	3	3	0	17:10	9:3
VfR Mannheim	8	4	1	3	10:11	9:7
Kriegsmannschaft Käf/Feud.	3	0	1	2	7:8	1:5
MFC 08 Lindenhof	3	0	0	3	0:9	0:6
FVg Neckarau	4	0	0	4	6:12	0:8

Spiele um die Westkreis-Meisterschaft wurden wegen der Kriegsereignisse nicht ausgetragen.

Kriegsmannschaft des SV Waldhof im Jahre 1918

Seppl Herberger

Die „Waldhof-Familie" begleitet ihre Mannschaft zu einem Spiel nach Weinheim im Jahre 1918

Drei Städteauswahl-Spiele

Als Vorbereitung für das am 13. Januar 1918 geplante Städtespiel Mannheim gegen Karlsruhe auf dem Platz des VfR Mannheim fand am 6. Januar 1918 auf dem Platz des SV Waldhof ein Probespiel zwischen einer A- und B-Mannschaft statt. Die Aufstellungen beider Teams lauteten:

A-Team:

Kolb
(VfR)

Ludäscher   E. Schönig
(beide Phönix)

Wetzel   Schwarz   Wahl
(MFC 08)   (Phönix)   (Neckarau)

Quetz   Kraus   Gast   Müller   Willmann
(MFC 08) (beide Neckarau) (Phönix) (Waldhof)

B-Team:

Edelblut
Bachmann   Hauenstein
(alle MFC 08)

Henn   Wolf   Nagel
(VfR)   (Phönix)   (Kickers)

Pflästerer   Hennrich   Link   Humpfer   Lampert
(MFC 08)   (Phönix)   (beide VfR)   (MFC 08)

Durch einen von Müller (MFC Phönix) verwandelten Elfmeter siegte das A-Team knapp mit 1:0 Toren. Die Einnahmen flossen dem Fond für Kriegsblinde zu.

Folgende Mannschaft wurde sodann für das Städtespiel nominiert:

Kolb
(VfR)

E. Schönig   Hauenstein
(Phönix)   (MFC 08)

Schwarz   Sohns   Wolf
(Phönix)   (VfR)   (Phönix)

Kraus   Willmann   Quetz   Gast   Müller
(Neckarau) (Waldhof) (MFC 08) (Neckarau) (Phönix)

Plötzlich einsetzendes Tauwetter machte jedoch nicht nur den VfR-Platz, sondern auch alle anderen Plätze in Mannheim unbespielbar, so daß die Begegnung ausfallen mußte.

Am 17. März 1918 wurde in Karlsruhe ein Städtespiel gegen Mannheim ausgetragen, das Karlsruhe mit 5:2 Toren für sich entscheiden konnte; die Aufstellung der Mannheimer Auswahl ist nicht bekannt.

Das am 13. Januar 1918 ausgefallene Städtespiel gegen Karlsruhe konnte am 20. Mai 1918, Pfingstmontag, ausgetragen werden. Für Mannheim traten auf dem VfR-Platz an:

		Edelblut		
		(Waldhof)		
	E. Schönig		Gleiter	
		(beide Phönix)		
Wolf		Strauch		Ludäscher
(Phönix)		(Waldhof)		(Phönix)
Willmann	Gast	Hennrich	O. Schönig	Skudlarek
(Waldhof)	(Neckarau)	(beide Phönix)		(Waldhof)

Das Spiel endete 2:2 unentschieden; zweifacher Torschütze für Mannheim war Otto Schönig. Spieler des VfR Mannheim konnten nicht eingesetzt werden, da der Verein über die Pfingstfeiertage eine Reise in die Westpfalz unternahm und zwei Spiele austrug; am Pfingstsonntag, 19. Mai 1918, gewann die Mannschaft beim FK Pirmasens mit 4:2 Toren, tagsdarauf verlor sie beim FV Kaiserslautern glatt mit 0:4 Toren.

In derselben Aufstellung wie gegen Karlsruhe bestritt Mannheim am 26. Mai 1918 ein weiteres Städteauswahlspiel, und zwar gegen Pforzheim. Der 4:0 Sieg der Mannheimer Elf war auch in dieser Höhe verdient; Torschützen in der zweiten Halbzeit waren Hennrich, Gast und Otto Schönig mit zwei Treffern.

Militär-Fußball und Hindenburg-Wettkämpfe

Im Sommer des letzten Kriegsjahres 1918 fanden im Deutschen Reich verstärkt Fußballspiele gegen Militärmannschaften statt, so auch in Mannheim.

Am 23. Juni 1918 spielten in Freiburg die Militär-Fußball-Mannschaften der Garnisonsstädte Freiburg und Mannheim gegeneinander; die Mannheimer Soldaten siegten knapp mit 3:2 Toren. Bereits eine Woche später traf man sich in Mannheim zum Rückspiel. Veranstalter war der

Kriegsjahr 1918
Die Kraftfahrer Herberger, Höger, Strauch, Engelhardt, Roth
Spieler des SV Waldhof

Mannheimer Fußball-Club Phönix 02, auf dessen Platz die Begegnung ausgetragen wurde. Der Erlös des Spieles ging an die „Bürgerstiftung für die 110er" (Mannheim war, wie bereits ausführlich berichtet, Garnisonsstadt des Infanterie-Regiments Nr. 110). Auch diesmal gingen die Mannheimer als Sieger vom Platz; 4:2 lautete das Endergebnis. Am 14. Juli 1918 besiegte der Sportverein Waldhof das Jäger-Bataillon Nr. 8 Schlettstadt mit 8:1 Toren.

Am 4. August 1918, dem 4. Jahrestag des Kriegsbeginns, fanden im Deutschen Reich die vom Deutschen Reichsausschuß für Leibesübungen erstmals veranstalteten „Hindenburg-Wettkämpfe" statt, die sich auf alle Gebiete der körperlichen Ertüchtigung dienenden Sportzweige mit Ausnahme des Turnens erstreckten. Im Stadion zu Berlin wurde als Abschluß dieser Wettkämpfe ein Fußballspiel zweier Soldatenmannschaften von Berlin und Baden ausgetragen, das die Elf aus Baden mit 5:0 Toren für sich entscheiden konnte. Die Badische Elf spielte mit

Kolb
(VfR Mannheim)

Schöllhammer   Bossert
(VfB Karlsruhe)   (Phönix Mannheim)

Wolf   Weinert   Richter
(Phönix Mannheim) (VfR Mannheim)   (BdB Leipzig)

Weber   Wiedemann   Müller   Gröner   Friedrich
(SC Freiburg) (beide Phönix Mannheim) (Union Stuttgart) (1. FC Pforzheim)

Ein Probespiel absolvierte diese Badische Militär-Auswahl eine Woche zuvor am 28. Juli 1918 in Freiburg gegen eine dortige Stadtauswahl und siegte mit 7:0 Toren.

Am 4. August 1918 trafen im Rahmen dieser „Hindenburg-Wettkämpfe" auf dem VfR-Platz eine Mannheimer Militär-Auswahl und das Jäger-Bataillon Nr. 9 (aus dem Felde kommend) aufeinander; Mannheims Elf spielte laut „General-Anzeiger" in folgender Aufstellung:

Kanonier Herrmann (Käfertal) – Grenadier Gleiter, Unteroffizier Nagel (Phönix) – Vizefeldwebel Reinhardt (VfR), Sergeant Strauch (Waldhof), Sergeant

Nagel (Phönix Karlsruhe) – Gefreiter Beckenbach (Feudenheim), Unteroffizier Hoffmann, Musketier Hennrich, Grenadier Schönig (alle Phönix), Musketier Ernst (Phönix Karlsruhe)

Das Spiel endete 1:1 unentschieden; Mannheims Torschütze war Otto Schönig. Die Einnahmen flossen wieder der „Bürgerstiftung des Grenadier-Regiments Nr. 110" zu.

Phönixsportplatz bei der Fohlenweide
Sonntag, 18. August, nachmittags 4 Uhr
Militärfussballspiel:
Mannheim-Mülhausen.
Militär-Konzert
der 110er Kapelle, 3–6 Uhr.

Als Eintrittspreise waren festgesetzt: Tribüne und 1. Platz: 1,20 Mark; Schüler und Militär: 60 Pfennige, 2. Platz: 80 Pfennige.

Den Abschluß dieser Militär-Fußballspiele bildete die Begegnung zweier Soldaten-Mannschaften aus Mannheim und Mühlhausen am 18. August 1918 auf dem „Phönix"-Platz, die Mannheim mit 5:2 Toren gewann. Die Aufstellungen beider Mannschaften lauteten:

Mannheim: Musketier Hennrich (Phönix) – Grenadier Weinert (VfR), Unteroffizier Bossert (Phönix) – Unteroffizier Nagel, Gefreiter Wolf (beide Phönix), Grenadier Brunner (VfR) – Unteroffizier Bollack, Gefreiter Bürkle, Gefreiter Wittmann, Gefreiter Müller, Gefreiter Kohlschmitt (alle Phönix)

Mühlhausen: Pionier Breider (Sp-Vg Leipzig) – Sergeant Schmitt (Wacker München), Soldat Knüppel (Minerva Berlin) – Soldat Hoffmann (Viktoria Feudenheim), Offizier-Stellvertreter Becker (Hannover 96), Sergeant Graf (Union Stuttgart) – Sergeant Nagel (Phönix Karlsruhe), Leutnant Heizmann (Union Stuttgart), Soldat Eckelmann (Borussia Harburg), Jäger Heinze (Kölner Sp-Vg), Soldat Brunner (Viktoria Heidelberg)

Leichtathletik-Stafette des SV Waldhof im Jahre 1918/1919
Mehrfache Sieger in der 3000 Meter und in der Olympischen Stafette; v. l.: Thum, Haas, Lohrmann, Gerard, Engelhard. Lohrmann und Engelhard waren auch Fußball-Liga-Spieler

Kriegsbedingte Vereinigungen in Mannheim

Der September 1918 erlebte in Mannheim das erstmalige Auftreten zweier neuer Vereinigungen. Kriegsbedingt schlossen sich die Mannheimer Fußball-Gesellschaft 1913 und der Mannheimer Fußball-Klub Viktoria 1912 zusammen. Auf einer Versammlung am 22. August 1918 im Lokal „Starkenburg" in H 3, 14 trafen beide Vereine unter Führung von Jakob Bierreth diese überlebensnotwendige Entscheidung, ab sofort unter der Bezeichnung *„Kriegsmannschaft 1918 Mannheim"* aufzutreten und an den bevorstehenden Verbandsspielen teilzunehmen.

Das erste Spiel wurde bereits am 1. September 1918 auf dem VfR-Platz gegen die Ersatzliga des VfR Mannheim ausgetragen; es endete 1:1 unentschieden. Eine Woche später gab es für die Kriegsmannschaft 1918 Mannheim auf dem Platz des SC Käfertal den ersten Sieg mit 3:1 Toren gegen den FC Viktoria Feudenheim; die Presse berichtete von „einem überaus interessanten und ruhigen Spiel."

Die zweite neue Vereinigung resultierte aus dem Zusammenschluß der Fußball-Vereinigung Neckarau und dem Turnerbund Jahn Neckarau zur *Sportvereinigung Neckarau*, auch *„Kriegsmannschaft Neckarau 1918"* genannt. Das erste Spiel gegen den VfR Mannheim endete am 8. September 1918 mit einem leistungsgerechten 3:3 Unentschieden. Die Sportvereinigung Neckarau spielte in folgender Aufstellung:

Brucker – Grosse, Ditton – Roth, E. Arnold, W. Wahl– Striehl, Kremer, Gibis, Busch und F. Arnold; Ersatzspieler waren Dechant und Oehlschläger.

Auch die anderen Mannheimer Vereine bereiteten sich in Freundschaftsspielen auf die kommende Verbandsrunde vor. Der Sportverein Waldhof bezwang am 18. September 1918 in Karlsruhe eine Kombination FC Phönix/Alemannia Karlsruhe mit 3:0 Toren, unterlag am 1. September 1918 dem FC Phönix Ludwigshafen mit 0:2 Toren und schloß sein Vorbereitungsprogramm am 8. September 1918 mit einem 5:1 Sieg über Fußball-Vereinigung Fechenheim ab.

Der MFC Phönix 02 besiegte am 25. August 1918 Viktoria Berlin mit 4:1 Toren, schlug den FC Pfalz Ludwigshafen am 8. September 1918 mit 1:0 Toren und fertigte am 22. September 1918 eine Kriegsmannschaft in Freiburg mit 9:1 Toren ab. Der VfR Mannheim bezwang am 1. September 1918 den FC Lorsch/Hessen auf dessen Platz mit 3:1 Toren. Am 22. September 1918 konnte die Kriegsmannschaft 1918 Mannheim mit zwei Mannschaften aufwarten. Die erste Elf bezwang die FG Plankstadt mit 4:0 Toren, während die zweite Mannschaft gegen die erste Mannschaft des SV Helvetia Mannheim mit 1:3 Toren verlor.

Herbst-Verbandsspiele 1918

Die Herbst-Verbandsspiele 1918 wurden in zwei Klassen ausgetragen; in der A-Klasse sollte um die Gau-, Kreis- und Verbands-Meisterschaft gekämpft werden, in der B-Klasse nur um die Gau-Meisterschaft.

Die *A-Klasse* setzte sich aus folgenden Vereinen zusammen:

FC Phönix Mannheim, SV Waldhof, VfR Mannheim und Sportvereinigung Neckarau (= Kriegsmannschaft Neckarau 1918).

Wider Erwarten konnten alle Begegnungen bis auf eine Ausnahme termingerecht ausgetragen werden. Diese Ausnahme bildete das Spiel des VfR Mannheim gegen den SV Waldhof, das am 20. Oktober 1918 beim Stand von 2:3 wegen „Unfähigkeit des Schiedsrichters" abgebrochen und auch später nicht mehr neu angesetzt wurde. Das höchste Ergebnis gab es gleich am ersten Spieltag, 29. September 1918, bei der Begegnung SV Waldhof gegen Sportvereinigung Neckarau mit 8:2 Toren.

Als die Runde am 10. November 1918 abgeschlossen wurde, hatte die Tabelle folgendes Aussehen:

Herbst-Verbandsspiele 1918, A-Klasse

FC Phönix Mannheim	6	4	2	0	11:4	10:2
VfR Mannheim	5	2	3	0	10:6	7:3
SV Waldhof	5	1	2	2	12:8	4:6
Sportvereinigung Neckarau	6	0	1	5	8:23	1:11

In der *B-Klasse* spielte die neuformierte Kriegsmannschaft 1918 Mannheim, der Sportverein Helvetia 1907 Mannheim, die FG 1906 Plankstadt und der Sportklub Ketsch. Die erst im September 1918 entstandene Kriegsmannschaft 1918 Mannheim bewies ihre Spielstärke in fast allen Begegnungen und wurde ungefährdet Gau-Meister der B-Klasse; hier sah die Schlußtabelle wie folgt aus:

Herbst-Verbandsspiele 1918, B-Klasse

Kriegsm. 1918 Mannheim	6	5	0	1	24:16	10:2
SV Helvetia 1907 Mannheim	6	3	0	3	20:10	6:6
FG 1906 Plankstadt	6	3	0	3	17:15	6:6
Sportklub Ketsch	6	1	0	5	9:20	2:10

Pokal-Spiele im Pfalz-Neckargau

Für die Süddeutschen Verbands-Pokal-Spiele 1918 nahmen im Pfalz-Neckargau folgende Vereine auf freiwilliger Basis teil:

aus dem Pfalzgau:

FG 03 Ludwigshafen, FC Pfalz Ludwigshafen, FC Phönix Ludwigshafen, SC Germania 04 Ludwigshafen, FV Frankenthal, TV Speyer, Union Mundenheim, FV Kaiserslautern, SV Kaiserslautern

Phönixsportplatz bei der Fohlenweide!
Pokal-Spiel
M. F. C. Phönix I gegen F. C. Germania I
Mannheim Ludwigshafen.
Das Spiel geht bis zur Entscheidung.

aus dem Neckargau:

FC Phönix Mannheim, SV Waldhof, VfR Mannheim.

Die einzelnen Paarungen waren ausgelost worden; gespielt wurde im KO-System. Am ersten Spieltag, 13. Oktober 1918, kam es zu folgenden Begegnungen:

SV Waldhof — FV Frankenthal	5:0
MFC Phönix 02 — SC Germania Ludwigshafen	3:5
FG 03 Ludwigshafen — VfR Mannheim	0:2
Union Mundenheim — TV Speyer	3:1
FC Phönix Ludwigshafen — FC Pfalz Ludwigshafen	3:0
FV Kaiserslautern — SV Kaiserslautern	4:1

Am Montag, 11. November 1918, kam die Meldung, auf die man lange gewartet hatte: „Die Waffen ruhen!" (vgl. Rückseite)

Für den zweiten Spieltag am 17. November 1918 loste die Verbandsbehörde folgende Paarungen aus:

VfR Mannheim — Union Mundenheim	6:0
FC Phönix Ludwigshafen — SV Waldhof	3:2
SC Germania Ludwigshafen — FV Kaiserslautern	2:1

Für den 5. Januar 1919 war die Begegnung FC Phönix Ludwigshafen gegen den VfR Mannheim vorgesehen. Die politischen Verhältnisse machten jedoch die Austragung dieses Spieles unmöglich. Der Artikel 5 des am 11. November 1918 abgeschlossenen Waffenstillstandsvertrages zwischen dem Deutschen Reich und den Alliierten übertrug die Verwaltungsaufsicht den Besatzungstruppen der Verbündeten und der Vereinigten Staaten von Amerika. Ab 1. Dezember 1918 begann die Besetzung der Pfalz überwiegend durch französische Truppen. Am 27. Dezember 1918 wurden die Eisenbahn-, Post-, Telegraphen- und Telefonverbindungen mit dem rechtsrheinischen Gebiet eingestellt. Nach der Einstellung der Schiffahrt war zu Beginn des Jahres 1919 die Pfalz vollkommen vom Deutschen Reich abgesperrt.

Die im Pokalwettbewerb verbliebenen zwei Vereine aus der Pfalz, FC Phönix Ludwigshafen und SC Germania Ludwigshafen, mußten zunächst ihre Teilnahme aus diesem Grunde zurückziehen. Erst am 15. Juni 1919 konnte der FC Phönix Ludwigshafen, der zwischenzeitlich nach einer Änderung des Auslosungsmodus den SC Germania Ludwigshafen aus dem Pokalwettbewerb geworfen hatte, beim VfR Mannheim antreten. Es war dies die erste Begegnung mit einer linksrheinischen Mannschaft seit der Besetzung der Pfalz. Allerdings hatte das Spiel eine Vorgeschichte: es war zunächst als Freundschaftsspiel angekündigt worden, wurde aber kurz zuvor von der Verbandsbehörde als Pokalspiel festgesetzt. Beide Mannschaften traten in folgenden Aufstellungen an:

VfR: Dürr – Hannes, Nagel – Durler, Freiländer, Au – Breitenbacher, Lang, Sohns, Hook, Görsch

„Phönix": Holzmann – Müller, Hack – Fuchs, Joh. Regele, Hell – Ebert, Huy, J. Regele, Weber II, Weber I

Montag, 11. November. — Abend-Ausgabe. — 1918. — Nr. 527.

Mannheimer General-Anzeiger
Badische Neueste Nachrichten

Beilagen: Amtliches Verkündigungsblatt für den Amtsbezirk Mannheim. — Das Weltgeschehen im Bilde in moderner Kupfertiefdruck-Ausführung

Die Waffen ruhen.

Einstellung der Feindseligkeiten an der ganzen Front.

Der letzte deutsche Tagesbericht

Großes Hauptquartier, 11. Nov. (W.T.B. Amtl.)

Westlicher Kriegsschauplatz

Bei der Abwehr amerikanischer Angriffe östlich der Maas zeichneten sich durch erfolgreichen Gegenstoß das brandenburgische Infanterieregiment 207 unter seinem Kommandeur Oberstleutnant Hennigs und Truppen der 102. sächsischen Infanteriedivision unter Führung des Oberstleutnants von Zeschau, Kommandeur des Infanterieregiments 183 besonders aus.

Infolge Unterzeichnung des Waffenstillstandsvertrages wurden heute Mittag an allen Fronten die Feindseligkeiten eingestellt.

Der Erste Generalquartiermeister: **Gröner.**

Metz, 11. Nov. (W.T.B. Nichtamtl.) Die dem Arbeiter- und Soldatenrat unterstehende hiesige Funkspruchstation hat folgenden Funkspruch aufgefangen:

Marschall Foch an die Oberkommandierenden:

1. Die Feindseligkeiten werden an der ganzen Front am 11. November 11 Uhr französischer Zeit eingestellt werden.

2. Die alliierten Truppen werden bis auf weiteres Befehl erhalten, die an diesem Tage und zu dieser Stunde erreichten Linien nicht zu überschreiten.

Marschall Foch

*

maten zur Regelung der Ostfragen stattfinden, insbesondere der litauischen, der weißrutenischen und der polnischen Frage.

Der Bürgerkrieg muß vermieden werden.

Berlin, 10. November. (W.T.B. Nichtamtlich.)

An das Heimatheer!

Der Waffenstillstand steht vor der Tür, der Frieden wird ihm folgen. Der Augenblick naht, wo das Blutvergießen ein Ende hat. Auch in der Heimat wurde trotz der tiefgreifenden Umwälzungen das Blutvergießen bisher fast ganz vermieden. Die Männer der neuen Regierung erklären, daß Recht und Ordnung unter allen Umständen aufrechterhalten werden müssen. Daher muß auch das Feldheer und das Heimatheer mit allen Kräften mitwirken, nur dann kann die ordnungsmäßige Zurückführung des Feldheeres und die Entlassung der Mannschaften stattfinden, nur dem kann auch die Ernährung von Volk und Heer wieder gesichert werden. Der Bürgerkrieg muß vermieden werden. Alle militärischen Dienststellen haben ihre Dienstgeschäfte unverändert weiterzuführen. Die Bildung von Soldatenräten und die Beteiligung dieser Soldatenräte an der Abwicklung des Dienstes ist bei allen Formationen durchzuführen. Ihre Hauptaufgabe ist, bei der Einrichtung des Ordnungs- und Sicherheitsdienstes mitzuwirken und das engste Einvernehmen zu den Mannschaften und deren Führern herzustellen. Von der Waffe gegen Angehörige des eigenen Volkes ist nur in der Notwehr oder bei gemeinen Verbrechen und zur Verhinderung von Plünderungen Gebrauch zu machen.

Ebert, Reichskanzler. **Scheuch**, Kriegsminister.
Goehre, Mitglied des Reichstags.

Große Konferenz zwischen dem Kabinett und dem

Kaiser Wilhelm in Holland.

Amsterdam, 10. Nov., Mitternacht. (W.T.B. Nichtamtl.) Aus zuverlässiger Quelle verlautet, daß die holländische Regierung die Internierung des Kaisers beschlossen habe. Der Kaiser befindet sich noch in Eysden. Er wird morgen 8 Uhr 15 Minuten nach Middachten abfahren.

Aus dem Haag, 11. Nov. (W.T.B. Nichtamtl.) Holländische Blätter melden: Heute früh 7 Uhr trafen in Eysden in der Straße von Vise 10 Autos mit dem kaiserlichen Wappen ein. Die Insassen waren der Kaiser, Kronprinz, Generalfeldmarschall von Hindenburg, mehrere Offiziere und Hofwürdenträger. Sie verließen Spa um 5 Uhr morgens und fuhren über Verviers und Bottico. Um 8 Uhr morgens traf in Eysden der Hofzug mit Wagen und dem Personal des Großen Hauptquartiers ein. Die Autos wurden auf Waggons geladen und mit der Eisenbahn setzte der Kaiser und sein Gefolge die Fahrt in nördlicher Richtung fort. — Eine andere Meldung besagt, daß der Kaiser und die Kaiserin, der Kronprinz und Generalfeldmarschall von Hindenburg mit Gefolge, im ganzen 51 Personen, an der Grenze ankamen. — Nach einer Meldung des Handelsblad aus Maastricht soll der Kaiser mit einem Teil seines Stabes und der Hofhaltung heute früh bei Eysden über die Grenze gekommen sein, nach einer anderen Meldung im Kastell Middachten bei Arnheim abgestiegen sein. — Le Nouvelle im Haag meldet, daß die deutsche Garnison in Lüttich gemeutert, alle Offiziere abgesetzt und die rote Flagge an verschiedenen Stellen gehißt habe. An verschiedenen Stellen hätten sich bereits belgische Fahnen gezeigt. Kronprinz Ruprecht und das Generalgouvernement sollen auf der Flucht sein.

Berlin, 11. November. (Von unserem Berliner Büro.) Die Meldung der holländischen Blätter, daß Hindenburg

Beim Stande von 4:2 für den VfR Mannheim, nach 0:2 Führung der Ludwigshafener, wurde die Begegnung vor über 3000 Zuschauern von den Gästen wegen „Unfähigkeit des Schiedsrichters" abgebrochen. Der „General-Anzeiger" vom 21. Juni 1919 schrieb hierzu u. a.:

„Der Schiedsrichter (Wacker aus Karlsruhe), der dem Spiel nicht gewachsen war, traf einige nicht ganz einwandfreie Entscheidungen zu ungunsten der Pfälzer, die von dem Publikum, das sich übrigens sehr aufgeregt zeigte, auf nicht schöne Art kritisiert wurde. Die Zuschauer mögen sich doch darüber klar sein, daß sie durch ein derartiges Verhalten sowohl den Leiter des Spieles wie auch die Spieler selbst, aus ihrer Fassung bringen und dadurch dem Spiel selbst mehr schaden als nützen können."

Der VfR Mannheim wurde danach zum Pokal-Sieger des Pfalz-Neckargaues erklärt und vertrat den Westkreis. Auf neutralem Platz in Karlsruhe verlor der Westkreis-Meister VfR Mannheim gegen den Südkreis-Meister Union Stuttgart am 27. Juli 1919 mit 1:4 Toren und schied aus dem weiteren Pokalwettbewerb aus.

Die Mannheimer Pokal-Runde 1918

Zwei Gründe mögen wohl dafür verantwortlich gewesen sein, daß die vier führenden Mannheimer Vereine sofort nach Beendigung der Herbst-Verbandsspiele 1918 die Austragung einer Pokal-Runde beschlossen. Zum einen füllten die heimkehrenden Soldaten sehr schnell die Mannschaften wieder auf und hatten verständlicherweise ein fast unbändiges Verlangen, ihrem Fußballsport zu huldigen. Zum anderen schränkten die politischen Verhältnisse einen Spielverkehr mit auswärtigen Vereinen sehr ein oder machten ihn, wie im Falle des besetzten linksrheinischen Gebietes, vorerst unmöglich.

Fast genau zwei Wochen, nachdem die Waffen ruhten, starteten MFC Phönix 02, SV Waldhof, VfR Mannheim und die wieder erstandene Fußball-Vereinigung Neckarau – die Sportvereinigung Neckarau (= Kriegsmannschaft Nekkarau 1918) löste sich Anfang November 1918 wieder auf –, am 24. November 1918 in diese Pokal-Runde, die mit

Sportverein Waldhof
Mannschaft des Jahres 1918 mit Seppl Herberger (Fünfter von rechts)

Punktewertung ausgetragen wurde. Jeder der vier Vereine beteiligte sich mit drei Mannschaften, die in jeweils eigenen Gruppen spielten.

Bereits der erste Spieltag brachte eine Überraschung, denn der MFC Phönix 02 besiegte den VfR Mannheim hoch mit 5:1 Toren; Waldhof und Neckarau trennten sich 0:0 unentschieden. Die Sensation des zweiten Spieltages stellte der klare 4:2 Sieg des SV Waldhof über den MFC Phönix 02 dar. Fast einen Eklat gab es am 15. Dezember 1918: die Fußball-Vereinigung Neckarau mußte ihre Heimspiele auf den Plätzen der Gegner austragen, da sie noch keinen eigenen Platz in Neckarau hatte; zum „Rückspiel" traten die Neckarauer also wieder wie am ersten Spieltag auf dem Waldhof-Platz an und siegten sensationell mit 4:0 Toren. Da die Mannschaft aber verspätet antrat, entschied die Pokal-Kommission das Spiel für den Sportverein Waldhof als gewonnen.

Somit lagen „Phönix" und Waldhof gleichauf an der Tabellenspitze. Da die Begegnung dieser beiden Rivalen am 22. Dezember 1918 auf dem „Phönix"-Platz 0:0 endete, mußte der letzte Spieltag die Entscheidung bringen. Am 29. Dezember 1918 schlug der SV Waldhof den VfR Mannheim „im schönsten Spiel des Pokalwettbewerbs" – wie die Presse berichtete –, mit 2:1 Toren und der MFC Phönix 02 besiegte die FVg Neckarau mit 5:1 Toren. Der Tabellenstand lautete somit:

Mannheimer Pokal-Runde 1918

SV Waldhof	6	3	2	1	10:6	8:4
FC Phönix Mannheim	6	3	2	1	16:8	8:4
VfR Mannheim	6	3	0	3	9:9	6:6
FVg Neckarau	6	0	2	4	3:15	2:10

Das notwendig gewordene Entscheidungsspiel zwischen dem SV Waldhof und dem MFC Phönix 02 fand am 5. Januar 1919 statt. Nach Ablauf der regulären Spielzeit stand es immer noch 0:0 unentschieden, aber in der zweiten Verlängerung glückte Waldhofs Mittelstürmer Schwärzel in der 129. Spielminute vor 2500 Zuschauern das 1:0, das den Sieg und den Gewinn des Silber-Pokals für den SV Waldhof bedeutete.

Auch bei den zweiten Mannschaften ging der SV Waldhof als Sieger hervor und gewann den „Silbernen Becher"; hier lautete der Endstand:

Mannheimer Pokal-Runde 1918 (II. Mannschaften)

SV Waldhof	6	4	2	0	33:8	10:2
VfR Mannheim	6	3	3	0	19:7	9:3
FC Phönix Mannheim	6	2	1	3	24:17	5:7
FVg Neckarau	6	0	0	6	4:48	0:12

Schließlich siegte der VfR Mannheim bei den dritten Mannschaften und errang das „Diplom".

Da die Vereine innerhalb eines Monats – vom 24. November 1918 bis 29. Dezember 1918 – sechs Pokalspiele zu absolvieren hatten, fiel das Weihnachtsprogramm entsprechend mager aus: nur der VfR Mannheim spielte am zweiten Feiertag und verlor gegen den FC Karlsruhe-Mühlburg mit 1:5 Toren.

Die ersten Nachkriegs-Fusionen

Nach Kriegsende galt es für die Vereine, sich neu zu formieren. Nachdem das Gros der Soldaten aus dem Felde zurück war, konnten altbewährte Kräfte und talentierte Jugendspieler zu schlagkräftigen Mannschaften zusammengestellt werden. Andere Vereine suchten neue Partner.

In Sandhofen gab es eine Fusion dreier Vereine. Hier schlossen sich am 9. Januar 1919 der Fußball-Club Phönix Sandhofen, der Fußballverein Sandhofen und der erst einige Monate zuvor gegründete dritte Verein, der *Sportverein 1918 Sandhofen* zur *Spielvereinigung Sandhofen 1903* zusammen. Als Gründungsdatum übernahm man das der Fußball-Gesellschaft „Germania" 1903, die 1908 in dem Fußball-Club Phönix Sandhofen aufgegangen war. Zum ersten Vorsitzenden der Spielvereinigung Sandhofen 1903 wurde Wilhelm Weber gewählt; als neuen Sportplatz weihte man die Anlage an der Taubenstraße ein. Das erste bekannte Spiel der neugegründeten SpVgg Sandhofen datiert vom 26. Januar 1919; sie schlug die Hottenstein-Mannschaft des VfR Mannheim (so genannt nach dem Spielführer Hottenstein und stellte die IV Mannschaft dar) auf dem Platz des VfR Mannheim mit 8:1 Toren.

In der Schwetzingerstadt schlossen sich am 1. März 1919 im „Gasthaus zur Oststadt" des Wilhelm Mergenthaler in der Seckenheimer Str. 126 der Sport-Verein Helvetia 1907 Mannheim und der Sport-Verein Teutonia 1914 Mannheim zunächst zur *Spielvereinigung Schwetzingerstadt* später zur *Spielvereinigung 07 Mannheim* zusammen. Zum ersten Vorsitzenden wurde Ludwig Falkner gewählt. Da die beiden Sportplätze der „Helvetia" und der „Teutonia" in den Kriegsjahren zu Gartenanlagen umgewandelt worden waren, mußte der neugegründete Verein seine Spiele vorerst auf fremden Plätzen, vorzugsweise auf den Plätzen des MFC Phönix 02 und des SV Waldhof, austragen. Ihr erstes Treffen bestritt die Spielvereinigung Schwetzingerstadt am 9. März 1919 beim SC Käfertal und verlor mit 9:2 Toren; es war dies ein Verbandsspiel im Bezirk II. Als Spielvereinigung 07 Mannheim trat der Verein erstmals am 30. März 1919 auf und erreichte bei der Mannheimer Fußball-Gesellschaft Kickers ein 1:1 Unentschieden.

Der Fußball-Club Hertha Mannheim beschloß auf seiner Mitgliederversammlung Anfang Januar 1919 im Lokal „Zillertal" in S 6, 6 die Wiederaufnahme des Spielbetriebes, der 1917 eingestellt werden mußte. Sein erstes Spiel gewann der FC Hertha Mannheim gegen den FC Viktoria Feudenheim am 19. Januar 1919 mit 4:2 Toren.

Spielvereinigung Sandhofen 1903
Die Mannschaft im Jahr 1919
nach dem Zusammenschluß
v. l. J. Wehe, Wilh. Kuntz, J. Hildenbrand, K. Staatsmann, G. Weikkel, V. Lang, A. Heuchel, K. Kuntz, A. Berberich, A. Schenkel, K. Ziegler sowie liegend: V. Kuntz und J. Sedlacek

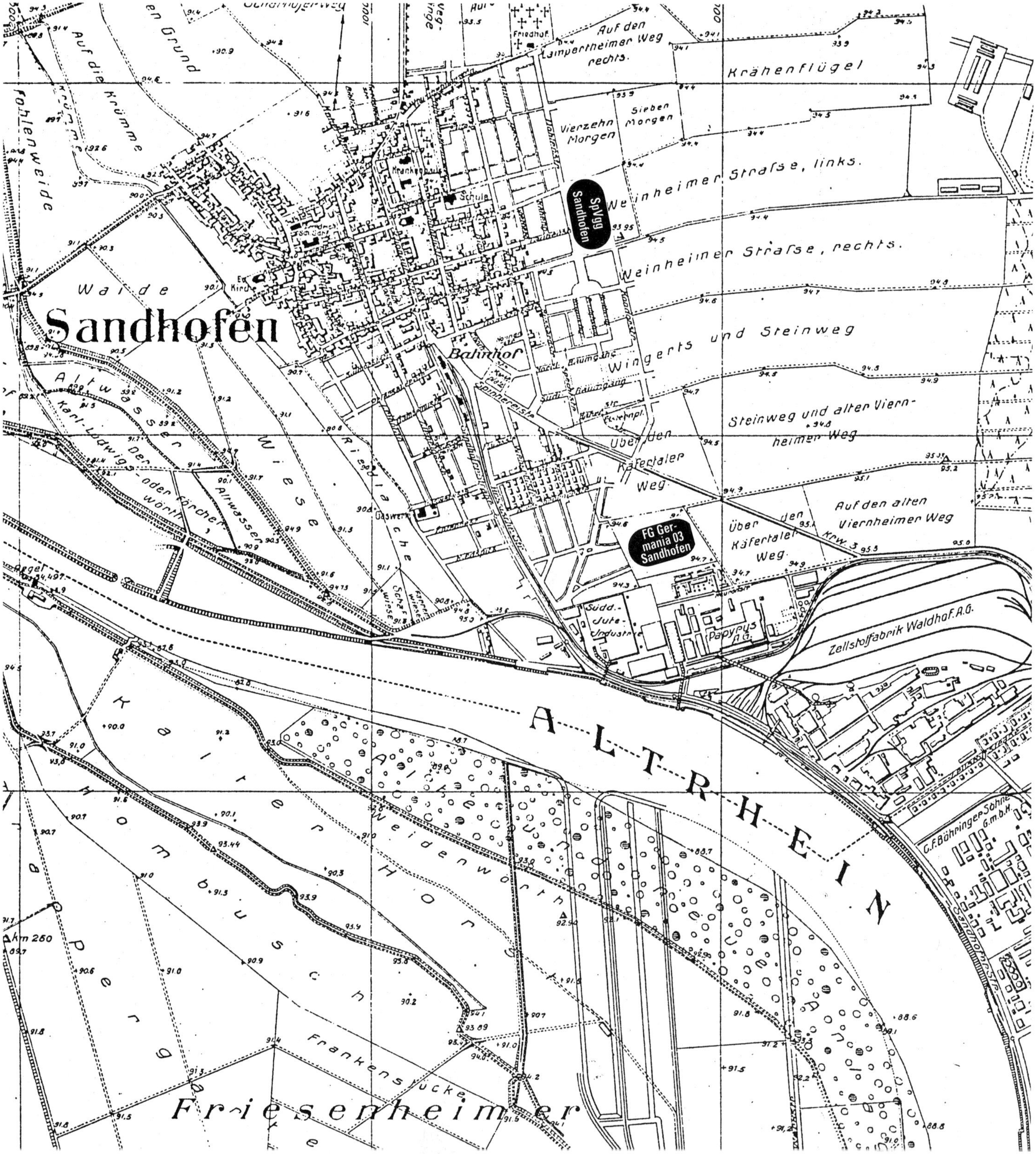
Sandhofen
SpVgg Sandhofen
FG Germania 03 Sandhofen
Bahnhof
Schule
Friedhof
Auf den Lampertheimer Weg rechts.
Krähenflügel
Vierzehn Morgen
Sieben Morgen
Weinheimer Strafse, links.
Weinheimer Strafse, rechts.
Wingerts und Steinweg
Steinweg und alten Viernheimer Weg
Über den Käfertaler Weg
Auf den alten Viernheimer Weg
Über den Käfertaler Weg
Spinnereistr.
Gaswerk
Südd. Jute-Industrie
Papyrus A.G.
Zellstoffabrik Waldhof A.G.
C.F. Böhringer Söhne G.m.b.H.
ALTRHEIN
Auf die Krümme
Fohlenweide
Altwasser
Karl-Ludwigs- oder Förcher-Wörth
Allwasser
Wiese
Riedlache
Schafwiese
Kalter Hombusch
Pegel
km 250
Weidenwörth
Frankenstucke
Friesenheimer

Spielvereinigung 07 Mannheim
Die Mannschaft nach dem Zusammenschluß des SV Helvetia und SV Teutonia Mannheim im Frühjahr 1919 zur Spielvereinigung
v. l. Oelheim, Schmitt, Karl Hör, Heck, Golo Hör, Mosemann, Herrmann Senft, Weckesser, Schick, Otto Senft

Um den „Mannheimer Silberschild"

Bereits zwei Wochen nach den Spielen um den „Mannheimer Pokal" starteten dieselben vier Vereine am 19. Januar 1919 eine Runde um den „Mannheimer Silberschild", auch „Vorfriedens-Runde" genannt. Wieder nahmen auch die zweiten und dritten Mannschaften teil. Diese Runde gestaltete sich zum ersten großen Erfolg des Sportverein Waldhof, der klarer als zuvor die Konkurrenz hinter sich ließ. Große Beachtung fand der 7:0 Kantersieg der Waldhof-Mannschaft am 16. Februar 1919 beim MFC Phönix 02.

Am letzten Spieltag, dem 23. Februar 1919, verfolgten über 3000 Zuschauer das Duell SV Waldhof gegen VfR Mannheim; die Aufstellungen lauteten:

Waldhof: Lohrmann – Müller, Roth – Engelhardt, Endemann, Lidy – Willmann, Höger, Schwärzel, Herberger, Skudlarek

VfR: Kolb – Ludwig, Freiländer – Nies, Sohns, Au – Philipp, Hook, Weinert, Durler, Breitenbacher.

Höger und Schwärzel sorgten für die 2:0 Pausenführung, die auch in der zweiten Halbzeit gegen neun Waldhof-Spieler (Schwärzel erhielt Platzverweis wegen einer Tätlichkeit, Endemann schied verletzt aus), nicht mehr in Gefahr kam. Der Sportverein Waldhof gewann klar den „Mannheimer Silberschild", wie die Schlußtabelle zeigt:

Mannheimer Silberschild 1919

SV Waldhof	6	5	0	1	18:4	10:2
VfR Mannheim	6	3	0	3	11:10	6:6
FC Phönix Mannheim	6	2	1	3	9:17	5:7
FVg Neckarau	6	1	1	4	6:13	3:9

Enttäuschend das Abschneiden des MFC Phönix 02, dessen Mannschaft mit

> Schreck – Gleiter, E. Schönig – Ludäscher, Schwarz, Hennrich – Bollack, O. Schönig, Gutfleisch, Bürkle und Zöller

auch beim VfR Mannheim am 9. Februar 1919 hoch mit 5:1 Toren verlor.

Bei den zweiten Mannschaften holte sich ebenfalls die des Sportverein Waldhof die Meisterschaft und damit die *„Silberne Plakette"*, um die hier gespielt worden war.

Mannheimer Silberne Plakette 1919

SV Waldhof	6	5	1	0	30:8	11:1
VfR Mannheim	5	2	1	2	9:13	5:5
FC Phönix Mannheim	5	2	0	3	11:11	4:6
FVg Neckarau	6	1	0	5	6:24	2:10

Die Standard-Aufstellung dieser zweiten Mannschaft des SV Waldhof lautete:

> Faag – Krastl, Forschner – Beckenbach, Thum, Modl – Söhner, Zeilinger, Bausch, Strauch und Packling.

Bei den dritten Mannschaften zeigte sich die des VfR Mannheim klar überlegen und errang das „Mannheimer Diplom":

Mannheimer Diplom 1919

VfR Mannheim	6	6	0	0	25:5	12:0
SV Waldhof	6	4	0	2	26:10	8:4
FC Phönix Mannheim	6	1	1	4	7:22	3:9
FVg Neckarau	6	0	1	5	5:26	1:11

Die anderen Mannheimer Vereine, die an diesen Pokalrunden nicht teilnahmen, rüsteten sich ebenfalls für die bevorstehenden Aufgaben und versuchten, durch Freundschaftsspiele gute, schlagkräftige Mannschaften aufzubauen. Sehr aktiv war der MFC 08 Lindenhof: 1:1 am 26. Januar 1919 gegen FC Viktoria Feudenheim, 2:4 Niederlage am 2. Februar 1919 bei MFG Kickers und 3:2 Sieg am 23. Februar 1919 gegen TB Jahn Neckarau. Auch die neu gegründete SpVgg Sandhofen suchte ihre Idealbesetzung: 2:3 Niederlage am 2. Februar 1919 gegen FC Hertha Mannheim, 9:0 Sieg am 9. Februar 1919 über TV 1846 Mannheim und 4:2 Erfolg eine Woche später gegen SV Helvetia 07 Mannheim, welches gleichzeitig die letzte Begegnung der „Helvetia" war bevor sie sich – wie berichtet – mit der „Teutonia" zusammenschloß.

Zweite Mannschaft des SV Waldhof im Jahre 1918/1919

Frühjahrs-Verbandsspiele 1919

Im Frühjahr 1919 wurden vom Süddeutschen Fußball-Verband „Frühjahrs-Verbandsspiele" innerhalb der einzelnen Gaue ohne Unterschied der Klassenzugehörigkeit ausgeschrieben, die als Grundlage einer späteren Klasseneinteilung für die ersten ordentlichen Verbandsspiele im Herbst des gleichen Jahres dienen sollten mit anschließender Ermittlung des ersten Deutschen Fußball-Meisters nach dem Kriege.

Auf seinem Gautag am 23. Februar 1919 beschloß der Neckargau ferner, Schülerspiele für Schüler bis zum 18. Lebensjahr und AH (Alte Herren) – Spiele für Spieler über 30 Jahre austragen zu lassen.

Entgegen den Richtlinien des Süddeutschen Fußball-Verbandes ergab sich im Neckargau wegen der Vielzahl der Vereine die Notwendigkeit, vier Bezirke einzurichten; es waren dies:

Bezirk I: FC Phönix Mannheim, SV Waldhof, VfR Mannheim, SpVgg Sandhofen, FVg Neckarau, FC Viktoria Feudenheim, VfB Heidelberg

Bezirk II: FG Kickers Mannheim, MFC 08 Lindenhof, FC Hertha Mannheim, FK Viktoria 1912 Mannheim, SpVgg 07 Mannheim, SC Käfertal, TB Jahn Neckarau, FC Phönix Neuenheim/Heidelberg

Bezirk III: TV 1846 Mannheim, FG Alemannia Ilvesheim, FG 1898 Seckenheim, FK Badenia Seckenheim, FC Germania Friedrichsfeld, FC Viktoria Neckarhausen 08

Bezirk IV: SV 05 Neckarau, FC Alemannia Rheinau, Sport 06 Ketsch, FG Plankstadt, FVg 98 Schwetzingen, FV 1910 Schwetzingen

Der Neckargau also mit 27 Vereinen, darunter 20 aus Mannheim und seinen Vororten. Bei verschiedenen Vereinen kamen noch zweite und dritte Mannschaften hinzu, die in eigenen Gruppen spielten.

Eine Neuorientierung der Fußballvereine gab es in Heidelberg. Der FC 1902 Heidelberg-Neuenheim, der sich – wie berichtet – im Juni 1914 mit dem 1. FC Viktoria 1905 Heidelberg zum SK Viktoria Heidelberg zusammengeschlossen hatte, löste dieses Bündnis im Spätjahr 1918 und nahm als *Fußball-Club Phönix Heidelberg-Neuenheim* an den Verbandsspielen teil. Der ehemalige 1. FC Viktoria 1905 Heidelberg schloß sich mit dem *Fußball-Club „Germania" Heidelberg,* über dessen Gründung nichts Näheres bekannt ist, zum *Verein für Bewegungsspiele (VfB) Heidelberg* zusammen.

Im *Bezirk I* gab es am ersten Spieltag, 2. März 1919, die allgemein erwarteten Ergebnisse: der FC Phönix Mannheim und der VfR Mannheim gewannen ihre Heimspiele gegen SpVgg Sandhofen mit 3:0 beziehungsweise gegen FC Viktoria Feudenheim mit 2:1 Toren, während der SV Waldhof aus Heidelberg mit einem 2:0 Sieg beide Punkte mitbrachte. Bereits nach dem 9:0 Sieg des VfR Mannheim über den VfB Heidelberg und dem 3:0 Erfolg des SV Waldhof über den FC Phönix Mannheim eine Woche später deutete alles auf einen Zweikampf zwischen dem SV Waldhof und dem VfR Mannheim hin. Als beide am 6. April 1919 auf dem VfR-Platz aufeinandertrafen, waren nur sie noch ohne Niederlage; um so überraschender kam der klare 5:1 Sieg des Sportverein Waldhof.

Erst am 11. Spieltag, dem 11. Mai 1919, gab der SV Waldhof gegen den FC Viktoria Feudenheim mit dem 3:3 Unentschieden den ersten Punkt ab; den zweiten übrigens am 1. Juni 1919 durch ein 1:1 bei der SpVgg Sandhofen. Den höchsten Waldhof-Sieg und gleichzeitig die höchste VfR-Niederlage dieser Verbandsrunde gab es am 25. Mai 1919, als der SV Waldhof seinen alten Rivalen VfR Mannheim mit 5:0 Toren besiegte und sich damit vorzeitig die Meisterschaft sicherte. Beide Mannschaften traten in folgenden Aufstellungen an:

Waldhof: Lohrmann – Engelhardt, Müller – Strauch, Endemann, Lidy – Willmann, Höger, Schwärzel, Herberger, Skudlarek

VfR: Dürr – Hannes, Sohns – Nerz, Durler, Au – Breitenbacher, Hook, Wißner, Görsch, Philipp.

Der Tabellenendstand lautete:

Frühjahrs-Verbandsspiele 1919 Neckargau, Bezirk I

SV Waldhof	12	10	2	0	38:9	22:2
FC Phönix Mannheim	12	7	0	5	23:15	14:10
VfR Mannheim	12	6	2	4	22:19	14:10
SpVgg Sandhofen	12	4	4	4	25:19	12:12
FVg Neckarau	12	5	1	6	21:22	11:13
FC Viktoria Feudenheim	12	3	3	6	22:32	9:15
VfB Heidelberg	12	1	0	11	7:36	2:22

Interessant für die weitere Entwicklung der Vereine auch die Tabellenstände der zweiten und dritten Mannschaften:

Frühjahrs-Verbandsspiele 1919 Neckargau, Bezirk I
Zweite Mannschaften

FC Phönix Mannheim	12	9	2	1	35:5	20:4
SV Waldhof	12	9	1	2	51:13	19:5
VfR Mannheim	12	6	4	2	33:13	16:8
SpVgg Sandhofen	11	4	1	6	24:31	9:13
FVg Neckarau	11	4	0	7	17:25	8:14
FC Viktoria Feudenheim	12	4	0	8	9:37	8:16
VfB Heidelberg	12	1	0	11	7:44	2:22

Frühjahrs-Verbandsspiele 1919 Neckargau, Bezirk I
Dritte Mannschaften

VfR Mannheim	12	11	0	1	68:9	22:2
SpVgg Sandhofen	11	7	2	2	29:17	16:6
SV Waldhof	12	6	1	5	25:18	13:11
FC Phönix Mannheim	11	4	2	5	16:29	10:12
FVg Neckarau	10	3	2	5	19:30	8:12
FC Viktoria Feudenheim	12	3	2	7	14:41	8:16
VfB Heidelberg	12	1	1	10	7:34	3:21

Das Derby am 30. März 1919 verlor der MFC Phönix 02 mit 1:2 Toren

Wesentlich schleppender verliefen die Verbandsspiele im *Bezirk II;* allein acht Spielabbrüche sorgten dafür. Nicht immer waren jedoch Spieler für diese Abbrüche verantwortlich; in einigen Fällen führten Balldefekte zur vorzeitigen Beendigung eines Spieles, zumal dann, wenn – wie so oft –, kein Ersatzball vorhanden war.

Als die Verbandsrunde für den Bezirk II Ende Mai 1919 abgebrochen werden mußte, ergab sich folgender Tabellenstand:

Frühjahrs-Verbandsspiele 1919 Neckargau, Bezirk II

SC Käfertal	9	8	0	1	36:13	16:2
MFC 08 Lindenhof	10	7	0	3	25:15	14:6
FG Kickers Mannheim	10	4	2	4	18:16	10:10
FC Hertha Mannheim	10	5	0	5	25:16	10:10
SpVgg 07 Mannheim	8	4	0	4	16:22	8:8
FK Viktoria 1912 Mannheim	9	3	0	6	12:25	6:12
TB Jahn Neckarau	8	2	0	6	14:25	4:12
FC Phönix Neuenh./Heidbg.	6	0	0	6	5:31	0:12

Der Sport-Club Käfertal, der zum Meister im Bezirk II erklärt wurde, erzielte mit seiner „Eisernen Mannschaft" – wie die Elf zu dieser Zeit genannt wurde –, mit dem 9:2 Sieg über die Spiel-Vereinigung Schwetzingerstadt, der späteren Spiel-Vereinigung 07 Mannheim, auch den höchsten Saisonsieg. Die Standardaufstellung des SC Käfertal lautete:

M. Reiß – J. Geiger, Pfanz – Götz, Hoffmann, Dielmann – Benzinger, Gleißner, Chr. Geiger, F. Reiß und Beckenbach.

Für die Spielstärke des SC Käfertal sprach auch ein 3:3-Unentschieden, das diese „Eiserne Mannschaft" in einem Freundschaftsspiel am 1. Mai 1919 beim VfR Mannheim erreichte. Der „General-Anzeiger" schrieb in der Vorschau zu diesem Treffen:

„Nachdem es wegen der mißlichen Verkehrsverhältnisse nicht möglich war, einen guten auswärtigen Gegner zu verpflichten, hat der VfR für den 1. Mai den führenden Verein des 2. Bezirks, SC Käfertal, zu einem Freundschaftsspiel verpflichtet. Käfertal verfügt über eine recht spielstarke Mannschaft und ist erster Anwärter auf die Meisterschaft."

Ähnlich langwierig erwies sich auch der Verlauf der Verbandsrunde im *Bezirk III;* hier konnten aus denselben Gründen ebenfalls nur ein Teil der vorgesehenen Spiele ausgetragen werden. Die Schlußtabelle beim Abbruch der Runde Ende Mai 1919 hatte folgendes Aussehen:

Frühjahrs-Verbandsspiele 1919 Neckargau, Bezirk III

FC Alemannia Ilvesheim	8	4	1	3	19:10	9:7
FC Germania Friedrichsfeld	6	4	0	2	15:7	8:4
FK Badenia Seckenheim	6	3	1	2	15:14	7:5
FG 1898 Seckenheim	6	2	1	3	5:15	5:7
FC Viktoria Neckarhausen	5	2	0	3	7:9	4:6
TV 1846 Mannheim	6	1	1	4	7:15	3:9

Die Mannschaft des FC Germania Friedrichsfeld in der Frühjahrs-Verbandsrunde 1919 Neckargau Bezirk III

Der Turn-Verein 1846 Mannheim bestritt am 2. März 1919 sein erstes Fußballspiel bei der FG 1898 Seckenheim, nachdem er seinen Spielbetrieb kriegsbedingt hatte einstellen müssen, und erreichte ein 2:2 Unentschieden; der „General-Anzeiger" schrieb dazu:

„Was den Turnern an Zusammenspiel noch fehlte, ersetzten sie durch Spieleifer und Schnelligkeit."

Diese Verbandsrunde bescherte Seckenheim das erste Derby zwischen FK Badenia Seckenheim und FG 1898 Seckenheim um Punkte, das „Badenia" klar mit 3:0 Toren für sich entscheiden konnte.

Der *Bezirk IV* hatte am meisten unter Spielabsagen und Abbrüchen zu leiden. Während mancher Verein an einigen Spieltagen keine elf Spieler für eine Mannschaft zusammen bekommen konnte, traten andere Vereine gleich mit drei Teams an, so beispielsweise am 16. März 1919:

FC Alemannia 1918 Rheinau – SV 05 Neckarau 7:1
FC Alemannia 1918 Rheinau II – SV 05 Neckarau II 3:2
FC Alemannia 1918 Rheinau III – SV 05 Neckarau III 3:1

Es war dies übrigens das erste bekannte Auftreten des *Fußball-Club Alemannia 1918 Rheinau*, der erst am 18. November 1918 im Lokal „Altes Relaishaus" in der Relaisstraße 56 gegründet worden war. Initiator und 1. Vorsitzender war Philipp Blümmel. Der Rheinauer Club hatte seinen ersten Spielplatz an der Rheinau-Schule, später auf dem ehemaligen Platz des Turn-Vereins 1846 Mannheim am Pfingstbergweiher.

Einen *Fußballklub Alemannia Rheinau* gab es aber schon 1904. In seiner Ausgabe vom 21. Juli 1904 berichtete der „General-Anzeiger", daß eben dieser Club am 24. Juli 1904 „ein Waldfest mit Ausfechtung von Wettspielen, Volksbelustigungen, einem Festzug und einem Konzert im „Badischen Hof" veranstaltet"; eine entsprechende Anzeige befand sich ebenfalls in dieser Zeitung. Vom 13. November 1904 ist ein Spiel zwischen FK Alemannia Rheinau und Fußball-Gesellschaft Germania 03 Sandhofen bekannt, das Sandhofen mit 2:0 Toren gewann. Die nächste Meldung stammt dann aus dem Jahre 1912. Nachdem der Deutsche Arbeiter- Turn- und Sportbund das Fußballspiel im Jahre 1912 als Sportsparte aufgenommen hatte, gründete der

Fußball-Gesellschaft 1898
Seckenheim
Die Mannschaft 1919
v. l. stehend: Hesse, Ruf, Schmich, Schmitt, Erhard, Erny, Blümmel; kniend: Wagner, Beck und Ditsch

Die Mannschaft des Arbeiter-Turn- und Sportverein Rheinau zusammen mit der des Arbeiter-Turn- und Sportverein Feudenheim, der kurz nach Kriegsende 1918 gegründet worden war.

Rheinau kniend in weißen Hemden v. l.: E. Weber, W. Thorn, Gg. Reck, G. Weber, L. Schäfer, W. Brox, A. Heck, K. Knecht, K. Geörg, Scheidt, Mückenmüller

Arbeiter Turnverein Rheinau (gegründet 1901) eine Fußballabteilung, die schon nach kurzer Zeit unter dem Namen *Arbeiter Turn- und Sportverein Rheinau* mit zwei Mannschaften den Spielbetrieb überwiegend innerhalb der Arbeiter-Sportbewegung aufnahm.

Der *Sportverein 05 Neckarau* trat an jenem 16. März 1919 unter diesem Namen erstmals auf; es handelte sich um eine allerdings nur kurzfristige Absplitterung, die bei der Auflösung der Kriegsmannschaft Neckarau 1918 entstanden war.

Beim Abbruch der Verbandsspiele Ende Mai 1919 ergab sich im Bezirk IV folgender, sehr unvollständiger Tabellenstand:

Frühjahrs-Verbandsspiele 1919 Neckargau, Bezirk IV

FG Plankstadt	3	2	0	1	11:3	4:2
FV 1910 Schwetzingen	3	2	0	1	4:4	4:2
FVg 1898 Schwetzingen	1	1	0	0	3:0	2:0
FC Alemannia Rheinau	2	1	0	1	8:3	2:2
Sport 06 Ketsch	3	1	0	2	12:11	2:4
SV 05 Neckarau	3	1	0	2	4:19	2:4

Ausklang der letzten Kriegs-Saison 1918/19

Die letzte Kriegs-Saison 1918/1919 endete in Mannheim mit einer Fülle interessanter Freundschaftsspiele. Mit dem

V.f.R.-Platz
Sonntag nachm. 3 Uhr
internationales
Fussballspiel
V.f.R. - Nordstern-Basel
145 (Schweiz).

angehenden Schweizer Meister Nordstern Basel gastierte am 21. April 1919, Ostersonntag, der erste ausländische Club nach dem Ersten Weltkrieg in Mannheim. Eine teilweise neuformierte VfR-Elf in der Aufstellung mit

Andries – Ludwig, Freiländer – Durler, Sohns, Au – Breitenbacher, Lang, Fleischmann, Hook und Philipp

besiegte die Schweizer Gäste vor 5 000 Zuschauern mit 2:0 Toren; Lang und Hoog mit Elfmeter hießen die Torschützen des VfR Mannheim. Nach dem Spiel wurde die Deutsch-Schweizer Fußballfreundschaft neu besiegelt, wie einem Bericht im „General-Anzeiger" vom 24. April 1919 zu entnehmen ist:

„F.-C. Nordstern-Basel in Mannheim. Im Restaurant „Faust" waren nach dem Spiel am Ostersonntag die Gäste und die Mitglieder des Vereins für Rasenspiele versammelt. Herr Professor Dr. Streibich, der 1. Vorsitzende des V.f.R. begrüßte die Anwesenden und dankte den Schweizern für ihr glänzendes Spiel. Er gab der Hoffnung Ausdruck, daß nach den 4 Jahren Krieg es dem V.f.R. wieder möglich sein werde, die vor dem Weltenbrand gepflegten Beziehungen auch jetzt wieder aufnehmen zu können, damit die Förderung der Volkskraft, der Zweck des Vereines, zum Segen aller werde. Als äußeres Zeichen der Anerkennung überreichte er den Schweizer Spielern die Abzeichen des V.f.R. In beredten Worten dankte der Präsident der Schweizer Gäste, Herr Serauer. Er sei sehr angenehm berührt von der vorzüglichen Aufnahme, die er in Mannheim gefunden. Er habe konstatieren können, daß der deutsche Rasensport, speziell der Süddeutschlands, trotz der 4 Jahre Krieg sich noch auf alter Höhe befinde. Im Auftrage seines Vereines überreichte er zur Erinnerung an die schönen Stunden ein Bild Basels mit dem Rheinstrom, womit er den Wunsch verband, daß die freundschaftlichen Beziehungen des F.-C. Nordstern zu dem V.f.R. in ihrer Stetigkeit und Treue dem schönen Strome gleichen mögen. Allseitige begeisterte Zustimmung dankte dem Sprecher für dieses mannhafte Bekenntnis zum deutschen Sport und der ausgebrachte Sportruf wurde ebenso herzlich erwidert. Gesangliche und humoristische Darbietungen, sowohl der Gäste wie der Einheimischen, verschafften den Anwesenden unter der vorzüglichen Leitung des Herrn Weinreich einige Stunden ungetrübten Beisammenseins. Besonderen Anklang fand Herr Afflerbach (Basel) mit seinen humoristischen Vorträgen in „Schwyzer Dütsch"."

Einen Neuanfang gab es im Frühjahr 1919 auch beim Sport-Club 1912 Nekkarstadt, der nach mehrjähriger kriegsbedingter Unterbrechung seinen Spielbetrieb wieder aufnahm und dem Verband Süddeutscher Fußball-Vereine beitrat. Die Mannschaft v. l. stehend: F. Schmitt, Molfenter, Zeissluft, Dengler, Lacher, Bossert, Zier, Alles, Lorentz, Röhrborn, Schwab; liegend: Schmitt, Schweitzer

Einen Tag später beschied eine Kombination FC Nordstern Basel/VfR Mannheim dem Vorort Neckarau sein erstes internationales Treffen. Auf dem Platz des TB Jahn Neckarau schlug die Fußball-Vereinigung Neckarau diese Kombination durch Treffer von Fritz Arnold und Ludwig Wilhelm mit 2:1 Toren.

Der Sportverein Waldhof besiegte am Karfreitag, 19. April 1919, in Frankfurt den dortigen Fußball-Verein Amicitia und 1902 Frankfurt mit 4:2 Toren durch Treffer von Schwärzel und Herberger, die jeweils zweimal erfolgreich waren; die Presse berichtete zu diesem Spiel:

> „Ein in Frankfurt noch nie vorgeführtes, überaus reiches Kombinationsspiel der Waldhof-Mannschaft ermattet vollständig den Gegner und zwingt die Frankfurter zur dauernden Defensive."

Ebenfalls am 19. April 1919 verlor der TB Jahn Neckarau bei Kickers Aschaffenburg mit 4:0 Toren und einen Tag später unterlag der MFC Phönix 02 dem 1. FC Freiburg knapp mit 2:3 Toren. Mit Union Stuttgart weilte am 1. Juni 1919 wieder eine Stuttgarter Mannschaft in Mannheim und trennte sich vom VfR Mannheim 3:3 unentschieden.

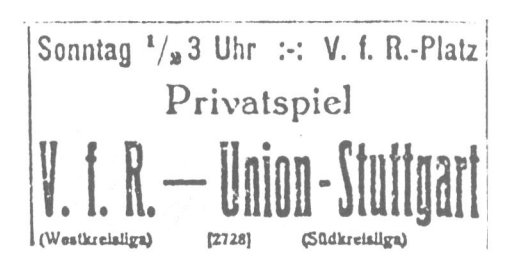

Mit einem Großaufgebot von jeweils fünf Mannschaften standen sich am 1. Juni 1919 der MFC 08 Lindenhof und der SC Käfertal gegenüber. Der „General-Anzeiger" berichtete darüber am 6. Juni 1919:

> „Sportplatz am Waldpark. Das große, langerwartete Treffen zwischen dem Mannheimer Fußball-Club 1908 Lindenhof und dem Sport-Club Käfertal, das den Schluß der Frühjahrsrunde bilden sollte, fand am vergangenen Sonntag statt. Vergebens wartete man auf einen erfrischenden Regen, der den Spielern ihre Arbeit in der glühenden Sonnenhitze erleichtern sollte. Aber trotzdem kann man die Leistungen beider Vereine als gut bezeichnen. Die Lindenhöfer zeigten sich überlegen. Es ist an und für sich nicht zu verkennen, daß von beiden Vereinen wirklich vieles im Interesse des Fußball-Sportes getan wurde, wenn sie sich mit 5 Mannschaften ein halbes Jahr nach Ende des Krieges auf dem Rasen gegenübertreten konnten. Was die Mannschaften geleistet haben, läßt sich aus den Resultaten ersehen, die alle, mit Ausnahme von denen der 1. Mannschaften, die unentschieden spielten, sehr hoch zu Gunsten der Blauroten ausfielen. Die Spiele selbst endigten bei den 1. Mannschaften 1:1, 2. Mannschaften 5:2, 3. Mannschaften 7:0, 4. Mannschaften 12:0, 5. Mannschaften 8:2 für Mannheimer Fußball-Club 1908 Lindenhof."

Hochbetrieb herrschte über die Pfingstfeiertage in Mannheim. Am Pfingst-Samstag, 7. Juni 1919, schlug der VfR Mannheim den FC Duisburg mit 3:0 Toren und der FC Viktoria Feudenheim unterlag Union Niederrad mit 0:1 Toren; FC Hertha Mannheim verlor bei Germania Böckingen mit 4:1 Toren.

Einen Tag später schlug der SV Waldhof den Sport-Club Bürgel/Frankfurt mit 3:2 Toren. Pfingst-Montag schließlich, 9. Juni 1919, unterlag MFC Phönix 02 dem Fußball-Verein Frankfurt mit 0:1 Toren. An Fronleichnam, 19. Juni 1919, spielten

SV Waldhof – FC Mühlburg	2:0
MFC 08 Lindenhof – FC Hertha Karlsruhe	4:2
MFC Phönix 02 – FC Beiertheim	8:2
VfR Mannheim – 1. FC Pforzheim	2:3

Am 16. Juli 1919 trat mit dem FC Pfalz Ludwigshafen sieben Monate nach der totalen Blockade der Pfalz durch französische Besatzungstruppen wieder eine linksrheinische Mann-

schaft in Mannheim an. Auf dem Waldhof-Platz stellten sich an diesem Mittwoch-Abend folgende Mannschaften den 3 000 Zuschauern:

Waldhof: Lohrmann – Engelhardt, Müller – Strauch, Endemann, Lidy – Willmann, Höger, Hutter, Herberger, Skudlarek

„Pfalz": Lipp – Rettelbach, Herd – Rillig I, Schäfer, Rillig II – Linnebacher, Schwab, Doland, Anhäuser, Henn.

Der Sportverein Waldhof erstmals mit dem legendären „H-Innensturm", nachdem Hutter vom FC Hertha Mannheim zu den Waldhöfern gekommen war. Mit drei Toren führte er sich beim 4:0 Sieg optimal ein.

Auf der Generalversammlung des Mannheimer Fußball-Club Phönix 02 am 26. Juli 1919 wurde die lange erwartete Fusion mit dem Mannheimer Fußball-Klub 1912 vollzogen. Zum 1. Vorsitzenden wählte die Versammlung Jean Nastoll (Phönix), zum 2. Vorsitzenden den ehemaligen „Viktorianer" Krumm. Der „General-Anzeiger" würdigte diesen Zusammenschluß mit folgenden Worten:

„Zusammenschluß im Fußballsport Mannheim. Der gut bekannte Mannheimer Fußballklub „Viktoria" hat sich aufgelöst und mit dem weit über Süddeutschland hinaus bestbekannten Mannheimer „Phönix" vereinigt. Viktoria Mannheim, das eine Reihe gut talentierter Spieler besaß, brachte dadurch dem Mannheimer Phönix einen wertvollen Spielerzuwachs. Es ist zu begrüßen, wenn durch diesen Zusammenschluß der Mannheimer Fußballsport einen neuen Aufschwung und Erstarkung erfährt, um mit anderen Fußballzentralen würdig konkurrieren zu können. Den aus der Viktoria stammenden Spielern ist zu wünschen, daß es ihnen vergönnt sein möge, im Verein mit den erprobten Phönixkämpen, im kommenden Verbandsjahr schöne Erfolge für ihre neuen Vereinsfarben zu erkämpfen."

Nach fast vierjähriger Spielpause meldete sich am 27. Juli 1919 der VfB 1913 Mannheim-Waldhof mit dem Treffen gegen FC Fortuna Edingen (1:1) zurück; gespielt wurde auf einem Platz an der Oppauerstraße am sogenannten „Chinin-Berg" der Firma Boehringer. Der Sportverein Waldhof beendete die Saison mit zwei Spielen gegen Sport-Club Käfertal: am 13. Juli 1919 gewannen die Waldhöfer mit 7:2 Toren, aber eine Woche später schlug sich Käfertal mit einer knappen 5:4 Niederlage recht wacker. Der Sport-Club Käfertal kam zudem am 17. August 1919 zu einer großen Ehre: Der Rasensportverband Karlsruhe hatte ein Propagandaspiel seiner Stadtmannschaft gegen Mannheim geplant, das Mannheim wegen anderweitiger Verpflichtungen der Vereine Phönix, Waldhof und VfR absagen mußte. Die Schiedsrichtervereinigung bestimmte stattdessen den Sport-Club Käfertal, der sich vor über 3 000 Zuschauern trotz der 5:1 Niederlage sehr achtbar schlug und mit viel Beifall verabschiedet wurde; Käfertal spielte mit folgender Mannschaft:

Herrmann – Geiger I, Pfanz – Hoffmann, Götz, Dielmann – Benzinger, Gleißner, Reiß, Geiger II und Beckenbach.

Der *MFC Phönix/Viktoria* bestritt nach der Fusion noch zwei Spiele: am 10. August 1919 wurde der FC Mühlburg hoch mit 8:3 Toren geschlagen, dagegen verlor man eine Woche später gegen den FC Phönix Karlsruhe etwas überraschend mit 0:2 Toren.

Auch in Neckarau tat sich zum Saisonende noch einiges. Am 7. August 1919 unterlag die *Sportvereinigung Viktoria 1919 Neckarau* in ihrem vermutlich ersten Spiel gegen TB Jahn Neckarau mit 3:5 Toren. Die Fußball-Vereinigung 07 Neckarau feierte am 24. August 1919 ein Großereignis; mit einem 3:1 Sieg über den 1. Ballspiel-Club Pforzheim weihte sie ihren neuen Platz an der Altriper Fähre ein.

Der „General-Anzeiger" schrieb zur Platzeinweihung:

„Fußball. Dem Beispiele der Mannheimer Ligavereine folgend, hat sich nun auch die Fußball-Vereinigung Neckarau unter großen finanziellen Opfern einen eigenen eingefriedigten Sportplatz im Stadtteil Neckarau an der „Altriper Fähre", Haltestelle der elektr. Straßenbahn und der Hauptbahn „Altriper Straße", geschaffen, der nach seiner vollständigen Vollendung den übrigen Spielplätzen unserer Stadt in nichts nachsteht und wo Fußball- und 1 Faustballfeld, sowie 1 Laufbahn und genügend Platz für Leichtathletik besitzt. Der Platz hat eine Größe von ca. 15 000 Quadratmeter und ist modern, d. h. oval abgegrenzt, so daß man von jeder Stelle aus ungestört das ganze Spielfeld übersehen kann.

Möge es nun dem strebsamen Verein, der lange Zeit ohne Platz war und sämtliche Spiele gegen die stärksten Mannheimer Ligamannschaften auf dessen Plätze austragen mußte, vergönnt sein, in der Ligaklasse Aufnahme zu finden, damit er für seine großen Opfern, die er dem edlen Sport gebracht hat, belohnt wird."

In Seckenheim, einer der ersten Vororte Mannheims, der 1898 mit einem Fußballverein aufwarten konnte, schlossen sich im Herbst 1919 die Fußball-Gesellschaft 1898 Seckenheim und der Fußball-Club Badenia 1914 Seckenheim zur *Fußball-Vereinigung 1898 Seckenheim* zusammen. Initiator dieses Zusammenschlusses und Vorsitzender des neuen Vereins war Gustav Merklein.

Fußball-Vereinigung 07 Neckarau
Einweihung des Platzes an der Altriper Fähre am 24. August 1919
v. l. Fritz Arnold, Wilhelm Ludwig, Jakob Zeilfelder, Ludwig Brose, B. Hennhöfer, Jean Brucker, Karl Gast, Adam Oehlschläger, Wilhelm Kraus, Valentin Schreiber und Karl Gärtner

Der Fußball-Verein Fortuna 1911 Heddesheim konnte erst nach Kriegsende 1919 wieder eine Mannschaft aufstellen, die immer noch dem bereits erwähnten „Verein für Rasensport" mit Sitz in Heidelberg angehörte. Das Bild zeigt von links stehend: H. Gölz, M. Keller, H. Alles, J. Kohl, A. Edinger, G. Schmitt, Ch. Schmitt, Karl Stürmer und den 2. Vorsitzenden M. Menz; untere Reihe: K. Felz, K. Eichler, P. Kettner.

Einen Neubeginn gab es 1919 auch in Wallstadt. Der Fußball-Club 1919 Wallstadt und der Sportverein 1914 Wallstadt, beide in den letzten Jahren überraschend wenig in Erscheinung getreten, schlossen sich unter Führung von Oskar Stutz zur *Sportvereinigung 1919 Wallstadt* zusammen.

Anzeige im „General-Anzeiger" vom 1. August 1919 (Mittags-Ausgabe)

Neueinteilung des Verbandsgebietes

Von großer Bedeutung für die Neuorientierung des Fußballsports in Süddeutschland und damit auch für den Raum Mannheim wurde der 1. Verbandstag des Süddeutschen Fußball-Verbandes nach dem Ersten Weltkrieg, der am 30. und 31. August 1919 in Heilbronn stattfand. Hier stellten über 1000 Delegierte, die über 800 Vereine vertraten, die Weichen für die Zwanziger Jahre durch eine straffe Neueinteilung des gesamten Verbandsgebietes in vier Gruppen und neun Kreise; es waren dies:

I.	Nord – Gruppe	
	1. Mittelmain – Kreis	
	2. Westmain – Kreis	
II.	Ost – Gruppe	
	1. Kreis Südbayern	
	2. Kreis Nordbayern	
III.	Süd – Gruppe	
	1. Kreis Schwaben	
	2. Kreis Baden	

IV. West – Gruppe
1. Neckar – Kreis
2. Rhein – Kreis

In der *West – Gruppe* gab es eine Besonderheit, denn der *Rhein – Kreis* mußte wegen der Besetzung der Pfalz durch französische Truppen und den damit verbundenen Schwierigkeiten bezüglich der Freizügigkeit des Reiseverkehrs unterteilt werden in einen *Pfalz – Kreis* und *Odenwald – Kreis;* in letzterem spielten die Mannheimer Vereine.

Damit endete eine lange Phase ständig wechselnder Einteilungen der Vereine zu jeweils verschiedenen Kreisen, worunter besonders die Mannheimer Vereine zu leiden hatten. Ferner wurde die Einführung von Verbandsspielen für Junioren bis zu 18 Jahren und für Alt-Herren über 32 Jahren beschlossen.

Den Abschluß dieses Verbandstages bildete ein „Propagandawettspiel" zwischen dem VfR Heilbronn und dem SV Waldhof, das die Waldhof-Mannschaft mit 2:0 Toren gewann.

Epilog

Mit der Spielzeit 1918/1919 endete nicht nur die letzte Fußball-Saison in Kriegszeiten, mit ihr ging in Fußball-Deutschland und somit auch in Mannheim eine Ära zu Ende. Die Ära der Steinzeit des Fußballspiels, wie die Anfänge gerne genannt werden, über die Pionierzeit, gemeint ist die lange Phase der Gründerzeit, bis hin zu den Jahren 1913/1914, als eine Zeit der Konsolidierung abrupt unterbrochen wurde durch den Ausbruch des Ersten Weltkrieges.

Vom Jahre 1896, dem Gründungsjahr des ersten Fußballvereins in Mannheim, bis zum Spätsommer des Jahres 1919 erlebte unsere Stadt mit ihren Vororten und der näheren Umgebung das Kommen und Gehen von etwa 180 Fußball-Clubs und Vereinen. Tausende, Zehntausende von Fußballspielern kannten in dieser Zeit nur ein Ziel: Gewinnen wollen um des Gewinnens Willen! Ihr persönlicher Erfolg, der ihrer Mannschaft und ihres Vereins standen im Vordergrund; nur das zählte, sonst nichts. Ein Gewinnen-Müssen kannte man – noch – nicht.

Persönliche Opferbereitschaft für den Fußballsport, für den eigenen Verein, galt als Selbstverständlichkeit. Die Vereine wurden zur Keimzelle einer Sportentwicklung, die auch nicht durch die Schrecken der Kriegsjahre aufzuhalten war. Bremsen konnten die Kriegswirren zwar; aber abgesehen von nur kurzen Zeitspannen wurde – entgegen der bisher weit verbreiteten Ansicht –, während aller Kriegsjahre in Mannheim Fußball gespielt; selbst im Felde. Beweis dafür, daß der Fußballsport zu einer Institution geworden war, die man aus dem Leben dieser Zeit – genau wie der heutigen – nicht mehr wegdenken konnte. Und jeder dieser etwa 180 Clubs und Vereine steuerte seinen Anteil, mag er auch noch so klein gewesen sein, zur Entwicklung des Fußballsports in Mannheim bei und trug damit den Namen der Stadt hinaus ins Land, in die Ferne. Zur Ehre Mannheims.

Statistik

Ergebnisse von Verbandsspielen/Meisterschaftsrunden, an denen Vereine aus Mannheim und der näheren Umgebung beteiligt waren. Plazierungen und Tabellen sind in den jeweiligen Kapiteln genannt.

Saison 1898/1899

1. Verbandswettspiele

16. 10. 1898	MFG 1896 – MFG Union 1897	13:0
4. 12. 1898	MFG 1896 – FC Germania Frankfurt	7:1
18. 12. 1898	MFG 1896 – FK Pforzheim	1:2

Saison 1899/1900

2. Verbandswettspiele
(1. Bundeswettspiele des Mannheimer Fußballbundes)

30. 10. 1899	MFG 1896 – MFC Viktoria 1897	7:0
	MFG Union 1897 – MFG Germania 1897	0:0
5. 11. 1899	MFG 1896 – MFG Union 1897	8:0
	MFV 1898 – MFC Viktoria 1897	2:1
12. 11. 1899	MFG 1896 – MFV 1898	9:0
	MFG Union 1897 – MFC Viktoria 1897	1:1
19. 11. 1899	MFG 1896 – MFG Germania 1897	10:0
	MFV 1898 – MFG Union 1897	5:3

Meister: Mannheimer Fußball-Gesellschaft 1896

Spiele um den Meisterschaftspokal des Verbandes Süddeutscher Fußball-Vereine

26. 11. 1899	1. Hanauer FC 1893 – MFG 1896	0:3
11. 3. 1900	MFG 1896 – Karlsruher FV	1:2

Saison 1900/1901

Wurden keine Verbandsspiele ausgetragen!

Saison 1901/1902

3. Verbandswettspiele
(2. Bundeswettspiele um die Pfalzgau-Meisterschaft)

20. 10. 1901	MFG 1896 – MFG Union 1897	5:0
19. 1. 1902	MSC Germania 1897 – MFG Union 1897	0:5
26. 1. 1902	MFG Union 1897 – MFG 1896	1:1
23. 2. 1902	MFC Viktoria 1897 – MSC Germania 1897	8:1
2. 3. 1902	MFG 1896 – MFC Viktoria 1897	6:0

Verbandsspiele wurden Anfang März 1902 abgebrochen

Saison 1902/1903

Keine Teilnahme Mannheimer Vereine an den Verbandswettspielen

Saison 1903/1904

Offizielle Wettspiele des Pfalzgau-Ausschusses vom Verband Süddeutscher Fußball-Vereine

18. 10. 1903	MFG 1896 – MSC Germania 1897	5:0
25. 10. 1903	MFG 1896 – MFC Viktoria 1897	6:0
1. 11. 1903	MFC Viktoria 1897 – MSC Germania 1897	5:0
8. 11. 1903	MFC Viktoria 1897 – MFG Union 1897	4:3
15. 11. 1903	MFG 1896 – MFG Union 1897	7:0

Meister: Mannheimer Fußball-Gesellschaft 1896

Spiele um den Süddeutschen Verbandspokal

13. 3. 1904	MFG 1896 – Karlsruher FV	0:4

Saison 1904/1905

Wettspiele des Verbandes Süddeutscher Fußball-Vereine um die Meisterschaft des Pfalzgaus
(Erstmals in 3 Klassen)

16. 10. 1904	FG 98 Schwetzingen I – MFC Viktoria II	2:2
	FC Pfalz Ludwigshafen I – MFC Viktoria III	0:0
30. 10. 1904	MFC Viktoria II – ASC Heidelberg I	4:1
	MFG Union – MSC Germania	5:0
	MFG Union II – MFC Phönix I	4:0
	MCF Viktoria III – MFC Phönix II	3:5
6. 11. 1904	MFC Viktoria – MFG 1896	5:0
	MFC Viktoria II – MFG 1896 II	10:0
	MFC Viktoria III – MFG 1896 III	2:2
13. 11. 1904	MFG 1896 – MSC Germania	0:5
	MFG 1896 II – MFC Phönix I	0:3
	MFG Union II – Vg. Schwetzingen I	8:1
20. 11. 1904	ASC Heidelberg – MFC Phönix	0:5
	FC Pfalz Ludwigshafen I – MFC Phönix II	0:4
27. 11. 1904	Vg Schwetzingen – ASC Heidelberg	5:0
	MFC Viktoria II – MFC Phönix I	5:0
	MFC Viktoria III – MFC Phönix II	0:5
4. 12. 1904	MFC Viktoria – MSC Germania	2:1
	ASC Heidelberg I – MFG 1896 II	0:5
	MFG 1896 III – FC Pfalz Ludwigshafen I	7:1
	MFC Phönix – Vg Schwetzingen	5:6

Meister Klasse 1: MFG Union 1897
Meister Klasse 2: MFC Viktoria 1897 II
Meister Klasse 3: MFC Phönix 02 II

Saison 1905/1906

Verbandswettspiele im Neckargau

15. 10. 1905	MFC Viktoria – FK Olympia Darmstadt	2:1
	FK Olym. Darmstadt II – MFC Vikt. II	3:1
	MFC Vikt. III – FK Olym. Darmstadt III	2:4
	MFG 1896 II – MFG Union II	6:2
	MFG 1896 III – MFC Phönix III	7:0
22. 10. 1905	FG Germ. Sandhofen I – MFG 1896 III	5:1
29. 10. 1905	MFC Viktoria – MFG 1896	4:3
	MFG 1896 II – MFC Viktoria II	2:1
	MFG 1896 III – MFC Viktoria III	9:0
5. 11. 1905	MFG 1896 – MFC Phönix	2:0
	MFG 1896 II – MFC Phönix II	2:0
	MFG 1896 III – FK Pfungstadt I	4:1
	MFC Viktoria – MFG Union	2:2
	MFG Union II – MFC Viktoria II	8:0
12. 11. 1905	FC Olym. Darmstadt – MFC Viktoria	4:10
	MFC Viktoria II – FG 98 Seckenheim I	2:4
	MFC Viktoria III – FG Germ. Sandhofen I	1:12
19. 11. 1905	FC Olym. Darmstadt – MFG 1896	1:2
	FC Olym. Darmstadt II – MFG 1896 II	1:2
	MFG 1896 III – FC Olym. Darmstadt III	5:0
26. 11. 1905	MFG Union – MFG 1896	0:1
	FK Ladenburg I – MFG 1896 III	0:8
10. 12. 1905	MFG 1896 – FC Olym. Darmstadt	4:1
17. 12. 1905	FC Pfalz Ludwigshafen I – MFC Vikt. III	2:3

Meister Klasse 1: MFC Viktoria 1897
Meister Klasse 2: MFG Union 1897 II
Meister Klasse 3: MFG 1896 III

Spiele um die Süddeutsche Meisterschaft

17. 12. 1905	MFC Viktoria – FC Viktoria Frankfurt	4:2
26. 12. 1905	MFC Viktoria – FK Hanau 93	3:9
25. 2. 1906	FC Viktoria Frankfurt – MFC Viktoria	3:3
11. 3. 1906	FK Hanau 93 – MFC Viktoria	5:1

Saison 1906/1907

Verbandsspiele im Neckargau

14. 10. 1906	MFC Viktoria – MFC Phönix	5:1
	MSC Germania – MFG Union	2:2
	MFG 1896 II – FG 03 Ludwigshafen I	10:0
21. 10. 1906	MFC Viktoria – MSC Germania	7:0
	FG Olym. Darmstadt – MFG 1896	1:3
28. 10. 1906	FG Olym. Darmstadt – MFG Union	1:4
	MFG 1896 – MSC Germania	10:0
4. 11. 1906	MFG 1896 – MFC Viktoria	5:1
11. 11. 1906	MSC Germania – MFC Phönix	3:5
	MFG 1896 – MFG Union	3:2
18. 11. 1906	MFC Viktoria – MFG Union	2:3
	MFG 1896 – MFC Phönix	3:2
	FK Ladenburg I – MSC Germania II	9:0
25. 11. 1906	MFG Union – MSC Germania	6:0
	MFC Phönix – MFC Viktoria	1:5
	FK Ladenburg I – FC Germania Ludwigshafen I	5:3
2. 12. 1906	MSC Germania II – FC Phönix Ludwigsh. I	11:0
16. 12. 1906	MFG 1896 – MFC Viktoria	2:2
23. 12. 1906	MFG Union – MFC Viktoria	0:2

Meister Klasse 1: MFG 1896
Meister Klasse 2: MFG Union II
Meister Klasse 3: MFG 1896 III

Spiele um die Süddeutsche Meisterschaft

20. 1. 1907	SV Wiesbaden – MFG 1896	2:2
27. 1. 1907	MFG 1896 – SV Wiesbaden	4:0
10. 2. 1907	MFG 1896 – FC Amicitia Bockenheim	3:1
24. 3. 1907	MFG 1896 – FC 1893 Hanau	2:1

Saison 1907/1908

Verbandsspiele im Neckargau
Klasse A:

22. 9. 1907	MFC Viktoria – MSC Germania	11:1
	MFG 1896 – MFC Phönix	0:4
29. 9. 1907	Union VfB – MSC Germania	3:2
	MFC Viktoria – MFG 1896	2:2
6. 10. 1907	Union VfB – MFC Phönix	4:2
	MFG 1896 – MSC Germania	6:2
13. 10. 1907	MFC Viktoria – Union VfB	3:3
20. 10. 1907	MFG 1896 – Union VfB	1:4
	MFC Viktoria – MFC Phönix	9:2
27. 10. 1907	MFC Viktoria – MSC Germania	5:3
	MFG 1896 – MFC Phönix	3:0
3. 11. 1907	MFG 1896 – MFC Viktoria	0:2
	MSC Germania – Union VfB	1:9
10. 11. 1907	Union VfB – MFC Phönix	5:1
	MFG 1896 – MSC Germania	3:1
17. 11. 1907	MFC Viktoria – Union VfB	5:1
24. 11. 1907	MFC Viktoria – MFC Phönix	1:3
	MFG 1896 – Union VfB	2:0
22. 12. 1907	MFC Viktoria – Union VfB	3:2
	(Protestspiel vom 17. 11. 1907)	

Meister: MFC Viktoria

Kreis-Spiele um die Süddeutsche Meisterschaft

26.	1.	1908	MFC Viktoria – FC Kickers Frankfurt	5:1
2.	2.	1908	MFC Viktoria – 1. FC Hanau 93	5:3
9.	2.	1908	FVg 1901 Bockenheim – MFC Viktoria	2:10
16.	2.	1908	FC Kickers Frankfurt – MFC Viktoria	0:6
23.	2.	1908	MFC Viktoria – FVg 1901 Bockenheim	10:0
1.	3.	1908	1. FC Hanau 93 – MFC Viktoria	5:2

Klasse B:

	Sandhofen	Frankonia	Feudenh.	Schwetz.
Sandhofen	–	2:2/5:0	4:3/2:1	6:4/2:1
Frankonia	2:2/0:5	–	5:4/4:2	0:6/2:6
Feudenheim	3:4/1:2	4:5/2:4	–	3:2/2:5
Schwetzingen	4:6/1:2	6:0/6:2	2:3/5:2	–

Meister: FG Germania Sandhofen

Saison 1908/1909

Südkreis – Verbandsspiele

20.	9.	1908	MFG 1896 – FC Freiburg	1:2
			Karlsruher FV – MFC Viktoria	9:0
			1. FC Pforzheim – Union VfB	5:1
27.	9.	1908	MFC Viktoria – FK Alemannia Karlsruhe	6:0
			MFG 1896 – 1. FC Pforzheim	2:3
			FC Freiburg – Union VfB	4:4
4.	10.	1908	Karlsruher FV – MFG 1896	5:4
			Sportfreunde Stuttgart – MFC Viktoria	4:5
11.	10.	1908	MFC Viktoria – 1. FC Pforzheim	4:4
			MFG 1896 – Union VfB	2:2
18.	10.	1908	MFC Viktoria – FC Kickers Stuttgart	0:4
			Sportfreunde Stuttgart – Union VfB	4:2
25.	10.	1908	MFC Viktoria – MFG 1896	5:3
1.	11.	1908	MFC Viktoria – FC Freiburg	3:1
			FC Kickers Stuttgart – Union VfB	3:0
			MFG 1896 – FV Straßburg	1:2
8.	11.	1908	MFC Viktoria – Union VfB	4:2
			FK Phönix Karlsruhe – MFG 1896	5:0
15.	11.	1908	Union VfB – FV Straßburg	4:1
			FK Phönix Karlsruhe – MFC Viktoria	4:0
			FC Kickers Stuttgart – MFG 1896	6:0
22.	11.	1908	MFG 1896 – FK Alemannia Karlsruhe	1:2
29.	11.	1908	MFC Viktoria – FV Straßburg	4:5
			MFG 1896 – Sportfreunde Stuttgart	4:1
			FK Phönix Karlsruhe – Union VfB	5:2
6.	12.	1908	MFC Viktoria – Karlsruher FV	1:3
			Union VfB – 1. FC Pforzheim	0:6
			FC Freiburg – MFG 1896	4:1
13.	12.	1908	Union VfB – FC Freiburg	3:2
			FK Alemannia Karlsruhe – MFC Viktoria	2:1
			1. FC Pforzheim – MFG 1896	4:0
20.	12.	1908	MFG 1896 – Karlsruher FV	1:2
			MFC Viktoria – Sportfreunde Stuttgart	1:1
3.	1.	1909	Union VfB – Karlsruher FV	2:0

Meister: FK Phönix Karlsruhe

B-Klasse Neckargau

11.	10.	1908	MFC Phönix – FG 1898 Seckenheim	4:1
20.	12.	1908	FG 1898 Seckenheim – FC Vikt. Feudenheim	5:0
22.	12.	1908	FG 1898 Seckenheim – FVg 98 Schwetzingen	5:4
27.	12.	1908	FC Vikt. Feudenheim – FG 98 Seckenheim	1:1

Meister: MFC Phönix 02

Spiele um die Süddeutsche Meisterschaft

28.	3.	1909	FV Hagenau – MFC Phönix 02	4:4
4.	4.	1909	MFC Phönix 02 – FV Hagenau	2:0
11.	4.	1909	PTV Ulm – MFC Phönix 02	1:2
18.	4.	1909	MFC Phönix 02 – PTV Ulm	2:1

Süddeutscher Meister: MFC Phönix 02

C-Klasse Neckargau, Abteilung 1

4.	10.	1908	FG Ladenburg – SV Waldhof	1:8
			FK Vikt. Heidelberg – FC Sport Schwetzingen	2:1
11.	10.	1908	SV Waldhof – FK Vikt. Heidelberg	5:4
			FC Sport Schwetzingen – FG Ladenburg	5:2
18.	10.	1908	SV Waldhof – FC Sport Schwetzingen	4:1
			FG Ladenburg – FK Vikt. Heidelberg	0:2
25.	10.	1908	FC Sport Schwetzingen – FK Vikt. Heidelberg	1:1
1.	11.	1908	FG Kickers Mannheim – SV Waldhof	3:1
			FK Vikt. Heidelberg – FG Ladenburg	8:0
8.	11.	1908	FK Vikt. Heidelberg – SV Waldhof	4:0
15.	11.	1908	FC Sport Schwetzingen – SV Waldhof	2:1
			SV Helvetia Mannheim – FK Vikt. Heidelberg	2:1
22.	11.	1908	FG Kickers Mannheim – FK Vikt. Heidelberg	1:0
6.	12.	1908	FC Sport Schwetzingen – FG Kickers Mannheim	1:2
13.	12.	1908	FK Vikt. Heidelberg – SV Helvetia Mannheim	0:3
20.	12.	1908	FK Vikt. Heidelberg – FG Kickers Mannheim	3:0

Meister: FG Kickers Mannheim

C-Klasse Neckargau, Abteilung 2

20.	9.	1908	MFC 08 Lindenhof – SG Olympia Mannheim	2:3
27.	9.	1908	FG Palatia Mannh. – SG Olympia Mannh.	16:0
4.	10.	1908	SG Olympia Mannh. – FG Concordia Mannh.	5:2
11.	10.	1908	FG Concordia Mannheim – FC Alem. Ilvesheim	4:3
			MFC 08 Lindenhof – SG Olympia Mannheim	3:3

18. 10. 1908	FC Alem. Ilvesheim – SG Olympia Mannheim	3:6
8. 11. 1908	MFC 08 Lindenhof – FG Concordia Mannheim	3:1
13. 12. 1908	FG Palatia Mannheim – SG Olympia Mannheim	1:6
17. 1. 1909	SG Olympia Mannh. – FG Concordia Mannh.	5:1

Meister: SG Olympia Mannheim

Saison 1909/1910

Liga-Verbandsspiele des Neckargaues im Westkreis

26. 9. 1909	MFG 1896 – FC Olympia Darmstadt	5:1
	FG 03 Ludwigshafen – MFC Viktoria	2:3
3. 10. 1909	Union VfB – FV Kaiserslautern	4:2
	MFG 1896 – FC Pfalz Ludwigshafen	1:3
17. 10. 1909	FC Olympia Darmstadt – MFC Viktoria	7:3
	Union VfB – MFC Phönix	0:1
24. 10. 1909	MFG 1896 – Union VfB	2:0
	MFC Viktoria – SC Germania Ludwigshafen	1:0
	MFC Phönix – FC Olympia Darmstadt	5:0
31. 10. 1909	MFC Viktoria – FV Kaiserslautern	4:1
	MFC Phönix – MFG 1896	2:6
7. 11. 1909	Union VfB – FC Olympia Darmstadt	1:1
	MFC Viktoria – FC Pfalz Ludwigshafen	1:0
	FV Kaiserslautern – MFG 1896	2:1
	SC Germania Ludwigshafen – MFC Phönix	2:5
21. 11. 1909	MFG 1896 – SC Germania Ludwigshafen	8:0
	Union VfB – FC Pfalz Ludwigshafen	2:1
	FG 03 Ludwigshafen – MFC Phönix	1:3
28. 11. 1909	MFC Viktoria – Union VfB	2:1
	FC Pfalz Ludwigshafen – MFC Phönix	0:2
5. 12. 1909	MFG 1896 – MFC Viktoria	4:1
	MFC Phönix – FV Kaiserslautern	0:3
12. 12. 1909	MFC Viktoria – FG 03 Ludwigshafen	2:3
	Union VfB – SC Germania Ludwigshafen	3:0
	FC Olympia Darmstadt – MFG 1896	0:4
19. 12. 1909	FV Kaiserslautern – Union VfB	3:2
	FC Pfalz Ludwigshafen – MFG 1896	0:11
	MFC Viktoria – MFC Phönix	1:1
9. 1. 1910	MFC Viktoria – FC Olympia Darmstadt	2:2
	Union VfB – MFC Phönix	2:1
16. 1. 1910	MFG 1896 – MFC Phönix	4:1
	FG 03 Ludwigshafen – Union VfB	1:1
23. 1. 1910	MFG 1896 – FV Kaiserslautern	3:1
	FC Olympia Darmstadt – Union VfB	3:2
	FC Pfalz Ludwigshafen – MFC Viktoria	0:4
	MFC Phönix – SC Germania Ludwigshafen	3:1
30. 1. 1910	MFC Phönix – FG 03 Ludwigshafen	4:1
	FC Pfalz Ludwigshafen – Union VfB	0:8
	SC Germania Ludwigshafen – MFG 1896	0:6
13. 2. 1910	FV Kaiserslautern – MFC Phönix	3:0
20. 2. 1910	Union VfB – MFG 1896	2:9
27. 2. 1910	Union VfB – MFC Viktoria	2:0
	MFC Phönix – FC Pfalz Ludwigshafen	1:1

Meister: MFG 1896

Spiele um die Süddeutsche Meisterschaft

6. 3. 1910	FC Viktoria Hanau – MFG 1896	4:1
13. 3. 1910	MFG 1896 – SC Bayern München	4:1
20. 3. 1910	MFG 1896 – Karlsruher FV	2:3
27. 3. 1910	MFG 1896 – FC Viktoria Hanau	2:1
3. 4. 1910	SC Bayern München – MFG 1896	4:0
10. 4. 1910	Karlsruher FV – MFG 1896	5:2

B-Klasse Neckargau

17. 10. 1909	FC Vikt. Feudenheim – FG Kickers Mannheim	5:3
24. 10. 1909	FG Kickers Mannheim – FVg Schwetzingen	5:1
	FC Frankonia Mannh. – FC Vikt. Feudenheim	1:4
31. 10. 1909	FG Kickers Mannheim – FVg Neckarau	2:2
14. 11. 1909	FG Kickers Mannh. – FC Frankonia Mannheim	8:0
	FC Vikt. Feudenheim – FVg Schwetzingen	8:0
5. 12. 1909	FVg Neckarau – FG Kickers Mannheim	2:2
12. 12. 1909	FG Kickers Mannh. – FC Frankonia Mannh.	15:0
6. 2. 1910	FVg Schwetzingen – FVg Neckarau	0:2

Meister: FVg Neckarau

C 1-Klasse Neckargau

3. 10. 1909	MFC 08 Lindenhof – FK Sport Schwetzingen	3:1
	FG Palatia Mannheim – FC Vikt. Heidelberg	5:0
10. 10. 1909	SV Helvetia Mannheim – FG Palatia Mannheim	5:3
17. 10. 1909	SV Waldhof – FG Palatia Mannheim	6:4
	FC Vikt. Heidelberg – FG Olympia Mannheim	3:1
	FK Sport Schwetzingen – SV Helvetia Mannh.	4:1
24. 10. 1909	FC Vikt. Heidelberg – SV Waldhof	0:5
31. 10. 1909	FG Palatia Mannheim – SV Helvetia Mannheim	3:5
7. 11. 1909	FG Palatia Mannheim – MFC 08 Lindenhof	5:0
14. 11. 1909	SV Helvetia Mannheim – FC Vikt. Heidelberg	3:0
	FK Sport Schwetzingen – FG Olympia Mannh.	6:1
	FG Palatia Mannheim – MFC 08 Lindenhof	4:3
21. 11. 1909	FC Vikt. Heidelberg – MFC 08 Lindenhof	1:1
	FG Palatia Mannheim – FK Sport Schwetzingen	3:3
28. 11. 1909	FC Vikt. Heidelberg – FG Palatia Mannheim	5:3
	FK Sport Schwetzingen – MFC 08 Lindenhof	5:1

5. 12. 1909	FG Olympia Mannheim – FC Vikt. Heidelberg	1:2
12. 12. 1909	SV Waldhof – FC Vikt. Heidelberg	5:3
19. 12. 1909	FC Vikt. Heidelberg – FK Sport Schwetzingen	2:2
26. 12. 1909	FG Palatia Mannheim – FK Sport Schwetzingen	1:6
2. 1. 1910	FK Sport Schwetzingen – SV Waldhof	2:3
9. 1. 1910	FC Vikt. Heidelberg – SV Helvetia Mannheim	4:2
16. 1. 1910	MFC 08 Lindenhof – FC Vikt. Heidelberg	1:7

Meister: SV Waldhof

C 2-Klasse Neckargau

24. 10. 1909	FC Germ. Friedrichsfeld – FG Olivia Mannheim	0:0
31. 10. 1909	FG Olivia Mannheim – FC Alem. Ilvesheim	3:1
7. 11. 1909	FG Olivia Mannheim – FG Kickers Waldhof	7:0
14. 11. 1909	FC Germ. Friedrichsfeld – FG Olivia Mannheim	1:4
21. 11. 1909	FG Olivia Mannheim – FC Alem. Ilvesheim	2:5

Meister: FG 1898 Seckenheim

Spiel um die C-Klassen-Meisterschaft

24. 7. 1910	FG 1898 Seckenheim – SV Waldhof	1:5

Saison 1910/1911

Verbandsspiele Westkreis
A-Klasse

18. 9. 1910	MFC Phönix – FC Pfalz Ludwigshafen	3:3
	Union VfB – FG 03 Ludwigshafen	2:3
	SC Germania Ludwigshafen – MFG 1896	0:3
25. 9. 1910	MFG 1896 – FV Kaiserslautern	3:1
	MFC Viktoria – Union VfB	2:2
	FC Olympia Darmstadt – MFC Phönix	0:0
2. 10. 1910	MFC Phönix – MFC Viktoria	4:2
	FC Pfalz Ludwigshafen – MFG 1896	2:5
9. 10. 1910	MFC Viktoria – FC Pfalz Ludwigshafen	4:2
16. 10. 1910	FV Kaiserslautern – MFC Viktoria	0:5
	MFC Phönix – SC Germania Ludwigshafen	8:1
	FC Pfalz Ludwigshafen – Union VfB	5:3
23. 10. 1910	MFG 1896 – FG 03 Ludwigshafen	4:0
	Union VfB – MFC Phönix	3:3
	FC Olympia Darmstadt – MFC Viktoria	1:3
30. 10. 1910	MFG 1896 – FC Olympia Darmstadt	6:0
	Union VfB – SC Germania Ludwigshafen	5:1
	FG 03 Ludwigshafen – MFC Viktoria	2:7
6. 11. 1910	MFC Viktoria – MFG 1896	1:2
	FG 03 Ludwigshafen – MFC Phönix	2:0
	FV Kaiserslautern – Union VfB	3:3
13. 11. 1910	MFC Viktoria – SC Germania Ludwigshafen	9:2
	FC Olympia Darmstadt – Union VfB	1:4
20. 11. 1910	MFC Phönix – FV Kaiserslautern	2:0
	Union VfB – MFG 1896	1:3
27. 11. 1910	MFG 1896 – FC Germania Ludwigshafen	7:1
	FG 03 Ludwigshafen – Union VfB	2:2
	FC Pfalz Ludwigshafen – MFC Phönix	4:3
4. 12. 1910	Union VfB – MFC Viktoria	2:2
	MFC Phönix – FC Olympia Darmstadt	7:1
	FV Kaiserslautern – MFG 1896	2:2
10. 12. 1910	MFC Viktoria – MFC Phönix	2:0
	MFG 1896 – Union VfB	9:2
17. 12. 1910	Union VfB – FC Olympia Darmstadt	2:1
8. 1. 1911	MFC Viktoria – FV Kaiserslautern	6:2
	MFG 1896 – MFC Phönix	2:0
	Union VfB – FC Pfalz Ludwigshafen	3:0
15. 1. 1911	MFC Phönix – Union VfB	5:8
	MFC Viktoria – FC Olympia Darmstadt	7:1
	FG 03 Ludwigshafen – MFG 1896	2:5
22. 1. 1911	MFC Viktoria – FG 03 Ludwigshafen	1:0
	FC Olympia Darmstadt – MFG 1896	1:0
	SC Germania Ludwigshafen – Union VfB	1:5
29. 1. 1911	MFG 1896 – MFC Viktoria	3:1
	SC Germania Ludwigshafen – MFC Phönix	1:5
5. 2. 1911	MFG 1896 – FC Pfalz Ludwigshafen	3:0
	Union VfB – FV Kaiserslautern	0:2
	MFC Phönix – FG 03 Ludwigshafen	0:3
12. 2. 1911	MFC Phönix – MFG 1896	2:3
19. 2. 1911	FV Kaiserslautern – MFC Phönix	2:3
	FC Pfalz Ludwigshafen – MFC Viktoria	2:0

Meister: MFG 1896

Spiele um die Süddeutsche Meisterschaft

12. 3. 1911	Karlsruher FV – MFG 1896	3:1
26. 3. 1911	SpV Wiesbaden – MFG 1896	1:2
2. 4. 1911	MFG 1896 – Karlsruher FV	1:2
14. 4. 1911	SC Bayern München – MFG 1896	9:0
23. 4. 1911	MFG 1896 – SC Bayern München	2:3
30. 4. 1911	MFG 1896 – SpV Wiesbaden	2:0

B-Klasse Neckargau

25. 9. 1910	FC Vikt. Feudenheim – FG Kickers Mannheim	5:2
2. 10. 1910	FC Vikt. Heidelberg – SV Waldhof	2:3
9. 10. 1910	FC Vikt. Feudenheim – FVg Schwetzingen	5:1
	FC Vikt. Heidelberg – BspK 1904 Mannheim	4:1
16. 10. 1910	FVg Schwetzingen – FC Vikt. Heidelberg	3:1
	FVg Neckarau – FG Kickers Mannheim	8:0
23. 10. 1910	FVg Neckarau – FC Vikt. Heidelberg	5:1
30. 10. 1910	FC Vikt. Heidelberg – FC Vikt. Feudenheim	1:4

6. 11. 1910	FG 98 Seckenheim – FC Vikt. Feudenheim	0:6
	FG Kickers Mannheim – FC Vikt. Heidelberg	0:0
13. 11. 1910	BspK 1904 Mannheim – SV Waldhof	0:15
	FC Vikt. Heidelberg – FG 98 Seckenheim	6:4
	FVg Neckarau – FC Vikt. Feudenheim	2:0
20. 11. 1910	SV Waldhof – FC Vikt. Heidelberg	6:1
	FG Kickers Mannheim – FC Vikt. Feudenheim	1:3
	FVg Schwetzingen – FVg Neckarau	4:1
27. 11. 1910	FVg Schwetzingen – FC Vikt. Feudenheim	5:6
	BspK 1904 Mannheim – FC Vikt. Heidelberg	4:0
4. 12. 1910	FC Vikt. Heidelberg – FVg Schwetzingen	3:3
11. 12. 1910	FC Vikt. Heidelberg – FVg Neckarau (später annuliert)	3:1
	BspK 1904 Mannheim – FVg Schwetzingen	2:4
18. 12. 1910	FVg Neckarau – SV Waldhof	2:2
	FC Vikt. Feudenheim – FC Vikt. Heidelberg	4:0
8. 1. 1911	FVg Schwetzingen – SV Waldhof	4:2
	FC Vikt. Heidelberg – FG Kickers Mannheim	4:0
	FC Vikt. Feudenheim – FG 98 Seckenheim	7:0
	FVg Neckarau – BspK 1904 Mannheim	8:0
15. 1. 1911	SV Waldhof – BspK 1904 Mannheim	10:0
	FVg Schwetzingen – FG Kickers Mannheim	5:3
	FG 98 Seckenheim – FC Vikt. Heidelberg	4:4
	FC Vikt. Feudenheim – FVg Neckarau	5:1
22. 1. 1911	SV Waldhof – FG Kickers Mannheim	5:4
5. 2. 1911	SV Waldhof – FVg Neckarau	6:2
12. 2. 1911	FG Kickers Mannheim – FVg Schwetzingen	1:0
12. 3. 1911	FC Vikt. Heidelberg – FVg Neckarau (Wiederholungsspiel vom 11. 12. 1910)	1:3

Meister: SV Waldhof

Spiele um die Westkreis-Meisterschaft der B-Klasse

12. 3. 1911	SV Waldhof – VfB Borussia Neunkirchen	5:2
26. 3. 1911	1. FC Kreuznach 1902 – SV Waldhof	2:0
2. 4. 1911	VfB Borussia Neunkirchen – SV Waldhof	2:3
9. 4. 1911	SV Waldhof – 1. FC Kreuznach 1902	7:0
14. 4. 1911	FC Phönix Ludwigshafen – SV Waldhof	1:0
17. 4. 1911	SV Waldhof – FC Phönix Ludwigshafen	7:0

C-Klasse

16. 10. 1910	MFC 08 Lindenhof – FG Olympia Mannheim	1:4
23. 10. 1910	FC Alem. Ilvesheim – FG Olympia Mannheim	1:2
	FG Concordia Mann. – SV Helvetia Mann.	3:0
30. 10. 1910	MFC Badenia – FG Concordia Mannheim	0:0
20. 11. 1910	MFC 08 Lindenhof – SV Helvetia Mannheim	2:1
27. 11. 1910	FG Plankstadt – FG Olympia Mannheim	2:6
4. 12. 1910	MFC 08 Lindenhof – FG Concordia Mannh.	1:0
	FG Olympia Mannheim – SV Helvetia Mannh.	5:2
	MFC Badenia – FC Vikt. Neckarhausen	1:1
10. 12. 1910	MFC 08 Lindenhof – FG Plankstadt	3:2
17. 12. 1910	FG Olympia Mannheim – FC Phönix Sandhofen	3:1
	FG Concordia Mannheim – FC Alem. Ilvesheim	8:0
12. 3. 1911	FC Alem. Ilvesheim – SV Helvetia Mannheim	3:3
19. 3. 1911	FC Vikt. Neckarhausen – SV Helvetia Mannh.	1:6

Meister: FC Phönix Sandhofen

Spiel um die Westkreismeisterschaft

30. 4. 1911	FC Phönix Sandhofen – SpVgg Kaiserslautern	3:1

Saison 1911/1912

Verbandsspiele im Westkreis
A-Klasse

24. 9. 1911	Union VfB – FG 03 Ludwigshafen	1:3
	MFC Phönix – MFG 1896	1:0
	MFC Viktoria – FC Phönix Ludwigshafen	6:1
1. 10. 1911	Union VfB – MFC Viktoria	1:0
	MFC Phönix – FC Phönix Ludwigshafen	2:0
	MFG 1896 – FC Pfalz Ludwigshafen	0:1
8. 10. 1911	MFC Phönix – Union VfB	2:1
	MFG 1896 – FV Kaiserslautern	2:6
	MFC Viktoria – FG 03 Ludwigshafen	2:0
15. 10. 1911	MFC Viktoria – FV Kaiserslautern	3:4
	MFG 1896 – FC Olympia Darmstadt	6:1
	FG 03 Ludwigshafen – MFC Phönix	1:1
	FC Phönix Ludwigshafen – Union VfB	0:5
22. 10. 1911	MFC Phönix – MFC Viktoria	1:0
	SC Germania Ludwigshafen – MFG 1896	1:6
	FV Kaiserslautern – Union VfB	1:1
29. 10. 1911	MFC Viktoria – FC Pfalz Ludwigshafen	3:2
	MFG 1896 – Union VfB	5:1
5. 11. 1911	FC Olympia Darmstadt – MFC Phönix	2:1
	Union/VfR Mannheim – FC Pfalz Ludwigshafen	1:3
12. 11. 1911	MFC Phönix – SC Germania Ludwigshafen	2:1
	Union/VfR Mannh. – FC Olympia Darmstadt	5:1
3. 12. 1911	VfR Mannheim – FC Phönix Ludwigshafen	6:0
	MFC Phönix – FG 03 Ludwigshafen	5:0
10. 12. 1911	VfR Mannheim – FG 03 Ludwigshafen	2:0
	SC Germania Ludwigshafen – MFC Phönix	0:2
17. 12. 1911	VfR Mannheim – FV Kaiserslautern	1:6
26. 12. 1911	FC Phönix Ludwigshafen – MFC Phönix	2:5

7. 1. 1912	VfR Mannheim — MFC Phönix	1:4
14. 1. 1912	FC Pfalz Ludwigshafen — VfR Mannheim	3:2
	MFC Phönix — FC Olympia Darmstadt	4:0
21. 1. 1912	FV Kaiserslautern — MFC Phönix	2:2
	FC Olympia Darmstadt — VfR Mannheim	0:1
28. 1. 1912	SC Germania Ludwigshafen — VfR Mannheim	3:3
	FC Pfalz Ludwigshafen — MFC Phönix	0:2
4. 2. 1912	VfR Mannheim — SC Germania Ludwigshafen	9:1
11. 2. 1912	MFC Phönix — VfR Mannheim	1:0
18. 2. 1912	MFC Phönix — FC Pfalz Ludwigshafen	2:2
17. 3. 1912	MFC Phönix — FV Kaiserslautern	0:0

Entscheidungsspiel wegen Punktgleichheit

24. 3. 1912	MFC Phönix — FV Kaiserslautern	2:0

Meister: MFC Phönix 02

Spiele um die Süddeutsche Meisterschaft

31. 3. 1912	FV Frankfurt — MFC Phönix	0:0
14. 4. 1912	MFC Phönix — Karlsruher FV	2:2
21. 4. 1912	MFC Phönix — SpVgg Fürth	4:1
28. 4. 1912	SpVgg Fürth — MFC Phönix	1:3
5. 5. 1912	Karlsruher FV — MFC Phönix	4:1
19. 5. 1912	MFC Phönix — FV Frankfurt	1:1

B-Klasse Neckargau

1. 10. 1911	FVg Schwetzingen — SV Waldhof	1:5
	FC Vikt. Feudenheim — FVg Neckarau	5:1
	FC Vikt. Heidelberg — FG Kickers Mannheim	1:0
	FC Phönix Sandhofen — FG 98 Seckenheim	7:0
8. 10. 1911	SV Waldhof — FC Phönix Sandhofen	5:3
	FC Vikt. Heidelberg — FC Vikt. Feudenheim	1:1
	FG Kickers Mannheim — FG 98 Seckenheim	8:0
	FVg Neckarau — FVg Schwetzingen	0:1
15. 10. 1911	FC Vikt. Feudenheim — SV Waldhof	1:0
	FVg Schwetzingen — FG 98 Seckenheim	3:0
	FG Kickers Mannheim — FVg Neckarau	2:0
	FC Phönix Sandhofen — FC Vikt. Heidelberg	5:1
22. 10. 1911	FG Kickers Mannheim — SV Waldhof	3:4
	FG 98 Seckenheim — FC Vikt. Feudenheim	2:5
	FC Vikt. Heidelberg — FVg Schwetzingen	3:0
	FVg Neckarau — FC Phönix Sandhofen	2:1
29. 10. 1911	FVg Neckarau — SV Waldhof	2:2
	FG Kickers Mannheim — FC Vikt. Feudenheim	1:1
	FVg Schwetzingen — FC Phönix Sandhofen	2:1
	FG 98 Seckenheim — FC Vikt. Heidelberg	0:3
5. 11. 1911	SV Waldhof — FG 98 Seckenheim	5:0
	FC Vikt. Heidelberg — FVg Neckarau	2:1
	FG Kickers Mannheim — FC Phönix Sandhofen	0:0
	FVg Schwetzingen — FC Vikt. Feudenheim	1:5
12. 11. 1911	SV Waldhof — FC Vikt. Heidelberg	4:2
	FVg Neckarau — FG 98 Seckenheim	7:0
	FVg Schwetzingen — FG Kickers Mannheim	3:1
	FC Vikt. Feudenheim — FC Phönix Sandhofen	3:2
3. 12. 1911	FC Vikt. Feudenheim — FC Vikt. Heidelberg	5:4
	FVg Schwetzingen — FVg Neckarau	2:0
10. 12. 1911	SV Waldhof — FC Vikt. Feudenheim	4:1
	FC Vikt. Heidelberg — FC Phönix Sandhofen	1:1
	FG 98 Seckenheim — FVg Schwetzingen	1:5
	FVg Neckarau — FG Kickers Mannheim	3:1
17. 12. 1911	FVg Schwetzingen — FC Vikt. Heidelberg	5:1
	FC Vikt. Feudenheim — FG 98 Seckenheim	1:1
	FC Phönix Sandhofen — FVg Neckarau	2:0
24. 12. 1911	FC Vikt. Heidelberg — FG 98 Seckenheim	8:0
	FC Phönix Sandhofen — FVg Schwetzingen	2:2
31. 12. 1911	FVg Neckarau — FC Vikt. Heidelberg	5:5
7. 1. 1912	FC Vikt. Heidelberg — SV Waldhof	3:4
	FC Phönix Sandhofen — FC Vikt. Feudenheim	3:1
	FG Kickers Mannheim — FVg Schwetzingen	0:1
	FG 98 Seckenheim — FVg Neckarau	3:6
14. 1. 1912	SV Waldhof — FVg Schwetzingen	11:0
	FG Kickers Mannheim — FC Vikt. Heidelberg	1:0
	FG 98 Seckenheim — FC Phönix Sandhofen	0:3
21. 1. 1912	FC Phönix Sandhofen — SV Waldhof	0:0
4. 2. 1912	FC Phönix Sandhofen — FC Vikt. Feudenheim	1:0
24. 3. 1912	FVg Neckarau — FC Vikt. Feudenheim	3:2

Meister: SV Waldhof

Spiele um die Westkreis-Meisterschaft der B-Klasse

18. 2. 1912	FK Alemannia Worms — SV Waldhof	1:3
25. 2. 1912	SV Waldhof — 1. FC Kreuznach 1902	8:1
3. 3. 1912	VfB Borussia Neunkirchen — SV Waldhof	8:3
17. 3. 1912	SV Waldhof — FK Alemannia Worms	3:1
24. 3. 1912	FV Frankenthal — SV Waldhof	4:1
31. 3. 1912	SV Waldhof — VfB Borussia Neunkirchen	1:2
7. 4. 1912	1. FC Kreuznach 1902 — SV Waldhof	1:1
21. 4. 1912	SV Waldhof — FV Frankenthal	1:2

C 1 – Klasse Neckargau

1. 10. 1911	SC Käfertal — Olymp/Sportfr. Mannheim	3:5
	Vikt. Neckarhausen — Alem. Ilvesheim	3:1
8. 10. 1911	FV Weinheim — Vikt. Neckarhausen	0:1
15. 10. 1911	Vikt. Neckarhausen — SV Neckarau	6:0
22. 10. 1911	Olymp/Sportfr. Mannheim — FV Weinheim	7:1
29. 10. 1911	Olymp/Sportfr. Mannheim — Vikt. Neckarhausen	0:2
5. 11. 1911	Vikt. Neckarhausen — FK Neuenheim/HD	0:0
	Olymp/Sportfr. Mannheim — SV Neckarau	2:0
	FV Weinheim — SC Käfertal	3:0

12. 11. 1911	SC Käfertal — Vikt. Neckarhausen	1:2
	Olymp/Sportfr. Mannheim — Alem. Ilvesheim	3:6
10. 12. 1911	Vikt. Neckarhausen — SV Neckarau	5:0
	Olymp/Sportfr. Mannheim — FK Neuenheim/HD	1:3
	FV Weinheim — Alem. Ilvesheim	1:1
17. 12. 1911	FK Neuenheim/HD — SV Neckarau	3:1
	SC Käfertal — Alem. Ilvesheim	0:1
7. 1. 1912	Vikt. Neckarhausen — SC Käfertal	6:1
14. 1. 1912	Alem. Ilvesheim — Vikt. Neckarhausen	1:4
11. 2. 1912	SC Käfertal — FK Neuenheim/HD	4:2

Meister: FC Viktoria Neckarhausen

C 2 — Klasse Neckargau

5. 11. 1911	SV Helvetia Mannheim — MFC 08 Lindenhof	1:0

Meister: FC Germania Friedrichsfeld

Spiel um die Gaumeisterschaft der C-Klasse

10. 3. 1912	FC Viktoria Neckarhausen — FC Germania Friedrichsfeld	3:1

Saison 1912/1913

Verbandsspiele der Liga-Klasse im Westkreis

22. 9. 1912	FC Olympia Darmstadt — VfR Mannheim	0:3
	MFC Phönix — FG 03 Ludwigshafen	2:1
29. 9. 1912	VfR Mannheim — FC Pfalz Ludwigshafen	3:1
	VfB Borussia Neunkirchen — MFC Phönix	0:0
6. 10. 1912	FV Kaiserslautern — VfR Mannheim	0:3
	MFC Phönix — FC Phönix Ludwigshafen	5:2
20. 10. 1912	VfR Mannheim — FC Phönix Ludwigshafen	1:1
	FC Olympia Darmstadt — MFC Phönix	1:3
27. 10. 1912	FC Pfalz Ludwigshafen — VfR Mannheim	1:1
	MFC Phönix — FV Kaiserslautern	4:1
3. 11. 1912	VfR Mannheim — VfB Borussia Neunkirchen	5:0
	FG 03 Ludwigshafen — MFC Phönix	1:2
10. 11. 1912	MFC Phönix — FC Pfalz Ludwigshafen	2:0
	FG 03 Ludwigshafen — VfR Mannheim	1:3
17. 11. 1912	VfR Mannheim — FC Olympia Darmstadt	8:1
	FV Kaiserslautern — MFC Phönix	3:1
24. 11. 1912	VfB Borussia Neunkirchen — VfR Mannheim	0:8
1. 12. 1912	VfR Mannheim — MFC Phönix	2:0
8. 12. 1912	MFC Phönix — VfB Borussia Neunkirchen	6:0
	FC Phönix Ludwigshafen — VfR Mannheim	3:3
15. 12. 1912	MFC Phönix — VfR Mannheim	0:2
22. 12. 1912	VfR Mannheim — FV Kaiserslautern	4:0
29. 12. 1912	FC Pfalz Ludwigshafen — MFC Phönix	0:0
19. 1. 1913	MFC Phönix — FC Olympia Darmstadt	7:0
9. 2. 1913	VfR Mannheim — FG 03 Ludwigshafen	7:0
	FC Phönix Ludwigshafen — MFC Phönix	3:1

Meister: VfR Mannheim

Spiele um die Süddeutsche Meisterschaft

23. 2. 1913	SpVgg Fürth — VfR Mannheim	6:1
30. 2. 1913	VfR Mannheim — FV Frankfurt	3:2
9. 3. 1913	VfR Mannheim — SpVgg Fürth	2:1
16. 3. 1913	FV Frankfurt — VfR Mannheim	1:1
24. 3. 1913	Kickers Stuttgart — VfR Mannheim	5:0
30. 3. 1913	VfR Mannheim — Kickers Stuttgart	1:1

A-Klasse Neckargau, Bezirk 1

29. 9. 1912	SV Waldhof — FC Vikt. Feudenheim	2:2
	FVg Schwetzingen — FC Phönix Sandhofen	2:2
6. 10. 1912	FC Vikt. Heidelberg — SV Waldhof	1:2
	FC Vikt. Feudenheim — FVg Schwetzingen	3:0
13. 10. 1912	SV Waldhof — FVg Schwetzingen	4:1
	FC Phönix Sandhofen — FC Vikt. Heidelberg	1:1
20. 10. 1912	FC Phönix Sandhofen — FC Vikt. Feudenheim	0:1
	FVg Schwetzingen — FC Vikt. Heidelberg	1:1
27. 10. 1912	FC Vikt. Heidelberg — FC Vikt. Feudenheim	0:2
	FC Phönix Sandhofen — SV Waldhof	4:1
3. 11. 1912	FC Vikt. Feudenheim — SV Waldhof	1:2
	FC Phönix Sandhofen — FVg Schwetzingen	5:0
10. 11. 1912	FC Vikt. Feudenheim — FVg Schwetzingen	5:2
	SV Waldhof — FC Vikt. Heidelberg	5:2
17. 11. 1912	FVg Schwetzingen — SV Waldhof	6:1
	FC Vikt. Heidelberg — FC Phönix Sandhofen	2:2
1. 12. 1912	SV Waldhof — FC Phönix Sandhofen	1:6
	FC Vikt. Feudenheim — FC Vikt. Heidelberg	2:2
8. 12. 1912	FC Vikt. Heidelberg — FVg Schwetzingen	3:3
	FC Phönix Sandhofen — FC Vikt. Feudenheim	2:2

Entscheidungsspiel wegen Punktgleichheit

22. 12. 1912	FC Vikt. Feudenheim — FC Phönix Sandhofen	0:1

Meister: FC Phönix Sandhofen

B-Klasse Neckargau

20. 10. 1912	FVg Neckarau — FG Kickers Mannheim	2:0
10. 11. 1912	FVg Neckarau — FC Germania Friedrichsfeld	7:5
	FG Kickers Mannh. — SV Helvetia Mannheim	1:2
1. 12. 1912	FG Kickers Mannheim — FVg Neckarau	1:3

Meister: FVg Neckarau

Spiele um die Kreismeisterschaft der B-Klasse

9. 2. 1913	FVg Neckarau — 1. FC Idar/Nahe	2:0
16. 2. 1913	1. FC Idar/Nahe — FVg Neckarau	1:2

23. 2. 1913	SpC 05 Pirmasens — FVg Neckarau	3:6
9. 3. 1913	FVg Neckarau — SpC 05 Pirmasens	2:1
16. 3. 1913	FVg 06 Mainz-Kastel — FVg Neckarau	0:3
6. 4. 1913	FVg Neckarau — FVg 06 Mainz-Kastel	4:1

Meister: FVg Neckarau

Spiele um die Süddeutsche Meisterschaft

18. 5. 1913	FVg Neckarau — FC Viktoria Feuerbach	1:2
1. 6. 1913	FC Viktoria Feuerbach — FVg Neckarau	5:3

C 2 — Klasse Neckargau

6. 10. 1912	SV Alem. Mannheim — FC Germ. Feudenheim	5:4
26. 12. 1912	SV Alem. Mannheim — SC Komet 08 Mannheim	4:2

Saison 1913/1914

Verbandsspiele der Liga-Klasse im Westkreis

14. 9. 1913	FC Pfalz Ludwigshafen – VfR Mannheim	0:1
21. 9. 1913	VfR Mannheim – FV Kaiserslautern	3:1
	MFC Phönix – VfB Borussia Neunkirchen	2:0
28. 9. 1913	VfR Mannheim – MFC Phönix	5:1
5. 10. 1913	VfR Mannheim – VfB Borussia Neunkirchen	2:0
	FG 03 Ludwigshafen – MFC Phönix	0:6
12. 10. 1913	FV Kaiserslautern – MFC Phönix	2:4
19. 10. 1913	MFC Phönix – FC Pfalz Ludwigshafen	1:0
	FG 03 Ludwigshafen – VfR Mannheim	0:1
26. 10. 1913	VfR Mannheim – SpVgg Metz	6:0
	FC Phönix Ludwigshafen – MFC Phönix	3:1
2. 11. 1913	MFC Phönix – VfR Mannheim	1:1
9. 11. 1913	MFC Phönix – FC Phönix Ludwigshafen	1:0
	VfB Borussia Neunkirchen – VfR Mannheim	1:4
16. 11. 1913	FC Phönix Ludwigshafen – VfR Mannheim	0:2
	VfB Borussia Neunkirchen – MFC Phönix	1:2
23. 11. 1913	FC Pfalz Ludwigshafen – MFC Phönix	1:2
30. 11. 1913	FV Kaiserslautern – VfR Mannheim	1:1
	SpVgg Metz – MFC Phönix	1:4
7. 12. 1913	MFC Phönix – FV Kaiserslautern	1:0
	SpVgg Metz – VfR Mannheim	0:6
14. 12. 1913	VfR Mannheim – FC Phönix Ludwigshafen	0:0
21. 12. 1913	MFC Phönix – FG 03 Ludwigshafen	2:0
11. 1. 1914	VfR Mannheim – FG 03 Ludwigshafen	2:0
18. 1. 1914	VfR Mannheim – FC Pfalz Ludwigshafen	3:0
25. 1. 1914	MFC Phönix – SpVgg Metz	2:1
1. 2. 1914	VfR Mannheim – FC Phönix Ludwigshafen	2:0
	(Wiederholungsspiel vom 14. 12. 1913)	

Meister: VfR Mannheim

Spiele um die Süddeutsche Meisterschaft

22. 2. 1914	FC Kickers Stuttgart – VfR Mannheim	2:2
1. 3. 1914	FV Frankfurt – VfR Mannheim	2:3
8. 3. 1914	VfR Mannheim – FC Kickers Stuttgart	1:2
15. 3. 1914	VfR Mannheim – FV Frankfurt	0:1
22. 3. 1914	VfR Mannheim – SpVgg Fürth	1:2
29. 3. 1914	SpVgg Fürth – VfR Mannheim	4:1

A-Klasse Neckargau, Bezirk I, im Westkreis

21. 9. 1913	FVg Schwetzingen – SV Waldhof	4:4
	FC Vikt. Feudenheim – FC Phönix Sandhofen	2:2
28. 9. 1913	SV Waldhof – FC Vikt. Feudenheim	6:2
	FC Vikt. Heidelberg – FVg Schwetzingen	5:0
5. 10. 1913	FVg Neckarau – SV Waldhof	0:3
	FC Vikt. Feudenheim – FC Vikt. Heidelberg	3:1
	FVg Schwetzingen – FC Phönix Sandhofen	2:5
19. 10. 1913	SV Waldhof – FC Phönix Sandhofen	3:1
	FC Vikt. Heidelberg – FVg Neckarau	3:1
	FVg Schwetzingen – FC Vikt. Feudenheim	0:1
26. 10. 1913	FC Vikt. Feudenheim – SV Waldhof	2:2
	FC Vikt. Heidelberg – FC Phönix Sandhofen	1:1
	FVg Schwetzingen – FVg Neckarau	0:7
2. 11. 1913	SV Waldhof – FC Vikt. Heidelberg	3:3
9. 11. 1913	FC Vikt. Heidelberg – SV Waldhof	2:3
	FVg Neckarau – FVg Schwetzingen	3:1
16. 11. 1913	FC Vikt. Heidelberg – FC Vikt. Feudenheim	3:0
	SV Waldhof – FVg Schwetzingen	4:1
	FC Phönix Sandhofen – FVg Neckarau	1:1
30. 11. 1913	SV Waldhof – FVg Neckarau	2:0
	FVg Schwetzingen – FC Vikt. Heidelberg	3:3
9. 12. 1913	FC Phönix Sandhofen – FC Vikt. Heidelberg	1:5
14. 12. 1913	FC Phönix Sandhofen – SV Waldhof	0:3
	FVg Neckarau – FC Vikt. Heidelberg	3:4
	FC Vikt. Feudenheim – FVg Schwetzingen	0:0

Meister: SV Waldhof

Ausscheidungsspiel zwecks Ermittlung des Absteigers

4. 1. 1914	FVg Schwetzingen – FVg Neckarau	2:7

Spiele um die Westkreis-Meisterschaft der A-Klasse

1. 3. 1914	FK Pirmasens – SV Waldhof	1:5
8. 3. 1914	SV Waldhof – FK Pirmasens	2:4
15. 3. 1914	FK Alemannia Worms – SV Waldhof	0:0
22. 3. 1914	SV Waldhof – FK Alemannia Worms	6:0

Westkreis-Meister: SV Waldhof

Spiele um die Süddeutsche Meisterschaft der A-Klasse
3. 5. 1914 SV Waldhof – FVg Germania Bockenheim 4:1
21. 6. 1914 FVg Germania Bockenheim – SV Waldhof 4:4

Entscheidungsspiel
28. 6. 1914 SV Waldhof – FVg Germania Bockenheim 1:0

B-Klasse Neckargau
21. 9. 1913 FV Weinheim – FV 1910 Schwetzingen 2:2
           FC Alem. Ilvesheim – FC Germ. Friedrichsfeld 3:1
           FC Vikt. Neckarhausen – SV Helvetia Mannh. 1:1
           FG Kickers Mannheim – MFC 08 Lindenhof 1:0
26. 10. 1913 FC Vikt. Neckarhausen – MFC 08 Lindenhof 2:0
2. 11. 1913 MFC 08 Lindenhof – FC Alem. Ilvesheim 7:0
9. 11. 1913 FV 1910 Schwetzingen – Vikt. Neckarhausen 3:1
30. 11. 1913 Vikt. Neckarhausen – FG Kickers Mannheim 5:1
7. 12. 1913 Vikt. Neckarhausen – FC Alem. Ilvesheim 6:0
11. 1. 1914 FC Alem. Ilvesheim – MFC 08 Lindenhof 1:2
Meister: FG Kickers Mannheim

Spiele um die Kreismeisterschaft der B-Klasse
15. 2. 1914 FG Kickers Mannheim – FC Kreuznach 1902 4:1
1. 3. 1914 FC Kreuznach 1902 – FG Kickers Mannheim 4:3
8. 3. 1914 FG Kickers Mannh. – FC Arminia Rheingönh. 1:1
22. 3. 1914 FC Arminia Rheingönh. – FG Kickers Mannh. 3:1

C-Klasse Neckargau
28. 9. 1913 SC Käfertal – FC Sport 1906 Ketsch 9:0
5. 10. 1913 SC Käfertal – FC Hertha Mannheim 9:1
19. 10. 1913 FC 1902 HD/Neuenheim – SC Käfertal 1:2
26. 10. 1913 SC Käfertal – FG 1906 Plankstadt 1:0
9. 11. 1913 FC Badenia Mannheim – SC Käfertal 2:5
           TV 1846 Mannheim – SV Neckarau 5:2
16. 11. 1913 FC Sport 1906 Ketsch – SC Käfertal 2:5

Entscheidungsspiel um die Neckargau-Meisterschaft
18. 1. 1914 SC Käfertal – FG 1906 Plankstadt 1:2
Meister: FG 1906 Plankstadt

Spiel um die Süddeutsche Meisterschaft
29. 3. 1914 SV Viernheim – FG 1906 Plankstadt 6:4

Saison 1914/1915

Kriegshilfe-Runde Mannheim/Ludwigshafen (Privat-Runde)
13. 9. 1914 VfR Mannheim – SV Waldhof 7:0
           FC Phönix Lu – FC Pfalz Lu 0:3
20. 9. 1914 SV Waldhof – MFC Phönix 0:2
           FC Phönix Lu – FG 03 Lu 8:1
27. 9. 1914 MFC Phönix – VfR Mannheim 1:1
4. 10. 1914 VfR Mannheim – FC Pfalz Lu 5:1
           FC Phönix Lu – SV Waldhof 3:0
11. 10. 1914 SV Waldhof – FG 03 Lu 2:4
           FC Pfalz Lu – MFC Phönix 0:2
18. 10. 1914 FC Phönix Lu – MFC Phönix 5:4
           FG 03 Lu – VfR Mannheim 0:1
25. 10. 1914 FC Pfalz Lu – VfR Mannheim 2:2
           SV Waldhof – FC Phönix Lu 1:3
8. 11. 1914 VfR Mannheim – MFC Phönix 2:0
           FC Pfalz Lu – FC Phönix Lu 1:1
15. 11. 1914 MFC Phönix – FC Pfalz Lu 3:0
           FG 03 Lu – FC Phönix Lu 0:3
29. 11. 1914 SV Waldhof – VfR Mannheim 1:4
           FC Pfalz Lu – FG 03 Lu 1:0
6. 12. 1914 FG 03 Lu – SV Waldhof 5:2
           VfR Mannheim – FC Phönix Lu 3:1
13. 12. 1914 MFC Phönix – SV Waldhof 6:2
3. 1. 1915 FG 03 Lu – MFC Phönix 0:2
           SV Waldhof – FC Pfalz Lu 1:3
10. 1. 1915 VfR Mannheim – FG 03 Lu 1:1
17. 1. 1915 FC Pfalz Lu – SV Waldhof 2:1
           MFC Phönix – FG 03 Lu 1:0

Entscheidungsspiel der beiden Erstplazierten
24. 1. 1915 VfR Mannheim – MFC Phönix 2:0

Frühjahrsrunde 1915 Mannheim / Ludwigshafen (Privat-Runde)
9. 5. 1915 SV Waldhof – VfR Mannheim 2:5
           MFC Phönix – FC Phönix Ludwigshafen 2:2
           FG 03 Lu – FC Pfalz Lu 1:1
13. 5. 1915 VfR Mannheim – FC Phönix Ludwigshafen 2:2
           SV Waldhof – MFC Phönix 3:6
           FC Pfalz Lu – FG 03 Lu 2:0
16. 5. 1915 MFC Phönix – SV Waldhof 3:0
           FG 03 Ludwigshafen – VfR Mannheim 1:1
           FC Phönix Lu – FC Pfalz Lu 3:3
24. 5. 1915 MFC Phönix – FC Pfalz Ludwigshafen 1:2
           FC Phönix Ludwigshafen – SV Waldhof 2:3

30. 5. 1915	VfR Mannheim – MFC Phönix	0:2
	FC Pfalz Ludwigshafen – SV Waldhof	4:2
	FG 03 Lu – FC Phönix Lu	0:2
6. 6. 1915	VfR Mannheim – FC Pfalz Ludwigshafen	1:2
	SV Waldhof – FC Phönix Ludwigshafen	5:1
	FG 03 Ludwigshafen – MFC Phönix	0:5
13. 6. 1915	FC Pfalz Ludwigshafen – MFC Phönix	1:3
	FC Phönix Ludwigshafen – VfR Mannheim	3:0
	SV Waldhof – FG 03 Ludwigshafen	3:0
20. 6. 1915	MFC Phönix – FG 03 Ludwigshafen	5:0
	VfR Mannheim – SV Waldhof	1:2
	FC Pfalz Lu – FC Phönix Lu	1:1
27. 6. 1915	FC Phönix Ludwigshafen – MFC Phönix	2:5
	FG 03 Ludwigshafen – SV Waldhof	1:1
4. 7. 1915	MFC Phönix – VfR Mannheim	10:1
	SV Waldhof – FC Pfalz Ludwigshafen	3:1
	FG 03 Lu – FC Phönix Lu	5:1

Meister: MFC Phönix 02

Saison 1915/16

Gau-Kriegsspiele um die Westkreis-Meisterschaft

12. 9. 1915	SV Waldhof – MFC Phönix	6:0
	VfR Mannheim – FC Alem. Ilvesheim	10:0
	FC Vikt. Feudenheim – FV Sandhofen	10:0
	TB Jahn Neckarau – FG Kickers Mannheim	0:5
	FC Phönix Sandhofen – SK Hertha Mannheim	0:1
19. 9. 1915	FC Phönix Sandhofen – SV Waldhof	0:3
26. 9. 1915	VfR Mannheim – FG Kickers Mannheim	4:1
	Viktoria Mannheim – SV Waldhof	0:9
3. 10. 1915	VfR Mannheim – FVg Neckarau	2:1
	SV Waldhof – TV Heidelberg	8:1
	FC Phönix Sandhofen – FV Sandhofen	5:0
10. 10. 1915	FVg Neckarau – SK Hertha Mannh.	1:1
	MFC Phönix – VfR Mannheim	1:0
	FC Phönix Sandhofen – SV Helvetia Mannh.	4:0
17. 10. 1915	SK Hertha Mannheim – SV Waldhof	1:2
24. 10. 1915	SV Waldhof – SC Käfertal	4:2
	FC Vikt. Feudenheim – VfR Mannheim	2:0
	MFC Phönix – TV Heidelberg	3:2
	SK Hertha Mannheim – SV Helvetia Mannh.	0:0
31. 10. 1915	SV Waldhof – FC Vikt. Feudenheim	0:1
	VfR Mannheim – TB Jahn Neckarau	5:3
	FG Kickers Mannheim – FC Alem. Ilvesheim	9:0
7. 11. 1915	FVg Neckarau – SV Waldhof	3:1
	VfR Mannheim – TV Heidelberg	7:0

	MFC Phönix – FG Kickers Mannheim	8:0
	FC Vikt. Feudenheim – FC Phönix Sandhofen	1:1
	SC Käfertal – TB Jahn Neckarau	1:3
28. 11. 1915	SV Waldhof – VfR Mannheim	0:5
5. 12. 1915	SV Helvetia Mannheim – SV Waldhof	1:2
	VfR Mannheim – FC Phönix Sandhofen	3:0
	MFC Phönix – TB Jahn Neckarau	10:1
	FVg Neckarau – SC Käfertal	1:2
	SK Hertha Mannheim – FC Alem. Ilvesheim	0:11
12. 12. 1915	SV Waldhof – TB Jahn Neckarau	2:0
	VfR Mannheim – SK Hertha Mannheim	5:1
	FC Phönix Sandhofen – MFC Phönix	0:7
	FG Kickers Mannheim – FC Vikt. Feudenheim	2:3
	FVg Neckarau – FC Alem. Ilvesheim	3:0
	SC Käfertal – TV Heidelberg	3:1
19. 12. 1915	TB Jahn Neckarau – SV Waldhof	0:3
	VfR Mannheim – SC Käfertal	2:1
	MFC Phönix – SV Helvetia Mannheim	2:0
	SK Hertha Mannheim – FG Kickers Mannheim	1:0
	TV Heidelberg – FC Vikt. Feudenheim	1:6
26. 12. 1915	FG Kickers Mannheim – SV Waldhof	2:5
2. 1. 1916	MFC Phönix – SV Waldhof	2:0
	FC Alem. Ilvesheim – VfR Mannheim	1:12
	FG Kickers Mannheim – TB Jahn Neckarau	3:2
	FVg Neckarau – FC Vikt. Feudenheim	1:3
	SK Hertha Mannheim – FC Phönix Sandhofen	1:0
	TV Heidelberg – SC Käfertal	1:2
9. 1. 1916	SV Waldhof – FC Phönix Sandhofen	1:1
	VfR Mannheim – MFC Phönix	1:4
	FG Kickers Mannheim – FVg Neckarau	1:4
	FC Vikt. Feudenheim – TB Jahn Neckarau	8:2
	SV Helvetia Mannheim – SC Käfertal	4:1
	TV Heidelberg – SK Hertha Mannheim	1:4
16. 1. 1916	TV Heidelberg – SV Waldhof	5:1
	FG Kickers Mannheim – VfR Mannheim	0:2
	TB Jahn Neckarau – FC Alem. Ilvesheim	6:1
	FVg Neckarau – SV Helvetia Mannheim	3:2
	FC Phönix Sandhofen – SC Käfertal	2:0
	FC Vikt. Feudenheim – SK Hertha Mannheim	2:1
23. 1. 1916	SV Waldhof – SK Hertha Mannheim	0:1
	VfR Mannheim – FC Vikt. Feudenheim	6:1
	FC Alem. Ilvesheim – MFC Phönix	0:4
	FG Kickers Mannheim – TV Heidelberg	7:1
	SV Helvetia Mannh. – FC Phönix Sandhofen	2:0
30. 1. 1916	VfR Mannheim – FVg Neckarau	3:1
	MFC Phönix – FC Vikt. Feudenheim	7:0
	FG Kickers Mannheim – FC Phönix Sandhofen	2:0

226

	TB Jahn Neckarau — SC Käfertal	0:2
	TV Heidelberg — FC Alem. Ilvesheim	5:1
6. 2. 1916	SV Waldhof — FVg Neckarau	3:0
	TV Heidelberg — VfR Mannheim	3:3
	MFC Phönix — FC Phönix Sandhofen	1:3
	FC Vikt. Feudenheim — SC Käfertal	1:3
	SV Helvetia Mannheim — TB Jahn Neckarau	4:0
	FC Alem. Ilvesheim — FG Kickers Mannheim	2:0
13. 2. 1916	SV Waldhof — FC Alem. Ilvesheim	8:0
	TB Jahn Neckarau — VfR Mannheim	0:7
	MFC Phönix — SC Käfertal	4:1
	SK Hertha Mannheim — FVg Neckarau	4:0
	FC Phönix Sandhofen — FC Vikt. Feudenheim	1:1
20. 2. 1916	SC Käfertal — SV Waldhof	2:4
	FC Alem. Ilvesheim — FVg Neckarau	0:4
	FC Vikt. Feudenheim — FG Kickers Mannheim	3:0
27. 2. 1916	VfR Mannheim — SV Waldhof	4:1
	MFC Phönix — SK Hertha Mannheim	2:1
	TB Jahn Neckarau — FVg Neckarau	4:1
	FC Vikt. Feudenheim — SV Helvetia Mannh.	7:2
	SC Käfertal — FG Kickers Mannheim	5:0
5. 3. 1916	FC Phönix Sandhofen — VfR Mannheim	0:1
	MFC Phönix — FVg Neckarau	7:1
	SV Helvetia Mannheim — FG Kickers Mannh.	2:2
	SC Käfertal — FK Hertha Mannheim	0:2

Verbandsspiele um den Eisernen Fußball 1916
Bezirk I

12. 3. 1916	VfR Mannheim — TV Heidelberg	7:0
	SK Hertha Mannheim — Vikt. Neckarhausen	6:1
19. 3. 1916	VfR Mannheim — Vikt. Neckarhausen	3:3
	SK Hertha Mannheim — TV Heidelberg	5:0
26. 3. 1916	VfR Mannheim — SK Hertha Mannheim	4:0
	TV Heidelberg — Vikt. Neckarhausen	4:1
2. 4. 1916	TV Heidelberg — VfR Mannheim	1:5
9. 4. 1916	Vikt. Neckarhausen — VfR Mannheim	0:5
	TV Heidelberg — SK Hertha Mannheim	1:3

Entscheidungsspiel wegen Punktgleichheit

24. 4. 1916	SK Hertha Mannheim — VfR Mannheim	5:0

Meister: SK Hertha Mannheim

Bezirk II

12. 3. 1916	MFC Phönix — FC Alem. Ilvesheim	9:0
	SV Helvetia Mannheim — SV Teutonia Mannh.	3:3
19. 3. 1916	MFC Phönix — SV Helvetia Mannheim	5:1
	FC Alem. Ilvesheim — SV Teutonia Mannh.	3:3

26. 3. 1916	MFC Phönix — SV Teutonia Mannheim	4:0
	SV Helvetia Mannheim — FC Alem. Ilvesheim	5:2
2. 4. 1916	FC Alem. Ilvesheim — MFC Phönix	1:13
	SV Teutonia Mannheim — SV Helvetia Mannh.	0:8
9. 4. 1916	SV Helvetia Mannheim — MFC Phönix	1:5
	SV Teutonia Mannheim — FC Alem. Ilvesheim	3:2

Meister: MFC Phönix 02

Bezirk III:

12. 3. 1916	FVg Schwetzingen — TB Jahn Neckarau	3:0
19. 3. 1916	SV Waldhof — FVg Schwetzingen	3:0
	TB Jahn Neckarau — FG Kickers Mannheim	1:2
26. 3. 1916	TB Jahn Neckarau — SV Waldhof	1:6
	FVg Schwetzingen — FG Kickers Mannheim	1:9
2. 4. 1916	TB Jahn Neckarau — FVg Schwetzingen	1:2
	SV Waldhof — FG Kickers Mannheim	0:2
9. 4. 1916	FVg Schwetzingen — SV Waldhof	1:2
	FG Kickers Mannheim — TB Jahn Neckarau	17:0

Meister: FG Kickers Mannheim

Bezirk IV

19. 3. 1916	FC Vikt. Feudenheim — FG 1913 Mannheim	3:1
	SC Käfertal — FVg Neckarau	5:0
26. 3. 1916	FG 1913 Mannheim — SC Käfertal	2:3
	FC Vikt. Feudenheim — FVg Neckarau	2:2
2. 4. 1916	FG 1913 Mannheim — FVg Neckarau	2:3
	SC Käfertal — FC Vikt. Feudenheim	1:2
9. 4. 1916	FG 1913 Mannheim — FC Vikt. Feudenheim	1:2
	FVg Neckarau — SC Käfertal	1:3

Meister: FC Viktoria Feudenheim

Entscheidungsspiele um die Bezirks-Meisterschaft

30. 4. 1916	MFC Phönix — FG Kickers Mannheim	6:1
	SK Hertha Mannheim — FC Vikt. Feudenheim	3:0
21. 5. 1916	MFC Phönix — SK Hertha Mannheim	3:2

Bezirksmeister: MFC Phönix 02

Spiele um die Westkreis-Meisterschaft

18. 6. 1916	MFC Phönix — FC Pfalz Ludwigshafen	1:2

Saison 1916/1917

Herbst-Verbandsspiele
1. Klasse, Bezirk I

24. 9. 1916	VfR Mannheim — FC Hertha Mannheim	3:0
	SV Waldhof — MFC Phönix	0:6
1. 10. 1916	MFC Phönix — FC Hertha Mannheim	2:2
	FG Kickers Mannheim — VfR Mannheim	0:1

8. 10. 1916	FG Kickers Mannheim – SV Waldhof	2:2
	VfR Mannheim – MFC Phönix	0:2
15. 10. 1916	MFC Phönix – FG Kickers Mannheim	2:0
	FC Hertha Mannheim – SV Waldhof	1:6
22. 10. 1916	FC Hertha Mannheim – FG Kickers Mannheim	2:3
	SV Waldhof – VfR Mannheim	1:1
29. 10. 1916	FC Hertha Mannheim – VfR Mannheim	2:4
	MFC Phönix – SV Waldhof	4:1
5. 11. 1916	VfR Mannheim – FG Kickers Mannheim	3:0
	FC Hertha Mannheim – MFC Phönix	0:10
12. 11. 1916	VfR Mannheim – SV Waldhof	2:1
19. 11. 1916	MFC Phönix – VfR Mannheim	3:1
3. 12. 1916	SV Waldhof – VfR Mannheim	1:6
	(Wiederholung vom 22. 10. 1916)	

Meister: MFC Phönix 02

1. Klasse, Bezirk II

8. 10. 1916	FC Vikt. Feudenheim – FVg Neckarau	3:0
19. 11. 1916	FVg Neckarau – FV Weinheim	7:0

Meister: FVg Neckarau

Spiele um die Bezirks-Meisterschaft 1. Klasse

17. 12. 1916	MFC Phönix – FVg Neckarau	3:3
26. 12. 1916	FVg Neckarau – MFC Phönix	2:3

Meister: MFC Phönix 02

Spiele um die Westkreis-Meisterschaft 1. Klasse

21. 1. 1917	FK Alemannia Worms – MFC Phönix	2:2
28. 1. 1917	MFC Phönix – FK Alemannia Worms	1:0
11. 2. 1917	MFC Phönix – FC Pfalz Ludwigshafen	0:2

Entscheidungsspiele wegen Punktgleichheit

4. 3. 1917	MFC Phönix – FK Alemannia Worms	4:2
11. 3. 1917	MFC Phönix – FC Pfalz Ludwigshafen	1:2

2. Klasse, Bezirk I

24. 9. 1916	FG 1913 Mannheim – SV Helvetia Mannheim	0:7
	FC Badenia Seckenheim – MFC 08 Lindenhof	1:4
1. 10. 1916	SK Ketsch – MFC 08 Lindenhof	1:2
8. 10. 1916	SV Teutonia Mannheim – MFC 08 Lindenhof	0:5
	SV Helvetia Mannheim – FC Bad. Seckenheim	2:1
15. 10. 1916	MFC 08 Lindenhof – FG 1913 Mannheim	5:2
22. 10. 1916	SV Helvetia Mannheim – MFC 08 Lindenhof	2:2
29. 10. 1916	MFC 08 Lindenhof – SK Ketsch	6:1
5. 11. 1916	FC Badenia Seckenheim – MFC 08 Lindenhof	1:8

Spiele um die Bezirks-Meisterschaft 2. Klasse

17. 12. 1916	FC Vikt. Neckarhausen – MFC 08 Lindenhof	0:1
24. 12. 1916	MFC 08 Lindenhof – FC Vikt. Neckarhausen	3:1

Meister: MFC 08 Lindenhof

Frühjahrs-Verbandsrunde 1917

Bezirk I

11. 3. 1917	SV Waldhof – VfR Mannheim	1:0
	FG Kickers Mannheim – FC Hertha Mannheim	3:1
18. 3. 1917	MFC Phönix – FC Hertha Mannheim	2:2
	VfR Mannheim – FG Kickers Mannheim	2:1
25. 3. 1917	FC Hertha Mannheim – VfR Mannheim	0:3
	SV Waldhof – MFC Phönix	0:2
1. 4. 1917	MFC Phönix – VfR Mannheim	3:1
15. 4. 1917	VfR Mannheim – SV Waldhof	3:1
22. 4. 1917	VfR Mannheim – FC Hertha Mannheim	5:0
29. 4. 1917	VfR Mannheim – MFC Phönix	2:2

Entscheidungsspiel

24. 6. 1917	VfR Mannheim – MFC Phönix	2:1

Meister: VfR Mannheim

Bezirk II

11. 3. 1917	FVg Neckarau – TB Jahn Neckarau	6:0
	SC Käfertal – FC Viktoria Feudenheim	3:2
1. 4. 1917	FC Viktoria Feudenheim – FVg Neckarau	2:1
22. 4. 1917	FVg Neckarau – SC Käfertal	6:1

Meister: FVg Neckarau

Entscheidungsspiele der beiden Bezirks-Meister

1. 7. 1917	FVg Neckarau – VfR Mannheim	2:1
8. 7. 1917	VfR Mannheim – FVg Neckarau	1:1

Meister: FVg Neckarau

Saison 1917/1918

Herbst-Verbandsspiele

2. 9. 1917	FVg Neckarau – MFC 08 Lindenhof	2:2
	SV Waldhof – VfR Mannheim	1:4
9. 9. 1917	MFC Phönix – VfR Mannheim	4:0
	(Spiel wurde abgebrochen)	
16. 9. 1917	VfR Mannheim – MFC 08 Lindenhof	0:1
	FVg Neckarau – MFC Phönix	4:4
23. 9. 1917	VfR Mannheim – TB Jahn Neckarau	3:0
	MFC Phönix – MFC 08 Lindenhof	1:0
30. 9. 1917	SV Waldhof – MFC Phönix	1:2
	FVg Neckarau – VfR Mannheim	3:2
7. 10. 1917	MFC 08 Lindenhof – SV Waldhof	2:0
14. 10. 1917	MFC Phönix – VfR Mannheim	3:1
	(Wiederholungsspiel vom 9. 9. 1917)	

21. 10. 1917	VfR Mannheim – MFC Phönix	0:2
28. 10. 1917	MFC Phönix – FVg Neckarau	2:1
4. 11. 1917	VfR Mannheim – FVg Neckarau	3:4
11. 11. 1917	TB Jahn Neckarau – VfR Mannheim	3:2
	(Spiel wurde abgebrochen, aber für VfR gewertet)	
18. 11. 1917	MFC 08 Lindenhof – MFC Phönix	1:2
2. 12. 1917	VfR Mannheim – SV Waldhof	0:3
9. 12. 1917	MFC 08 Lindenhof – VfR Mannheim	3:2

Meister: MFC Phönix 02

Spiele um die Westkreis-Meisterschaft

19. 11. 1917	FC Alemannia Worms – MFC Phönix	1:2
3. 2. 1918	MFC Phönix – FC Alemannia Worms	3:0
10. 2. 1918	FG 03 Ludwigshafen – MFC Phönix	0:2
10. 3. 1918	MFC Phönix – FG 03 Ludwigshafen	3:0

Westkreis-Meister: MFC Phönix 02

Spiele um die Süddeutsche Meisterschaft

17. 3. 1918	MFC Phönix – Union Stuttgart	2:2
24. 3. 1918	Union Stuttgart – MFC Phönix	3:0

Spiele um die Pokal-Westkreis-Meisterschaft

19. 11. 1917	FC Alemannia Worms – MFC Phönix	1:2

(Dieses Spiel im Rahmen der Westkreis-Meisterschaft wurde gleichzeitig als Pokalausscheidungstreffen gewertet)

17. 2. 1918	FC Phönix Ludwigshafen – MFC Phönix	1:2

Pokal-Westkreis-Meister: MFC Phönix 02

Spiele um den Verbands-Pokal im Süddeutschen Fußball-Verband

1. 4. 1918	SV Kickers Stuttgart – MFC Phönix	5:1

Frühjahrs-Verbandsrunde 1918

1. 4. 1918	SV Waldhof – VfR Mannheim	2:0
7. 4. 1918	VfR Mannheim – MFC Phönix	0:2
21. 4. 1918	MFC Phönix – SV Waldhof	2:2
	MFC 08 Lindenhof – VfR Mannheim	0:3
28. 4. 1918	SV Waldhof – MFC 08 Lindenhof	3:0
	FVg Neckarau – VfR Mannheim	1:2
	MFC Phönix – Kriegsmannsch. Käf./Feud.	3:1
5. 5. 1918	SV Waldhof – MFC Phönix	1:2
	VfR Mannheim – Kriegsmannsch. Käf./Feud.	1:0
12. 5. 1918	VfR Mannheim – SV Waldhof	1:1
2. 6. 1918	MFC Phönix – VfR Mannheim	2:0

Saison 1918/1919

Herbst-Verbandsspiele 1918
A-Klasse

29. 9. 1918	MFC Phönix – VfR Mannheim	2:2
	SV Waldhof – Sport-Vereinigung Neckarau	8:2
6. 10. 1918	VfR Mannheim – Sport-Vgg. Neckarau	1:0
	SV Waldhof – MFC Phönix	0:1
20. 10. 1918	Sport-Vgg. Neckarau – MFC Phönix	1:4
27. 10. 1918	VfR Mannheim – MFC Phönix	0:0
	Sport-Vgg. Neckarau – SV Waldhof	2:2
3. 11. 1918	MFC Phönix – SV Waldhof	1:0
	Sport-Vgg. Neckarau – VfR Mannheim	2:5
10. 11. 1918	MFC Phönix – Sport-Vgg. Neckarau	3:1
	VfR Mannheim – SV Waldhof	2:2

Meister: MFC Phönix 02

B-Klasse

22. 9. 1918	Kriegsm. 1918 Mannheim – FG Plankstadt	4:0
13. 10. 1918	Kriegsm. 1918 Mannheim – SV Helvetia Mannheim	3:2
27. 10. 1918	FG Plankstadt – Kriegsm. 1918 Mannheim	3:4
10. 11. 1918	Kriegsm. 1918 Mannheim – SK Ketsch	5:3

Meister: Kriegsmannschaft 1918 Mannheim

Verbands-Pokal-Spiele 1918

13. 10. 1918	SV Waldhof – FV Frankenthal	5:0
	MFC Phönix – SC Germania Ludwigshafen	3:5
	FG 03 Ludwigshafen – VfR Mannheim	0:2
	Union Mundenheim – TV Speyer	3:1
	FC Phönix Ludwigshafen – FC Pfalz Ludwigsh.	3:0
	FV Kaiserslautern – SV Kaiserslautern	4:1
17. 11. 1918	VfR Mannheim – Union Mundenheim	6:0
	FC Phönix Ludwigshafen – SV Waldhof	3:2
	SC Germania Ludwigshafen – FV Kaiserslt.	2:1
15. 6. 1919	VfR Mannheim – FC Phönix Ludwigshafen	4:2

(Spiel wurde abgebrochen, aber der VfR Mannheim zum Pokalsieger erklärt)
Pokal-Sieger: VfR Mannheim

Spiel um die Pokal-Westkreis-Meisterschaft

27. 7. 1919	VfR Mannheim – Union Stuttgart	1:4

Mannheimer Pokal-Runde 1918
(Privat-Runde)

24. 11. 1918	MFC Phönix – VfR Mannheim	5:1
	SV Waldhof – FVg Neckarau	0:0
1. 12. 1918	VfR Mannheim – FVg Neckarau	2:0
	SV Waldhof – MFC Phönix	4:2

8. 12. 1918	VfR Mannheim – SV Waldhof	3:0
	MFC Phönix – FVg Neckarau	4:2
15. 12. 1918	VfR Mannheim – MFC Phönix	0:2
	SV Waldhof – FVg Neckarau	4:0
22. 12. 1918	MFC Phönix – SV Waldhof	0:0
	VfR Mannheim – FVg Neckarau	2:0
29. 12. 1918	SV Waldhof – VfR Mannheim	2:1
	MFC Phönix – FVg Neckarau	5:1

Entscheidungsspiel wegen Punktgleichheit

5. 1. 1919	SV Waldhof – MFC Phönix	1:0

Um den Mannheimer Silberschild 1919
(Privat-Runde)

19. 1. 1919	FVg Neckarau – SV Waldhof	0:2
	MFC Phönix – VfR Mannheim	3:1
26. 1. 1919	VfR Mannheim – FVg Neckarau	1:2
	SV Waldhof – MFC Phönix	3:2
2. 2. 1919	VfR Mannheim – SV Waldhof	1:0
	MFC Phönix – FVg Neckarau	1:1
9. 2. 1919	SV Waldhof – FVg Neckarau	4:1
	VfR Mannheim – MFC Phönix	5:1
16. 2. 1919	MFC Phönix – SV Waldhof	0:7
	FVg Neckarau – VfR Mannheim	2:3
23. 2. 1919	MFC Phönix – FVg Neckarau	2:0
	SV Waldhof – VfR Mannheim	2:0

Meister: SV Waldhof

Frühjahrs-Verbandsspiele 1919
Bezirk 1

2. 3. 1919	VfB Heidelberg – SV Waldhof	0:2
	MFC Phönix – SpVgg Sandhofen	3:0
	VfR Mannheim – FC Vikt. Feudenheim	2:1
9. 3. 1919	VfR Mannheim – VfB Heidelberg	9:0
	SV Waldhof – MFC Phönix	3:0
	FC Vikt. Feudenheim – FVg Neckarau	2:4
16. 3. 1919	VfB Heidelberg – FVg Neckarau	1:4
	SpVgg Sandhofen – VfR Mannheim	1:1
	MFC Phönix – FC Vikt. Feudenheim	5:3
23. 3. 1919	MFC Phönix – FVg Neckarau	2:1
	FC Vikt. Feudenheim – SV Waldhof	1:5
	VfB Heidelberg – SpVgg Sandhofen	2:3
30. 3. 1919	VfR Mannheim – MFC Phönix	2:1
	SV Waldhof – FVg Neckarau	1:0
	SpVgg Sandhofen – FC Vikt. Feudenheim	2:3
6. 4. 1919	VfR Mannheim – SV Waldhof	1:5
	SpVgg Sandhofen – FVg Neckarau	7:1
	VfB Heidelberg – MFC Phönix	0:1
13. 4. 1919	VfR Mannheim – FVg Neckarau	1:0
	SV Waldhof – SpVgg Sandhofen	3:1
	FC Vikt. Feudenheim – VfB Heidelberg	4:1
20. 4. 1919	SV Waldhof – VfB Heidelberg	6:1
	VfR Mannheim – FC Vikt. Feudenheim	1:1
	SpVgg Sandhofen – MFC Phönix	2:0
27. 4. 1919	MFC Phönix – SV Waldhof	0:2
	VfB Heidelberg – VfR Mannheim	2:1
4. 5. 1919	VfR Mannheim – SpVgg Sandhofen	2:1
	FVg Neckarau – VfB Heidelberg	2:0
	FC Vikt. Feudenheim – MFC Phönix	1:4
11. 5. 1919	SV Waldhof – FC Vikt. Feudenheim	3:3
	FVg Neckarau – MFC Phönix	0:2
	SpVgg Sandhofen – VfB Heidelberg	4:0
18. 5. 1919	MFC Phönix – VfR Mannheim	2:0
	FVg Neckarau – SV Waldhof	1:2
	FC Vikt. Feudenheim – SpVgg Sandhofen	1:1
25. 5. 1919	MFC Phönix – VfB Heidelberg	3:1
	SV Waldhof – VfR Mannheim	5:0
1. 6. 1919	SpVgg Sandhofen – SV Waldhof	1:1
	FVg Neckarau – VfR Mannheim	0:2
29. 6. 1919	FVg Neckarau – SpVgg Sandhofen	2:2

Meister: SV Waldhof

Bezirk II

2. 3. 1919	TB Jahn Neckarau – FC Hertha Mannheim	1:3
	MFC 08 Lindenhof – FG Kickers Mannheim	1:0
	SC Käfertal – FK Viktoria 1912 Mannheim	6:3
9. 3. 1919	FC Hertha Mannheim – MFC 08 Lindenhof	2:3
	TB Jahn Neckarau – FC Phönix Neuenheim/HD	5:2
	SC Käfertal – SpVgg 07 Mannheim	9:2
	FG Kickers Mannheim – FK Viktoria 1912 Ma.	1:0
16. 3. 1919	FC Hertha Mannheim – FG Kickers Mannheim	3:0
	TB Jahn Neckarau – MFC 08 Lindenhof	1:4
	SC Käfertal – FC Phönix Neuenheim/HD	4:0
23. 3. 1919	SC Käfertal – FG Kickers Mannheim	3:1
	FC Hertha Mannh. – FC Phönix Neuenh./HD	7:1
30. 3. 1919	FG Kickers Mannheim – SpVgg 07 Mannheim	1:1
	TB Jahn Neckarau – SC Käfertal	2:4
	FC Phönix Neuenh. – MFC 08 Lindenhof	1:5
6. 4. 1919	MFC 08 Lindenhof – TB Jahn Neckarau	3:0
	FG Kickers Mannh. – FC Phönix Neuenh./HD	3:1
	SC Käfertal – FC Hertha Mannheim	1:0
	FK Viktoria 1912 Mannh. – SpVgg 07 Mannh.	3:2
13. 4. 1919	SC Käfertal – MFC 08 Lindenhof	4:2
	FC Hertha Mannheim – SpVgg 07 Mannheim	1:2

20. 4. 1919	FG Kickers Mannheim – MFC 08 Lindenhof	2:0
	FC Hertha Mannheim – TB Jahn Neckarau	6:1
	FK Viktoria 1912 Mannheim – SC Käfertal	1:5
27. 4. 1919	MFC 08 Lindenhof – FC Hertha Mannheim	2:1
	FK Viktoria 1912 Mannh. – FG Kickers Mannh.	1:2
18. 5. 1919	MFC 08 Lindenhof – FC Phönix Neuenh./HD	10:0
1. 6. 1919	MFC 08 Lindenhof – SC Käfertal	1:1
	FG Kickers Mannheim – TB Jahn Neckarau	6:1
	SpVgg 07 Mannheim – FC Hertha Mannheim	3:2
19. 6. 1919	MFC 08 Lindenhof – FC Hertha Mannheim	4:2
	TB Jahn Neckarau – FG Kickers Mannheim	4:2

Meister: SC Käfertal

Bezirk III

2. 3. 1919	FG 98 Seckenheim – TV 1846 Mannheim	2:2
	FC Alem. Ilvesheim – FK Bad. Seckenheim	2:2
	FC Vikt. Neckarh. – FC Germ. Friedrichsfeld	0:1
9. 3. 1919	FK Bad. Seckenheim – FG 98 Seckenheim	3:0
	FC Germ. Friedrichsfeld – Alem. Ilvesheim	2:0
	Vikt. Neckarhausen – TV 1846 Mannheim	4:0
16. 3. 1919	TV 1846 Mannheim – FK Bad. Seckenheim	3:4
	FG 98 Seckenheim – Germ. Friedrichsfeld	1:0
	Vikt. Neckarhausen – Alem. Ilvesheim	2:1
23. 3. 1919	Germ. Friedrichsfeld – FK Bad. Seckenheim	3:1
	Alem. Ilvesheim – TV 1846 Mannheim	2:0
	FG 98 Seckenheim – Vikt. Neckarhausen	2:0
6. 4. 1919	FK Bad. Seckenheim – Alem. Ilvesheim	1:4
	TV 1846 Mannheim – FG 98 Seckenheim	1:0
13. 4. 1919	Alem. Ilvesheim – Germ. Friedrichsfeld	5:0
27. 4. 1919	Alem. Ilvesheim – Vikt. Neckarhausen	5:1
	Germ. Friedrichsfeld – FG 98 Seckenheim	9:0
	FK Bad. Seckenheim – TV 1846 Mannheim	4:2

Meister: FC Alemania Ilvesheim

Bezirk IV

16. 3. 1919	FC Alem. Rheinau – SV 05 Neckarau	7:1
	FVg 98 Schwetzingen – FV 1910 Schwetzingen	3:0
	Sport 06 Ketsch – FG Plankstadt	0:8
23. 3. 1919	FG Plankstadt – FV 1910 Schwetzingen	1:2
	Sport 06 Ketsch – SV 05 Neckarau	11:1
27. 4. 1919	FG Plankstadt – Sport 06 Ketsch	2:1

Meister: FG Plankstadt

Sach-Index

Im Sach-Index sind Vereine nur dann aufgeführt, wenn es sich um die Entwicklung des betreffenden Vereins handelt (Gründung, Fusion, wichtige Änderungen in der Personal- oder Vereinsstruktur, Einstellung des Spielbetriebes), nicht dagegen in Verbindung mit Spielergebnissen.

AH (Alte Herren) 50, 58, 67, 113, 168, 205, 215
Akademischer Sport-Club (ASC) Heidelberg 31
Alemannia 1908 Viernheim 84
Alldeutscher Fußballtag 23
Alter Exerzierplatz 10
„Alter Holzhof" (Lokal in Mannheim) 13
„Alter Fritz" (Lokal in Mannheim) 16
„Altes Relaishaus" (Lokal in Rheinau) 208
Altriper Fähre 213
Am zweiten Brückel 39
Amateurfrage 27
Amicitia Viernheim 84
Anilinstraße 36
Anschlüsse vgl. Fusion
Arbeiter-Sportbewegung 209
Arbeiter Turnverein Rheinau 209
Arbeiter Turn- und Sportverein Feudenheim 209
Arbeiter Turn- und Sportverein Rheinau 209
Associations-Fußball 31
Athletenvereinigung 07 Sandhofen 105
Aubuckel 33
Austraße 36
Auswahlspiele 22, 25, 26, 27, 29, 44, 52, 66, 83, 131, 145, 147, 149, 158, 173

Badischer Fußballverband 127
„Badischer Hof" (Lokal in Rheinau) 208
Ballhaussaal 109
Baltischer Rasen- und Wintersport-Verband 74, 138
Baublock 10, 11
Bavaria Viernheim 84
BBC (Firma) 150, 156, 167
Bender-Schule 84
Benefizspiel 103
Benz & Co. (Firma) 167
Bergheim 31
Bergstraße-Riedgau 84, 157
„Bernhardus-Hof" 38, 53
Besetzung der Pfalz 197
Bettelpfad 34
Boehringer (Firma) 212
Brandplatz 33
Brauereien 41, 42, 45, 50, 64, 65, 68, 74, 109, 139, 142
Brühler Wiesen 19
Bundes-Captain 21
Bundes-Wettspiele 21, 22

Chinin-Berg 212

„Darmstädter Hof" (Lokal in Viernheim) 84
Deutsche Sportbehörde für Athletik 44, 66
Deutscher Arbeiter-Turn- und Sportbund 208
Deutscher Fußball-Bund (DFB) 23, 30, 34, 45, 46, 47, 52, 53, 63, 64, 66, 73, 82, 138, 144
Deutsche Nationalmannschaft 82
Deutscher Reichsausschuß für Leibesübungen 194
Deutscher Rugby-Verband 66
Deutscher Veteranenfond 144
Dörflinger'sche Achsen- und Federnfabrik 164
Dossenheimer Fußballverband 86, 87

Edingen 86, 87
Ehren-Captain 17, 24, 47, 112
Ehren-Mitgliedschaft 47, 60
„Eichbaum" (Lokal in Mannheim) 25
Eichbaum-Brauereien 47, 52, 53, 129, 163
Eisenbahnstation Seckenheim 90, 158
Eiserne Mannschaft 157, 207
Eiserner Fußball 179, 180
Elfer-Turnier 175, 188
Engelhorn & Sturm (Firma) 124
English-Cup 165
Entscheidungsspiel 37, 80, 101, 112, 134, 153, 155, 157, 172, 179, 184, 185, 186, 200
Erster Weltkrieg 105, 155, 168, 209, 214
„Europäischer Hof" (Lokal in Waldhof) 187
Exerzierplatz 10, 11, 13, 15, 26, 33, 40, 41, 47, 48, 56, 58, 72, 105, 168, 173

Fan-Club 154
Faust- und Fußball-Club Friesenheim 37
Feudenheim 33, 34, 105, 164
Feuerio, Karnevalsgesellschaft 48, 68, 74, 80, 150
Feuerio-Pokal 48, 49, 68, 74, 107, 150
Feuerwehrwiese 31
Firmen-Fußball 140, 149, 150, 166, 167
Flotten-Meister 158, 159
Fohlenweide 34, 90, 92, 102, 118, 157
Football-Club Seckenheim 19
Frankfurter Association-Bund 66
Freie Platte 34
Friedrichsfeld 34, 40, 73
„Friedrichshof" (Lokal in Mannheim) 88
Friedrichsring 10
Friesenheim 37
Füllerweide 19, 33
Fusion 29, 30, 56, 81, 87, 88, 95, 105, 107, 108, 109, 110, 112, 118, 156, 171, 176, 191, 196, 201, 203, 204, 206, 212, 213, 214
Fußballabteilung der Freien Turnerschaft 1887 Feudenheim 175
Fußballabteilung des Turnerbundes Jahn Neckarau 164, 196
Fußballabteilung des Turnverein Feudenheim 173
Fußball-Club „Alemannia" Feudenheim 34
Fußball-Club „Alemannia" 05 Neckarau 40, 56
Fußball-Club „Alemannia" 1918 Rheinau 208
Fußball-Club „Alemannia" Schwetzingen 87
Fußball-Club „Badenia" Feudenheim 40
Fußball-Club „Badenia" Neckarau 40
Fußball-Club „Bavaria" Mannheim 27, 31
Fußball-Club „Britannia" Heidelberg 71
Fußball-Club Edingen 87
Fußball-Club „Fortuna" Edingen 1910 86, 156
Fußball-Club Frankenthal 30

232

Fußball-Club „Frankonia" Neckarau   40
Fußball-Club „Germania" Friedrichsfeld   34, 40, 122, 174, 182, 207
Fußball-Club „Germania" Heidelberg   206
Fußball-Club „Germania" Mundenheim   37
Fußball-Club „Germania" 04 Neckarau   39, 56
Fußball-Club „Germania" Schwetzingen   87
Fußball-Club Heidelberg-Neuenheim 02   31, 64, 121, 176, 206
Fußball-Club „Helvetia" Neckarau   40, 57, 81
Fußball-Club „Hertha" Mannheim   147, 158, 171, 175, 181
Fußball-Club 03 Ladenburg   34, 66, 87
Fußball-Club „Pfalz" Ludwigshafen   36, 59
Fußball-Club „Phönix" Heidelberg-Neuenheim   206
Fußball-Club „Phönix" Ludwigshafen   36
Fußball-Club „Phönix" Neckarau   19, 27, 39
Fußball-Club „Phönix" Sandhofen   71, 72, 101, 134, 201
Fußball-Club „Viktoria" Feudenheim   33, 34, 40, 66, 96, 103, 164, 171, 191
Fußball-Club „Viktoria" 04 Neckarau   39, 57, 81
Fußball-Club „Viktoria" Neckarhausen   84, 123
Fußball-Club „Viktoria" 1908 Neckarhausen   84, 179
Fußball-Club „Viktoria" Waldhof   46, 56
Fußball-Club „Viktoria" 1910 Wallstadt   86, 137, 172, 214
Fußball-Gesellschaft „Alemannia" Ilvesheim   71
Fußball-Gesellschaft „Askania" Käfertal   89
Fußball-Gesellschaft „Britannia" Feudenheim   34, 164
Fußball-Gesellschaft „Concordia" Mannheim   46
Fußball-Gesellschaft 1901 Feudenheim   33
Fußball-Gesellschaft „Germania" Feudenheim   105
Fußball-Gesellschaft „Germania" 1913 Friedrichsfeld   181
Fußball-Gesellschaft „Germania" 03 Sandhofen   34, 67, 71, 201
Fußball-Gesellschaft Ilvesheim   71
Fußball-Gesellschaft „Kickers" Waldhof   46, 99
Fußball-Gesellschaft 03 Ludwigshafen   36
Fußball-Gesellschaft „Olivia" Mannheim   73, 80
Fußball-Gesellschaft „Palatia" Mannheim   40, 46, 88
Fußball-Gesellschaft 1906 Plankstadt   183
Fußball-Gesellschaft „Ramelia" Waldhof   46, 56
Fußball-Gesellschaft „Revidia" 1900 Ludwigshafen   36
Fußball-Gesellschaft 1898 Schwetzingen   19
Fußball-Gesellschaft 1898 Seckenheim   19, 20, 30, 49, 61, 67, 172, 180, 208, 213
Fußball-Gesellschaft „Sport" 1899 Mannheim   23, 25, 29
Fußball-Gesellschaft „Union" 03 Ladenburg   34, 87
Fußballgesellschaft-Vereinigung 1898 Schwetzingen   19, 20, 30, 40, 67
Fußball-Gesellschaft Viernheim   84
Fußball-Gesellschaft „Viktoria" Ludwigshafen   37
Fußballklub Alemannia Rheinau   208
Fußball-Klub Allemannia Heidelberg   87, 88
Fußballklub „Amicitia" Waldhof 1908   72, 99
Fußballklub „Amicitia" 09 Viernheim   84, 85
Fußballklub „Badenia" 1914 Seckenheim   172, 208, 213
Fußballklub Badenia Weinheim   86
Fußballklub Katholischer Jünglingsverein Feudenheim   76
Fußballklub Katholischer Jünglingsverein Neckarau   74, 76, 158
Fußballklub „Palatia" Frankenthal   121
Fußball-Klub „Sport" 05 Schwetzingen   40, 67, 80
Fußball-Klub „Sportfreunde" Mannheim   88, 105
Fußball-Klub „Union" 07 Seckenheim   58
Fußball-Klub VfB 1910 Frankenthal   121
Fußballklub „Viktoria" Friedrichsfeld   40
Fußballklub „Viktoria" Heddesheim   87
Fußball-Klub „Viktoria" 1905 Heidelberg   67, 71, 121

1. FC Viktoria Heidelberg   121, 176, 206
Fußballklub Viktoria 05 Plankstadt   183
Fußballverein „Fortuna" 1911 Heddesheim   88, 214
Fußball-Verein Frankenthal   121
Fußball-Verein Sandhofen   134, 176, 201
Fußballverein 1910 Schwetzingen   87, 155
Fußballverein 1913 Viernheim   84
Fußballverein Viktoria Schwetzingen   87
Fußballverein „Wacker" Mannheim   145
Fußballverein 09 Weinheim   84, 85, 122, 137, 178
Fußball-Vereinigung 07 Neckarau   56, 57, 65, 67, 79, 135, 196, 199, 200, 213
Fußball-Vereinigung 1898 Seckenheim   213
Fußballvereinigung „Teutonia" Ludwigshafen   36

„Gasthaus zur Oststadt" (Lokal in Mannheim)   201
Gastspieler   168, 173, 186
Gellertplatz   40
Germania Viernheim   84
„Geß" (Lokal in Ludwigshafen)   36
Gießenstraße   76
Gold-Pokal   124, 188
„Goldener Hirsch" (Lokal in Wallstadt)   172
Grenadier-Regiment Nr. 110   83, 194, 195
Große Karnevalsgesellschaft Neckarstadt   91
Großherzogliche Realschule   10
„Grüner Hof" (Lokal in Käfertal)   89

Hardtwald   19
Hauptbahn-Station   49
Heddesheim   87
Hegenichhof   40
Heidelberg   31, 71, 86, 87, 121, 176, 206, 214
Heinrich Lanz (Firma)   150, 167
„Helvetia" Schwetzingerstadt   56
Hemshof   36
Herta Viernheim   84
Herzogenried   155, 183
Hindenburg-Wettkämpfe   193, 194
H – Innensturm   212
Hochspannungsmast   86
Hohenwiesen   90
Hundebiß-Affaire   142, 144

Internationale Olympische Spiele   73
Isolierspital   135

Judenfriedhof   33
Jugendabteilung / Jugendmannschaft   58, 60, 109, 113, 168, 170, 215

Käfertal   10, 89
Käferthalerstraße   47
„Kaiser Wilhelm" (Lokal in Mannheim)   13, 30
Kaiser-Wilhelm-Kaserne   26, 47, 48, 56
„Karl Theodor" (Lokal in Mannheim)   67
Karlsruhe   13, 21, 124
Katholischer Jünglingsverein   74
„Kiautschau" (Lokal in Mannheim)   13
Klepperlesverband   87
Klubzeitung   67, 68
Kobers Winzerhaus   53
„Königsburg" (Lokal in Mannheim)   46

233

Komet 1915 Viernheim 84
Kornblumentag 102, 103
Kraftsportverein „Eiche" Sandhofen 105
Kraftsportverein 07 Sandhofen 105
Kriegshilfe 168, 171, 172, 174
Kriegsmannschaft Käfertal/Feudenheim 191
Kriegsmannschaft 1918 Mannheim 196
Kriegsmannschaft Neckarau 1918 196, 199, 209
Kriegs-Pokal 188
Kronprinzen-Pokal 74, 93, 105, 106, 131, 132, 158, 178, 184, 185
Kuhweide 66, 88

Ladenburg 34, 86, 87
Länderspiel 64, 82
„Landsknecht" (Lokal in Karlsruhe) 13
Lanz'sche Wiese 63
Leichtathletik 25, 36, 60, 63, 67, 73, 82, 89, 104, 109, 113, 139, 188, 195
Licht-, Luft- und Sonnenbad Ludwigshafen 107
„Liedertafel" (Lokal in Mannheim) 21
Lindenhof 63, 147, 181, 182
Ludwigshafen 30, 36, 37, 172, 189
Ludwigshafener Turn- und Fechtklub 52
Luisenpark 10, 13, 16, 25, 65, 66, 76, 90, 107, 109
Luitpoldhafen 36

Maimarkt–Dienstag 51, 52, 165
Maingau 36
Mannheimer Ballspiel-Klub 1904 88
Mannheimer Diplom 204
Mannheimer Fußball-Bund 21, 22, 23, 26, 27, 30, 31
Mannheimer Fußball-Bund Wettspielverband „Pfalzgau" 30, 31
Mannheimer Fußball-Club „Badenia" 49
Mannheimer Fußball-Club „Frankonia" 27, 67, 88
Mannheimer Fußball-Club 1908 Lindenhof 61, 63, 79, 101, 136, 147, 181, 184, 191
Mannheimer Fußball-Club „Phönix" 02 31, 49, 67, 68, 70, 76, 90, 91, 102, 112, 117, 118, 119, 150, 152, 153, 160, 170, 175, 180, 189, 194, 212
Mannheimer Fußball-Club Phönix / Viktoria 212
Mannheimer Fußball-Club „Viktoria" 1897 12, 13, 16, 21, 22, 24, 30, 40, 41, 42, 43, 45, 47, 49, 60, 67, 68, 72, 73, 82, 91, 93, 107, 108, 109, 117, 133, 150
Mannheimer Fußball-Gesellschaft 1896 10, 13, 14, 16, 17, 21, 23, 24, 30, 41, 42, 45, 47, 49, 50, 52, 58, 60, 61, 66, 67, 68, 72, 74, 77, 90, 91, 106, 107, 108, 109, 124, 133
Mannheimer Fußball-Gesellschaft 1913 145, 177, 178, 196
Mannheimer Fußball-Gesellschaft „Germania" 1897 13, 15, 16, 21, 27, 30, 67
Mannheimer Fußball-Gesellschaft „Kickers" 58, 71, 91, 173, 183
Mannheimer Fußball-Gesellschaft „Union" 1897 13, 14, 16, 21, 25, 30, 32, 47, 49, 60, 61, 91
Mannheimer Fußball-Klub „Allemannia" 34
Mannheimer Fußball-Klub „Union" 1912 136
Mannheimer Fußball-Klub „Viktoria" 1912 145, 164, 171, 176, 196, 212
Mannheimer Fußball-Klub „Weststadt" 73
Mannheimer Fußball-Verein 1898 16, 21, 22, 23, 27
Mannheimer Fußball-Verein 1910 145
Mannheimer Hockey-Club 118, 133
Mannheimer Silberschild 203
Mannheimer Sport-Club „Germania" 1897 30, 34, 39, 48, 49, 66, 67
Mannheimer Sport-Klub „Komet" 08 136
Mannheimer Turnerbund „Germania" 10
Mannheimer Versicherungs-Gesellschaft (Firma) 150, 167
Militärbehörde 26, 40
Militär-Fußball 73, 83, 145, 193, 194

Mittelbaden (Gau) 36
Mittelrheingau 45, 98,. 121, 180, 185, 189
Mohr & Federhaff (Firma) 150, 167
Mollschule 34, 158
Münchner Fußballbund 66
Mundenheim 37

Nahegau 98, 121, 123, 180, 185
Nationalspieler 82, 93, 102, 106, 118
Neckarau 19, 27, 39, 56, 74, 81, 135, 166, 187, 200, 211, 213
Neckarbrücke 145
Neckardamm 33, 105, 173, 175
Neckargau 42, 45, 49, 50, 52, 58, 59, 61, 66, 71, 78, 79, 80, 88, 95, 96, 98, 101, 120, 121, 122, 123, 133, 134, 136, 145, 152, 155, 156, 157, 172, 175, 180, 182, 184, 185, 186, 187, 188, 189, 197, 205, 206, 207
Neckarhausen 84
Neckarschloß 90
Neckarstadt 91, 105
Neckarstraße 33, 103
Neckarvorlandseite 31
Neuenheim 31
Neuenheimer College 10, 31, 64
Neuostheim 108
Nibelungenspiele 188
Norddeutscher Fußball-Verband 74, 93, 138
Nordkreis 43, 58, 60, 66, 70, 78, 83, 84, 102, 131, 142, 154, 180, 185, 190
Nuits 83

Oberrealschule (Großherzogliche) 1
Odenwald-Kreis 215
OEG-Bahnhof 89
Olympia Viernheim 84
Olympische Spiele 60, 73
Ostkreis 70, 78, 102, 118, 131, 142, 154, 155, 180, 185, 190
Oststadt 108

„Palmengarten" (Lokal in Mannheim) 56
Pappelallee 90
Pfalz Speyer 30
Pfalzgau 34, 36, 37, 59, 98, 121, 123, 145, 180, 184, 185, 189, 197
Pfalzgau-Neckargau 197, 199
Pfalz-Kreis 215
Pfingstbergweiher 208
Pokalspiele 70, 166, 167, 188, 190, 197, 199
„Portugal" (Lokal in Mannheim) 117
„Posen" (Linienschiff) 159
Presseausschuß 48, 109, 113
„Prinz Max" (Lokal in Mannheim) 74
„Prinz Max" (Lokal in Seckenheim) 172
Privat-Pokal-Runde 124

Qualifikationsspiel 80

Radrennbahn 13, 16, 25, 189
Radtourenklub Mannheim 16
Rasensportverband Karlsruhe 212
Realgymnasium 10
Reformschule 181
Rennwiesen 47, 48, 68, 109, 150
„Rennwiesen" (Lokal in Mannheim) 1

234

„Restauration altes Feldschlößchen" (Lokal in Mannheim)   47
„Revidia" Schwetzingerstadt   56
Rheinau-Schule   208
Rheinplatte   76
Rheinisch-Westfälischer Bund   45
Rheinische Creditbank (Firma)   150
Rheinischer Fußballbund   86
Ring- und Stemmclub Eiche 1930 Sandhofen   105
„Rodensteiner" (Lokal in Mannheim)   112
Rugby   10, 103
Rugby-Fußball   31
Ruser   154

Saargau   98, 121, 180
Sandacker   96
Sandhofen   34, 71, 201
Sarajewo   155
Schaafswiese   25
Schäferwiese   19, 101
„Scheffeleck" (Lokal in Mannheim)   17
Schiedsrichterliste   23, 124
Schiedsrichter-Organisation   113, 124, 125, 147, 180
Schiedsrichter-Vereinigung   180, 212
Schießhauswiese   10
Schillerschule   164
Schlachthaus (Weinheim)   84
Schlammloch   56, 99
Schloßgarten   10
„Schloßkeller" (Lokal in Mannheim)   90
„Schloßwirtschaft" (Lokal in Edingen)   86
Schrottenverband   86
Schuckert (Firma)   167
Schüler-Mannschaft   60, 67, 91, 113, 205
Schweickhardt'sche Milchkuranstalt   153
Schwerathletenclub „Germania" 1902 Edingen   156
Schwetzingen   19, 40, 87
Schwetzingerstadt / Schwetzingervorstadt   56, 164, 201
Sechser-Turnier   72, 73, 74, 86, 88, 89, 105, 145, 158, 183, 188
Seckenheim   19, 58, 172, 208, 213
Silber-Pokal   200
Silberne Plakette   204
Silberner Becher   200
Spiegelfabrik Waldhof   56
Spielvereinigung Lindenhof   181
Spielvereinigung 07 Mannheim   203
Spielvereinigung Sandhofen 1903   201
Spielvereinigung Schwetzingerstadt   201
Spitalwiesen   36
Sportabteilung des Evangelischen Jünglingsvereins   158
Sportabteilung des Turnverein Mannheim von 1846   89
Sport-Club „Germania" 04 Ludwigshafen   36
Sport-Club „Viktoria" Heidelberg   176, 206
Sport-Club Neckarstadt   105, 210
Sport-Club 1903 Neckarhausen   84
Sport-Club 1910 Käfertal   88, 89, 157, 176, 191, 212
Sportfreunde Ladenburg   87
Sport-Gesellschaft „Olympia" 1906 Mannheim   46, 105
Sport-Gesellschaft Olympia-Sportfreunde 1906 Mannheim   105
Sportklub „Herrmania" Heidelberg   88
Sportklub Hertha 1912 Mannheim   175

Sportklub 1907 Viernheim   84
Sport- und Vergnügungsklub Alemannia Weinheim   86
Sport-Verein Alemannia Mannheim   136
Sport-Verein „Helvetia" 1907 Mannheim   56, 122, 164, 180, 204
Sportverein Lindenhof   181
Sport-Verein Neckarau   105
Sportverein 05 Neckarau   209
Sportverein Olympia Mannheim 1913   173
Sportverein 1918 Sandhofen   201
Sportverein „Teutonia" Mannheim   164, 165, 178, 204
Sportverein Viernheim   84
Sport-Verein Waldhof 07   54, 56, 57, 64, 67, 95, 96, 98, 99, 100, 104, 120, 134, 154, 155, 172, 180, 183, 187, 191, 192, 194, 195, 199, 205
Sportverein 1914 Wallstadt   214
Sportvereinigung Amicitia 09 Viernheim   84
Sportvereinigung „Fortuna" 1910 Edingen   156
Sportvereinigung Neckarau   196, 199
Sportvereinigung Viktoria 1919 Neckarau   213
Sportvereinigung 1919 Wallstadt   172, 214
SV „Eiche" Sandhofen   105
Sporwörth   56, 57, 78, 135, 187
Stadion   160
„Stadt Aachen" (Lokal in Mannheim)   49
Stadt-Jubiläum   50, 53
Stadt Mannheim   50, 66, 101, 107, 172
Stadtverwaltung Mannheim   10, 26, 167
Städtespiel   44, 52, 147, 149, 159, 172, 173, 192, 193, 194, 212
„Starkenburg" (Lokal in Mannheim)   196
Stehkragenclub   36
Sternallee   19
Straßenbahndepot   158, 175
Süddeutsche Kabelwerke (Firma)   167
Süddeutscher Fußball-Verband e. V.   166, 175, 178, 184, 185, 205, 210, 214
Süd-Ostdeutscher Fußball-Verband   138
Südkreis   66, 68, 69, 70, 78, 101, 131, 135, 140, 142, 154, 155, 159, 160, 164, 166, 180, 185, 190, 199

Tägliche Sportzeitung   151
Taubenstraße   201
„Teutonia" Lindenhof   63
Tierasyl   101
Turnverein „Badenia" Feudenheim   40
Turn-Verein Heidelberg   176
Turn-Verein 1846 Mannheim   89, 208

U-Boot - Spende   187, 188
„Union", Verein für Bewegungsspiele Mannheim 1897   61, 65, 66, 67, 68, 72, 73, 76, 81, 90, 91, 92, 106, 107, 108, 109, 117, 133
„Urania" Schwetzingerstadt   56

Vaterländische Gedenkspiele   144
Verband Berliner Ballspielvereine   74, 93, 178, 184
Verband Brandenburgischer Ballspiel-Vereine   138
Verband für Rasensport   86, 87, 88, 214
Verband Mitteldeutscher Ballspiel-Vereine   74, 105, 138, 185
Verband Süddeutscher Fußball-Vereine   13, 16, 17, 21, 23, 30, 31, 34, 37, 40, 46, 47, 48, 57, 58, 63, 65, 66, 68, 74, 80, 84, 87, 89, 90, 93, 105, 124, 131, 138, 139, 142, 144, 149, 155, 156, 158, 166
Verbandstag (Verb. Süddt. Fußball-Vereine)   16, 30, 37, 144, 147, 149, 166, 214
Verein für Bewegungsspiele (VfB) Heidelberg   206

Verein für Rasenspiele (VfR) Mannheim   108, 109, 111, 112, 115, 116, 118, 124, 125,
   127, 131, 132, 133, 139, 140, 144, 147, 149, 163, 180
Vereinigung Mannheimer Fußballspieler   12
VfB 1910 Frankenthal   121
VfB 1913 Waldhof   145, 212
Viernheim   84
„Viktoria" (Hotel in Mannheim)   16
Viktoria Speyer   30
Viktoria 1910 Viernheim   84
Vorfriedensrunde   203

Wachtstraße   56, 99
Wäld'le   33
Waffenstillstand   197
Waldhof   46, 56, 72
Waldhofschule   96, 98
Waldpark   101
Waldspielplatz TV 1846 Mannheim   90
Waldspitze   86
Wallstadt   86, 172, 214
Weinheim   84
Westdeutscher Fußball-Verband   93, 138, 158
Westkreis   59, 70, 76, 77, 78, 83, 84, 88, 98, 99, 101, 107, 110, 111, 112, 117, 121, 123,
   131, 132, 133, 135, 142, 147, 152, 154, 156, 157, 160, 166, 167, 177, 180, 185, 189,
   190, 191, 199
„Wilder Mann" (Lokal in Mannheim)   13, 47, 107, 108
Wörtel   19, 172

„Zähringer Hof" (Lokal in Mannheim)   175
„Zähringer Hof" (Lokal in Seckenheim)   19
Zellstoffabrik Waldhof   34
Zentralausschuß für Volks- und Jugendspiele   63

„Zillertal" (Lokal in Mannheim)   201
„Zum Alten Gaswerk" (Lokal in Mannheim)   164
„Zum Deutschen Kaiser" (Lokal in Wallstadt)   86
„Zum Friedrichsring" (Lokal in Mannheim)   180
„Zum Hobelwerk" (Lokal in Ludwigshafen)   37
„Zum Jägerhaus" (Lokal in Feudenheim)   34
„Zum Kirchengarten" (Lokal in Mannheim)   31
„Zum Klostergärtchen" (Lokal in Mannheim)   105
„Zum Lamm" (Lokal in Edingen)   86
„Zum Landsknecht" (Lokal in Waldhof)   55
„Zum Neckarschloß" (Lokal in Mannheim)   58, 91
„Zum Neckartal" (Lokal in Feudenheim)   33
„Zum Pflug" (Lokal in Ilvesheim)   71
„Zum Schloßkeller" (Lokal in Mannheim)   47, 67
„Zum Stern" (Lokal in Ladenburg)   34
„Zum Stern" (Lokal in Viernheim)   84
„Zum Tannenbaum" (Lokal in Waldhof)   55, 56
„Zum Wittelsbacher Hof" (Lokal in Mannheim)   23
„Zum Zähringer Hof" (Lokal in Neckarhausen)   84
„Zur Frankenburg" (Lokal in Ludwigshafen)   36
„Zur Guten Laune" (Lokal in Waldhof)   54
„Zur Krone" (Lokal in Ladenburg)   34
„Zur Krone" (Lokal in Neckarau)   39
„Zur Krone" (Lokal in Neckarhausen)   84
„Zur Krone" (Lokal in Schwetzingen)   19, 20
„Zur neuen Schlange" (Lokal in Mannheim)   48
„Zur Rheinburg" (Lokal in Ludwigshafen)   36
„Zur Rheinlust" (Lokal in Neckarau)   40
„Zur Schloßwache" (Lokal in Mannheim)   46
„Zur Schützenstraße" (Lokal in Ludwigshafen)   36
„Zur Vorstadt" (Gasthaus in Waldhof)   54
„Zur Wartburg" (Lokal in Feudenheim)   34
Zusammenschlüsse vgl. Fusion

Personen-Index

Besondere Probleme ergaben sich bei der Erstellung des Personen-Index, auf den jedoch großer Wert gelegt wurde. Ungenaue Schreibweisen (z. B. Maier, Mayer, Meier oder Schmid, Schmitt bzw. Schmidt) dazu in der Regel ohne Angabe des Vornamens, aber auch häufige Vereinswechsel der Spieler, von denen die Presse in jener Zeit nicht berichtet hatte, machen es möglich, daß Spieler doppelt oder gar mehrfach im Index erscheinen. Nicht selten tauchte ein Spieler eines bestimmten Vereins plötzlich in der Mannschaftsaufstellung eines anderen Vereins auf; lange Zeit war ein solcher Wechsel innerhalb einer Spielzeit ohne die heute übliche Sperre möglich. Wenn dann noch die genannte Problematik der Schreibart hinzukommt, erschwerte dies die richtige Zuordnung eines Spielers zu einem Verein außerordentlich. Um dies zumindest übersichtlicher zu gestalten, werden Spieler mit den jeweiligen Vereinsnamen genannt, mit denen sie in den gefundenen Aufzeichnungen in Verbindung gebracht worden sind.

Ackermann, E. (VfR Mannheim)   113
Adelmann (TV 1846 Mannheim)   89
Adler, Ludwig (MFG Union 1897 / MFG Germania 1897)   13, 14, 22
Ahorn (Kickers Stuttgart)   160
Albert, Julius (TV 1846 Mannheim / Fa. Lanz)   89, 150
Albrecht, Gottfried (SpVgg 07 Mannheim)   180
Albrecht, Rudolph (MFC 08 Lindenhof / SV Teutonia Mannheim)   79, 136, 178
Alles, H. (FV Fortuna Heddesheim)   214
Alles (SC Neckarstadt)   210
Altfelix, Oskar (MFG 1896)   73, 77, 78
Altfelix, Willy (MFG 1896 / VfR Mannheim)   73, 77, 78, 83, 102, 108, 124, 132, 133, 142, 150, 162
Altmann, O. (VfR Mannheim)   174
Andries (VfR Mannheim)   210
Anhäuser (FC Pfalz Ludwigshafen)   212
Anthes, Dr. (SpV Wiesbaden)   74
Apfel (MFC 08 Lindenhof)   63
Apfel (FC Germania Friedrichsfeld)   174
Arnold, Emil (Sport-Vg. Neckarau)   196
Arnold, Ernst (MFC Phönix 02)   150
Arnold, Fritz (Sport-Vg. Neckarau / FVg Neckarau)   196, 211, 213
Arnold, Richard (FC Viktoria Wallstadt)   137
Au, Alfred (VfR Mannheim)   179, 191, 197, 203, 206, 210
Aulbach, Hermann (Union VfB / VfR Mannheim)   81, 108, 111, 131, 132, 133, 142, 147, 149, 150, 160, 166

Bachmann, Otto (MFC 08 Lindenhof / FC Hertha Mannheim / MFC 08 Lindenhof)   136, 173, 179, 188, 192
Bade, Valentin (FC Phönix Sandhofen)   101, 134
Bähr (FV Kaiserslautern)   107
Bär, Arthur (FG 1898 Seckenheim)   19, 20
Bär, Valentin (MFC Kickers)   145

Bäßler (FC Pfalz Ludwigshafen)   36
Ball (FC Viktoria Neckarhausen)   123
Balles, K. (VfR Mannheim)   140, 150, 171
Banschenbach, M. (FC Germania Friedrichsfeld)   182
Banzhaf, Hermann (MFC Viktoria 1897 / VfR Mannheim)   13, 43, 44, 47, 60, 76, 77, 83, 93, 107, 109, 113, 124, 131, 132, 133, 142, 147, 149, 150, 160, 166. 187
Banzhaf, Ludwig (MFG Germania 1897 / MSC Germania 1897 / Union VfB / VfR Mannheim)   13, 15, 30, 39, 67, 109, 113, 147
Bardong, Hermann (MFC Germania 1897)   13, 15
Barth, K. (Palatia Mannheim)   46
Bassauer, Georg (MFC 08 Lindenhof)   136
Bassauer, J. (FC Fortuna Edingen)   86
Bauder, Gottfried (SV Teutonia Mannheim)   165
Bauer, Fr. (MFC Viktoria 1897 / VfR Mannheim)   24, 43, 44, 72, 77, 93, 107
Bauer, Fritz (FG Germania Feudenheim / FC Viktoria Feudenheim)   105, 171
Bauer, Fritz (MFC Phönix 02)   132, 152
Bauer, Josef (FC Fortuna Edingen)   86
Bauer, Karl (FVg 1898 Schwetzingen)   20
Bauer, Mathias (FK Amicitia Viernheim)   85
Bauer (MTV München)   186
Baumann, Hermann (SV Waldhof)   121
Baumann (FG 03 Ludwigshafen)   189
Baumeister, Fritz (MFC 08 Lindenhof / FC Hertha Mannheim)   136, 173
Bausch, Philipp (SV Waldhof)   204
Bechtel, Bernhard (FC Phönix Ludwigshafen)   190
Beck, Thomas (FG 1898 Seckenheim)   208
Beckenbach, Georg (SV Waldhof)   204
Beckenbach, Jean (SC Käfertal / FC Viktoria Feudenheim)   157, 195
Beckenbach, Philipp (SC Käfertal)   88, 207, 212
Beckenbach (MFG Union 1897 / Union VfB / VfR Mannheim)   81, 108, 111
Becker, Fritz (Kickers Frankfurt / FV Frankfurt)   66, 142
Becker, Wilhelm (MFC 08 Lindenhof)   136
Becker (Hannover 96)   195
Beichert, J. (SC Käfertal)   89
Beier (Phönix Karlsruhe)   69
Beisel, P. (SV Waldhof)   98
Belle, Franz (MFG 1896 / FC Pfalz Ludwigshafen)   36, 52
Bender (MFC 08 Lindenhof)   79
Bensemann, Walter (Karlsruhe)   21, 25, 26
Benzinger, Georg (FC Viktoria Feudenheim)   33, 96, 145, 147
Benzinger, Hans (SC Käfertal)   207, 212
Berberich, Adam (SpVgg Sandhofen)   201
Berberich, W. (MFC Phönix 02)   180
Berck (Viktoria Frankfurt)   66
Bertraud (FC 03 Hanau)   66
Berz (München)   186
Besenich (SV Waldhof)   173
Best, Heinrich (MFV 1898 / MFG Union 1897)   22, 32
Betz, Karl (VfR Mannheim)   113
Betzgar (MFG Union 1897 / Union VfB)   81
Betzwieser, Philipp (FC Viktoria Neckarhausen)   123
Beutel (FG 03 Ludwigshafen)   172
Beyer, Otto (MFG Union 1897)   13, 14
Beyer (FC Pfalz Ludwigshafen)   92
Biedermann, Heinrich (FG Germania Feudenheim)   105
Biedermann, Max (FG Germania Feudenheim)   105
Biedermann, Michael (SV Waldhof / FG Germania Feudenheim)   80, 105
Bien, Jean (FC Germania Friedrichsfeld)   122, 182
Bien, M. (FC Germania Friedrichsfeld)   122
Bierreth, E. (MFG 1896 / MFV 1898)   11, 16, 22

237

Bierreth, Jakob (MFG 1913 / Kriegsmannschaft 1918 Mannheim)   178, 196
Bierreth, V. (MFC Viktoria 1897)   22
Binder (Union Stuttgart)   160
Birk, Hans (MFC Phönix 02)   183, 185
Biernie, H. L. (MFG 1896)   106
Bisson (FVg Neckarau)   135
Blechl (Deutscher FK Prag)   72
Bleh (MFC Viktoria 1897)   43, 50, 60
Blessing, Georg (FV 09 Weinheim)   85, 178
Blümmel, Karl (FG 1898 Seckenheim)   61, 208
Blümmel, Philipp (FC Alemannia 1918 Rheinau)   208
Bock, Oswald (MFC Viktoria 1897)   13, 22
Bockermann, H. (MFG Germania 1897 / MSC Germania 1897)   48
Bodenweber (FC Freiburg)   53, 132
Bodry, Franz (MFG 1896)   17
Böhe (FC Phönix Sandhofen)   101, 147
Böhn, M. (MFC Viktoria 1897)   67
Boehringer, Hans (MFG 1896 / FK Union 1912 Mannheim)   136
Boehringer, Otto (VfR Mannheim)   113
Bohn, Oskar (Union VfB / VfR Mannheim)   81, 113, 149, 150
Bollack, Hermann (MFC Phönix 02)   150, 160, 195, 204
Bonifer, Wilhelm (MSC Germania 1897)   39
Bonnet (FC Pfalz Ludwigshafen)   36
Boos, Ernst (FVg 1898 Schwetzingen)   21
Boos (FVg Neckarau)   135
Boos (FC Viktoria Neckarhausen)   156
Borck, Walter (MTV München)   105, 106
Bosch, Hermann (Karlsruher FV)   102, 105, 124, 131, 132, 166
Bossert (MFG Germania 1897 / MFC Viktoria 1897)   13
Bossert, Albert (SC Neckarstadt)   210
Bossert, Franz (MFC Phönix 02)   194, 195
Bossung (FV Kaiserslautern)   107
Bowcock (FC Bradford)   165
Bramm, Willi (MFC Phönix 02)   180, 185
Brand, H. (VfR Mannheim)   113
Brand (MFC Phönix 02)   183
Brand (MFC 08 Lindenhof)   63
Brandel (SV Teutonia Mannheim)   181
Brander (FV 09 Weinheim)   85
Bräunig (FC Viktoria Neckarhausen)   123
Braun (MFC Viktoria 1897)   24
Braun (FV Frankfurt)   142
Brehm (SV Teutonia Mannheim)   181
Brehm (VfR Mannheim)   147
Breider (SpV Leipzig)   195
Breidinger, C. (MFG 1896)   73, 77
Breitenbacher, Josef (VfR Mannheim)   171, 173, 197, 203, 206, 210
Breitenbücher, H. (MFV 1910 / MFG 1913)   145, 178
Breitinger, Fritz (FC Phönix Sandhofen)   134
Brenner (VfR Mannheim)   171, 173
Breunig, Max (Karlsruher FV / 1. FC Pforzheim)   74, 93, 102, 105, 106, 124, 131, 132, 158
Breunig (FC Phönix Ludwigshafen)   190
Brixner, Franz (FV Schwetzingen)   87
Brixner, Georg (FV Schwetzingen)   87
Brose, Ludwig (FVg Neckarau)   187, 213
Brown (FC Bradford)   165
Brox, W. (ATuS Rheinau)   209
Brucker, Jean (FVg Neckarau / Sport-Vg. Neckarau / FVg Neckarau)   187, 196, 213
Brückel (MFG 1896)   22

Brühmüller, Emil (MFC Viktoria 1897 / VfR Mannheim / MFC Phönix 02)   77, 83, 84, 93, 107, 124, 131, 132, 150, 160, 165
Bruglachner (VfR Mannheim / München)   178, 179, 183, 184, 186, 187, 188
Brunner, Louis (FG Germania Feudenheim)   105
Brunner, W. (VfR Mannheim)   187, 188, 191, 195
Brunner (Viktoria Heidelberg)   195
Bruns, Hermann (FV 09 Weinheim)   85
Brutschin (Kickers Stuttgart)   142
Buchmüller, Ludwig (FC Fortuna Edingen)   86
Buck (Union Stuttgart)   160
Bühler, Bastian (FC Viktoria Feudenheim)   171
Bühler, Fritz (FC Viktoria Neckarhausen)   84
Bühn, Karl Prof. (VfR Mannheim)   109, 113
Bürkle, Alfons (MFC Phönix 02)   195, 204
Bürkle (Kickers Stuttgart)   142
Bugert, Hans (FK Amicitia Viernheim)   85
Bundstätter (SV Teutonia Mannheim)   165
Bunkert, Hans (SC Käfertal)   176
Burger, Franz (Karlsruher FV / VfR Mannheim)   74, 102, 124, 131, 132, 147, 149, 150, 160, 166, 178
Burger, Karl (SpVgg Fürth)   82, 93, 105, 106, 119, 178, 186
Burkart (FC Freiburg)   53
Burkhardt, A. (MFG Union 1897 / Union VfB / VfR Mannheim / Fa. Lanz)   72, 81, 90, 103, 108, 111, 142, 147, 150
Busch, Karl (MFG Union 1897 / Union VFB / VfR Mannheim)   32, 48, 69, 72, 113
Busch, W. (FC Neuenheim 02)   64
Busch (Sport-Vg. Neckarau)   196
Busch (FV Kaiserslautern)   107
Buß, Philipp (VfR Mannheim)   113
Buttle, J. (MFG 1896 / VfR Mannheim)   49, 140

Carnier (Olympia Darmstadt)   83
Carrie (FC Bradford)   165
Casper, Paul (VfR Mannheim / MFG 1913)   113, 178
Chaplin (FC Bradford)   165
Christ, Georg (MSC Germania 1897)   48
Claus, R. (VfR Mannheim)   113
Claus (FV Frankfurt)   142
Coblanz (FC Pfalz Ludwigshafen)   36
Constantini, Karl (MSC Germania 1897 / Union VfB / VfR Mannheim)   39, 81, 108, 111
Creutz (SV Waldhof)   120, 121
Crisand, Hugo (Kath. Jünglingsverein)   74

Daiber, Eduard (MFC 08 Lindenhof)   63
Dambach (MFC Viktoria 1897)   24
Dangel, Heinrich (FV 09 Weinheim)   85
Dannersberger, Willi (SV Helvetia Mannheim)   173
Dargel, Hubert (FC Phönix Sandhofen)   134
Day (FC Pfalz Ludwigshafen)   92
Dechant, August (SV Waldhof)   80, 95
Dechant (Sport-Vg. Neckarau)   196
Dehoust, Fritz (FC Germania Friedrichsfeld)   122
Dehoust, Gustav (FC Germania Friedrichsfeld)   182
Deidesheimer (SV Teutonia Mannheim)   178
Deimann (VfR Mannheim)   183
de Lang, Franz (Union VfB)   81
Dengler, Karl (SC Neckarstadt)   210
de Villier (FC Freiburg)   53
Derschum, Heinrich (Realgymnasium / MFG 1896 / MFV 1898 / MFG Sport 1899 / VfR Mannheim)   10, 11, 13, 14, 21, 22, 25, 113, 147

Dewhourst (Deutscher FK Prag) 72
Dick (FV 09 Weinheim) 137
Diebold (FV 09 Weinheim) 85
Diebold (MFG Union 1897 / Union VfB) 108
Diehl, Heinrich (MFC Viktoria 1897) 22, 24
Dielmann, Karl (SC Käfertal) 157, 207, 212
Diemer (FC Freiburg) 131, 132
Dierolf, Heinrich (SV Waldhof) 71
Dietrich (Union Stuttgart) 190
Ding, Karl (FC Fortuna Edingen) 86
Ditsch, Hans (FK Amicitia Viernheim) 85
Ditsch, Karl (FG 1898 Seckenheim) 208
Ditton (Sport-Vg. Neckarau) 196
Döpfner (Realgymnasium) 10
Döring, A. (TV 1846 Mannheim) 89
Dörr (FV Frankfurt) 142
Dörsam, Adam (FC Viktoria Wallstadt) 137
Dörsam, Valentin (FV 09 Weinheim) 122
Doiny (VfR Mannheim) 188
Doland, Hans (FC Pfalz Ludwigshafen) 180, 212
Dolder (MFC Viktoria 1897) 50
Dorn, R. (VfR Mannheim) 113
Dornbusch (FV Frankfurt) 142
Dossinger (FC Viktoria Neckarhausen) 156
Dreher, Erwin (MFG 1896 / VfR Mannheim) 109, 113
Drescher, Emil (Union VfB / VfR Mannheim) 81, 131, 140, 162
Dressel (SV Helvetia Mannheim) 122
Dröcker Theodor (MSC Germania 1897) 48
Droes, Hugo Prof. (VfR Mannheim) 113
Dubois, H. (FK Union 1912 Mannheim) 136
Dückert (VfR Mannheim) 188
Dünkel, B. (FG Germania Feudenheim) 105
Dürr, Hans (VfR Mannheim) 183, 197, 206
Düster, Johann (FG Germania Feudenheim) 105
Durler, K. (MFC Phönix 02 / VfR Mannheim) 150, 160, 165, 173, 197, 203, 206, 210
Dursy, Otto (FC Phönix Ludwigshafen) 172

Ebert, Max (FC Phönix Ludwigshafen) 172, 197
Eckelmann (Borussia Harburg) 195
Eckert, Julius (FC Hertha Mannheim) 158
Edelblut, Georg (SV Waldhof) 193
Edelblut, Heinrich (MFC 08 Lindenhof) 181, 188, 192
Edinger, A. (FV Fortuna Heddesheim) 214
Egetmeyer, Alfred (Union VfB / VfR Mannheim) 81, 140, 162
Egetmeyer, Carl (Union VfB / VfR Mannheim) 80, 81, 90, 103, 107, 108, 109, 111, 124
Egetmeyer, F. (VfR Mannheim) 131, 133, 149
Ehinger (FC Pfalz Ludwigshafen) 180, 185
Ehmann (MFG Union 1897 / Union VfB) 72, 80, 81, 90, 103
Ehresmann (FV Kaiserslautern) 107
Ehret, R. (FC Germania Friedrichsfeld) 174, 182
Eichhorn (Realschule) 10
Eichler, K. (FV Fortuna Heddesheim) 214
Eisele (MFC Viktoria 1897) 60, 93
Eisele (FG 03 Ludwigshafen) 83
Eisemann, Karl (VfR Mannheim) 147
Eith, Karl (MFG 1896) 13, 14, 17, 22, 29
Ellen (FV 09 Weinheim) 85
Emmerich (FC Germania Friedrichsfeld) 182
Emmert, Georg (SG Olympia 1906 Mannheim) 46
Endemann, Karl (SV Waldhof) 120, 121, 147, 149, 154, 162, 174, 203, 206, 212

Engel, Heinrich (MFC Viktoria 1897 / VfR Mannheim) 77, 93, 107, 113, 124, 131, 132, 142, 145, 147, 149, 150, 160, 166
Engel I (FG 1898 Seckenheim) 80
Engel II (FG 1898 Seckenheim) 80
Engelhard, Jakob (I) (MFG Kickers) 173
Engelhard (II) (MFG Kickers) 173
Engelhardt, Otto (SV Waldhof) 174, 194, 195, 203, 206, 212
Englert, Heinrich (VfR Mannheim) 113
Englert (TV 1846 Mannheim) 89
Erhard (FG 1898 Seckenheim) 208
Ernst, Fritz (FC Viktoria Feudenheim) 171
Ernst (VfR Mannheim / MFC Phönix 02) 173
Ernst (Phönix Karlsruhe) 195
Erny, Karl (FG 1898 Seckenheim) 208
Erny (VfR Mannheim) 191
Espenschied, Hans (MFC Viktoria 1897 / MFG 1896 / VfR Mannheim) 76, 102, 108, 113, 131, 132, 133, 142, 147, 149, 150, 166, 173
Ewald, Jakob (FC Viktoria Feudenheim) 33
Ewart (FC Bradford) 165

Faag, Charles H. (SV Waldhof) 204
Fahner, Georg (MFC Phönix 02) 56, 70
Falschlunger (FC Freiburg) 53
Faltermann, Jakob (FK Amicitia Viernheim) 85
Fanz, A. (MSC Germania 1897) 13, 15, 39
Fanz, Fritz (MSC Germania 1897) 15, 39
Fay (Kickers Frankfurt) 66
Fehn Richard (VfR Mannheim) 140, 162, 166
Felz, K. (FV Fortuna Heddesheim) 214
Ferch (VfR Mannheim) 140, 162, 179, 183
Feucht (MFG 1896) 13, 14
Ficht (Karlsruher FV) 166
Fiedler (Hanau) 105, 106
Fiesel (Union Stuttgart) 160, 190
Fillbrunn, Heinrich (FC Viktoria Neckarhausen) 156
Fillbrunn, Valentin (FC Viktoria Neckarhausen) 156
Fink (1. FC. Pforzheim) 74
Fischer (FC Viktoria Neckarhausen) 123, 156
Fitzer, Albert (FV 09 Weinheim) 178
Fleischmann, Hans (VfR Mannheim) 174, 210
Flicker Josef (MFC Viktoria 1897) 47
Föckler, E. (Vereinig. Mannh. Fußballspieler / MFG 1896) 12, 17, 22, 26, 49
Förderer, Fritz (Karlsruher FV) 74, 93, 102, 105, 106, 124, 131, 158, 186
Förschner (VfR Mannheim) 188
Förster (MFC 08 Lindenhof) 188
Folz, Heinrich (SC Käfertal) 176
Fontaine, Emil (MFG 1896) 47, 49, 52, 66
Forell, Paul (1. FC Pforzheim / MFC Phönix 02) 132, 158, 183, 186
Forschner, Peter (SV Waldhof) 204
Foshag (FK Viktoria 1912 Mannheim) 164
Frank, F. (MFV 1898 / MFV 1910) 145
Frank, Johann (FK Amicitia Viernheim) 84, 85
Frank, Karl (FV Schwetzingen) 87
Frank, Konrad (FK Amicitia Viernheim) 85
Franz, Andreas (SpVgg Fürth) 119, 142, 186
Franz Ferdinand, Erzherzog von Österreich 155
Franza, Emil (FC Neuenheim 02) 64
Freier, August (MFG Union 1897) 22, 25, 26, 32
Freiländer, Fritz (Union VfB / VfR Mannheim / FC Hertha Mannheim / VfR Mannheim) 72, 80, 81, 90, 108, 111, 147, 179, 187, 197, 203, 210

239

Freund, Anton (Stadtpfarrer) 74
Frey, Alois (Kath. Jünglingsverein) 74
Frey, Erwin (FVg Neckarau) 135
Frey, Josef (MFG 1896 / MFV 1898 / MFG 1896) 11, 13, 14, 16, 21, 22, 52, 77, 78, 83, 84, 93, 102
Frey, Julius (FVg 1898 Schwetzingen) 21
Frey, Julius (TV 1846 Mannheim) 89
Frey, Ludwig (MFV Viktoria 1897 / MFG 1896) 43, 44, 47, 58, 60, 73
Fricks, Hans (MFV 1898) 16
Friedel, E. (FG 1898 Seckenheim) 61
Friedel, Georg (FC Neuenheim 02) 64
Friedel, Hermann (FG 1898 Seckenheim) 19, 20, 61, 80
Friedel, Jakob (FG 1898 Seckenheim) 61
Friedrich, Kuno (MFG 1896) 47
Friedrich (1. FC Pforzheim) 194
Fritsch, Kronenwirt in Schwetzingen 20
Fritz, Christian (SC Käfertal) 88
Fritz, Ernst (FC Viktoria Feudenheim) 96
Fuchs, Gottfried (Karlsruher FV) 93, 102, 105, 106, 118, 132, 158
Fuchs, Nikolaus (FC Viktoria Neckarhausen) 123, 156
Fuchs, Philipp (MFC Viktoria 1897) 50
Fuchs (FC Phönix Ludwigshafen) 197

Gablonsky, Max (Bayern München) 93
Gärtner, Georg (FV 09 Weinheim) 122, 137, 178
Gärtner, Karl (FVg Neckarau) 135, 187, 213
Gallus, Alois (FV 09 Weinheim) 122, 137
Galm (MFG Union 1897) 13, 14
Gast, Karl (FVg Neckarau) 187, 192, 193, 213
Gebhart, Josef (FC Viktoria Wallstadt) 137
Geberth, Jakob (MFG Kickers) 58
Gehrig, Paul (MFC Viktoria 1897 / VfR Mannheim) 50, 60, 66, 113
Geier (SV Helvetia Mannheim) 122
Geiger, Christian (SC Käfertal) 207, 212
Geiger, F. (FC Germania Friedrichsfeld) 174
Geiger, Jakob (SC Käfertal) 157, 207, 212
Geiger, K. (Palatia Mannheim) 46
Geiger (FC Phönix Ludwigshafen) 190
Geis, Jakob (FC Viktoria Feudenheim) 96, 171
Gentner, Jakob (SV Waldhof) 71, 95
Georg, Karl (ATuS Rheinau) 209
Gerard, Ludwig (SV Waldhof) 104, 195
Geyer, Paul (Union VfB) 81
Gibis, Rudolf (FVg Neckarau / Sport-Vg. Neckarau) 56, 79, 196
Giebfried, Adam (FC Viktoria Feudenheim) 33, 147
Giebfried, Fritz (FC Viktoria Feudenheim) 33
Gierig (FC Viktoria Feudenheim) 96
Giulini, W. Dr. (VfR Mannheim) 113
Glaser, Josef (FC Freiburg) 53
Gleißner, Wilhelm (SC Käfertal) 157, 176, 207, 212
Gleiter, Gustav (MFC Phönix 02) 180, 183, 185, 193, 194, 204
Glock, Andreas (SG Olympia-Sportfr. 1906 Mannheim) 105
Göbel (SC Darmstadt) 83
Göckel (MSC Germania 1897) 39
Gölz, H. (FV Fortuna Heddesheim) 214
Görsch (VfR Mannheim) 197, 206
Gösch (Frankonia Karlsruhe) 29
Gött, Heinrich (MFG 1896) 13, 14, 44, 47
Götz, August (SC Käfertal) 157, 176, 207, 212
Götz (FVg Neckarau) 145

Goldberg, von (FC Freiburg) 53
Goldschmidt (Nordstern Basel / VfR Mannheim) 145, 179
Gommenginger, Bernhard (SV Teutonia Mannheim) 181
Grabinger, P. (FC Fortuna Edingen) 86
Graf (SV Teutonia Mannheim / MFC 08 Lindenhof) 178, 188
Graf (Union Stuttgart) 195
Grafe, Schiedsrichter (Leipzig) 74
Gräser (FV Kaiserslautern) 83, 84, 107
Grassel, Joseph (MFC Frankonia) 27
Graubard (Deutscher FK Prag) 72
Greiler (Karlsruher FV) 166
Greiner (TV 1846 Mannheim) 89
Griffiths, C. (VfR Mannheim) 113
Grimm, Hermann (FV 09 Weinheim) 122, 137
Gröner, Emil (Union Stuttgart) 160, 190, 194
Größle, W. (MFG Union 1897 / MFG Germania 1897) 15
Groke (Karlsruher FV) 166
Gropp, J. (FC Germania Friedrichsfeld) 122, 182
Grosch, Heinrich (MFG Union 1897) 13
Groß, Wilhelm (Karlsruher FV) 102, 124
Groß (VfR Mannheim) 150
Großherzog Friedrich 83
Grosse (Sport-Vg. Neckarau) 196
Grunewald (MFC 08 Lindenhof) 79
Grupp (MFC Viktoria 1897) 50
Grußendorf (Union Stuttgart) 160, 190
Gümmel (FVg Neckarau) 79
Guldner, Fritz (FC Phönix Sandhofen) 134
Gumbel, Wilhelm (FC Viktoria Feudenheim) 171
Gund, Rudolf (FV Schwetzingen) 87
Gutfleisch, Heinrich (MFC Phönix 02) 185, 189, 204
Guth (SpVgg 07 Mannheim / SV Helvetia Mannheim / SV Teutonia Mannheim) 173, 181
Gutjahr, Philipp (MFG 1896) 47
Gutmann, Oskar (MFG 1896) 13, 14, 17, 22, 26, 29

Haag (SV Teutonia Mannheim) 165
Haas, Heinrich (FV 09 Weinheim) 85, 178
Haas, Karl (MFC Phönix 02 / SV Waldhof) 145, 195
Haase (FC Freiburg) 53
Habenberger (FC Germania Friedrichsfeld) 174
Haberacker, Adolf (FVg Neckarau) 56, 79
Haberacker, Josef (FVg Neckarau) 79
Habermehl (FC Pfalz Ludwigshafen) 185
Hack, Fr. (TV 1846 Mannheim) 89
Hack, Jakob (FC Viktoria Neckarhausen) 123
Hack, Wilhelm (TV 1846 Mannheim) 89
Hack (FC Phönix Ludwigshafen) 197
Hack (FV 09 Weinheim) 85
Hackel, Rudolf (FC Phönix Sandhofen) 134
Häusermann (VfR Mannheim) 149, 171
Häußler (Kickers Stuttgart) 142, 186
Hafenrichter, Josef (FC Germania Friedrichsfeld) 174, 182
Hafner, Georg (MFG Germania 1897 / MFV 1898) 15, 22
Hagenlocher (FG 1898 Seckenheim) 80
Hahneberger (FC Pfalz Ludwigshafen) 92
Hahner, Josef (SV Waldhof) 71
Haibel, Eduard (VfR Mannheim) 140
Hake (FV Kaiserslautern) 107
Halter, Louis (FVg 1898 Schwetzingen) 20
Hameier (FC Pfalz Ludwigshafen) 92

Handen, Willi (SV Waldhof) 98
Hanemann (MFC Viktoria 1897) 93
Hannack, Jean (MFG Union 1897 / VfR Mannheim) 48
Hannes (VfR Mannheim) 197, 206
Hartmann, Fritz (FG 1898 Seckenheim) 19, 20
Hartmann, H. (FVg 1898 Schwetzingen) 20
Hartung, Karl (FV Schwetzingen) 87
Hassler, Ernst (FVg 1898 Schwetzingen) 20
Hauck, Georg (FG 1898 Seckenheim) 180
Hauenstein (MFC 08 Lindenhof) 192
Haupt, Otto (MFC Viktoria 1897 / VfR Mannheim) 43, 44, 50, 60, 77, 113, 147
Hechler, Heinrich (FC Fortuna Edingen) 86
Hecht, Oskar (SV Waldhof) 95, 98, 121
Heck, Adolf (TV 1846 Mannheim) 89
Heck, A. (ATuS Rheinau) 209
Heck, Fritz (MFG Union 1897 / Union VfB) 81
Heck, Fritz (SV Helvetia Mannheim / SpVgg 07 Mannheim) 122, 203
Heck, Heinrich (SV Teutonia Mannheim) 165
Heck, Jakob (SV Teutonia Mannheim) 165
Heckler, Fritz (FVg Neckarau) 56, 79, 135
Heger (FC Hertha Mannheim) 158
Heger (Phönix Karlsruhe) 69
Heidenreich, Max (MSC Germania 1897 / Union VfB) 39, 48, 72
Heiderich (Hermania Frankfurt) 66
Heidrich, H. (MFC 08 Lindenhof) 188
Heidt (Karlsruher FV) 102, 124
Heiler, K. (FC Neuenheim 02) 64
Heilig, Karl (MFG 1896 / MFG Sport 1899) 11, 23, 49
Heilig (Kickers Stuttgart) 142, 178
Heim, Martin (VfR Mannheim) 113
Heimer (MFC 08 Lindenhof) 79
Heinser (FC Neuenheim 02) 64
Heinze (SpVgg Köln) 195
Heitzmann, Wilhelm (MFC Phönix 02) 112
Heizmann (Union Stuttgart) 195
Held (SV Teutonia Mannheim) 181
Hell (FC Phönix Ludwigshafen) 197
Heller, Heinrich (SV Helvetia Mannheim) 122
Hempel, Walter (Sportfreunde Leipzig) 82
Henn (FC Pfalz Ludwigshafen) 212
Henn, J. (MFG 1896 / VfR Mannheim) 109, 187, 188, 192
Hennhöfer, B. (FVg Neckarau) 135, 145, 213
Hennhöfer (MFG Union 1897) 13, 14
Hennig, August (SV Helvetia Mannheim) 122
Henninger, Georg (FC Pfalz Ludwigshafen / FG 03 Ludwigshafen) 185, 189
Hennrich, August (MFC Phönix 02) 189, 192, 193, 195, 204
Hennrich (SV Teutonia Mannheim) 178
Heppes (MFG 1896) 11
Herberger, Joseph (SV Waldhof) 174, 187, 192, 194, 199, 203, 206, 211, 212
Herbst, Walter (VfR Mannheim) 113
Herd (FG 03 Ludwigshafen / FC Pfalz Ludwigshafen) 189, 212
Herdt, Gustav (FG 1898 Seckenheim) 20
Hering, Adolf (MFG 1896) 49, 52, 77, 78
Hering, Alfred (MFC Viktoria 1897) 107
Herr (FC Pfalz Ludwigshafen) 180
Herrle, Jakob (FVg Neckarau) 56
Herrmann, Jakob (SC Käfertal) 88
Herrmann, Wilhelm (SC Käfertal) 176, 194, 212
Herrwerth, Jakob (SC Käfertal) 88, 157
Herwehe, Georg (FC Phönix Sandhofen) 101

Herz (SV Duisburg) 145
Hesse, Georg (FG 1898 Seckenheim) 208
Heu (FC Pfalz Ludwigshafen) 180
Heuberger, Ludwig (MFG 1896 / VfR Mannheim) 29, 49, 52, 72, 191
Heuchel, Adam (SpVgg Sandhofen) 201
Hewitt, Charles (VfR Mannheim) 131
Hildenbrand, Johann (SpVgg Sandhofen) 201
Hildenbrand, M. (FG Germania Feudenheim) 105
Hildenbrand, Valentin (FG Germania Feudenheim) 105
Hiller, Arthur (1. FC Pforzheim) 82, 93
Hindenlang (MFG Union 1897 / Union VfB / VfR Mannheim) 81, 103, 111
Hirsch, Julius (Karlsruher FV / SpVgg Fürth) 102, 105, 106, 124, 131, 132, 158
Hirsch, L. (MFG Germania 1897) 15
Hirsch (FC Phönix Ludwigshafen) 190
Hochlenert, Otto (FC Fortuna Edingen) 86
Hochstätter, W. H. (MSC Germania 1897) 30
Hock, Hermann (FC Viktoria Feudenheim) 145, 147, 171
Höfer, Georg (FC Viktoria Feudenheim) 96
Höfer, Peter (Sportfreunde Ladenburg) 87
Höffler (FV Kaiserslautern) 83, 84, 107
Höfler, W. (MFV 1910) 145
Höfler (SV Teutonia Mannheim) 178
Höger, Karl (SV Waldhof) 194, 203, 206, 212
Höhnle, Peter (MFC Viktoria 1897) 47
Höhr August (SV Helvetia Mannheim) 122
Hör, Golo (SV Helvetia Mannheim / SpVgg 07 Mannheim) 173, 203
Hör, Karl (SV Helvetia Mannheim / SpVgg 07 Mannheim) 203
Hof, Josef (SV Waldhof) 71, 80, 180
Hoffmann, E. (MFC Phönix) 195
Hoffmann, Emil (SC Käfertal / FC Viktoria Feudenheim) 88, 157, 171, 195
Hoffmann, Georg (MFC Viktoria 1897) 24, 50
Hoffmann, Georg (VfR Mannheim) 183, 188
Hoffmann, Lorenz (SC Käfertal) 157, 207, 212
Hoffmann (FC 03 Hanau) 66
Hofherr (FC Freiburg) 53
Hofmann, J. (MFV 1898) 22
Hofmann, Nikolaus (SV 09 Viernheim) 84
Hofmeister, Ludwig (Bayern München) 132
Hohenberg, von, Herzogin von Österreich 155
Holder (Union Stuttgart) 190
Holländer (FC Pfalz Ludwigshafen) 92
Hollstein, Ernst (Karlsruher FV) 93, 102, 124
Holzmann (FC Phönix Ludwigshafen) 197
Hoog, Georg (FC Germania Friedrichsfeld) 122
Hook (MFC Viktoria 1897 / VfR Mannheim / MFC Phönix 02 / VfR Mannheim) 93, 107, 110, 131, 150, 152, 197, 203, 206, 210
Horn, Christoph (FC Viktoria Wallstadt) 137
Horn, Philipp (FC Viktoria Wallstadt) 137
Hornig, Heinrich (MFG 1896 / VfR Mannheim) 109, 113
Hottenstein, H. E. (VfR Mannheim) 201
Hotz, O. (MFG 1896) 11, 13, 14
Huber, Karl (FK Viktoria 1912 Mannheim / Fa. Lanz) 150, 164
Huber (MTV München) 186
Huber (Germania Bockenheim) 149
Hudson, John (MFG 1896) 13, 14, 23
Hüber (Karlsruher FV) 102, 124
Hüller, Stephan (MFG Germania 1897) 13
Huggins (FV 09 Weinheim) 85
Humpfer (MFG 1913 / VfR Mannheim) 178, 188, 191, 192
Hund, Philipp (FC Viktoria Neckarhausen) 156

Hunder, Paul (Viktoria 89 Berlin) 82
Hunn (FC Freiburg) 53
Hutter, Willi (FC Hertha Mannheim / VfR Mannheim / FC Hertha Mannheim / SV Waldhof) 158, 164, 173, 174, 179, 212
Hutton, John (MFG 1896) 13, 14, 17, 24, 47
Hutton (SpVgg Fürth) 119, 142
Huy (FC Phönix Ludwigshafen) 190, 197

Idstein, Otto (Realgymnasium / MFG 1896 / MFV 1898) 10, 11, 22
Ilg, K. (MFV 1910) 145
Irndt (MFG Union 1897) 23
Isenmann (SpVgg Fürth / MFC Phönix 02) 119, 142

Jack (MFG 1896) 49
Jacoby, Heinz (MFG 1896 / VfR Mannheim) 107, 109, 113
Jakob (FG 03 Ludwigshafen) 189
Jakobi (FC Viktoria Neckarhausen) 156
Jakobus (FC Pfalz Ludwigshafen) 36
Jeck, Wilhelm (FV 09 Weinheim) 112
Jockel (FV Frankfurt) 131, 132, 142
Jörger (FVg Neckarau) 135
Jung, Eugen (MFC 08 Lindenhof) 136
Jung, Fritz (FC Fortuna Edingen) 86
Jung, Georg (FC Germania Friedrichsfeld) 122, 174
Jung, Josef (FC Germania Friedrichsfeld) 122
Jung, Michael (FC Fortuna Edingen) 86
Jülch, Fritz (FC Viktoria Feudenheim) 33, 96
Jünger, Adam (MFC 08 Lindenhof) 63
Jünger, Josef (MFC 08 Lindenhof) 63
Jünger (VfR Mannheim) 188
Jünger (MFC Phönix 02) 189

Kadletz (Deutscher FK Prag) 72
Kächele (Karlsruher FV) 124, 166
Kälbli, Josef (VfR Mannheim) 113
Käppler, A. (MFV 1910) 145
Kaiser, Ernst (MFG 1896) 47
Kaiser, Heinrich (MFG Union 1897) 13
Kaiser Wilhelm I 103
Kalbfleisch, Georg (SG Olympia-Sportfr. 1906 Mannheim) 105
Kallenbach, Karl (MFG 1896 / MFC Viktoria 1897 / MFG 1896) 22, 26, 29, 43, 60, 91
Kaltreuther, Fritz (MFG 1896 / VfR Mannheim) 73, 77, 78, 83, 102, 113
Kamber, Adolf (MFC 08 Lindenhof) 63, 79
Karch, Ernst (FG 03 Ludwigshafen / FC Pfalz Ludwigshafen) 172, 185
Karch, Jakob (FC Neuenheim 02) 64
Karl, Kurt (VfR Mannheim) 174, 183, 188
Karlan (MFC Phönix 02) 185
Karth (Phönix Karlsruhe) 69, 132
Kasper, H. (VfR Mannheim) 113
Kasso (Deutscher FK Prag) 72
Kattwinkel (FC Pfalz Ludwigshafen) 92
Kaufmann, Julius (MFG Union 1897 / Union VfB / VfR Mannheim) 81
Kaufmann (TV 1846 Mannheim) 89
Keil, Fritz (MFG Germania 1897 / MSC Germania 1897) 48
Keil (FG 1898 Seckenheim) 80
Kellenbenz, Karl (MFC Phönix 02) 70, 80, 111, 112, 119, 131, 132
Keller, Adolf (VfR Mannheim) 147
Keller, Jean (SV Waldhof) 121
Keller, M. (FV Fortuna Heddesheim) 214
Keller (Karlsruher FV) 166

Keller (FC Hertha Mannheim) 158
Kempf (SC Käfertal) 176
Keppler (MFG 1913) 178
Kern, Fritz (FK Viktoria 1912 Mannheim) 164
Kern, G. (MFV 1910) 145
Kern, Max (FVg Neckarau) 56
Keßler, Hermann (Union VfB / VfR Mannheim / SV Waldhof) 81, 140, 162
Keßler, Karl (MFC Viktoria 1897) 22, 24, 93
Keßler, Ludwig (MFC Phönix 02) 70
Keßler, Philipp (MFC Viktoria 1897) 24
Kettner, P. (FV Fortuna Heddesheim) 214
Kientz (SV Teutonia Mannheim) 181
Kilthau, H. (VfR Mannheim) 133, 150, 162
Kinzinger, Adolf (Realschule / MFG 1896 / VfR Mannheim) 10, 109, 113
Kinzinger, Philipp (FV 09 Weinheim) 85
Kipp Eugen (Sportfr. Stuttgart / Kickers Stuttgart) 74, 82, 93, 131, 132, 158, 160
Kirchberger (MFC 08 Lindenhof) 63
Kirsch, Johann (FC Phönix Sandhofen) 147, 149
Kirsch (MFG 1896) 77, 78
Kirschner (FC Phönix Ludwigshafen) 190
Klamm (FVg Neckarau) 187
Klaus (SV Helvetia Mannheim) 122
Klee (FG 03 Ludwigshafen) 189
Klein, Ludwig (MFC Viktoria 1897 / VfR Mannheim) 21, 24, 47, 60, 91, 107, 109
Klein (MFG 1913) 178
Klein (Deutscher FK Prag) 72
Klose (SpVgg 07 Mannheim / SV Helvetia Mannheim) 173
Klotz (FV Kaiserslautern) 107
Klumb, Emil (FG 1898 Seckenheim) 19, 20
Knecht, Adolf (MSC Germania 1897) 48
Knecht, Karl (ATuS Rheinau) 209
Kneier, J. (FC Germania Friedrichsfeld) 174, 182
Knittel (MFC Viktoria 1897) 77
Knodel, Heinrich (MFC Phönix 02) 70, 111, 112, 119, 132
Knüppel (Minerva Berlin) 195
Koch, Jakob (FC Germania Friedrichsfeld) 122
Koch, Karl (FVg Neckarau) 56, 79, 187
Koch (MFC Viktoria 1897) 43
Koch (TV 1846 Mannheim) 89
Köhler (FC Viktoria Neckarhausen) 156
Köhler (VfR Mannheim) 171
Köllisch (FV Frankfurt) 142
König, Anton (FC Viktoria Wallstadt) 137
König, Jean (MFG Union 1897) 13, 14
Körner, Otto (VfR Mannheim) 113
Köth, Karl (FG Revidia Ludwigshafen) 36
Koffler, Max (MFC Phönix 02) 112, 119, 131, 132
Kohl, Franz (FV Fortuna Heddesheim) 88
Kohl, Josef (FV Fortuna Heddesheim) 214
Kohlhammel (Union Stuttgart) 190
Kohlschmidt, Gustav (SV Waldhof) 95, 98
Kohlschmitt, Josef (MFC Phönix 02 / Fa.Lanz) 150, 195
Kohlschmitt, Karl (FK Viktoria 1912 Mannheim) 164
Kohlschmitt, Ludwig (FK Viktoria 1912 Mannheim) 164
Kolb, Fritz (VfR Mannheim) 179, 187, 188, 191, 192, 194, 203
Konrad, Leopold (MFC Phönix 02) 70
Kottwitz (SV Teutonia Mannheim) 178
Krabenauer (FC Viktoria Neckarhausen) 123, 156
Kräger, Fritz (SV Waldhof) 120, 145, 147, 149, 154, 162
Krämer, Adam (FC Viktoria Wallstadt) 137

Krämer, Georg (FC Viktoria Feudenheim / FC Viktoria Wallstadt)   33, 137
Krämer, Josef (FC Fortuna Edingen)   86
Krämer, Peter (FC Viktoria Wallstadt)   137
Krastl, Karl (SV Waldhof)   204
Kratochvil, Ludwig (Realgymnasium / MFG 1896)   10, 13, 14, 17, 22, 52
Kratzmann, Jean (MFG 1896 / VfR Mannheim)   49, 52, 72, 73, 77, 78, 83, 84, 102, 105, 106, 108, 110, 124, 131, 132, 133, 142, 150, 160, 166, 173
Kraus, Karl (MFG 1896 / MFC Phönix 02)   77, 78, 160, 165
Kraus, Wilhelm (FVg Neckarau)   187, 192, 213
Kraus (SpVgg Fürth)   119
Kraus (FC Hertha Mannheim)   179
Krauß, Karl (VfR Mannheim)   183
Krebs (Kickers Stuttgart)   93, 142
Kreisel (Bayern München)   158
Kremer, Viktor (FVg Neckarau / Sport-Vg. Neckarau)   56, 79, 196
Kreß (VfR Mannheim)   171
Kretz, Otto (FVg Neckarau)   56
Krezdorn (Kickers Stuttgart)   142
Krickel, Karl (MFC Viktoria 1897)   47
Krieger, Georg (FC Germania Friedrichsfeld)   122
Kroneberger (FC Pfalz Ludwigshafen)   92
Kronenberger (MFG 1896)   73, 77
Krug, Peter (FK Amicitia Viernheim)   85
Krumm, Gustav (MFC Phönix 02)   212
Kuch (Viktoria Frankfurt)   66, 149
Kühn (SV Teutonia Mannheim)   181
Kühnle, Paul (Kickers Stuttgart)   82, 93
Kümmerle, Karl (MFG Union 1897 / Union VfB / VfR Mannheim)   13, 14, 22, 32, 44, 47, 72, 80, 81, 109, 113
Kürschner, Jakob (SV Waldhof)   95, 98
Kürschner, Willy (MFC Phönix 02)   70, 80
Kuhn (FG 1898 Seckenheim)   80
Kullmann, Albert (FG 03 Ludwigshafen)   189
Kuntz, K. (SpVgg Sandhofen)   201
Kuntz, Valentin (SpVgg Sandhofen)   147, 201
Kuntz, Wilhelm (FC Phönix Sandhofen / SpVgg Sandhofen)   201
Kunz, Viktor (VfR Mannheim)   113
Kurpiel (Deutscher FK Prag)   72
Kurz (Union Stuttgart)   190
Kutterer, Carl (MFG Union 1897 / MFG Germania 1897 / MSC Germania 1897)   13, 14, 30
Kutruff, Philipp (MFC Viktoria 1897)   47

Lacher, Arthur (SV Neckarstadt)   210
Lacombe, Karl (SV Helvetia Mannheim / SpVgg 07 Mannheim / FVg Neckarau)   122, 173, 187
Ladenburg, Edgar (Realschule)   10
Laih, Eugen (MFC Viktoria 1897 / VfR Mannheim)   47, 109, 113
Lamerdin, Georg (VfR Mannheim)   113
Lammer, Karl (FK Amicitia Viernheim)   85
Lampert, Valentin (MFC 08 Lindenhof)   188, 192
Lang, Adam (FC Germania Feudenheim)   105
Lang, Hans (SpVgg Fürth)   119, 142
Lang, Valentin (SpVgg Sandhofen)   201
Lang (VfR Mannheim)   197, 210
Langenbein, Heinrich (MFG Union 1897 / VfR Mannheim)   13, 14, 109, 113, 149
Langer, Hermann (FV 09 Weinheim)   122, 137
Langer (FC Pfalz Ludwigshafen)   92
Langli (Germania Frankfurt)   66
Lannert, Karl (Union VfB)   72
Lanz, Karl Dr., Industrieller   63

Large, August (FC Viktoria Wallstadt)   137
Laumann, Fritz (FC Viktoria Neckarhausen)   156
Laumann, Karl (FC Viktoria Neckarhausen)   123
Layer, Adam (VfR Mannheim)   120, 147
Leeb, A. (MFG 1896 / MFV 1898 / MFC Viktoria 1897)   13, 14, 22
Leger, Karl (MFG Union 1897)   13
Leibig (FC Viktoria Feudenheim / FG Germania Feudenheim)   96, 105
Leibold (Phönix Karlsruhe)   69
Leimez (MFC 08 Lindenhof)   79
Leininger, Karl (MFG Union 1897)   44
Leipersberger (MFG Union 1897 / Union VfB / VfR Mannheim)   81, 90, 150, 171
Leising (FV Frankfurt)   142
Leising (MFG 1896)   83
Leist, Wilhelm (FV 09 Weinheim)   85
Lemmel (MFG 1896 / VfR Mannheim)   108, 124, 131, 132, 133, 162, 173
Lenk (FC Viktoria Heidelberg)   145
Lenz, G. (FC Neuenheim 02)   64
Lenz, Karl (FC Neuenheim 02)   64
Lenz, P. (FVg Neckarau)   79
Lersch, Edmund (VfR Mannheim)   109, 113
Letsch (MFG 1896)   17, 22
Libler (FC Pfalz Ludwigshafen)   185
Lidy, Georg (SV Waldhof)   120, 154, 174, 203, 206, 212
Lidy, Jakob (SV Waldhof)   120
Liebe, R. (VfR Mannheim)   113
Liebert, Ernst (SV Waldhof)   95
Liltig, Z. (MFV 1910)   145
Link, E. (FVg 1898 Schwetzingen)   21
Link, E. (MFG 1896)   26
Link, Franz (FV 09 Weinheim)   122
Link, H. (MFC Viktoria 1897 / MFG 1896 / MFC Viktoria 1897 / VfR Mannheim)   26, 29, 60, 124, 188, 192
Link I (FC Hertha Mannheim)   179
Link II (FC Hertha Mannheim)   179
Linnebacher, Karl (FC Pfalz Ludwigshafen)   212
Lipfert, Karl (MFC Viktoria 1897 / VfR Mannheim)   22, 113, 147
Lipp (MFC Phönix 02)   150
Lipp (FC Pfalz Ludwigshafen)   212
List (Union Stuttgart)   190
Löble, Otto (Kickers Stuttgart)   74, 82, 93, 142
Lösch, Adam (MFG Germania 1897 / MFC Viktoria 1897)   15, 22, 24
Lösch, Karl (VfR Mannheim)   139
Logan (FC Bradford)   165
Lohrmann, Theodor (SV Waldhof)   195, 203, 206, 212
Loos, A. (VfR Mannheim)   113
Lorentz, Rudolf (FG 1898 Seckenheim)   19
Lorentz (SC Neckarstadt)   210
Lorenz, E. (VfR Mannheim)   149, 158, 171
Lubberger, Ludwig (FV Schwetzingen)   87
Ludäscher, Otto (FC Hertha Mannheim / MFC Phönix 02)   158, 179, 189, 192, 193, 204
Ludwig, A. (VfR Mannheim)   171, 203, 210
Ludwig, F. (FVg Neckarau)   135, 145
Ludwig, Wilhelm (FVg Neckarau)   56, 79, 213
Lützel (FC Pfalz Ludwigshafen)   36
Lulei, Heinrich (MFC Viktoria 1897)   22, 43, 47

Mäule, Franz (FC Fortuna Edingen)   86
Mahler, O. (TV 1846 Mannheim)   89
Maibier, Kurt (VfR Mannheim / Fa. Lanz)   113, 147, 150
Maier, Albert (MFG 1896)   73

Maier, Emil (MFC 08 Lindenhof) 79
Maier, Georg (FV Schwetzingen) 87
Maier, Philipp (FVg 1898 Schwetzingen) 20, 21
Maier (FC Frieburg) 53
Mangold, Werner (FVg Neckarau) 135
Marquardt, Karl (Realschule / MFG 1896 / VfR Mannheim) 10, 13, 14, 17, 22, 26, 29, 109
Marsteiner (FC Viktoria Feudenheim) 96
Mathes, Ernst (VfR Mannheim) 113
Mayer, Robert (VfR Mannheim) 147, 171, 173, 174
Mayer (SV Teutonia Mannheim) 178
Mc Ilvenny (FC Bradford) 165
Mechler, Adolf (MFG 1913) 178
Mechling, Ernst (FG 1898 Schwetzingen / FVg 1898 Schwetzingen) 19, 20, 21
Meckler, Karl (MSC Germania 1897 / MFG Kickers / Union VfB) 39, 58, 81
Mehler, Gustav (MFC Phönix 02) 70
Mehler (MFC 08 Lindenhof) 79
Meier, Josef (FG 1898 Seckenheim) 61
Meier, Josef (SV Waldhof) 71, 80
Meier, Prof. (SC Fortuna Edingen) 86
Meinhardt, August (MFC Phönix 02) 111, 112, 118, 119, 131, 160, 165
Meißel, Wilhelm (FK Viktoria 1912 Mannheim) 164
Meng, Wilhelm (FC Viktoria Neckarhausen) 123
Meng (FG 1898 Seckenheim) 80
Menges, Wilhelm (FV 09 Weinheim) 178
Menton, Emil (SV Waldhof) 56
Menz, Martin (FV Fortuna Heddesheim) 214
Mergenthaler, Albert (FK Viktoria 1912 Mannheim) 164
Mergenthaler, Wilhelm, Wirt des „Gasthauses zur Oststadt" 201
Merkel (MFC 08 Lindenhof) 63
Merkel (FC Neuenheim 02) 64
Merklein, Arthur (FG 1898 Seckenheim) 19, 20, 61, 80
Merklein, Gustav (FG 1898 Seckenheim) 61, 213
Meroth (MFC 08 Lindenhof) 79
Messerschmidt, August (MFG Union 1897 / MFC Viktoria 1897 / VfR Mannheim) 13, 14, 22, 32, 147
Metzger, Karl (MFC Badenia) 49
Metzger (Kickers Stuttgart) 142
Michaelis (Phönix Karlsruhe) 69
Michel, Johann (FC Phönix Sandhofen) 101, 134
Michel, Valentin (FC Phönix Sandhofen) 134
Müller (FC Bradford) 165
Mischler, August (FC 03 Ladenburg) 34
Modl, Adam (SV Waldhof) 204
Mohler (FV Kaiserlautern) 83, 84, 107
Mohr (MFC Viktoria 1897) 22, 26
Molfenter, Karl (SC Neckarstadt) 210
Montag, Jean (FVg 1898 Schwetzingen) 20
Mosemann, Albert (MFC Viktoria 1897 / SV Teutonia Mannheim / SpVgg 07 Mannheim / SV Helvetia Mannheim) 107, 122, 181, 203
Mückenmüller (ATuS Rheinau) 209
Mügel, E. (VfR Mannheim) 109, 113
Mühlig (FC Pfalz Ludwigshafen) 180
Mühll, v. d. (VfR Mannheim) 174, 179
Müller, Albert (MFC Phönix 02) 111, 112, 118, 119, 131, 132, 150, 160, 165, 183, 185, 189, 192, 194, 195
Müller, Bruno (MFC Viktoria 1897) 43, 44, 50
Müller, Ernst Dr. (VfR Mannheim) 113
Müller, Ernst (SV Waldhof) 98, 120, 121, 154, 162, 174, 203, 206, 212
Müller, F. (SC Käfertal) 157
Müller, Georg (FV 09 Weinheim) 178

Müller, Heinrich (VfR Mannheim) 171, 173, 174
Müller, Josef (MFC Viuktoria 1897/VfR Mannheim) 113
Müller, Josef (FC Phönix Ludwigshafen) 197
Müller, J. (SV Helvetia Mannheim) 122
Müller, Valentin (FC Phönix Sandhofen) 101
Müller, Willy (SV Teutonia Mannheim/MFC 08 Lindenhof) 63, 136, 165
Münz (FC Hertha Mannheim) 179
Müting, Karl (MFG 1896) 47, 49, 52
Mütze (SpVgg Fürth) 119, 142
Murr (MFG 1896 / MFG Union 1897) 11, 32
Muy (FC Pfalz Ludwigshafen) 36

Nagel, Karl (VfR Mannheim) 197
Nagel, Ludwig (MFC Phönix 02 / MFG Kickers / Fa. Lanz / MFC Phönix 02 / MFG Kickers) 150, 189, 192, 194, 195
Nagel (Phönix Karlsruhe) 195
Nastoll, Jean (MFC Phönix 02) 212
Nau Sallej (FV 09 Weinheim) 85
Nebeling (FV Kaiserslautern) 83
Neder, Karl (FK Viktoria 1912 Mannheim) 164
Neder, Willi (FK Viktoria 1912 Mannheim) 164
Neidig, Jakob (MFC Phönix 02) 111, 112, 119, 150, 160
Nerz, Otto (MFG 1896 / VfR Mannheim) 140, 160, 166, 174, 183, 206
Nerz, Robert (MFG 1896 / VfR Mannheim) 49, 52, 73, 77, 78, 83, 84, 102, 108, 113, 124, 133, 140, 150, 160, 162, 166
Neubert, Alfred (FC Hertha Mannheim) 158
Neufer (MFC Viktoria 1897 / MFG Union 1897) 32
Neumaier, Robert (Phönix Karlsruhe) 69, 74, 131, 132
Neumann (Deutscher FK Prag) 72
Neuweiler (Union Stuttgart) 160, 178
Nicodemus, Otto Dr. (SpV Wiesbaden) 74
Nida, v. August (FVg 1898 Schwetzingen) 21
Nida, v. Heinrich (FVg 1898 Schwetzingen) 20, 21
Nida, v. Ludwig (FVg 1898 Schwetzingen) 20
Nida, v. Wilhelm (FVg 1898 Schwetzingen) 21
Niederbacher, Max (Union Stuttgart) 190
Nieding, Fritz (MFG 1896 / VfR Mannheim) 108
Nies (VfR Mannheim) 179, 188, 203
Nikolet, Paul (MSC Germania 1897) 39, 44, 48
Noe (Phönix Karlsruhe) 69
Noll, Anton (Kath. Jünglingsverein) 74
Novotny, J. (MFG Germania 1897) 15
Nudischer, J. (VfR Mannheim) 113

Oberle, Emil (Phönix Karlsruhe) 69
Oberle (MFG Union 1897 / Union VfB / FC Hertha Mannheim) 69, 72, 179
Oberst, Fritz (FV 09 Weinheim) 84
Ocker (MFC Viktoria 1897) 22
Oehlschläger, Adam (Sport-Vg. Neckarau / FVg Neckarau) 196, 213
Oelheim (SpVgg 07 Mannheim) 203
Oeminger, K. (MFV 1910) 145
Oppenheimer, Stefan (VfR Mannheim) 113
Otten (FC Phönix Ludwigshafen) 190
Otterpohl (FVg Neckarau) 135

Pacco (Deutscher FK Prag) 72
Pachter (SpVgg Fürth) 142
Packling (SV Waldhof) 204
Partsch, Hermann (FC Phönix Sandhofen) 101, 134, 147
Paul (FC Viktoria Feudenheim) 96

Pauschbach, Heinrich (FC Viktoria Feudenheim)   33, 96
Pekarna, Karl (Bayern München)   102
Perres (MFC Phönix 02)   189
Pfanz, Hermann (SC Käfertal)   176, 207, 212
Pfeiffer (FV Frankfurt)   142
Pfister, Jakob (FV Schwetzingen)   87
Pfister, Peter (FV Schwetzingen)   87
Pfisterer, Carl (FG 1898 Seckenheim)   19, 20, 61, 80
Pflästerer, Philipp (FV 09 Weinheim)   178
Pflästerer, Wilhelm (FV 09 Weinheim)   178
Pflästerer (MFC 08 Lindenhof)   192
Philipp, Ludwig (1. FC Nürnberg)   82, 93, 105, 106, 186
Philipp, Otto (MFG Union 1897 / MFG 1896)   13, 14, 17, 22, 26, 29
Philipp, W. (VfR Mannheim)   160, 203, 206, 210
Plöser (SC Darmstadt)   83
Potts (FC Bradford)   165
Preis, Heinrich (MFC Viktoria 1897)   13, 22, 24, 47, 60
Probst, Franz (FC Germania Friedrichsfeld)   174
Prosi, W. (FV Schwetzingen)   87

Quetz, Walter (MFC 08 Lindenhof)   188, 192

Raab (Deutscher FK Prag)   72
Rabold, Willy (MFG 1913)   178
Räpple (FC Pfalz Ludwigshafen)   92
Ramsperger, Karl Dr. (VfR Mannheim)   113
Ratelbach (FC Pfalz Ludwigshafen)   180
Rathgeber, H. (MFG Union 1897 / Union VfB)   81, 90, 103
Ratzel, A. Prof. (VfR Mannheim)   113
Rauch (SV Wiesbaden)   158
Rebstein (VfR Mannheim)   113
Reck, Georg (ATuS Rheinau)   209
Reffert, Josef (FG Union 03 Ladenburg)   34
Regele, Johann (FC Phönix Ludwigshafen)   172, 173, 197
Regele, Joseph (FC Phönix Ludwigshafen)   197
Rehberger, F. (FC Neuenheim 02)   64
Rehberger (FC Pfalz Ludwigshafen)   185
Rehmann, Hans (MFC 08 Lindenhof)   136
Reibold (FV 09 Weinheim)   85
Reichenbach (SV Teutonia Mannheim)   165
Reichenbach, Fritz (MFG Germania 1897 / MFC Viktoria 1897 / MSC Germania 1897)   15, 22, 48
Reichert (FG 03 Ludwigshafen)   189
Reinecke (MFC 08 Lindenhof)   188
Reinhard, Eduard (MFC Phönix 02)   180
Reinhard (SV Waldhof)   120, 162
Reinhardt, Karl (VfR Mannheim)   194
Reiser, Fritz (Phönix Karlsruhe)   69, 178, 186
Reiser, J. (Phönix Karlsruhe)   69
Reiser, Otto (Phönix Karsruhe)   178
Reisigel, Wilhelm (FC Viktoria Wallstadt)   137
Reiß, Fritz (SC Käfertal)   207, 212
Reiß, Mathias (SC Käfertal)   157, 176, 207
Remmlinger, Alois (MFC Phönix 02 / Fa. Lanz)   150, 160, 165, 173, 180
Renner, A. (VfR Mannheim)   149
Renz (SV Teutonia Mannheim)   178
Rettelbach, Georg (FC Pfalz Ludwigshafen)   185, 212
Reuther (FG 1898 Seckenheim)   80
Reutter (Karlsruher FV)   166
Rey, Peter (FV Schwetzingen)   87

Rheuter (FV 09 Weinheim)   85
Richard (MFG Union 1897 / Union VfB)   81
Richter, Leopold (BdB Leipzig)   194
Richter, W. (VfR Mannheim)   147, 149, 150, 160
Richter (SpVgg Fürth)   186
Riebe (SpVgg Fürth)   142
Rillig, August (II) (FC Pfalz Ludwigshafen)   172, 185, 212
Rillig, Gustav (I) (FC Pfalz Ludwigshafen)   212
Ripp (MFC 08 Lindenhof)   79
Rippach (FV Frankfurt)   142
Rischert, Adolf (VfR Mannheim)   113, 147
Riso, Hans (Wacker Leipzig)   82
Ritsch (Union Stuttgart)   190
Ritter, Fritz (Schwetzingen)   145
Ritzi (VfR Mannheim)   179, 183, 187, 188
Robinson (FC Bradford)   165
Röckel, J. (FC Germania Friedrichsfeld)   174
Röhrborn, Erich (SC Neckarstadt)   210
Rösch, Martin (MFC Phönix 02)   70
Rössling, Heinrich (SV Waldhof)   98, 120, 162
Röthely (MFG 1896)   52, 102
Rohr, Philipp (Union VfB / MFC Phönix 02)   80, 81, 90, 103, 111, 112, 119, 132, 150, 180, 183, 189
Rosenfeld, F. (VfR Mannheim)   113
Roßbach (MFG Union 1897 / Union VfB)   81
Rost, Karl (MFC Phönix 02)   160, 185
Roth, August (SV Waldhof)   194, 203
Roth, Emil (Sport-Vg. Neckarau)   196
Roth R. (MFC Viktoria 1897 / VfR Mannheim)   76, 77, 133, 142, 150
Rothermel, Valentin (FV 09 Weinheim)   178
Rothweiler (Union Stuttgart)   160
Rottenberger (SpVgg Fürth)   186
Rottmann, Wilhelm (SV Waldhof)   71
Rude (FG 1898 Seckenheim)   61
Rudel, Eduard (MFC Phönix 02)   165
Rudolf (1. FC Pforzheim / MFC Phönix 02)   173
Ruedi, Albert (FV 09 Weinheim)   178
Rückert (FC Hertha Mannheim)   158
Rüdinger (Kickers Stuttgart)   142
Rüger, Emil (MFG Union 1897 / Union VfB)   32, 44, 72
Ruf, Georg (FG 1898 Seckenheim)   208
Rupp, Philipp (SV Waldhof)   121
Rupp (FC Pfalz Ludwigshafen)   180
Ruppender, Emil (MSC Germania 1897 / MFC Viktoria 1897 / VfR Mannheim)   39, 44, 108, 109, 113
Ruppender, Karl (MFG Germania 1897 / MSC Germania 1897 / Union VfB)   15, 30, 39, 81
Ruppert, Gustav (SV Waldhof)   120

Sachs, Valentin (FV 09 Weinheim)   85
Sack, Karl (MFG Union 1897 / Union VfB / VfR Mannheim)   47, 66, 67, 81, 90, 103, 108, 111, 113, 131, 132, 133, 142, 150, 160, 166, 173
Sammet (SV Teutonia Mannheim)   178
Samstag (FC Phönix Ludwigshafen)   190
Sator, Hermann (MFG Union 1897)   32
Sattler, P. (MFG 1913)   178
Sauer, Wilhelm (FG 1898 Seckenheim)   19, 20, 61
Sauter (Fa. Lanz)   150
Schachtner (TV 1846 Mannheim)   89
Schäfer, Eduard (FG 1898 Seckenheim)   61

Schäfer, Friedrich (MFC Viktoria 1897) 24
Schäfer, Georg (FC Pfalz Ludwigshafen) 172, 178, 180, 185, 186, 212
Schäfer, Hans (MFG Union 1897 / Union VfB / VfR Mannheim) 80, 90, 103, 124, 131, 133, 142, 149, 150, 166, 173, 179
Schäfer, Leon (ATuS Rheinau) 209
Schäfer, Otto (MFG 1913) 178
Schäfer, Philipp (MFG 1913) 178
Schäfer, Tobias (FC Phönix Sandhofen) 101
Schäfer (Kickers Stuttgart) 142, 186
Schalk (MFG 1896 / MFV 1898) 13, 14, 22
Schalk (FG 03 Ludwigshafen) 189
Schandel (SV Teutonia Mannheim) 181
Schandin, Max (TB Jahn Neckarau) 76
Schaub (FV Kaiserslautern) 107
Scheerle, Robert (FVg Neckarau) 56, 79
Schehl, Heinrich (FVg 1898 Schwetzingen) 20, 21
Scheich (TV 1846 Mannheim) 89
Scheidt, Karl (ATuS Rheinau) 209
Schell, Karl (MFC Phönix 02) 31
Schell (TV 1846 Mannheim) 89
Schellmann, Robert (Realschule / MFG 1896 / VfR Mannheim) 10, 11, 13, 14, 17, 22, 26, 29, 44, 52, 113
Schemel, Ludwig (MFC Phönix 02) 183, 185
Schenk, H. (VfR Mannheim) 113
Schenkel, Anton (SpVgg Sandhofen) 201
Schenkel, Peter (FC Phönix Sandhofen) 101, 145, 147
Schenkel, Tobias (SV Waldhof) 95, 98
Schenkel (VfR Mannheim) 174
Scherer, Emil (MFC Phönix 02) 173
Scherer, Wilhelm (FC Viktoria Feudenheim) 33
Schertel, Eduard (FC Viktoria Feudenheim) 33
Schertel, Emil (FV 09 Weinheim) 122
Scheuermann, Karl (SV Waldhof) 71, 80
Scheurer, Robert (MFG Union 1897 / Union VfB / SV Waldhof / VfR Mannheim) 46, 81, 103, 108, 111, 120, 154, 162
Schick (SpVgg 07 Mannheim) 203
Schieler, Wilhelm (MFC 08 Lindenhof) 63, 136
Schill, Felix (VfR Mannheim / MFC Phönix 02) 162, 173
Schilling, Joseph (MFG Sport 1899) 30
Schleicher, Walter (FVg 1898 Schwetzingen) 20
Schmelzer, Valentin (FC Phönix Sandhofen) 101, 134
Schmelzer (MFG 1896) 108
Schmich, Robert (FG 1898 Seckenheim) 208
Schmid (SV Helvetia Mannheim) 122
Schmidt, Christian (Kickers Stuttgart) 142
Schmidt, Ernst (VfR Mannheim) 140, 147, 150, 152, 160, 162, 166, 188
Schmidt, Hans (SpVgg Fürth) 119, 142, 158
Schmidt (FC Pfalz Ludwigshafen) 92, 180, 185
Schmidt (FC Viktoria Feudenheim) 96
Schmitt, Albert (FG 1898 Seckenheim) 208
Schmitt, Bernhard (FK Amicitia Viernheim) 85
Schmitt, Christian (FV Fortuna Heddesheim) 214
Schmitt, Christian (SC Käfertal) 176
Schmitt, Franz (SC Neckarstadt) 210
Schmitt, G. (SpVgg 07 Mannheim) 203
Schmitt, Gottfried (FV Fortuna Heddesheim) 214
Schmitt, Heinrich (MFC Phönix 02) 70, 145, 150, 160, 165
Schmitt, Karl (VfR Mannheim) 191
Schmitt, Philipp (FC Germania Friedrichsfeld) 122
Schmitt (FV Kaiserslautern) 83, 107

Schmitt (Wacker München) 195
Schmitz, Max (MFC Viktoria 1897) 107
Schmitz (SV Waldhof) 120, 162
Schmoll (MFG 1896) 108
Schnabel, K. (FC Germania Friedrichsfeld) 174
Schnabel, Martin (FG 1898 Seckenheim) 19, 20, 61
Schneider, Georg (Bayern München) 158
Schneider, Gustav (FV 09 Weinheim) 85
Schneider, Otto (FVg Neckarau) 56, 79
Schneider, Philipp (VfR Mannheim) 191
Schneider, Wilhelm (FVg 1898 Schwetzingen) 21
Schneider (MFC Viktoria 1897) 50, 60, 77, 83, 84, 93
Schneider (Karlsruher FV) 166
Schnell, Philipp (FC Phönix Sandhofen) 101, 134
Schnepf, K. (MFV 1910) 145
Schöllhammer (VfB Karlsruhe) 194
Schönig, Emil (MFC Phönix 02) 31, 70, 80, 83, 84, 93, 111, 112, 117, 118, 119, 131, 132, 150, 152, 153, 165, 173, 180, 183, 185, 189, 192, 193, 204
Schönig, Otto (MFC Phönix 02) 31, 70, 76, 80, 83, 84, 111, 112, 117, 118, 119, 132, 150, 152, 153, 160, 165, 173, 180, 186, 189, 193, 195, 204
Schörtel (FV 09 Weinheim) 137
Scholl, Heinrich (MFG Union 1897) 13, 14, 47
Scholl, Karl (VfR Mannheim) 179, 183, 187, 188
Scholtz (Union VfB) 81
Schrade, Alex (Realschule / TB Germania Mannheim / MFG 1896) 10, 11, 13, 14, 17, 21, 22, 26, 29
Schrank, Philipp (FV 09 Weinheim) 85
Schreck, Fritz (FC Viktoria Feudenheim) 171
Schreck, Peter (MFC Phönix 02) 204
Schreiber, Valentin (FVg Neckarau) 213
Schröck, Peter (MFC Phönix 02) 173
Schröckenschlager, Andreas (FC Germania Friedrichsfeld) 174, 182
Schröder (FV 09 Weinheim) 137
Schuck (FC Pfalz Ludwigshafen) 83, 84
Schüffler (SV Teutonia Mannheim) 178
Schuhmacher, Christian (MFC Phönix 02) 180
Schuon (Frankonia Karlsruhe) 29
Schwab, Karl (SC Neckarstadt) 105, 210
Schwab, Otto (FC Pfalz Ludwigshafen) 180, 212
Schwabe (VfR Mannheim) 188
Schwärzel, Heinrich (SV Waldhof / MFC Phönix 02 / SV Waldhof) 55, 71, 80, 95, 98, 121, 131, 154, 174, 200, 203, 206, 211
Schwarz, Karl (MFC Phönix 02) 83, 111, 112, 119, 131, 132, 180, 183, 185, 189, 192, 204
Schwarz, Wilhelm (FG 03 Ludwigshafen) 189
Schwarze, M. (VfR Mannheim) 173
Schwarze (Karlsruher FV) 166
Schweikert, Hermann (1. FC Pforzheim) 74, 93
Schweitzer, Georg (FG Revidia Ludwigshafen) 36
Schweitzer, Karl (SC Neckarstadt) 210
Schwind, Georg (SC Käfertal) 88
Schwind (FC Pfalz Ludwigshafen) 92
Sedlmayer (MFG Union 1897) 32
Sedlacek, Josef (SpVgg Sandhofen) 201
Segitz (SpVgg Fürth) 119
Seidel (SpVgg Fürth) 119, 142
Seiderer (1. FC Nürnberg) 186
Seikel (FC Viktoria Hanau) 66
Seiler, Rudolf (Realgymnasium / MFG 1896) 10, 11, 13, 14, 47
Seither (SV Teutonia Mannheim) 165

Seitz, Georg (FVg 1898 Schwetzingen)   20, 21
Seitz, Karl (MFC Viktoria 1897 / MFC Phönx 02 / Fa. Lanz)   73, 97, 107, 131, 150
Senft, Gustav (Union VfB)   72, 81
Senft, Herrmann (SpVgg 07 Mannheim)   203
Senft, Otto (SV Teutonia Mannheim / SpVgg 07 Mannheim)   181, 203
Senk (FC Phönix Ludwigshafen)   190
Sester, Oskar (FC Germania Friedrichsfeld)   182
Seyfarth, Willy (MFG 1896 / Union VfB)   49, 52, 81
Sickinger, Anton Dr., Stadtschulrat   60
Sieber (VfR Mannheim)   188
Siebert, Ernst (SV Waldhof)   80
Siefert, Hans (MFC 08 Lindenhof)   136
Siegler, E. (MFV 1910)   145
Siemisch (FC Viktoria Neckarhausen)   123
Sievert (VfR Mannheim)   191
Sigmund, Theodor (MFC Viktoria 1897)   24
Skudlarek, Simon (SV Waldhof)   174, 193, 203, 206, 212
Söhner, Hermann (SV Waldhof)   204
Sohns (MFG Union 1897 / MFG 1896 / Union VfB / MFG 1896 / VfR Mannheim / FC Hertha Mannheim)   81, 90, 103, 108, 132, 133, 158, 160, 162, 187, 188, 192, 203, 206, 210
Soyez (MFG 1913)   178
Spaeth, Karl (VfR Mannheim)   113, 147
Spatz, Jakob (FC Viktoria Feudenheim)   171
Specht, Carl Prof. Dr. (Realschule / MFG 1896)   10, 21, 23, 30, 47
Specht, Hermann Prof. (VfR Mannheim)   113
Speer (Union Stuttgart)   160
Sperrle (Union Stuttgart)   160, 178, 186
Spiegel, Alex (SV Waldhof)   80, 95
Spiegel (MFC Viktoria 1897)   22
Spieß, Wilhelm (FV Schwetzingen)   87
Spieß (MFG Union 1897)   13, 14
Spohni (SV Teutonia Mannheim)   165
Sponagel, Peter (FC Viktoria Feudenheim)   33, 96, 147, 171
Spruck, Ferdinand (SV Teutonia Mannheim)   178
Staatsmann, Karl (SpVgg Sandhofen)   201
Stahl, Heinrich (FC Viktoria Neckarhausen)   123
Stahl, K. (TV 1846 Mannheim)   89
Stahl, W. (TV 1846 Mannheim)   89
Stahl (FG 03 Ludwigshafen)   189
Stammbach, E. (VfR Mannheim)   113
Stauch (MFG 1896)   73
Stay, Leonhard (FC Viktoria Feudenheim)   33, 171
Stegel (FC Pfalz Ludwigshafen)   36
Steger, Hans (FK Viktoria 1912 Mannheim)   164
Stegle (FC Pfalz Ludwigshafen)   36
Steiger (SpVgg Fürth)   119
Stein, Karl (MFC Phönix 02)   111
Stein (FC Phönix Ludwigshafen)   172, 173
Steinmetz (FC Hertha Mannheim)   158
Steinmüller, Karl (Union VfB / VfR Mannheim)   81, 108, 150
Steinsberg, Julius (MFC Viktoria 1897)   47, 60
Stemmle, Martin (MFG 1896 / VfR Mannheim)   102, 108, 110, 131, 132, 133, 142, 147, 149, 150
Sterner, August (SV Waldhof)   80
Storch (Bayern München)   178
Strand (FC Phönix Ludwigshafen)   190
Straßburger, Karl (MFC Viktoria 1897)   24, 43, 44, 50, 60, 72
Strauch, Peter (SV Waldhof)   71, 95, 98, 120, 121, 154, 162, 174, 183, 193, 194, 204, 206, 212

Strauß, August (FV 09 Weinheim)   85, 122, 137
Strauß (MFG 1896)   102
Streckfuß, Fritz (SV Waldhof)   56, 71, 80
Streiber, Alex (MFC Phönix 02)   70, 111, 112, 119, 131, 132
Streibich, August Prof. Dr. (Union VfB / VfR Mannheim)   109, 113
Striehl, Karl (Sport-Vg. Neckarau)   196
Strobel (Union Stuttgart)   190
Strubel, Jean (MFC 08 Lindenhof)   63
Stürmer, Karl (FV Fortuna Heddesheim)   214
Stumpf, Wilhelm (MFG Union 1897)   13, 14
Stutz, Oskar (FC Viktoria Wallstadt)   86, 137, 214
Sutter (Karlsruher FV)   166
Sydler (FC Freiburg)   53

Tait, Alexander (MFG 1896)   106
Theilacker, Willy (VfR Mannheim)   113, 147
Theiß, Karl (MFG 1896)   47, 77, 78, 102
Theuer, Ludwig (MFC 08 Lindenhof)   136
Thoma, Franz (FC Fortuna Edingen)   86
Thorn, W. (ATuS Rheinau)   209
Thum, Karl (SV Waldhof)   195, 204
Thurm (Deutscher FK Prag)   72
Thyri, Peter (FVg Neckarau)   79, 135, 145, 187
Träg, Heinrich (1. FC Nürnberg)   186
Transier, Jakob (FG 1898 Seckenheim)   19
Transier, Karl (FG 1898 Seckenheim)   19, 20, 80
Traub, Heinrich (MFC Viktoria 1897)   47
Traub, Heinrich (Kath. Jünglingsverein)   74
Trautmann, Heinrich (SV Teutonia Mannheim)   165
Trautmann, Wilhelm (MFC Viktoria 1897 / VfR Mannheim)   33, 43, 47, 49, 50, 60, 64, 67, 69, 72, 77, 82, 93, 107, 109, 113, 124, 132, 133, 142, 147, 150, 152
Treiber, Georg (FC Neuenheim 02)   64
Treiber, L. (FC Neuenheim 02)   64
Treiber, R. (MFG Union 1897)   48
Trenker (MFC Viktoria 1897)   77
Trost, Jakob (FC Neuenheim 02)   64
Trumpp, W. (MFG Union 1897 / Union VfB)   81, 108
Tscherter (Karlsruher FV)   102, 124

Uebelhör (MSC Germania 1897)   39
Ueberrhein, Hans (FC Viktoria Feudenheim)   33, 171
Ueberrhein, Wilhelm (FG Germania Feudenheim)   105
Ufer, Fritz (VfR Mannheim)   149
Ugi (Frankfurt)   105, 106
Uhl (FV 09 Weinheim)   137
Ullrich (FC Pfalz Ludwigshafen)   172, 173
Unfried (Kickers Stuttgart)   74
Ungelenk (Feudenheim)   145, 147
Unglenk (MFC Phönix 02)   165

Veith, Fritz (FV 09 Weinheim)   178
Vesper, H. (VfR Mannheim)   173
Vetter, Georg (FV 09 Weinheim)   122
Vetter, Hans (VfR Mannheim)   113
Vögele (Phönix Karlsruhe)   178
Vogelsgesang, J. (SC Käfertal)   176
Voit, M. (MFC Phönix 02)   180
Volk, Karl (VfR Mannheim)   187

Wachenheim, Robert (MFG 1896)   23

Wachter (SV Teutonia Mannheim) 181
Wacker (MFC 08 Lindenhof) 188
Wäsch, Willy (FV 09 Weinheim) 85
Wagner, Adolf (VfR Mannheim / MFV 1910 / FC Hertha Mannheim / VfR Mannheim) 113, 145, 158, 174
Wagner, H. (FK Union 1912 Mannheim) 136
Wagner, K. (FK Union 1912 Mannheim) 136
Wagner, Philipp (FG 1898 Seckenheim) 208
Wagner (SV Teutonia Mannheim / FC Hertha Mannheim) 158, 165
Wahl, Oskar (FVg Neckarau) 56, 79, 187, 192
Wahl, Wilhelm (FVg Neckarau / Sport-Vg. Neckarau) 135, 145, 187, 196
Wahl (Union Stuttgart) 160
Waibel (SV Helvetia Mannheim) 122
Walden (FC Bradford) 165
Walter, Hermann (FC Phönix Ludwigshafen) 172
Walter, Johann (FC Viktoria Wallstadt) 137
Walter, Julius (SV Waldhof) 120, 154, 162, 174
Walter, Karl (MFC 08 Lindenhof) 63
Walter (FV 09 Weinheim) 137
Walz (VfR Mannheim) 191
Wambold (Realgymnasium / MFG 1896) 10, 11, 13, 14, 22
Wasser, O. (SC Käfertal) 176
Weber, Eugen (ATuS Rheinau) 209
Weber, Fritz (FG 03 Ludwigshafen) 36
Weber, Gustav (ATuS Rheinau) 209
Weber, Karl (I) (FC Phönix Ludwigshafen) 190, 197
Weber, K. (FC Germania Friedrichsfeld) 122
Weber, Leonhard (Union VfB / VfR Mannheim / Fa. Lanz) 81, 90, 103, 150, 171
Weber, Wilhelm (SpVgg Sandhofen) 201
Weber, Willi (II) (FC Phönix Ludwigshafen) 197
Weber (FV 09 Weinheim) 137
Weber (SC Freiburg) 194
Weber (SV Helvetia Mannheim) 122
Weckesser, Otto (SV Teutonia Mannheim / SpVgg 07 Mannheim) 164, 165, 203
Wegele, Karl (Phönix Karlsruhe) 69, 82, 131, 132, 158
Weglehner, Georg (Fa. Lanz) 150
Wehe, Jakob (FG Germania Sandhofen / SpVgg Sandhofen) 34, 201
Wehe, Ludwig (FC Phönix Sandhofen) 101, 134
Weick, Adam (MFC Viktoria 1897) 13, 47
Weickel, Georg (SpVgg Sandhofen) 201
Weickel, Tobias (FC Phönix Sandhofen) 134
Weidner, Otto (SC Käfertal) 157
Weikel (Realschule / MFG 1896) 10, 11
Weinberger (FV 09 Weinheim) 85
Weinert, Paul (VfR Mannheim) 191, 194, 195, 203
Weingärtner, Karl (SV Waldhof) 71, 80, 95
Weinkötz, H. (FC Germania Friedrichsfeld) 174
Weinmann (VfR Mannheim) 174
Weinreich (MFG Union 1897 / VfR Mannheim) 13, 14, 149
Weiß (MFC 08 Lindenhof) 79, 95
Welker (FC Pfalz Ludwigshafen) 36
Wellhöfer, Georg (SpVgg Fürth) 142
Wesch (MFG 1896) 73
Westermann, Joseph (VfR Mannheim) 187, 188
Wetzel, Georg (FV 09 Weinheim) 122, 178
Wetzel (MFC 08 Lindenhof) 192
Wezel (VfR Mannheim) 111
Wichmann (TV 1846 Mannheim) 89
Wiedemann, E. (MFC Phönix 02) 194

Wieland, Georg (MFC 08 Lindenhof / FC Hertha Mannheim / MFC 08 Lindenhof) 136, 173, 179, 188
Wieland, Karl (MFC Viktoria 1897) 107
Wieland, Philipp (MFC 08 Lindenhof / FC Hertha Mannheim) 136, 173, 179
Wihler, Alban (VfR Mannheim) 113
Wildermut (SC Käfertal) 88
Wilhelm, Ludwig (FVg Neckarau) 211
Will (MFG Union 1897 / Union VfB / MFC Phönix 02) 81, 180, 183
Williams, Charles (Union VfB) 90
Willmann, Karl (SV Waldhof) 121, 147, 154, 173, 174, 192, 193, 203, 206, 212
Winkler, Karl (FG 1898 Seckenheim) 20, 61
Winkler, Xaver (FC Pfalz Ludwigshafen) 185
Winterfeld, von Oberst, Regimentskommandeur 60, 73
Wirt (Karlsruher FV) 145
Wißner (VfR Mannheim) 183, 206
Wittmann (MFC Phönix 02) 195
Witzenhausen (VfR Mannheim) 113
Wörner (Union Stuttgart) 160
Wohlfahrt (SV Teutonia Mannheim) 165
Woiter, Albert (FV 09 Weinheim) 122
Wolf, Georg (MFC 08 Lindenhof) 188
Wolf, Heinrich (MFG Union 1897 / Union VfB / VfR Mannheim) 32, 44, 47, 60, 72, 80, 81, 91, 111
Wolf, Oskar (Phönix Karlsruhe / MFC Phönix 02) 189, 192, 193, 194, 195
Wolf (FK Viktoria 1912 Mannheim) 164
Woll, Ferdinand (SV Waldhof) 95, 98, 120, 121, 145, 147, 154, 162
Wollmann, Otto (SV Waldhof) 104, 154, 174
Wühler (FC Viktoria Feudenheim) 171
Wünsch, Dr. (Realgymnasium / MFG 1896 / VfR Mannheim) 10, 11, 13, 14, 17, 113
Würz (MFG Union 1897 / Union VfB) 81
Wunder, Alex (FK Amicitia Viernheim) 85
Wunder, Georg (FK Amicitia Viernheim) 85
Wunderle, A. (MFG 1896) 23
Wunderlich, Georg (SpVgg Fürth) 142

Zahn (FG 03 Ludwigshafen) 189
Zeh, Heinrich (FV Schwetzingen) 87
Zeilfelder, Jakob (FVg Neckarau) 187, 213
Zeilinger, Anton (SV Waldhof) 204
Zeissluft (SC Neckarstadt) 210
Zeuch (FG 03 Ludwigshafen) 172
Zeug (FC Pfalz Ludwigshafen) 180
Ziegler, A. (VfR Mannheim) 113
Ziegler, Heinrich (MFG Union 1897) 47
Ziegler, Karl (SpVgg Sandhofen) 201
Ziegler (Karlsruher FV) 166
Ziemer, Georg (FK Union 1912 Mannheim) 136
Zier (SC Neckarstadt) 210
Zimmermann, A. (FK Union 1912 Mannheim) 136
Zimmermann, Hermann (FC Neuenheim 02) 64
Zimmermann, Karl (FC Neuenheim 02) 64
Zimmermann, Kurt (MFG 1896 / VfR Mannheim) 13, 14, 77, 78, 102, 108, 179
Zimmermann (FC Pfalz Ludwigshafen) 36
Zink, Rudolph (MFG Sport 1899) 23
Zipf (MFG Union 1897 / Union VfB / VfR Mannheim) 13, 14, 81, 147
Zipf (MFC 08 Lindenhof) 63
Zöller (MFC Phönix 02) 145, 180, 183, 185, 204
Zollikofer, Philipp (SC Käfertal) 157

Literaturnachweis

Adreßbuch der Stadt Ludwigshafen am Rhein und der Stadtteile Friesenheim und Mundenheim; Jahrgänge 1901–1905

60 Jahre ASV Feudenheim, Fußball und Athletik, 1903–1963; Mannheim 1963

Badischer Fußballverband e. V. Kreis Mannheim – 50 Jahre Schiedsrichtervereinigung; Mannheim 1966

Chronik der Hauptstadt Mannheim. I.–III. Jahrgang. Für die Jahre 1900–1902. Im Auftrag des Stadtrats bearbeitet von Dr. Friedrich Walter; Mannheim 1904

Das Mannheimer Stadtbild einst und jetzt. Von Hugo Fränkel; Mannheim 1925

Deutsches Fußball-Jahrbuch 1913; erschienen im Selbstverlag des Deutschen Fußball-Bundes (DFB), Dortmund

Die bauliche Entwicklung der Stadt Mannheim von der Gründung bis zur Gegenwart 1606–1905. Von W. Mayher, Städtischer Obergeometer; Mannheim 1905

75 Jahre DJK Feudenheim; Mannheim 1983

Ein Sportverein im Wandel der Zeit. Chronik SV 1898/1907 Seckenheim e. V. Versuch einer geschichtlichen Gliederung aus Aufzeichnungen, Überlieferungen, Berichten und Bildern. Zusammengestellt von Volkmar Bauder.

Faszination eines Vereins, 1882–1982 SV Südwest Ludwigshafen; Ludwigshafen 1982

Festschrift des ASV Mannheim-Feudenheim zum 50jährigen Bestehen; Mannheim 1953

Festschrift zum 25jährigen Jubiläum der Fußball-Gesellschaft „1903" e. V. Ludwigshafen; Ludwigshafen 1928

Festschrift zum 100jährigen Bestehen der Turn- und Sportgemeinde 1890 Plankstadt e. V. mit der Darstellung der Sportbewegung in Plankstadt. Herausgeber Turn- und Sportgemeinde 1890 Plankstadt e. V., Plankstadt 1990

Festschrift zum Vereinsjubiläum 1990 Sportvereinigung 1910 e. V. Mannheim-Wallstadt

50 Jahre Fußball-Club Germania Mannheim-Friedrichsfeld; Mannheim 1953

60 Jahre Fußball. Fußballverein Fortuna 1911 e. V. Heddesheim

50 Jahre Fußball-Club Viktoria 08 e. V. Neckarhausen

75 Jahre FC Viktoria 08 e. V. Neckarhausen

75 Jahre Fußball-Verein 1903 Ladenburg, 1978

50 Jahre Fußballverein 09 Weinheim e. V., 1909–1959

70 Jahre Fußballverein 09 Weinheim 1909-1979

75 Jahre Fußballverein 09 Weinheim 1909-1984 Festschrift. Herausgeber FV 09 Weinheim, 1984 Weinheim

General-Anzeiger der Stadt Mannheim und Umgebung, Badische Neueste Nachrichten, Mannheim, Jahrgänge 1894–1919

Heidelberger Neueste Nachrichten, Jahrgang 1915 ff.

Heidelberger Tageblatt, Jahrgang 1907 ff.

Heidelberger Zeitung, Jahrgang 1907 ff.

Mannheim in Vergangenheit und Gegenwart, Band III: Mannheim seit der Gründung des Reiches 1871–1907. Im Auftrag des Stadtrates dargestellt vom Statistischen Amt, Mannheim 1907

Mannheim und seine Bauten. Herausgegeben vom Unter-Rheinischen Bezirk des Badischen Architekten- und Ingenieur-Vereins und vom Architekten- und Ingenieur-Verein Mannheim-Ludwigshafen, 1906

Mannheimer Adreßbuch, Jahrgänge 1894–1920

25 Jahre Mannheimer Rasensport. Denkschrift zum 25jährigen Jubiläum des Vereins für Rasenspiele Mannheim e. V. Von Professor Karl Bühn; Mannheim 1921

MSA, Mannheimer Sport Archiv

Neckar Bote (Seckenheimer Anzeiger, Ilvesheimer Anzeiger, Neckarhausener Zeitung, Edinger Zeitung), Jahrgang 1907 ff.

Neuenheim im Wandel. Eine Sozialgeschichte in Bildern von 1870 bis 1950. Herausgegeben vom Stadtteilverein Neuenheim; Heidelberg 1990

Fünfzig Jahre Mannheimer Fußball-Club 1908 Lindenhof e. V.; Mannheim 1958

75 Jahre Mannheimer Fußball-Club 1908 Lindenhof e. V.; Mannheim 1983

50 Jahre Mannheimer Fußball-Club Phönix 02 e. V., 1902–1952; Mannheim 1952

Mitteilungen des Vereins für Rasenspiele e. V., Mannheim, 1. Jahrgang Januar 1912 ff.

50 Jahre R.S.C. „Eiche" Sandhofen e. V., 1930–1980, Mannheim 1980

Sandhofer Zeitung, Jahrgang 1911 ff.

Schicksal einer Deutschen Stadt. Geschichte Mannheims 1907–1945; Band I (1907–1924). Von Friedrich Walter; Frankfurt 1949

Schwetzinger Tageblatt, Jahrgang 1908 ff.

Schwetzinger Zeitung, Jahrgang 1915 ff.

SG Mannheim. 75 Jahre Fußballabteilung Sportgemeinschaft Mannheim e. V., 1987

Festschrift 50 Jahre SpVgg 07 Mannheim EV Mannheim (1907–1957)

75 Jahre SpVgg 07 Mannheim; Mannheim 1982

Spielvereinigung Sandhofen 03 e. V. Mannheim-Sandhofen. 70 Jahre Spielvereinigung Sandhofen. Festschrift 1973

75 Jahre Spielvereinigung Sandhofen 03 e. V. Mannheim-Sandhofen. Festschrift Mannheim 1978

40 Jahre Sportclub Käfertal; Mannheim 1950

50 Jahre Sport-Club 1910 e. V. Mannheim-Käfertal; Mannheim 1960

75 Jahre Sportclub 1910 e. V. Mannheim-Käfertal; Mannheim 1985

40 Jahre SC Neckarstadt 1912; Mannheim 1952

50 Jahre Sport-Club 1912 e. V. Mannheim-Neckarstadt; Mannheim 1962

50 Jahre SV Waldhof Mannheim. Festschrift zum 50jährigen Jubiläum des SV Waldhof 07 e. V., Mannheim 1957

75 Jahre SV Waldhof Mannheim 07 e. V. Herausgegeben zum 75jährigen Jubiläum des SV Waldhof Mannheim 07 e. V.; Mannheim 1982

75 Jahre Sportverein 1898/1907 Mannheim-Seckenheim

90 Jahre „SV 1898/1907 Seckenheim". Sportverein 1898/1907 Seckenheim e. V. 1898–1988;
Mannheim 1988

90 Jahre Sportverein 1898 e. V. Schwetzingen. Die Annalen des Vereins von 1898 bis 1988.
Schwetzingen 1988

75 Jahre Fußball (1909–1984) Sportvereinigung „Amicitia" 1909 e. V. Viernheim; Viernheim 1984

Sportvereinigung „Amicitia" 09 e. V. Viernheim, Jubiläumsschrift

50 Jahre Sportvereinigung 1910 Mannheim Wallstadt e. V.; Mannheim 1960

70 Jahre SpVgg Fortuna 1910 e. V. Edingen

Süddeutsche Sportzeitung. Illustrierte Zeitschrift für alle Sportzweige; Fußball, Lawn-Tennis, Athletik, Hockey etc. Alleiniges amtliches Organ des Verbandes Süddeutscher Fußballvereine, Karlsruhe i. B.; Jahrgänge 1908, 1911

Sechzig Jahre Süddeutscher Fußball-Verband 1897–1957. Herausgegeben vom Süddeutschen Fußball-Verband e. V., 1957

50 Jahre Turn- und Sportgemeinde Rheinau 1901 e. V. Fußball-Abteilung, Mannheim 1962

75 Jahre Turn- und Sportgemeinde Rheinau e. V. 1901–1976

75 Jahre Fußball 1904–1979, Festschrift, Turn- und Sportverein e. V. Mannheim-Neckarau

Turnverein 1846 Mannheim
Zum 15jährigen Bestehen der Fußball-Abteilung des TV Mannheim von 1846, 1910–1925; Mannheim 1925

Vereins-Zeitung des Verein für Rasenspiele e. V., Mannheim
1. Jahrgang Januar 1912 ff.

45 Jahre Leibesübungen / 35 Jahre Schwerathletik / 25 Jahre Fußball
Verein für Leibesübungen e. V. Mannheim-Neckarau, Mannheim 1929

50 Jahre Fußball / 70 Jahre Turnen / 60 Jahre Schwerathletik / 30 Jahre Leichtathletik / 30 Jahre Handball
Verein für Leibesübungen 1884 e. V. Mannheim-Neckarau;
Mannheim 1954

75 Jahre Fußball im VfL Neckarau; 1904–1979;
Verein für Leibesübungen e. V. 1884 Mannheim-Neckarau;
Mannheim 1979

VfB Kurpfalz e. V. Mannheim – Neckarau
50 Jahre Gesamtverein – 25 Jahre VfB, Mannheim 1959

Verwaltungs- und Rechenschaftsbericht der Großherzoglich-Badischen Hauptstadt Mannheim für 1906.
Herausgegeben vom Statistischen Amt der Stadt Mannheim, 1907

FC Hertha
Mannheim

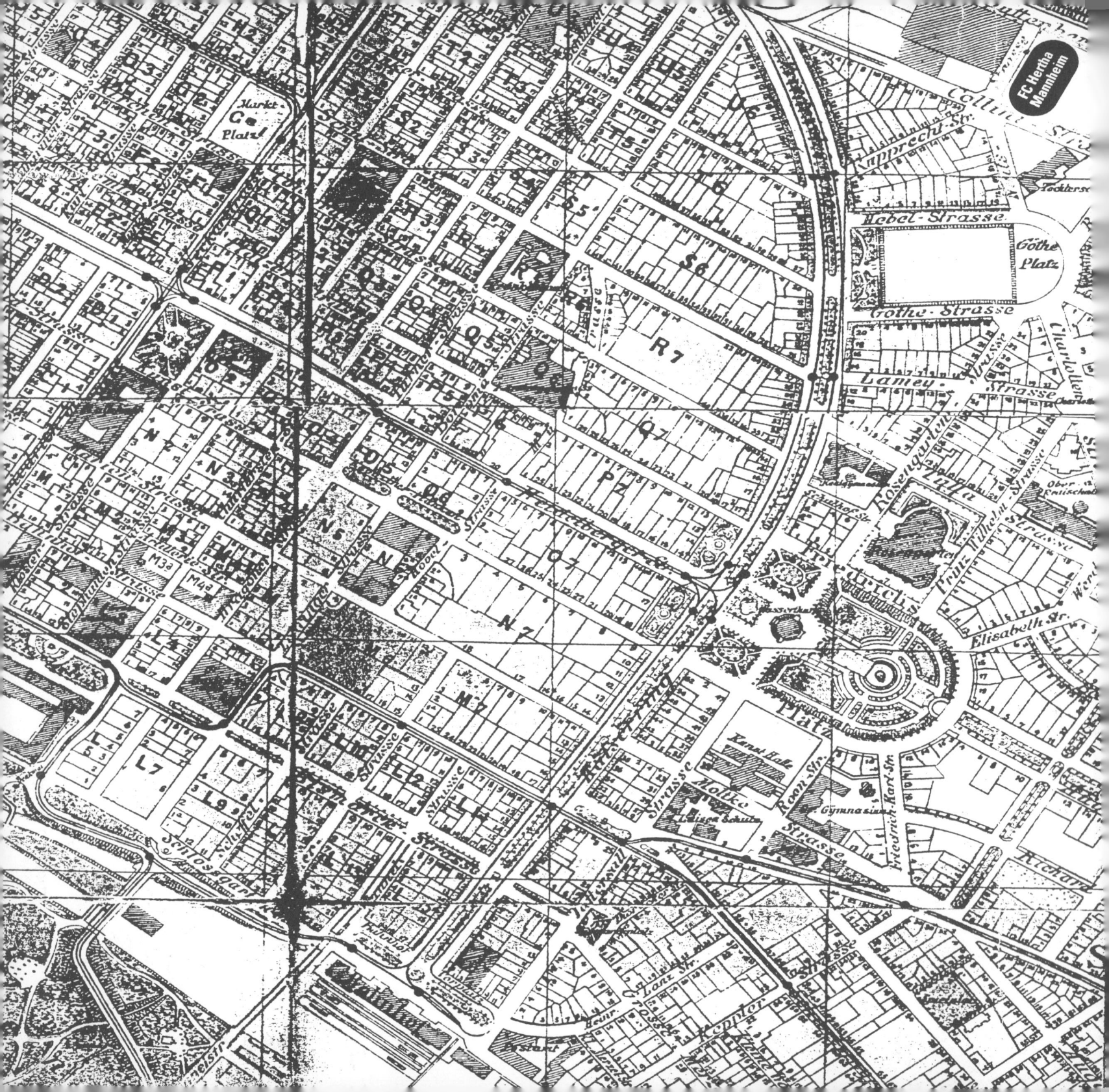